陳訓慈　方祖猷　著

萬斯同年譜

（增訂本）

ZHEJIANG UNIVERSITY PRESS
浙江大學出版社

季堅先生小像
後學周世緒敬題

萬斯同像

寧波白雲莊萬邦孚墓坊

寧波白雲莊萬邦孚墓

寧波白雲莊萬斯昌、萬斯選墓

奉化蓴湖萬斯同墓坊

奉化蓴湖萬斯同墓

1936年手繪萬斯同墓

陳訓慈、方祖猷在萬氏白雲莊前合影

陳訓慈、方祖猷合影

序 一

陳訓慈

　　明季政亂俗弊，一般士子但知講章，沉溺於制舉，稀有通經服古及致力實學者。理學則王門弟子之末弊，又多流於禪學。然大師宿儒，亦即在明清之間，崛起南北，如顧（炎武）黃（宗羲）王（夫之）顏（元），俱以通博知名，一時學術思想，頗稱活躍。顏習齋以復六藝古學，獨標習行自成風氣外，黃、顧、王三大儒皆爲明之遺民，深宗國之思，論學俱以經世致用爲指歸。黃梨洲（宗羲）學宗王（陽明）劉（宗周）。蕺山倡慎獨之旨，明亡身殉。梨洲歷經艱屯，及至匡復無望，退而著述講學，爲清代浙東史學之開山祖師。門從濟濟，其以史學著名者，世推萬季野斯同。

　　四明萬氏爲明代之世勳，自始祖斌佐明太祖征伐身殉始受封。子鍾，以討倭與靖難戰死功，受寧波衛指揮僉事世襲之封，自是始爲鄞人。是後累代武功，有“萬氏四忠”之稱。傳至履安公泰，始棄前代戈矛之傳，以文史氣節領袖東南數十年，與黃梨洲爲道義交。履安有子八人，季野其季，受父命與諸兄及兄子言並從梨洲受業。梨洲一生講學所至，在石門，在海昌（海寧），在會稽，在寧波，而獨謂“甬上多才，皆光明俊偉之士，足爲吾薪火之寄”（“甬”是寧波的別稱）。又自謂“平生師友，皆在甬上”。蓋明末甬上學風頹弊，梨洲弟子陳夔獻等十餘人，始創講經之會，討論經史，以振起之。梨洲至甬主講，學風尤彬彬稱盛；後散之四方，其尤爲梨洲所稱者十餘人，萬氏居其四，以爲名理則萬公擇（斯選），窮經則萬充宗（斯大），文學則萬貞一（言），而首稱萬季野之史學，以爲此皆“卓然有以自見者”。李杲堂（文胤）亦盛稱履安諸子與長孫貞一皆令器，以爲：“粹然有得，造次儒者，吾不如公擇；事古而信，篤志不分，吾不如充宗；足以文章名世，居然大家，吾不如貞一；至若學通古今，無所不辨，則吾不如季野。”（見《杲堂詩文集·送萬季野授經會稽序》，頁 450）季野之受師門器許與前輩推崇如此。

　　《二十四史》中，《史》《漢》以降，惟《明史》向受士林推重。《明史》雖屬官修，但成於衆手；然自開局修史，梨洲既已辭清廷之薦聘，季野雖義不仕清，但以史館總裁徐元文之力薦，得梨洲之同意，不置銜，不受俸，與貞一同參史局，館元文私邸，任諸分纂稿薈復審之責。總裁一席，後繼者徐乾學、張玉書、陳廷敬，以至王鴻緒，莫不延至其家，敬禮有加。季野復審寫定之《明史稿》身後爲鴻緒攘竊，其後乾隆初，張廷玉即以此稿增損而上之，刊定今本《明史》。《明史》之見稱，實多季野之功，此皆士林所習知。梨洲之言曰：“明亡，朝廷之任史事者甚衆，顧獨一草野之萬季野以成之，不亦可慨也夫！”故語季野史學之造詣，首在《明史》。

　　季野博學强識，讀書如決海堤；六經百氏之書，無不淹貫。於史學則對歷朝典章制度、兵刑、田賦諸大政，盡悉其詳。博而返約，尤善識近三百年之文獻。取《明實錄》爲主，而輔以私史志乘，期成一代之信史。蓋處明清之交，身經世變，自以明之世臣，矢上報國恩之忠，復以當時大儒之學風，與父師之教，乃特富於經世致用與當時之民族思想。其專志《明史》之由來，余嘗於曩歲《石園藏稿》遺文之發現時，本其中《寄范筆山（光陽）書》及《與從子貞一書》所陳説，證之以劉、方諸家傳志之所引述，闡論其志事，兹不贅述。要之，季野目擊當世學風之頹弊，早年致力詩古文詞，旋即棄而致“經國有用之學”，以備世用；後則以有明一代政事尚無成書，其君臣之施爲得失，學士大夫之風尚源流，必須及時網羅，以繼先代之功德，而資後人之衷據（其對契友劉坊自謂“學凡三變”即如此）。天誘其衷，自《明史》開館，得歷任史臣之信重，積先後二十餘年之力，完成一代之紀傳，不但一代大儒之宿願得償，實亦國史與文化之幸事。

　　萬季野之審纂《明史》，其主要以實録爲指歸，至如參互考證，如善用圖表，自皆其史識、史法之所表見。然近世章太炎之論清儒，於季野乃僅稱其説《禮》與史法。章氏之言曰："自明末有浙東學，萬斯大、斯同皆鄞人，師事餘姚黄宗羲，稱説《禮經》，雜陳漢宋，而斯同獨尊史法。"（見《檢論》卷四《清儒》）夫明清間以降之浙東史學，經世精神與民族思想，實爲最重要之特色。季野史學有義法而首重史識；充宗之學固特重《禮經》，季野則《讀禮通考》一書未足爲其代表作。會同漢宋，不持門户，亦浙東大師所共有，季野兄弟亦非"雜陳"而無倫次者。其所著如《兩浙忠義考》《宋季忠義録》等書，皆極盡表章宋明遺民忠義之能事，有激發其後民族思想之貢獻。章氏於清學着重考據之學自無不可，若於季野祇稱其史法，而遺其學術上徵存有明一代史事，及其經世與民族思想之大，則未免舉此失彼之偏矣。

　　季野既殁於京師，其契友上杭劉坊爲作《行狀》，備引其自述先世之武功德業，至其父之領袖文壇，並自述其爲學與從事明史之志事。其後先後爲撰傳誌者，有黄百家之《萬季野先生》、楊烨（无咎）爲重作之《墓誌銘》，方苞撰《萬季野墓表》，其先又有李塨之《萬季野小傳》，皆詳述其學問與德行。乾隆間，邑人全祖望本諸文有所補苴，且辨正方《表》，謂其卒於浙東等疏誤，爲作《萬貞文先生傳》。最後錢大昕又作《萬先生斯同傳》。傳誌諸作，於季野一生行事概可考見。然其世學所承，父師之教，朋儕之交往切劘，以及其著述之先後存佚，未能綜窺其全，是則未有一完整繫年之譜，學者不免引爲缺憾。

　　民國初年，鄞人馬太玄（馬衡弟）撰《萬季野之生平與著述》一文（見《國立中山大學語言歷史學研究所週刊》第3集第28期），自云將另撰年譜，然至今未見成文。余在甬上，常觀書馮氏伏跗室，向主人孟顒（諱貞群）先生請教明清間浙東之學，間得見其所藏萬氏《史表》諸書（後亦見自河南故家流出之《明史稿》手鈔稿本於朱鄞卿鼎煦別宥閣，今藏於寧波天一閣）。當時同研友人南通王駕吾（諱煥鑣）方治書國學圖書館，有《萬履安年譜》之撰輯（後載於該館第九年刊），意甚韙之。抗日戰爭前一年，駕吾應浙江大學之聘，余亦在杭州，適值寧波修建在奉化之季野先生祠墓落成，遂相約去甬參與其事，順道至馮先生家觀書。返杭前後，駕兄以諸友之意，取其先讀書所記萬氏遺事，始着手訂季野年譜，成稿及半，即在《浙江大學季刊》發表其上篇（寫至 1670 年季野三十三歲時止），未及續成而戰事起，浙大西遷，此刊發行甚少，已搜集之資料亦告亡佚。僅以《萬季野先生繫年要錄》爲題，略次其一生要事，載於浙大《史地雜誌》1 卷 2 期（1937）。1949 年後，余在杭浙江省文物管理委員會及浙江博物館任職，駕吾仍都講杭大，課餘研治諸子甚勤。因知余素好四明萬氏之學，遂勉我重訂萬譜，完渠未竟之功。乃隨時讀書摘録，逡巡多年而未成。至 1981 年，得識鄉友方君祖猷，時君適亦致力萬氏之史學，擬訂季野年譜，正有同志，因相約瀏覽有關群籍，合作重訂此年譜。先後增補，稿凡三易，時光荏苒，到 1988 年夏才大體定稿，以有待增補，先節取本文之綱要而成《萬斯同年譜簡編》，交《香港中文大學中國文化研究所學報》（第 19 卷）刊載，時爲季野誕辰三百五十年紀念。今年復加校改補充。就《譜後》各條尤多所增益，今始完稿。是譜據一般之體例，每年以主次爲條序，各次以其所引書名、篇名，於舊記有疑者考定之；人事則引諸書及志乘略記之。

　　余以先後所摘寫資料悉寄方君任職之寧波大學，方君參以自己所集之資料，予以編排考索，按年編次。後又互爲審校。譜前《序》，主要述季野之學術思想。《世傳·傳略》記其先世歷代事迹及本人傳誌。正文之後，又循近人作譜通則，就季野身後有關譜主之要事、著作之印布，及研究季野之述作，有所見聞者，皆循年月述爲《譜後》，以備參證。末附《季野著作考》及《參考書目》。編寫期間，承蒙上海圖書館、浙江圖書館、杭州大學圖書館、杭州大學歷史系資料室、寧波大學圖書館、寧波天一閣文物保管所、寧波伏跗室、寧波市圖書館、萬氏後裔萬春先先生以及諸友好之相助，在此謹致謝忱。自以淺學，見聞所限，又未遑遠求外地異書，以致既有掛漏，懼多舛誤，希海內外方家讀者不吝指正。

　　　　　　　　　　　1989 年 11 月陳訓慈謹識

代序　萬季野《明史稿》題記

沙孟海

　　萬季野《明史列傳》手稿六册，謄本經萬氏筆削者三册。增改塗乙，朱墨爛然，傳世名迹也。別有謄本一册，未見萬氏手筆。又有謄本一册，首葉署徐潮具稿，共計十二册，皆彙集《傳》文，不加銓次。有一册簽題《□□野明史稿原本》八字，無名款。有數册鈐"季野"二字，朱文長方小印。舊爲中州周氏所藏，一九三二年余在南京見之。鄉先哲手澤，視同瓌寶。亟寓書甬上友人朱鄮卿鼎煦，由余居間，歸朱氏別宥齋庋藏。鄮老身後，其家人捐獻公家，今藏寧波天一閣。

　　先是，鎮江柳翼謀先生詒徵嘗觀之，撰《明史稿校錄》一篇，發表於《江蘇國學圖書館第四年刊》，定爲康熙中明史館纂修諸公手筆，未遽斷爲萬氏書。前輩矜慎立言，故云。余初證以《昭代名人尺牘》萬氏復董巽子道權一札，雖寥寥四十餘字，學人書筆，淳樸之氣躍然紙上，可與史稿互映交輝。兩處字迹，楷體上大下小，有時偶書草法，稿草隨筆，不盡合書家習性，亦不避簡筆俗體。例如尺牘"巽"字下部，史稿"其"字、"兵"字下部，皆同作。尺牘"何"字末筆書草，史稿何喬遠"何"字亦如是。尺牘懷作怀，史稿遷作迁，會作会。後者尚屬通例，上大下小則惟萬氏有此法。余前見亭林顧氏、梨洲黃氏書迹，皆不爲是。全稿二百四十餘篇，雖無由細讀，僅觀大略，已可確定前九册出於萬氏手筆。惜不能起柳先生於九原而質證之。

　　柳先生校録列舉此稿，與王鴻緒《明史稿》及通行本《明史》參互核校，指出異同得失七事。精心卓識，皆關史裁，有助於明史研究。竊謂此稿宜全文影印出版，以廣流傳而餉後學。原稿就有翁罩溪詩、丁小匹跋，皆儓迹。翁詩載《復初齋集》，妄人移録，非翁手書。柳先生校録尚語及，別宥齋重裝時悉删去。

　　陳叔諒、方祖猷兩兄合著《萬斯同年譜》即成，將出版，詢及萬氏手稿，爰就鄙見，率書奉教。文章天下公器，願與天下後世大雅君子共參正之。

　　　　　　　　　　　　1989年12月沙孟海題記，年九十

序 二

方祖猷

　　萬斯同(1638—1702)，字季野，學者稱石園先生，卒後門人私諡"貞文"。浙江鄞縣(今寧波市)人。生於明崇禎十一年(1638)，卒於清康熙四十一年(1702)，年六十五。萬氏爲甬上望族，先祖四世死於國事，鄞人稱作"萬氏三世四忠"。高祖萬表，武將兼名儒，爲王守仁浙中王門弟子。父萬泰，棄武從文，爲復社名士，明末著名思想家劉宗周的學生，清初著名思想家黃宗羲的同窗好友，他自己又是甬上著名的明遺民。家風和庭訓，對萬斯同思想具有深刻的影響。

一

　　萬斯同一生，約可分爲四個時期：第一個時期是從崇禎十一年到康熙五年(1638—1666)，這是他的童年、青少年和參加文會時期。九歲時，清軍渡錢塘江，席卷浙東，萬泰率全家避兵於奉化榆林，從此開始了長達三年的逃難時期。所携財物和家中故居都被劫掠一空，他從一位貴公子急劇下降爲一名"荷鋤"的"田舍兒"，因而體驗了民間疾苦。萬泰在順治十四年(1657)病卒。康熙元年(1662)，城內故居又爲清將所奪，萬氏兄弟七人被逼移居城西西郊墓舍，生活十分潦倒。但在這段時期，他先在城內參加了文會，後在城西認識了澹園社的成員，並與其中的一些人共同組織"策論之會"，在學問上互相砌磋，這時他的志願是欲以古文辭詩歌鳴世。

順治十六年(1659)、十八年(1661),他兩次到餘姚化安山拜謁黄宗羲,在黄氏指導下,萬斯同開始從事經史之學。

第二個時期,從康熙六年到康熙十七年(1667—1678),是他參加甬上證人書院和設館授徒時期。康熙六年,他與策論會成員共二十六人,往餘姚向黄宗羲受業。同年五月,黄宗羲來甬,講授"蕺山之學",於是策論會改爲證人之會,後又稱五經會或講經會。次年,黄宗羲再次來甬,正式創辦甬上證人書院。證人書院前後共八年,成爲清初浙東學派的開創基地。在這段時期,萬斯同一面參加證人書院,一面先後在紹興和寧波設館授徒。康熙十七年,他又到崑山,在徐乾學、徐元文兄弟家中爲他們編撰《喪禮》。這時,他已專治明史,他的史學思想基本成熟,史法也初步形成。

第三個時期,從康熙十八年到康熙二十八年(1679—1689),是他北上修史的前期。康熙十八年,他因徐乾學兄弟推薦,與侄萬言同到北京編修明史,成爲明史的主編。但他既不置銜,也不受俸,同時不住史局。京師是才彦雲集之地,他結識了閻若璩、陸隴其、胡渭、劉獻廷、王源等著名學者,在學術上互相討論,有時甚至爭辯得很激烈,促進了他學術思想的發展。由於他淵博的明史知識,獲得在京的達官貴人和學者們的尊敬。但他對史局修史的情況很不滿意,認爲不能實現他來京修史的"藉手以報先朝"(《石園文集》卷首楊无咎《萬季野先生墓誌銘》)的初衷。因此,他開始與劉獻廷秘密合作,共同抄寫史館"秘書",準備將來離開史局,私修《明史》。

第四個時期,從康熙二十九年至康熙四十一年(1690—1702)他在北京猝然逝世止。康熙二十九年,徐乾學、徐元文兄弟相繼致仕回籍。他與劉獻廷爲離開史局開始行動。劉獻廷先帶同他們所抄的"秘書"回江南,而萬斯同却被新的《明史》監修和總裁所堅留,未能成行。這一年,他還應證人書院學友仇兆鰲邀請,在京師開講座,主講經史之學,一直到他逝世前,很少停止過。四年後,劉獻廷不幸在吳去世,他們所抄的書籍全部散失,對他的打擊極大。思想上的苦悶,他曾多次在雞鳴風雨之日,向好友劉坊訴説過。這段時期,他結識了一些新的朋友,找尋修史的知心助手。他向年輕的方苞暢談史法,希望與他合作修史書,但被方苞婉辭了。他勉勵他的學生溫睿臨寫南明的歷史。他終於找到了知心好友李塨,但李塨無意修史,他自己却受李塨的影響,接受了顏李學派的思想。康熙三十七年(1698),他第二次回寧波老家,在餘姚的黃百家家裏,看到了黃宗羲的遺著《明三史鈔》,他大喜過望,與黃百家約好,待修史完成回來後,共同合著《明朝大事記》,可惜的是,志未酬,身先死,康熙四十一年(1702)猝然在王鴻緒的館邸裏逝世了。這時《明史稿》已完成了《紀》《傳》四百六十卷(一說五百卷)。

二

萬斯同的學術,在清代以經史著名,民國以後,則以史學鳴世。這裏就他的史學思想作一簡要的分析。他的史學思想,主要表現在下列幾點:

(一)闡揚民族思想,提倡民族氣節。萬斯同的民族思想有其發展過程。在清兵征服全國的過程中,由於實行屠城、洗山、禁海的殘酷屠殺政策,他早期有顯著的反清意識。他在《述舊》中以赤日比喻明朝,以腥塵比喻清軍。在《與從子貞一書》裏還寄希望於清朝的垮台,説:“天而有意於生民,必當大變。”(《石園文集》卷七)

順康之交,抗清鬥爭全面失敗,特別在三藩之亂平定後,清廷統治出現了相對穩定的局面,對漢族知識分子採取了既打擊又利用的政策。在承認清廷統治的情況下,萬斯同的民族意識表現在史學中褒揚民族氣節,並反對清王朝的思想控制,他與劉獻廷、黃百家相約,企圖私修《明史》,鼓勵溫睿臨撰寫南明歷史,以實現上述意圖。他著《明末諸傳》(溫睿臨《南疆逸史·凡例》)、《兩浙忠義考》(僅寫成提綱),宣揚“名節立身”(《書宋史王應麟傳後》),輯《宋季忠義錄》,撰《南宋六陵遺事》《庚申君遺事》,以激發明亡之痛。他在《明樂府》中多次聯繫現實,説:“今之仕宦皆爭巧,飲人膏血猶未飽。”(《埋羹守》)暗示昔明因腐敗而亡,現在的清將來定亦如此。

當然，萬斯同宣傳忠、節、義等，並未脱離封建綱常，然其含義，在於發揚民族氣節，這在清初滿洲貴族采取民族屠殺和民族高壓政策的情況下，有其一定的進步意義。

（二）反對封建君主專制。萬斯同修《明史》是爲了"藉手以報先朝"（楊无咎《萬季野先生墓誌銘》），但目的决非歌頌故君，效忠於朱明的一姓一家，而是爲了總結明亡教訓，因此在一定程度上突破了封建的正統觀念。他在《明樂府》中對有明歷朝皇帝個個予以抨擊，他揭露明太祖、明成祖的殘暴，諷刺明武宗、明世宗、明神宗、明熹宗等的荒淫和昏庸。只有明孝宗才像樣一些，然而，就在世宗朝，"豈知世風之不振，至於如此！"（《石園文集》卷五《書倪文毅傳後》）。所以萬斯同不是對個别君主進行抨擊，而已涉及君主專制制度本身。

萬斯同認爲，由於君主的殘暴與昏庸，造成了明朝政治的腐敗，如"兵戎大政由宦官"（《明樂府·下灕川》）的宦官專政；"重徵加派擾海内"（同上書《遼東餉》）的横徵暴斂；"官兵如鳥倭如鸇"（同上書《倭無敵》）的武備廢弛；"得賄三擧觴"（《石園文集》卷五《讀劉宇傳》）的賄賂公行。這些，都是明朝覆亡的原因。

那麽，應從中獲取甚么教訓呢？他認爲，要改革腐敗的政治，必須做到兩點：一是君主必須善於納諫，使"人人得以盡言"，所以他反對"群工百職鉗口而不敢言"的專制統治（同上書《讀弘治實録》），提倡"天下之公論"（同上書《席書傳》）；二是君主必須善於用人，不但要擇賢，而且要"君臣相得信任"，否則如世宗朝那樣，君臣不和，"遂致南北大亂，生民塗炭"（同上書《讀楊文忠傳後》）。萬斯同主張清議，以君臣相互信任來代替臣下對君主的絶對服從，這在君主專制極端强化的明清時期，含有限制君權的意味，具有一定的民主主義色彩。

（三）人民性。萬斯同由於近三十年居於下層，熟知民間疾苦，反映在史學思想上，他同情歷史上老百姓的悲苦生活，他把統治者的窮奢極欲與老百姓的憔悴艱辛相對比，説："何况爲官求食肉，不顧民間有菜色。民有菜色官不知,官有肉味民豈識。"(《明樂府·青菜王》)他指出重賦是明亡的重要原因:"豈知斂財更斂怨,從此萬方遂土崩。"(同上書《遼東餉》)"民之苦賦,甚於苦賊。"(《石園文集》卷五《書陸給事、王御史劾胡宗憲兩疏》)因此,萬斯同對農民起義予以一定同情,在《明樂府·納闖王》中根據當時民謠,有感而發,寫出如下詩句:"闖王來,城門開,闖王不來誰將衣食與吾儕?寒不得衣饑不食,還把錢糧日夜催。更有貪官來剜肉,生填溝壑誠可哀。欲得須臾緩我死,不待闖王更待誰?闖王來兮我心悦,闖王不來我心悲。"這完全是當時的實録,寫得何等大膽!

他對明末農民起義的這種認識,提高到"盗亦有道"的理性高度。明武宗時,農民起義首領趙風子破城索奸相焦芳不得,斬其衣冠於樹下,説:"吾爲天下誅此賊!"萬斯同得出如下感想:"噫嘻!盗亦有道誠非誣,誅奸戮佞真丈夫。若使此人居殿陛,臣奸豈得保殘軀。嘆息朝堂論功罪,不及草間一賊徒。"(同上書《戮奸相》)這簡直對農民起義近於謳歌了。用這樣的感情來寫農民起義,在歷史上是極少見的。當然,這並不是説萬斯同成了農民起義的喉舌,因爲他把農民起義領袖看作"凶渠""狂徒""賊"(同上書《九宮山》),所以從本質上説他是反對農民起義的。他認爲應從中吸取教訓:"寄語有司各守職,慎勿逼民爲盗賊。"(同上書《納闖王》)説明他是從官逼民反的角度來同情農民起義的。

在對農民起義的態度上,萬斯同曾與他的好友王源發生分歧,萬斯同斥責廖永忠秉朱元璋意旨沉元末紅巾軍首領韓林兒於瓜步,説他"弑主甘爲賊"(同上書《沈瓜步》),因爲朱元璋曾受命於韓林兒。王源大爲不滿,倒過頭來,罵韓林兒是"賊子牧竪"(《居業堂文集》卷六《與友人論韓林兒書》),説萬斯同將來在地下無以見其祖先。兩相對比,説明萬斯同的觀點在當時修史諸公中,確是首屈一指了。

三

　　關於萬斯同的史法，他在康熙三十五年（1696）與方苞的一次長談中，作了專門的叙述，這是他長期治史的經驗總結。指出了"事信而言文"的原則，其主要精神有下列五點：

　　（一）要做到"事信"，必須博搜史料而以實録爲指歸。因爲，"蓋實録者，直載其事與言，而無可增飾者也。因其世以考其事，核其言而平心以察之，則其人之本末，可八九得矣"。爲甚么要博搜資料呢？他説："然言之發或有所由，事之端或有所見，而其流或有所激，則非他書不能具也。"所以他的方法是："凡實録之難詳者，吾以他書證之；他書之誣且濫者，吾以所得於實録者裁之。雖不敢具謂可信，而是非之枉於人者蓋鮮矣。"（所引皆見《方苞集》卷十二《萬季野墓表》）

　　然而他並不盲目相信實録，這在他關於明史的史論中多次談及。如《讀弘治實録》中，他明白指出："有明之實録，未有若弘治之顛倒者也。"因爲，實録是由執筆者書寫的，同執筆者的政治傾向和個人品德有密切關係。

　　（二）所以，要做到"事信"，必須發揮中國歷史上優秀的"直筆"精神，這在修《明史》時更屬必須。他説："而在今，則事之信尤難，蓋俗之偷久矣，好惡因心而毁譽隨之，……事迹可鑿空而構，其傳而播之者，未必皆直道之行也。"（同上書）。因而，他反對"隨人曲筆"（《讀弘治實録》），也反對褒貶由己的偏見，"好之則過於褒，惡之則過於貶"（《石園文集》卷五《書梁文康傳後》）。最後，他反對爲尊者諱，對《洪武實録》掩飾明太祖殺戮之慘和受命於韓宋事，頗不以爲然，説："縱曰爲國諱，惡顧得爲信史乎？"（《石園文集》卷五《讀洪武實録》）

　　（三）要做到"事信"，還必須要有史識。他説，現在事之信所以尤難，還在於"其聞而書之者，未必有裁别之識也"（《萬季野墓表》）。他研究中國古代史，提倡獨斷，反對墨守盲從，他説："事而

真，即一二人亦足信，果非真，即百十人亦可疑，此論真僞，不論衆寡也。"(《石園文集》卷六《石鼓文辨一》)

（四）反對官局修史。斯同認爲，官修史，由於兩種原因，就會造成史實失真，第一："官修之史，倉卒而成於衆人，不暇擇其材之宜與事之習，是猶招市人而謀室中之事。"(《萬季野墓表》)叫非行人來辦，一定會發生錯亂。然而，主要還在於第二點，他説："吾恐衆人分操割裂，使一代治亂賢奸之迹，暗昧而不明。"(同上書)憑各人好惡來寫，史籍就會失實。

其實，還有一點原因，他説不出口。官局修史，必須受制於監修，受制於總裁，乃至受制於帝王。清廷修《明史》，是爲了拉攏漢族知識分子，以緩和滿漢民族矛盾，然其首要原則是必須有利於滿洲貴族的統治，康熙帝確也多次過問修史情況。莊廷鑨案爲時不遠，種種忌諱他豈不知道？所以，他所説的"使一代治亂賢奸之迹，暗昧而不明"的更重要原因不在於分修衆人，而在於君主的干預。這是萬斯同幾次想辭史局的原因。

（五）提倡"言文"。萬斯同説："非事信而言文，其傳不顯。"(同上書)他早年給李文胤書，動員他共修郡志，就因爲李文胤文章寫得好，希望家鄉在明清之際的忠烈事迹能"藉先生之文以傳"(《石園文集》卷七《與李杲堂書》)。

萬斯同在與方苞談話中，有一點與此似有矛盾，他説："昔人於《宋史》已病其繁蕪，而吾所述將倍焉，非不知簡之爲貴也。吾恐後之人務博而不知所裁，故先爲之極，使知吾所取者有可損，而所不取者，必非其事與言之真而不可益也。"這豈非與"言文"抵牾！其實，他也有難言之隱。鑒於莊廷鑨案中，民間所藏有明一代大批史料被毀，斯同希望通過官修《明史》，"先爲之極"，用合法手段來保存大批明季的真實史料。這與顧炎武多次主張在修《明史》中，應對"兩造異同之論，一切存之，無輕删抹"(《亭林文集》卷四《與次耕書》)，有相似之意。

萬斯同的史法，除他自述這五點外，還有兩點爲他人所稱道。

一是他的考證方法。他於歷代的典章制度、古代山脉、河渠,皆能
"穴穿古書,參稽異同"(《欽定四庫全書提要》十四《史部·地理類
二·崑崙河源考》),人們往往稱他"工於考證"(同上書)。

　　二是會通的方法。斯同治史,善於綜會諸家尋求源流。他説
自己研究歷代典章制度,"一一詳究其始末,斟酌其確當"(《與從子
貞一書》)。所著《儒林宗派》,不僅記載自孔子至明末的諸儒學統,
而且綜會百家,既無朱陸門户之見,且旁及老、墨、申、韓,與傅山一
起,開了清初研究諸子的風氣。

　　萬斯同的史法,王源評價很高,説他具有史才、史學和史識,
説:"此萬子之學所爲不可及也。"(《居業堂文集》卷十二《萬季野
〈補晉書五表〉序》)。

四

　　萬斯同的史學,受黃宗羲的影響很深,黃宗羲在康熙二年
(1663)修改他具有强烈民族思想的《留書》,並補充擴大寫成具有
强烈反君主專制思想的《明夷待訪録》,這件事萬斯同的五兄斯選
是預聞其事的,黃宗羲在《留書》的《自序》中説:"癸巳秋爲書一卷,
留之篋中,後十年續有《明夷待訪録》之作,則其大者多采入焉,而
其餘棄之。甬上萬公擇謂尚有可取者,乃復附之《明夷待訪録》之
後,是非余之所留也,公擇之所留也。"(《伏跗室藏書目·南雷黃子
留書》)後來,萬斯同的侄子萬言還帶此書北上,顧炎武曾在萬言處
看到了這本書,説明黃宗羲這兩本"佐王之略"的著作,萬斯同的兄
長和侄子都看過,斯同自然不會例外。他在《明樂府》中一一抨擊
有明君主的殘暴和荒淫,聯繫《明夷待訪録·原君》説的君主在未
得天下時(如明太祖、明成祖),"屠毒天下之肝腦,離散天下之子
女,以博我一人之産業"。得天下後(如明武宗、明世宗、明神宗、明
熹宗),則"敲剥天下之骨髓,離散天下之子女,以奉我一人之淫
樂"。師生之間思想上的共同之處,是十分明顯的,不過老師見之
於政論,學生見之於史事而已。

　　黄宗羲認爲：“經術所以經世，方不爲迂儒之學，故兼令讀史。”（全祖望《鮚埼亭集》卷十一《梨洲先生神道碑文》），“經世”是黄宗羲開創的浙東史學的一個重要特色。萬斯同自稱，他研究自有書契以來的古代典章制度，“無弗考索遺意，論其可行不可行”（劉坊《萬季野先生行狀》），是古爲今用。他治史既然是從經世出發，重點自然放在現代，而把畢生精力用於編寫《明史》上。

　　黄宗羲提倡“取近代理明義精之學，用漢儒博物考古之功，加之湛思”（《南雷文定》前集六《陸文虎先生墓誌銘》）的理性主義方法，他在寧波證人書院就是用這種方法教學的。斯同提倡博取、會通、考證等的治史方法，是在寧波證人書院受業時受黄宗羲影響的結果。

　　萬斯同吸取了黄宗羲的史學而發揮之，黄、萬之學，已經形成了民族民主思想和經世致用的史學精神；重在現代的史學內容；深思、博取、考證等的史學方法——這是浙東史學的三大特色。

　　萬斯同史學不但近取黄宗羲，而且遠紹我國古代史學的優秀傳統。他把明太祖受命於韓宋與西漢的劉邦受命於懷王相比；他對農民起義的同情，與司馬遷把陳勝列入《世家》這種史學上的進步思想是一脉相承的。李文胤在論他的史法時，還以司馬遷的“深思”“深考”（《杲堂文鈔》卷一《歷代史表序》）與之相比擬。萬斯同在《儒林宗派》中，以儒家爲主，旁及老、墨、申、韓，這是班固《漢書·藝文志》和劉向、劉歆父子以六藝冠九流，不罷黜百家精神的繼續。馬叙倫先生就説：“石園先生猶拾班志之成規，通向、歆之遺意與？”（《儒林宗派後序》）劉知幾反對史館監修，主張“采摭群言”，提倡“直書”，反對“曲筆”和“諱飾”，主張“史而載文”，“言之無文，行之不遠”等等（皆見《史通》），顯然影響了萬斯同“事信而言文”的主張。

　　萬斯同在歷史編纂學上的貢獻，主要有兩點：一是他繼承了司馬遷所創造而多爲《後漢書》以後諸正史所忽略的編撰史表工作。其《歷代史表》被朱彝尊稱贊爲：“攬萬里於尺寸之內，羅百世於方册之間。"(《歷代史表》卷首朱彝尊《歷代史表序》)。二是由於企圖利用方志記載桑梓抗清事迹,他改革了方志的撰寫方法,他與萬斯選等合撰的《寧波府志》的序文説:"竊以志爲史中之一體,而不足以盡史之法。"(《咸豐丙辰鄞縣志》卷七十五《舊志源流》)。他認爲方志的缺點是:"郡乘多徇請托而不免賢否之淆,其書又雜而無別"(《與李杲堂先生書》)。要改正這種缺點,就必須"采實録之明文,搜私家之故牘,旁及於諸公之文集,核其實而辨其訛,考其詳而削其濫"(同上書),這實際上是寫史的方法,而非寫方志的傳統方法。説明他開始把史書與地理書兩種不同的體裁區別開來,並企圖把方志從"圖經"即地理書的概念中擺脱出來,轉向史書。

萬斯同的史學,其後爲全祖望和章學誠所繼承,我們可以這樣説,如果説黃宗羲是浙東史學的開創者,那么萬斯同和全祖望是奠基者,而章學誠是這一派史學理論的集大成者。

黃宗羲、萬斯同所創導的"漢儒博物考古之功"的方法,對以後的乾嘉史學亦有一定的影響。以徐乾學名義,實則主要由萬斯同撰寫的《讀禮通考凡例》中,闡述了他的考證方法:"經可信,不敢捨經而從傳;傳可信,不敢捨傳而從各家。然亦有經不足而不得不取之於傳;傳不足而取之注疏論辨者。"(《讀禮通考》卷首《凡例》)這一方法,以後爲乾嘉學派所奉行。萬斯同重視史表,著《歷代史表》,開啓了後來被梁啓超譽爲"清儒絶詣而成績永不可没"(《中國近三百年學術史》十五《清代學者整理舊學總成績(三)》)的乾嘉時期蔚爲大觀的撰寫各種史表的一代風氣。然而,乾嘉史學在清廷文化高壓政策下,走上了基本以考證方法治史的偏狹道路,抛棄了黃、萬、全等人的治史精神。梁啓超説,黃宗羲、萬斯同、章學誠"三君子之學不盛行於清代,清代史學界之恥也"(同上書),他的評價是十分正確的。

對萬斯同的學術,在他生前就有不同的評價,如對他的詩作,他的甬上同學鄭梁嫌其弱,而李文胤却認爲視唐之元、白,明之楊、李,則幾過之;對他的經學,毛奇齡、閻若璩與之作過辯論;對他的史學,王源不同意他對韓林兒的看法;對他在哲學上傾向潘平格,黄宗羲曾予以嚴厲的批評。至於在他卒後,争論就更多,概括起來有如下幾種:

在經學上,有他是否是一位純粹的考據學家及其考據有否成績的問題;《讀禮通考》和《五禮通考》是否爲他所作的問題;他的《石經考》一書的評價問題。在史學上,有關於他的史識問題;萬氏《明史稿》和王鴻緒《明史稿》的優劣問題;北京圖書館和寧波天一閣所藏《明史稿》是否爲萬斯同所作的問題;王鴻緒有否篡竊《明史稿》的問題;關於萬斯同所重視的史表體裁的評價問題,以及他有否主張建文帝遜國出亡的問題。此外,在哲學上尚有他闢宋儒,《儒林宗派》收有申、韓、老、莊及反對《宋史》區分《道學傳》和《儒林傳》是否妥當的問題;在文學上有對他的文筆優劣的評價問題;對他的生平,還有其卒年與卒地之争。上述種種問題,有許多牽涉到萬斯同有否民族思想,他的經世觀點和經學研究在整個明清之際學術史上的歷史地位,即他在明末清初的實學思潮和過渡到以後乾嘉漢學過程中的作用這一總評價問題。

上述問題,有的已解決,有的歷幾百年而尚未定論。把這些問題按年編次,可以得出這些問題的來龍去脉,有助於對萬斯同思想的深入研究。故筆者不避其繁,在《譜後》部分一一予以摘録,致使《譜後》篇幅較長,似有反客爲主之嫌,不盡合乎"年譜"體例,望學術界同仁和廣大讀者予以諒解。萬斯同資料散見於清初文集中很多,難以搜集完整,有遺漏處,亦祈批評指正。

1989 年 8 月方祖猷序於寧波大學

目 録

萬氏世系表

禮安徽濠梁定遠一世祖——義二世祖——斌(原名國珍,字文質)三世祖,授武略將軍,明永平衛副千户,寧波始祖——鍾(字榮禄)四世祖,寧波衛指揮僉事┐

┌——武(字世忠)五世祖,襲父職
└——文(字世學)五世祖,襲兄職——全(字唯一,號竹窩)六世祖,襲職——禧(字天祥,號蘭窗)七世祖,襲職——椿(字有年,號慎庵)八世祖,襲職——表(字民望,號鹿園)高祖,廣西副總兵,左軍都督漕運總兵、南京中軍都督府僉書——達甫(字仲章,號純齋)曾祖,廣東督理海防參將——邦孚(字汝永)祖,福建總兵——泰(字履安,號悔庵)父,魯監國户部主事——┐

┌——斯年(字祖繩,號澹庵)——言(字貞一,號管村)——承勳(號西廓)
│ 斯程
│ 斯禎(字正符)
│ 斯昌(字子熾)
│ 斯選(字公擇,號白雲)
│ 斯大(字充宗,號跛翁,別號褐夫)——經(字授一,號九沙)
│ 斯備(字允誠,號又庵)
└——斯同┬——世楷
       └——世標(字子建)┬——承祜人英
                        │ 承柱人敵
                        │ 承業人傑
                        └——承瑞人瑞

一 世傳、傳略

萬斯同,字季野,晚號石園,學者稱石園先生。歿後門人私謚爲貞文。浙江鄞縣(今寧波市)人。

○ 錢儀吉輯《碑傳集》卷一百三十一黃百家《萬季野先生斯同墓誌銘》:"先生諱斯同,字季野。"

○ 萬斯同《石園文集》卷首劉坊《萬季野先生行狀》:"先生諱斯同,字季野,學者稱爲石園先生。"

○ 全祖望《鮚埼亭集》卷二十八《萬貞文先生傳》:"貞文先生萬斯同,字季野,學者稱爲石園先生,鄞人也。……卒後,門人稱謚曰貞文。"

其先祖居於安徽臨濠。清時,爲南直隸鳳陽府定遠縣。三世祖萬國珍(1322—1372),從明太祖起兵,賜名斌,守滁州,以功調永平衛副千戶。洪武五年,征蒙古,戰死於阿魯渾河。贈明威將軍,指揮僉事。

○ 萬斯大《濠梁萬氏宗譜內集》卷二《世傳一·一世·禮四六府君》:"諱失,記居於臨濠,今南直隸鳳陽府定遠縣東城鄉十五都三城村義門堡。耕讀事親,不求聞達。"

○《濠梁萬氏宗譜內集》卷二《世傳一·三世·謙一府君》:"初諱國珍,字文質。……有文武才,……值元政不綱,群雄俶擾,生民不安其居。……乃集義旅,保障鄉曲。時,明太祖龍飛起義,至正癸巳,首率所部歸之,充萬戶,賜名斌。從帥府費公入滁城,下和陽,搗儀真,咸先登。著績,授顯武將軍副千户,守禦滁州。……復從都督顧公定濠及泗。洪武建元戊申,……授武略將軍。是年,從取建寧諸道,有功,……乃從費公北向,克復中原,屢斬首,上功,調永平衛副千户。三年,賜誥世襲。……五年,復從宣武劉公進征沙漠,大戰於阿魯渾河,橫槊馳突,奮不顧身,乘勝深入,力戰而歿。太祖聞而憫焉,誥贈明威將軍,指揮僉事。……卒於洪武壬子六月二十六日,享年五十有一。"

四世祖萬鍾(1357—1399),備倭寧波,授寧波衛指揮僉事,子孫世襲,遂世居寧波,賜第寧波府學東。靖難師起,陣亡於順天府大興縣之花園。

　　○《濠梁萬氏宗譜內集》卷二《世傳一·四世·和一府君》:"諱鍾,字榮禄。……洪武九年襲父爵。次年,賜誥授武毅將軍,龍驤衛副千户。十一年秋征松州。……十七年夏,始奉上命,將兵寧波,駕戈船捕倭。尋調守禦定海,再調昌國衛。二十年春隨衛移置東門,……二十五年授新誥,贈父明威將軍指揮僉事,以著其死事之節。二十八年以勞詔赴京,超授寧波衛指揮僉事,子孫世襲,賜第宅寧波府學之東,因家焉。……建文元年,太宗靖難師起,拒戰於順天府大興縣之花園,死之。……卒於建文己卯十一月五日,享年四十有三。"

五世祖萬武(1386—1408),襲職,從征交阯,歿於檀舍江。弟萬文(1397—1418)繼兄襲爵。與倭戰於浙江蓮花洋,破之。永樂戊戌,守禦桃渚海口,遇颶風,覆舟溺死。兄弟殉國時,皆僅二十餘歲。

　　○《濠梁萬氏宗譜內集》卷二《世傳一·五世·仁一府君》:"諱武,字世忠。……建文二年襲先職。公餘日集文士,相與訂經質史。……永樂五年,以事謫戍廣西,從黔國公征交阯。……六年十二月,進兵交阯之檀舍江,晝夜不遑解甲,兼之,

瘴癘襲人，雖疾，猶强起，誦唐人詩曰：'裹瘡猶出戰，况吾疾
未至是邪？'竟力戰而死。……得年二十有三。"

○《濠梁萬氏宗譜内集》卷二《世傳一·五世·仁二府君》："諱
文，字世學。……以弟襲兄爵。……永樂丁酉，倭夷入寇，
率舟師出海迎敵，戰於蓮花洋，斬首若干級，餘多就擒。總
帥嘉其功，留守桃渚海口。明年戊戌六月二十四日，夜有雙
炬，如懸燈，炯炯見於海口，烟霧中衆驚以爲寇至。府君進
舟發强弩射之，落其一炬，蓋龍目也。隨而颶風大作，波浪
洶湧拍天，舟覆而溺焉。……享年二十有二。"

萬斌、萬鍾、萬武、萬文相繼死國，人稱萬氏"四忠"。

○《康熙鄞縣志》卷二十《忠義·萬斌》："萬斌，……三年征沙
漠，大戰於阿魯完河，死之。……長子鍾，……建文元年，靖
難兵起，戰死於花園。……鍾子武，……永樂六年，從黔國
公征交阯，……力戰而死。無嗣，弟文，……承兄職。……
十六年，日本入寇，……明年，守禦桃渚，……風濤大作，舟
覆溺焉。一門四世，皆死國事，論者重之。"

○ 李文胤《甬上耆舊詩》卷二十八《明威將軍萬公武》："蓋萬氏
自萬户公至將軍，三世四人相繼以身報國，或死沙場，或死
絶徼外，或死巨海浪中，俱不得裹片骨歸葬，自勳臣之門所
未有也。子孫爲招魂葬於西山，人稱萬氏四忠冠劍墓。"

萬鍾妻曹氏、武妻陳氏、文妻吴氏，皆爲夫守節。鍾女
義顒，痛萬氏門祚衰微，遂與諸嫠共保孤兒文子全，矢志不
嫁，身著丈夫服七十餘年，以處女終。人又稱國初萬氏"四
忠三節一義"。

○ 李文胤《杲堂文鈔》卷一《萬氏家乘序》："自二世以後，死國
事者三人，俱年少，其夫人盡勵冰操，稱'三節'。而射龍將
軍死後，遺腹得男。將軍有女弟曰義顒，因念萬氏門祚衰，
遂不嫁，守孤兒成立，身著丈夫服七十餘年，事更奇。"

○《杲堂文鈔》卷四《萬氏一義傳》："鄞有女子而烈丈夫行者曰萬義顥，字祖心。余嘗讀《萬氏家乘》所載國初'四忠三節一義'諸傳，其一義，謂義顥也。……父鍾，襲寧波衛指揮，死遜國之難，有一女二子，女即義顥，子曰武、曰文。……將軍（萬文）既死，母曹太夫人在堂，嫂陳夫人無子，而將軍妻吳夫人有遺腹，無何免身，得男曰全。時祖心以慎擇偶，盛年未嫁，適有議婚者，祖心因見萬氏門祚單微，乃喟然曰：'吾家三世死國事者四人，俱不得寸骨還葬，今三嫠婦主家，而所遺孤在乳下，微宗血脉之繫，在此一兒，吾若行，則復失一臂，萬氏其危矣。'……祖心爲人甚賢而有智，日夜同三夫人撫兒兼治家，營立門户，……後三夫人者俱高年，祖心亦逾七十乃卒。垂死顧謂全曰："而無負國家，吾得下報先人矣。'"

○《康熙浙江通志·人物傳》："萬全，字唯一，……事母吳以色養。念祖考皆死皇事；祖姒以下世著苦節，乃繪'四忠三節'圖。"

○《浙江通志·列女傳》："萬義姑，名義顥，鄞人。指揮武之妹，文之姊。繼母曹氏早寡，武及文相繼死王事，武妻陳氏無子，文妻吳氏五越月而生遺腹子名全。姑痛宗祀單微，遂與諸嫠共保孤兒，矢志不嫁，以處女終。"

○萬斯大《學禮質疑》卷二附《萬氏世紀》："自將軍已上父子祖孫四人相繼死國事。將軍既死，門無男子，全方呱呱泣，行道興悲。恭人與姑曹姒陳，皆弱年，誓死以守，而將軍之女兄義顥，亦遂終身不嫁，共保遺孤，持門户，於是寧人稱'萬氏四忠三節一義'，至今如一日焉。"

○張恕《南蘭文集》卷六《萬氏撫孤圖》："不著畫者姓氏，中坐曹太夫人，面豐碩，年近四十許，武毅將軍萬鍾之繼室也。二婦裙布侍左：一爲千户武妻陳；一爲射龍將軍文妻吳。孤子全藍布衣，傍母側立處。女雙環垂耳，綠衫茜裳，即萬氏所稱義姑名義顗者。……三節一義，閨範嚴肅，正襟瞻拜，猶覺霜氣凜然。"

高祖萬表(1498—1556)，字民望，號鹿園，又號九沙山人，學者稱鹿園先生。歷任左軍都督漕運總兵、中軍都督府都督同知、南京都督僉書等職。倭寇之亂，募僧兵，累破强敵，身親陷陣，負傷。精研理學，而究竟於禪。通經術，熟先朝掌故。與王畿、羅洪先、唐順之、錢德洪等友善，俱爲王陽明浙中王門第子。爲文直抒胸臆，詩有韋、孟風味，號稱儒將。所著有《學庸志略》《論語心義》《孟子摘要》《道經贅言》《九沙雜言》《玩鹿亭稿》《淮上稿》《經濟文錄》《灼艾集》《濟世良方》《玄門入道》《資糧山中集》等。

○ 萬達甫《萬氏永思紀略》："先君諱表，字民望，別號鹿園。……正德乙卯以武試舉於鄉。庚辰，中式會試。……尋擢都指揮，督全浙運。……已擢浙江司閫，擢南京坐營。擢錦衣，擢漕運參將者二；擢漕鎮總兵掛印者二，及南都中府都督僉書，皆以宿望爲群情所推轂。……嘉靖壬子，賊首王直勾引倭夷内犯，……先君時方賜告，……乃作《海寇議》，……又薦鄞人蔣洲、張惟遠使爲間。……後先君歿，總督胡公宗憲卒用此謀，……竟誘致王直，定東南之亂。……嘉靖癸丑，海寇犯赭山，……時先君方在賜告，即爲選集方僧爲兵，以少林僧天真、天池爲首，……大破之。……嘉靖甲寅，復起南京中府都督，將任之，聞嘉興、蘇、松、通、泰諸路賊報甚急，乃變産聚糧，集下八山水兵，並僧兵合八百人以進。……猝與賊遇於楊涇橋，……惟先君以孤軍挫其鋭，身中流矢溺水。……先君之學，以頓悟見性爲宗。……作詩發於真情，……爲文明達疏暢。……卒之日爲嘉靖丙辰正月二十六日，……距其生爲弘治戊午八月二十二日，享年五十有九，葬西湖先芝嶺之麓。"

○ 黄宗羲《明儒學案》卷十五《浙中王門學案五‧都督萬鹿園先生表》："萬表，字民望，號鹿園，寧波衛世襲指揮僉事，……歷浙江把總，署都指揮僉事、督運，浙江掌印都指揮，南京大教場坐營，漕運參將，南京錦衣衛僉書，廣西副總兵，左軍都督漕運總兵，僉書南京中軍都督府。嘉靖丙辰正月卒，年五十九。……倭寇之亂，先生身親陷陣，肩中流矢，其所籌畫，亦多掣肘，故忠憤至死不忘。先生之學，多得之龍溪（王畿）、念庵（羅洪先）、緒山（錢德洪）、荊川（唐順之），而究竟於禪學。"

○ 《光緒鄞縣志》卷三十五："萬表，字民望……嘉靖二十五年，起爲左軍都督漕運總兵。……表督漕久，國計絀贏、河溝通塞，靡不通曉。……三十二年倭寇亂，……至是年夏五月，有倭四十二人，自海鹽屯赭山，……乃選僧爲兵，得二百人，……前擊之，賊敗。……賊襲太倉，……表別募月空等十八僧往，……賊遂大敗，餘走嘉興之白沙灘，追及盡殺之。……三十三年春，復起表爲南京都督僉書，道經蘇州，與倭遇婁門楊涇橋，率所募及少林僧，躬冒矢石，挫賊鋒，身中流矢，不爲止。……，賊方蜂屯諸島，而歙人汪直者，以驍雄魁其曹，表策其疏鹵，可誘而縛之；薦鄞人蔣洲、張惟遠使爲間。……其後胡宗憲竟使洲誘直至浙，斬以徇，東南浇晏然。……表將家子，通經術，熟先朝典故，與羅洪先、唐順之、王畿、錢德洪善，談説理學，號爲儒將。……爲文直寫胸臆，詩有韋、孟風味。……晚號鹿園居士，學者稱爲鹿園先生。"

○ 《濠梁萬氏宗譜内集》卷三《世傳二‧九世‧高祖考茂一府君》："諱表，字民望，別號鹿園。……府君之學，以頓悟見性爲宗，……蓋府君雖造詣精微，至與人言諄諄，導以實行，故不喜談性命之學。……作詩和平清婉，有悠然塵外之致；爲文明暢疏達，直抒所見。……所著有《學庸志略》《論語心義》《孟子摘要》《道經贅言》《九沙雜言》《玩鹿亭稿》《淮上稿》及纂《經濟文錄》《灼艾集》《濟世良方》《玄門入道》《資糧山中集》諸書行於世，……遂號九沙山人。……嘉靖丙辰正月二十六日無病端坐而逝。……享年五十有九。"

曾祖萬達甫（1531—1603），字仲章，號純齋，廣東督理海防參將。因父命與羅洪先、王畿等遊，受業於唐順之，傳其詩學，有文名。焦竑、馮夢禎、屠隆等共推爲詩社之長。所著有《皆非集》。

○《光緒鄞縣志》卷三十七："萬達甫，字仲章，……稍長，補諸生，以文名。……表使從羅洪先、王畿、錢德洪諸人遊。……復受業於唐順之，傳其詩學。已棄諸生，襲職，歷官福建都閫、廣東督理海防參將。……達甫遂解組歸里。……讀書湖上西溪墓舍，一時名士如焦竑、馮夢禎、屠隆共推爲社長，常談詩相往來。"

○《濠梁萬氏宗譜內集》卷五《世傳四·十世·曾祖考盛二府君》："諱達甫，字仲章，別號純齋。……時羅念庵、王龍溪、唐荆川、錢緒山諸先生皆傳致良知之學，與鹿園公契好，因命府君從諸先生遊，而於荆川則執贄焉。……久之，升參將，防廣海。……自廣歸，讀書西溪墓舍，貞風絕俗，一時名士如焦公竑、馮公夢禎、屠公隆等悉從之遊。……萬曆癸卯九月二十二日以疾卒於官舍，……享年七十有三。"

○《四庫全書總目提要·集部·別集類存目七》："《皆非集》二卷，……明萬達甫撰。……表雖將家子，而篤好詞翰，達甫承其淵源，亦喜吟咏，此集其詩稿也。"

祖萬邦孚（1554—1628），字汝永，號瑞巖。襲指揮，歷任浙西督運把總、左軍都督僉事、福建總兵官等職。日本侵朝，出海援朝鮮，有功。才兼文武。歸里後，與鄉里爲林泉之社，日以觴咏爲樂。所著有《一枝軒吟草》《易經講説》

《日家指掌》《筮吉指南》《蒙養編》《萬氏訓蒙》《歷書便覽》
《通書纂要》等書，且旁研中醫學，著有《增濟世良方》等
三種。

- 《光緒鄞縣志》卷三十八：“萬邦孚，字汝永，號瑞巖。……才
　兼文武，不專守一經。已襲指揮，……轉浙西督運把總，
　……擢山東都司僉書。……二十六年，征倭師敗，朝議從海
　道援之，授邦孚游擊將軍，以南京龍江營水師守鴨綠江。大
　兵屯朝鮮，邦孚轉餉遼陽，給食不乏。……論功遷杭、嘉、湖
　參將，改溫、處，……升左軍都督府僉事，鎮福建，一稟戚繼
　光遺法。……倭不敢犯，遂引疾歸里，……日與鄉里諸公觴
　咏爲樂。崇禎元年卒，年七十五。”
- 《濠梁萬氏宗譜內集》卷六《世傳五·十一世·祖考嘉一府
　君》：“諱邦孚，字汝永，別號瑞巖居士。……弱冠爲諸生。
　……亡何，棄子衿受職。……視篆領漕，皆一稟家教，文以
　儒術，循牆守瓶，不與流輩旅進退。……授浙西督運把總，
　……擢山東都司僉書，率踐更入衛。……戊戌春，倭薄釜
　山，朝鮮告急，出舟師應援。……擢游擊將軍，屢以南京龍
　江營水兵尅日督發，……駐守鴨綠江。……明年，東事平，
　……擢分守杭、嘉、湖參將，未幾改授溫、處參將。……甲
　辰，擢副總兵，分守江北，建牙通州。……己酉春，領閩鎮。
　……得旨予告以歸。家居屏絕營幕，翛然杜門。……卒於
　崇禎戊辰四月二十八日，享年七十有五。”

　　按：萬邦孚葬鄞西管家岸，原爲晚年自營生壙。墓門題
　“都督萬公貞藏”。1935年8月重建白雲莊時修，今存。
- 《四庫全書總目提要·集部·別集類存目七》：“《皆非集》
　末附《一枝軒吟草》，乃其子邦孚所作，僅五十餘首。”
- 《鄞縣通志·文獻志·藝文一》：“萬邦孚著《易經講説》《萬
　氏訓蒙》六卷、《蒙養編》二卷、《通書纂要》六卷、《歷書便覽》

三卷、《痘疹方論》五卷、《增濟世良方》五卷、《萬氏家鈔方》七卷、《心印紺珠經》三卷。"

前祖母張氏，早卒。

○《濠梁萬氏宗譜内集》卷六萬斯大《祖妣張氏世傳》："祖妣贈恭人，張氏，光禄少卿石鯉公子瑤弟子璋之女，年二十歸府君，善事舅姑。……而天奪其年，竟以不永。……享年三十有四。"

祖母陳氏。

○《濠梁萬氏宗譜内集》卷六萬泰《恭人陳氏行述》："先母姓陳氏，外祖陳公爲侍御公玨之後，……及笄而歸先君。……外應賓客，内給僮僕，室中纖悉，倚辦於母。"

父萬泰（1598—1657），字履安，號悔庵。舉崇禎丙子鄉試，棄武從文，從游劉宗周之門。參與慈溪之文昌社，後又加入復社。與同里陸符、董德偁、董守諭齊名，號稱"四孝廉"，與黃宗羲兄弟尤爲交契，標榜風節，共列名反閹黨阮大鋮之《留都防亂揭》。明亡，任南明魯監國户部主事，屢營救抗清志士。却公車之征。倡詩社，爲東南文壇領袖。所著有《續騷堂集》《寒松齋詩稿》《懷刻詩》《粤草》等。

○《濠梁萬氏宗譜内集》卷七《世傳六·十二世·考昌一府君》："諱泰，字履安，晚號悔庵。……年十九，……補郡庠生，聲名蔚起。……丙寅，科試第一，……時雖爲子衿乎，而海内道義之士，數四明人物，必曰陸、萬。蓋吾寧自蛟門秉鈞之後，風氣敗壞，沿流莫解。别至啓朝，權璫焰張，紳士瀾狂波靡，益不可救。獨府君與陸文虎符毅然持之，……而有志者亦遂知名節，皆視兩人爲的，以故二人之名重天下。崇禎丙子科，……中第五十五名。……凡宦遊至鄞者必首造焉。……甲申國變，慟哭不欲生。……浙東師起，……授府君户部主事，督餽餉。……丙戌六月，江東敗。……絶口不

言世事，……所居寒松齋，二三友朋，香茗坐對，嘯咏忘饑，
……字精楷，即家書未常潦草，人多寶之。……所著詩文，
名《續騷堂稿》，凡若干卷，《懷剡詩》一卷，《粤草》一卷。"

　　按：蛟門，指明季大學士沈一貫，寧波人。寧波東出海
處有蛟門。

○《濠梁萬氏宗譜内集》卷七高斗魁《悔庵萬先生行狀》："與慈
溪劉瑞當、姚江黄太冲先生兄弟，激揚風節，扶掖後進。
……丙戌，海師潰决，遁迹榆林山中。……公車徵，自陳病
廢之狀，不就。遂杜門不見賓客，暇則扁舟訪黄先生於剡曲
山中。……所爲詩，本於真樸大雅。……聞朋友急難，雖冒
風雪，躬行泥淖中，弗顧也，如出予伯子於獄中，奪晦木於鋒
刃，皆以死力得之。"

○《鮚埼亭集》卷二十四《子劉子祠堂配享碑》："而梨洲之徒，
有曰鄞萬先生斯選，字公擇，其父户部郎泰，故嘗游子劉子
之門。"

○《四明儒林董氏宗譜》卷十三載馮元飈《勾章同學祭銘存先
生文》："自吾黨文昌社興，而同鄉人士丕然一變，而知所爲
東林之學。……文昌社者，中丞、太保兩先兄暨文烈公姜翊
朋先生實主是盟，當是時，鄞有陸、萬二子……益以姚江黄
子三人。"全祖望《續甬上耆舊詩》卷二十《董户部守諭》："是
時，吾鄉四孝廉並與東林桴鼓相應。"

○《續甬上耆舊詩》卷二十二《萬户部泰》："吾鄉爲黨論所厄，
不與東林聲息相接，四先生（董德偁、董守諭、陸符、萬泰）者
出，夾輔慈水二馮而聯絡之，有疏導之功焉。"

○《續甬上耆舊詩》卷三十八《寓公雙瀑院長黄宗義》："已而，
慈水二馮，合浙東才彦與復社應，……鄞則董次公、陸文虎、
萬履安、天鑑兄弟三人，姚江則先生兄弟也。先生與文虎、
履安尤相善，共豫蕺山證人之席。"

○張廷玉等《明史》卷三百八《阮大鋮》："無錫顧杲、吳縣楊廷

柩、蕪湖沈士柱、餘姚黃宗羲、鄞縣萬泰等皆復社中名士，方
聚講南京，惡大鋮甚，作《留都防亂揭》逐之。大鋮懼，乃閉
門謝客。”

○《杲堂文鈔》卷三《高辰四五十壽序》：“萬履安先生末年始與
　余輩五人爲忘年交。……五君過從每不避風雨，率聚萬氏
　草堂，履安先生在主席。……然此五君俱以文章風節自重，
　歲寒相見，各極標持。”

○《續甬上耆舊詩》卷二十二《萬户部泰》：“公車敦促，長歌謝
　之。……燕人梁職方公狄至寧，先生爲約同志六七人，與之
　唱和，其音淒絶。”

○《石園文集》卷首劉坊《萬季野先生行狀》：“吾父棄累代戈矛
　之傳，以文史代驅馳。崇禎之季，復社所謂萬履安先生者，
　領袖東南數十年。”

母聞氏。

○《濠梁萬氏宗譜内集》卷七萬斯大《先妣行述》：“妣聞氏孺
　人，庠生諱好懿公女，冢宰莊簡公諱淵之玄孫女也。幼儀女
　工，及事舅姑、相吾考，與夫理家主饋，一切婦道，靡不中法。
　……先妣之初歸也，先大父遺帑尚殷，先考性疏曠，詩書之
　外，惟事交游，生產置不理。先妣力爲主持，井井不紊。”

幼遇戰亂，隨父母諸兄避兵奉化榆林，先後居三年，樵
蘇不繼，與諸兄共耕謀食。

○《濠梁萬氏宗譜内集》卷八萬言《永一府君行述》：“猶憶榆林
　三載，攜不孝雜僮僕中，種麥、種豆、種薯蕷、種菜、挑筍、捕
　魚諸勤苦，皆躬親之。”

○《濠梁萬氏宗譜内集》卷八萬言《先母周孺人傳》：“是日報江
　東兵潰，又盡室避之奉化榆林，……樵蘇不繼，多從民家借
　米而炊。”

○《石園文集》卷一《述舊》：“穴居逾三年，脱粟嘗不繼。”

返城後，爲生計所逼，逾十歲，未嘗入塾。少不馴，不肯帖帖隨諸兄。然居常乞字於兄，遍讀父所藏書，父因遣就塾。

- 《碑傳集》卷一百三十一黃百家《萬季野先生斯同墓誌銘》："父諱泰。……金石聲變，長謝公車，息機盛世，盡喪失其家道，……所以先生年逾十歲，未嘗入塾也。然而先生志性夙成，居常乞字於諸兄，熟經於默識，芄蘭角卯，則固斐然潛有文筆矣。"

- 《鮚埼亭集》卷二十八《萬貞文先生傳》："少不馴，弗肯帖帖隨諸兄，所過多殘滅。……又見有經學諸書，皆盡之。……戶部亦愕然曰，幾失吾子。是日，始爲先生新衣履，送入塾讀書。"

- 《杲堂文鈔》卷三《送萬季野授經會稽序》："季野爲先生最少子，先生初未奇之也。既年十四五，即能取先生座上書遍讀之，盡知大略。"

父亡，故居爲帥府所奪，再隨諸兄僦居於西皋墓舍。家貧，壯年始受室。雖饘粥不繼，然所入脯修，節省以濟同族。

- 《石園文集》卷首楊无咎《萬季野先生墓誌銘》："故第奪於帥弁，僦居丙舍，饘粥不給，節省以濟同族。所入脯修，宗黨中有喪葬老疾之費，咸取資焉。"

- 萬言《管村文鈔》卷一《歷代史表序》："嗚呼！叔父處於世亦窮矣。八歲喪吾祖母，九歲喪吾曾祖母。十有八歲，祖父舍之適吳，又明年亡於粵。二十八歲始受室，不五年而又死。計三十三年中六徙其家，兩更大亂。"

至餘姚，問學於父友黃宗羲。與諸兄共舉文會，及策論之會，後又參加講經會。黃宗羲來甬，創辦證人書院，爲黃氏高弟。

○《碑傳集》卷一百三十一黄百家《萬季野先生斯同墓誌銘》：
"猶憶順治歲己亥，先生初謁先遺獻（黄宗羲）於化安山。"

○ 黄炳垕《黄梨洲先生年譜》："十八年，……甬上門士萬允誠、
季野、貞一，訪公山中。"

○《管村文鈔》卷一《李重明墓誌銘》："弱冠，出與郡中諸大家
子爲文會，於是會者……及家叔充宗、允誠、季野凡二十
九輩。"

○ 鄭梁《寒村詩文選・五丁集・萬允誠詩稿序》："一日，季野
過訪，晉接語間合意……明年，余與甬上諸名士爲策論之
會，得交充宗、貞一。"

○ 黄宗羲《南雷文定》後集卷三《陳夔獻墓誌銘》："甬上陳夔獻
創爲講經會，……諸子亦散而之四方，然皆有以自見，如萬
季野之史學。"

○《南雷文定》三集卷二《董吳仲墓誌銘》："明年，余至甬上，諸
子大會於僧寺，亦遂以證人名之。"

○《杲堂文鈔》卷三《送萬季野授經會稽序》："季野兄弟更與同
研席諸人，相與論黄氏之學……黄先生嘗謂余曰：'以季野
之才，好學若此，望諸君少待之，無促使下筆，俟積其胸中所
有，一涌而出，當盡爛然矣。'蓋黄先生心屬季野之重有
如此。"

○ 陳錫嘏《兼山堂集》卷四《陳母謝太君六十壽序》："予夜臥雲
在樓，夢與人言，戢山梨洲之傳，當在夔獻、季野，覺語同亮
而異之。"

至崑山，爲徐乾學撰《喪禮》。繼乃辭博學鴻儒之徵。
及清廷詔修《明史》，因徐乾學、徐元文兄弟之薦，北上至
京，以布衣入史局，不受俸，不署銜。始住徐氏兄弟之碧山
堂賓館，繼之住江南會館，終住總纂王鴻緒官邸，先後二十
年，始終孜孜以《明史》爲己任。

○ 李文胤《杲堂文續鈔》卷三《送萬季野北上序》："季野既別予,就館於崑山。"

○ 《雍正寧波府志》卷二十五《儒林傳》："司寇徐乾學聞其名,敦請編纂《喪禮》諸書。"

○ 《鮚埼亭集》卷二十八《萬貞文先生傳》："及崑山徐侍郎乾學居憂,先生與之語《喪禮》,侍郎因請先生纂《讀禮通考》一書。"

○ 蔣學鏞《鄞志稿》卷十二《儒林傳下·萬斯同》："詔徵博學鴻詞,巡道許宏勳以斯同應,力辭得免。明年,開史局,崑山徐學士元文,延修《明史》。時局中徵士稱著作郎,食七品俸,學士欲援例以授,並辭之。以白衣參史事,不署銜,不受俸。"

○ 《鮚埼亭集》卷十一《梨洲先生神道碑文》："徐公延公子百家參史局,又徵鄞萬處士斯同、萬明經言同修,皆公門人也。"

○ 《碑傳集》卷十二韓菼《資政大夫文華殿大學士户部尚書掌翰林院事徐公元文行狀》："客有熟於前朝典故者,公奉書幣延至賓館。"

○ 閻若璩《尚書古文疏證》卷八："甲子春,寓東海公碧山堂,……時,季野寓處頗近。"

○ 《石園文集》卷首劉坊《萬季野先生行狀》："先生遂爲京口(張玉書)、澤州(陳廷敬)所留,移置江南會館中。"

○ 楊椿《孟鄰堂集》卷二《再上明鑑綱目館總裁書》："王公(王鴻緒)延鄞縣萬君斯同、吾邑錢名世於家。"

修史之餘,又設講座,所講有經、史、禮、樂等,聽者輿馬駢集。兩度回甬,爲里中子弟講學。

○ 《石園文集》卷首楊无咎《萬季野先生墓誌銘》："而其有功於後學,則講會之力爲多。……其北遊也,則月凡三舉,益以田賦、兵制、選舉、樂律、郊禘、廟制、輿地、官制諸論説。"

○《碑傳集》卷一百三十一黃百家《萬季野先生斯同墓誌銘》：
　　“後主講會於京師。……至期輿馬駢集。”
○《續甬上耆舊詩》卷一百十二張錫琭《贈別萬季野先生北上
　　四十二韻》：“今歲暮春歸，兩度見鄉土。講堂得重開，生徒
　　喜欲舞。”

季野爲人古邃，落漠寡交，不屑與流俗爲伍。然不矜
意氣，不事聲援，行清氣和，尤喜獎引後進。見人輒以有用
之學相切劘；人無賢不肖皆至誠接之。

○萬斯同《歷代紀元彙考》卷首陳正心《序》：“先生爲人古茂淵
　　邃，不屑與流俗伍，落漠寡交。惟二三同志者相與講道談
　　藝，則亹亹不倦，以故得至前者弗易。”
○《鮚埼亭集》卷二十八《萬貞文先生傳》：“先生爲人，和平大
　　雅，……不矜意氣，不事聲援，尤喜獎引後進，惟恐失之。”
○《鄞志稿》卷十二《儒林傳下・萬斯同》：“見人輒以有用之學
　　相切劘，戒以勿溺文字、勿騖聲華。……人無賢不肖皆至情
　　接之。”
○《歷代紀元彙考》卷首温睿臨《序》：“每見，則問近看何書？
　　有何著述？勤勤以年老時邁，毋荒歲月爲戒。”

曾思脱離史局，約劉獻廷、黃百家私修《明史》，不果。
晚年雖神旺氣鬱，然雙目幾廢，又患足疾。終因勞心過甚，
遽逝於明史館中。

○《鮚埼亭集》卷二十八《劉繼莊傳》：“繼莊（劉獻廷）亦返吳，
　　而萬先生爲明史館所留。繼莊謂曰：‘不如與我歸，共成所
　　欲著之書。’萬先生諾之，然不果。”
○《碑傳集》卷一百三十一黃百家《萬季野先生斯同墓誌銘》：
　　“己見先遺獻晚年所著《明三史鈔》，大喜曰：‘此一代是非有
　　關也。我此番了事，歸來將與汝依此底本，另成《明朝大事
　　記》一部，何如？’余心甚快之。每依北斗，延頸而望先生來

踐此言,豈期竟以訃音聞耶!"

○ 阮葵生《茶餘客話》卷九《萬斯同修明史》:"時萬老矣,兩目盡廢,而胸羅全史。"

○ 《歷代紀元彙考》卷首溫睿臨《序》:"壬午正月,先生誕辰。……時先生已患腳氣。"

○ 《石園文集》卷首劉坊《萬季野先生行狀》:"予謂其神旺氣鬱,天必留爲龜鑑以惠我同人。乃勞心過甚,精神耗竭,遂棄我先逝耶?……卒於康熙四十一年四月初八日辰時京邸王司空儼齋明史館中。"

生有異質,讀書過目不忘。幼承家訓,絶意科舉,專攻經史,而以史學爲最。

○ 《雍正寧波府志》卷二十五《儒林傳》:"生有異質……,讀書過目不忘,……性不喜仕進,不樂榮利。"

○ 錢大昕《潛研堂文集》卷三十八《萬先生斯同傳》:"生而異敏,讀書過目不忘。"

○ 《石園文集》卷首楊无咎《萬季野先生墓誌銘》:"季野學無不窺,而以山陰蕺山先生爲宗主。履安先生出蕺山之門,而蕺山之高弟黄梨洲倡明蕺山之學,季野復從之遊,因得盡聞蕺山秘旨,而躬行實踐,非僅僅標榜爲名高也。"

○ 《杲堂文續鈔》卷一《萬季野詩集序》:"吾友萬季野,少從梨洲先生,得傳子劉子之學。"

○ 李塨《恕谷後集》卷六《萬季野小傳》:"季野見下拜曰:'吾自誤六十餘年矣。吾少從遊黄梨洲,聞四明有潘先生(潘平格)者曰'朱子道、陸子禪'。怪之,往詰其説,有據。同學因轟言予畔黄先生,先生亦怒。予謝曰:'請以往不談學,專窮經史。'"

自稱平生學凡三變,弱冠時爲古文詞詩歌,繼治經國有用之學,考索歷代典章制度,終則任故國之史事以報故國，故尤究心於《明史》。

　　。《石園文集》卷首劉坊《萬季野先生行狀》："僕生平，學凡三
　　變：弱冠時爲古文詞詩歌，欲與當世知名士角逐於翰墨之
　　場，既乃薄其所爲無益之言以惑世盜名，勝國之季可鑒矣；
　　已乃攻經國有用之學。……時與諸同人兄弟自有書契以至
　　今日之制度，無弗考索遺意，論其可行不可行。又思此道迂
　　遠，而《典》《考》《志》諸書所載，有心人按圖布之有餘矣。而
　　塗山，二百九十三年之得失，竟無成書，其君相之經營創建，
　　與有司之奉行，學士大夫之風尚源流，今日失考，後來者何
　　所據乎？……故自己未以來，迄今廿年間，隱忍史局，棄妻
　　子兄弟不顧，誠欲有所冀也。"

　　其詩出於性靈，善於流連抒感；古文不減歐、曾。其經
學能與漢宋諸儒辨及微芒。論學術主經世致用；論史法主
以實錄爲宗；論讀書則主先經、後史而後子集。其論方志
人物則着重於易代之際鄉邑傑出人物之應及時表章者。

　　。《石園文集》卷首劉獻廷《石園文集題詞》："悲憤之衷，值乎
　　世會；淵博之學，發乎性靈，復有一種不情不緒之想，出乎筆
　　墨之外。以詩論詩，詩之陶也；以文論詩，詩之莊也。"

　　。《杲堂文續鈔》卷一《萬季野詩集序》："而季野復喜言詩。
　　……季野亦出其詩二帙，使余序之，一何其中今協古，鏗鏘
　　感諷，流連宛篤，悽遠若是其辭之絕工也。"

　　。《杲堂文鈔》卷三《送萬季野授經會稽序》："季野於經學，能
　　與漢宋諸儒辨及微芒。……間發爲古文詞，識力深健，不減
　　歐、曾，爲詩亦能窺盛唐大家之室。"

　　。《石園文集》卷首楊无咎《萬季野先生墓誌銘》："論史籍則謂
　　諸家疏漏抵牾，無一足滿意者，而欲以實錄爲宗，諸書爲輔。
　　論讀書則先經而後史，先經史而後子集，而深怪今學者之固
　　陋而淺狹也；論學術則以爲經世之業，實儒者之要務，而有

慨於三代之良法，至秦而亡，漢唐宋相傳之良法，至元而盡失，而今日所循用者，則又季世之秕政也；論記載則以郡志當大亂之後，其人物之卓然傑出者，不可以無傳，當仿效《浦江人物》《吳郡先賢》之例，以表章之者也。”

性喜肆力於學問，讀書五行並下，於書無所不窺而識其大，故博物洽聞。在甬上，已名聞宇內，至京，尤名重都城。

○《杲堂文鈔》卷三《送萬季野授經會稽序》：“然性肆力於學問。”

○《碑傳集》卷一百三十一黄百家《萬季野先生斯同墓志銘》：“蓋先生出生無他嗜好，侵晨達夜，惟有讀書之一事，……所謂博聞强識，敦善行而不怠，先生其無愧於斯語哉。”

○《方苞集》卷六《萬季野墓表》：“故其學博通。”

○《杲堂文續鈔》卷三《送萬季野北上序》：“一時諸君欲叩經史疑義，則造季野；欲論古文詞，則造余，……而季野之名，遂已日聞於天下。”

○《鮚埼亭集》卷二十八《萬貞文先生傳》：“先生讀書，五行並下，如決海堤。然嘗守先儒之戒，以爲無益之書不必觀，無益之文不必爲也，故於書無所不讀而識其大者。……當時京師才彦霧會，各以所長自見，而先生最暗淡。然自王公以至下士，無不呼曰萬先生。……安溪李厚庵（李光地）最少許可，曰：‘吾平生所見，不過數子，顧寧人、萬季野、閻百詩，斯真足以備石渠顧問之選者也。’”

所著宏富，不下數百卷，而以主編《明史》聞名於世。

○《石園文集》卷首楊无咎《萬季野先生墓誌銘》：“所著書多行於世，……以及詩文集又不下數百卷。”

○《雍正寧波府志》卷二十五《儒林傳》：“著經史學書合三十種，詳（藝文志》。”

○ 趙爾巽等撰《清史稿》卷四百八十四《萬斯同》：“博通諸史，
尤熟明代掌故……嘗作明開國訖唐、桂功臣將相年表，以備
采擇。其後《明史》至乾隆初大學士張廷玉等奉詔刊定，即
取鴻緒史稿爲本而增損之。鴻緒稿，大半出斯同手也。”

妻莊氏，繼配傅氏。

○ 《石園文集》卷首劉坊《萬季野先生行狀》：“原配莊氏，繼配
傅氏。”

○ 《濠梁萬氏宗譜內集》卷八《叔祖永八府君》：“諱斯同，……
娶莊氏，繼傅氏。”

子二，世楷，早卒；世標（1679—1735），廩膳生。

○ 《碑傳集》卷一百三十一黃百家《萬季野先生斯同墓誌銘》：
“子二：世楷，早卒；世標，府學生。”

○ 《石園文集》卷首劉坊《萬季野先生行狀》：“子一，世標，廩
膳生。”

○ 《濠梁萬氏宗譜內集》卷九《世傳八·叔考昭十府君》：“諱世
標，字子建，即庠歲貢生，永八府君子，娶董氏。……生於康
熙己未十月初九日，卒於雍正乙卯正月十四日，享年五十七
歲。葬鄞西管家岸。”

孫四：承祜（人英）、承柱（人敵）、承業（人傑）、承瑞（人
瑞）。

○ 《石園文集》卷首劉坊《萬季野先生行狀》：“孫二：承祜，人敵
尚幼。”

○ 《石園文集》卷首楊无咎《萬季野先生墓誌銘》：“孫四人：人
英、人敵、人傑、人瑞。”

○ 《濠梁萬氏宗譜內集》卷九《世傳八·叔考昭十府君》：“生子
四：承祜、承柱、承業、承瑞。”

兄弟八人，斯同爲季。長兄斯年，字祖繩（1617—
1693），號澹庵，娶聞氏。明邑庠生，抗清志士錢肅樂弟子。

明亡,授徒鄞之西郊桃源書院,精經學。晚年,信道教。康熙三十二年卒,年七十七。

　　○《濠梁萬氏宗譜內集》卷八《世傳七·伯祖永一府君》:"諱斯年,字祖繩,號澹庵,昌一府君長子,邑庠生。娶周氏,生子四:言、世培、善、世祺。生於前明萬曆丁巳六月二十五日,卒於康熙癸酉七月二十五日,享年七十有七,合葬應鼇山。"

　　○《濠梁萬氏宗譜內集》卷八萬言《永一府君行述》:"府君諱斯年,字祖繩,晚歲自號澹庵。……癸卯、甲辰以來,授徒桃源書院。……吾邑東西皆七鄉,西七鄉彥士咸來稟學。府君出平日所讀《史記》《漢書》及唐、宋諸家舊本,更搜輯儒先評注爲圈點,勾勒以授之。其專經訓詁之外,於《易》則廣以程傳《義海》;於《書》則爲分別伏孔今古之異同;於《詩》則參以呂東萊《詩記》、嚴坦叔《詩輯》;於《春秋》《禮記》,則旁通於趙氏之《屬辭》、衛氏之《集說》、徐氏之《集注》:以故鄞士之爲文有古文氣脉,經學不專於講章膚説者,不問皆知其爲府君指授也。……弱齡爲錢忠介公入室弟子,……性淳樸,凡世人所爲智巧以尚人者一不以蓄意,以此往往受人欺紿,……府君未五十時,即從事真修。"

　　二兄斯程(1621—1671),娶董氏。明亡,不仕新室。曾救黃宗炎於刑場。後隱居西郊桃源鄉,賣藥爲生。康熙十年卒,年五十一。

　　○《濠梁萬氏宗譜內集》卷八《世傳七·伯祖永二府君》:"諱斯程,昌一府君次子,娶董氏。……府君恪守庭訓,介潔自持。嘗隱居西山桃源賣藥,人以韓康伯目之。生於前明天啓辛酉,卒於康熙辛亥,享年五十有一,合葬應鼇山。"

　　○《鮚埼亭集》卷十三《鷦鵠先生神道表》:"鷦鵠先生諱宗炎,字晦木,一字立溪。……事敗,先生狂走,尋入四明山之道巖,參馮侍郎京第軍事,奔走諸寨間。庚寅,侍郎軍殲,先生亦被縛。……伯子（黃宗羲）東至鄞，謀以計活之。……及行刑之日，……暗中有突出負先生去者，不知何許人也。……冥行十里，始息肩，忽入一室，則萬户部履安白雲莊也。負之者，即户部子斯程也。”

三兄斯禎（1622—1697），字正符，娶黃氏。郡庠生。明亡，不應舉，以訓蒙終。精研《周易》，旁治毛《詩》《春秋》。康熙三十六年，貧病以歿，年七十六。

○《濠梁萬氏宗譜内集》卷八《世傳七·伯祖永三府君》：“諱斯禎，昌一府君第三子。讀書甘貧，充郡庠生。不應舉，以訓蒙終老。娶黃氏，無出。生於前明天啓壬戌，卒於康熙丁丑，享年七十有六。合葬應嶴山。”

○《寒村詩文選·安庸集·萬正符先生七十壽序》：“精研《周易》，旁治毛《詩》《春秋》，手録唐、宋、元人經解，窮年著述。書宗北海，詩有風人之致，其在萬氏昆季中實非無以自見者。顧不幸無子，既貧且病。”

四兄斯昌（1625—1653），字子燬，一字孝先。娶趙氏。勇力過人，兵災時，持短戈捍衛鄉里。倜儻多智，崇尚氣節。與四明山抗清義師暗通消息。後隱居西郊桃源鄉，賣藥爲生。順治十年卒，年二十九。

○《濠梁萬氏宗譜内集》卷八《世傳七·伯祖永四府君》：“諱斯昌，字子燬，昌一府君第四子。少負奇氣，勇力過人。當兵燹時，避地鄉村，獨持短戈，往來捍衛里人，群謂不愧名將家子。年二十九，齎志以歿。生於前明天啓乙丑十一月，卒於順治癸巳十二月。娶趙氏，無出，以兄子善爲後，合葬鄞西管家岸。”

　　按：今寧波市西郊管家岸白雲莊後，有萬斯昌墓，其墓門石碑有“孝先永四府君墓”七字。

○黃宗會《萬子燬傳》：“萬子燬者，吾友履安先生之第四子也，名斯昌。生有氣力,忼慨重氣節,論事激昂奮發,無所畏避,疏於財利。……迨丙戌,虜兵渡江,遍地皆亂,民避難剡溪。而子熾獨以一人間關百里,持短兵捍衛,一無所失。……妻趙氏先子熾死。……馮京第舉兵山中,住回風洞,日捕田間人,索其軍需,民多怨之。子熾從迂道走百數十里,語之曰:'民本怨虜,公爲安民,故與義滅虜也。今也民之怨虜,不如怨公,敗亡之道也。'……京第大將袁文虎被擒,子熾復徒步夜走語曰:'虜迫矣,公曷歸所以圖再舉。'京第不聽,卒爲虜所擒。……後竟隱西山桃源鄉,與兄斯程以賣藥爲業。癸巳十二月,病瘧,往市肆取截瘧丹,服之果驗。其夜,與兄弟劇飲,醉卧火盆上,夜半聞喘聲,起視之而絶矣。……贊曰:'……獨子熾倜儻多智,崇尚氣節,不欲以章句自困,蓋其家風然云。……不獲展其才,而遘疾以死,其可痛也哉。'"

　　按:是文見寧波市西郊管家岸白雲莊後萬斯昌墓碑。

五兄斯選(1629—1694),字公擇,學者稱白雲先生。娶董氏。黄宗羲證人書院高足,亦爲其哲學思想繼承者。爲人方嚴,持氣節。後在浙江杭州、語溪及江蘇淮南講學。康熙三十三年卒,年六十六。所著有《白雲集》。

　○《濠梁萬氏宗譜内集》卷八《世傳七·伯祖永五府君》:"諱斯選,字公擇,昌一府君第五子。讀書有間,不求聞達。娶董氏。……生於前明崇禎己巳五月十九日,卒於康熙甲戌八月初十日,享年六十有六。合葬鄞西管家岸。"

　○《南雷文定》五集卷三《萬公擇墓誌銘》:"公擇諱斯選,萬氏,余友履安先生之第五子也。……公擇生平不應科舉,出而教授,自武林、語水以至淮上,故亦不專舉業。《通鑑》則手録。《二十一史》則句讀丹鉛,不遺一字。……世苦於貧,多不持士節,三三兩兩,相習於機械之途,以苟得爲才。公擇痛惡之,即在久故者,未嘗肯假借一語,令其自容。……交遊間，闡隱微之善，砭纖芥之惡，古之所謂隘人也。……然余直信其爲黃叔度、吳康齋路上人，非阿私所好也。……生於崇禎己巳五月十九日，卒於康熙甲戌八月初十日。"

○《續甬上耆舊詩》卷七十七《萬布衣斯選》："字公擇，學者稱爲白雲先生。……梨洲黃氏講學甬上，弟子從之如雲，其稱高座者十有八人。然或講經，或榷史，或爲詩古文詞，不能盡承學統也，而先生以躬行君子領袖之。其辨析名理，皆自實踐而出。爲人方嚴崋岸，於所不可之人，視之若浼。……生平教人以靜坐。……又謂宋儒自游、楊而後，雖以朱、陸大賢，不無夾染二氏之處，……至於明儒尤甚。故先生於諸儒書中，彈駁疵累至數千萬言，梨洲讀而嘆曰，吳康齋之流也。……先生待人不肯少有假借，夫己氏與戶部婚，及其晚節披猖，戶部惡之，然未能絕也，先生不一過其門。及梨洲作《行朝》諸錄，先生請直書其事，而逆狀大著，夫己氏始喪氣。"

　　按：夫己氏指出賣寧波抗清志士之劣紳謝三賓。其事詳見近人柴德賡《史學叢考》中之《〈鮚埼亭集〉謝三賓考》一文。

○《清史稿》卷四百八十一《儒林二·萬斯大》："兄斯選，字公擇。學於黃宗羲。嘗謂學者須驗之躬行，方爲實學。於是切實體認，知意爲心之存主，非心之所發。理即在氣中，非理先氣後。涵養純粹，年六十卒。宗羲哭之慟，曰：'甬上從遊，能續戢山之傳者，惟斯選一人，而今已矣！'"

六兄斯大（1633—1683），字充宗，號跛翁，學者稱褐夫先生。娶陸氏。黃宗羲甬上證人書院高足。精研經學，尤長三《禮》《春秋》。爲人剛毅，富有氣節：收張煌言尸骨葬之南屏；營救抗清志士陸宇燝。康熙二十二年卒，年五十一。所著有《學禮質疑》《周官辨非》《儀禮商》《禮記偶箋》

《學春秋隨筆》，人稱《萬氏經學五書》。又著《禮記集刊》
《春秋三傳明義》《丁災草》《甲陽草》等，又輯《萬氏宗譜》。

○ 《濠梁萬氏宗譜內集》卷八《世傳七·先考永六府君》："諱斯
大，字充宗，別號褐夫，晚年病足，自號跛翁。……府君幼攻
舉業，……既承王父志，謝絕進取，獨專經學。……奉父執
梨洲黃先生爲師。……癸丑秋，毀於火，隻字不遺。……露
抄雪纂，復理前塵不倦，……至是再讀三《禮》，……成《學禮
質疑》一書，質疑者，即質之梨洲先生也。……又以《周禮》
所載，設官制賦，多與《論》《孟》五經不合，取而辨之，得若干
條，名曰《周官辨非》。於《儀禮》則有《商》，於《禮記》則有
《偶箋》，皆從獨悟。……辛酉，海昌陳令升先生延致於家，
以《春秋》相商榷。於是復廣搜備采，……另爲劄記，曰《學
春秋隨筆》，……至癸亥七月甫竣昭公，而疾作。……越數
日，遂爾奄逝。……諸贈貽酬答之作，自戊申至甲寅，曰《丁
災草》，乙卯至癸亥，曰《甲陽草》，亦説經者居多焉。……一
日遊陽明書院，見廡間有張縉彥神位，立擊碎之，守者驚訝。
……府君曉之曰：'此明末兵部尚書，賣國爲闖賊官，後復歷
仕，爲此間方伯者也。'……王父好友陸文虎先生無子，暴棺
淺土三十年，府君致書諸故人，醵金葬其六柩。張司馬蒼水
藁葬荒山，府君偕好事者卜兆南屏，爲封樹焉。每上已重
九，裹鷄絮酒，拉同志聚哭之，生平尚義又如此。……府君
生於崇禎六年癸酉六月六日。……王父字之曰充宗。嘗自
謂古人字多通用，因自號'五鹿充宗'，取其解經折角也。卒
於康熙二十二年癸亥七月廿六日。"

○ 《管村文鈔》卷一《叔母陸氏孺人墓誌》："（陸）翁故奇士，痛
先世食祿二百餘年，國亡，思以綿力强支一綫。始奉忠介錢
公於江干，繼交司馬某公於絶島，卒以島上事牽累而死。
……方陸翁之被逮也，繫省獄者數月，孺人出簪珥衣物，促

叔父至省營救。……翁竟脫械，出獄而死。死則與叔父葬之。"

　　按：陸翁，指抗清志士陸宇爆。

七兄斯備（1636—?），字允誠，一字又庵。娶李氏，繼俞氏、夏氏。黃宗羲甬上證人書院弟子。善書，精篆印，又工於詩。卒年不詳。所著有《深省堂集》。

○《濠梁萬氏宗譜內集》卷八《世傳七·叔祖永七府君》："諱斯備，字允誠，昌一府君第七子。娶李氏，繼俞氏、夏氏。……府君工於詩，所著有《深省堂詩集》。"

○《續甬上耆舊詩》卷七十七《萬布衣斯備》："字允誠，一字又庵，戶部郎泰第七子也。亂後隱居不試，婿於李氏。婦翁杲堂先生愛之，相依二十餘年，如左右手，昕夕互相唱和。杲堂尤稱其五律搜索意匠，疏理血脉，一字一句，無不雕磨且自以爲不如。……先生書法極工，兼精篆刻。其爲人和平長厚，篤於兄弟之誼，……所著有《深省堂集》。"

兄弟八人，人稱"萬氏八龍"。

○《杲堂文鈔》卷三《送萬充宗授經西陵序》："吾友萬履安先生有才子八人。……余嘗目諸萬曰：'事古而信，篤志不分，吾不如充宗。'又曰：'說經無雙，名擅八龍，昔有慈明，今見充宗。'以荀氏八人，慈明第六；而萬氏八人，充宗亦第六也。"

○《碑傳集》卷一百三十一黃百家《萬季野先生斯同墓誌銘》："昔吾先遺獻少以籲冤出遊，交滿天下士，而心言性命之友，不過數人，於甬上則萬履安先生、陸文虎先生。……萬則魁然主吟於汐社月泉，而有才子八人，人比之荀氏八龍焉。"

○蔣學鏞《樗庵存稿》卷二《書萬正符手錄詩補傳》："惟是萬氏兄弟八人，里中推爲八龍。其第六爲充宗先生斯大，以經學著。第八爲季野先生斯同，以史學著。海內士大夫罔弗耳熟。第五爲公擇先生斯選，精研蕺山心性之學，爲梨洲先生

高座,見《南雷文案》。第七爲允誠先生斯備,工詩,載《甬上
耆舊集》中。其上四人,惟長曰斯年,字祖繩,有葬張司馬蒼
水一事。次斯程,三即斯禎,四曰斯昌,予並失考其字。
……或疑八龍見推,特因群季並卓絶一時,遂率連稱述,擬
諸漢之荀氏。……若漢之荀氏,其三人並湮没無考,緄則結
婚中常侍唐衡之女爲子或婦。爽之《易説》雖有存者,亦嘗
應董卓辟命。……萬氏兄弟則固先人爲明之世臣,革代後
不復應舉,並以布衣終。今人視古人果孰勝耶?"

姊萬斯誽。

○《濠梁萬氏宗譜内集》卷七《世傳六·十二世考·昌一府
君》:"女一人:斯誽,適諸生謝爲兆。"

二 童年、青少年與參加文會時期
(1638—1666)

1638 年(明崇禎十一年戊寅) 一歲

  正月二十四日,季野生於浙江寧波府鄞縣(今寧波市)廣濟橋萬氏故第。

- ○《石園文集》卷首劉坊《萬季野先生行狀》:"生於前明崇禎十一年正月廿四日戌時。"
- ○《濠梁萬氏宗譜內集》卷八:"叔祖永八府君,諱斯同,字季野,昌一府君第八子。……生於前明崇禎戊寅正月二十四日。"
- ○《濠梁萬氏宗譜內集》卷十四:"嘉一府君置宅在廣濟橋西,康熙癸丑府、縣兩《志》皆書爲萬總兵宅。"
- ○徐兆昺《四明談助》卷二十三:"萬總兵衙,縣治南沈大學士第之右,都督萬邦孚居。"

    按:是年,父萬泰或赴京會試,或至南都,僕僕兩京之間。萬斯大《先妣行述》:"先考性疏曠,詩書之外,惟事交游,生產置不理。先妣力爲主持,井井不紊。"故母聞氏皆未隨夫遠遊,季野當生於廣濟橋故第。

  是年,父萬泰四十一歲。(據《濠梁萬氏宗譜內集》卷七《世傳》)

  長兄萬斯年二十二歲。(據《濠梁萬氏宗譜內集》卷八

《世傳》）

二兄萬斯程十八歲。（據《濠梁萬氏宗譜內集》卷八
《世傳》）

三兄萬斯禎十七歲。（據《濠梁萬氏宗譜內集》卷八
《世傳》）

四兄萬斯昌十四歲。（據《濠梁萬氏宗譜內集》卷八
《世傳》）

五兄萬斯選十歲。（據《濠梁萬氏宗譜內集》卷八《世
傳》）

六兄萬斯大六歲。（據《濠梁萬氏宗譜內集》卷八《世
傳》）

七兄萬斯備三歲。（據《濠梁萬氏宗譜內集》卷八《世
傳》）

侄萬言（貞一、管村，長兄斯年子）二歲。（據《濠梁萬
氏宗譜內集》卷九《世傳》及萬承勳《先府君墓誌》）

師黃宗羲（太沖、梨洲、南雷）二十九歲。（據黃炳垕
《黃梨洲先生年譜》）

師徐鳳垣（霜臯、掖青）二十四歲。（據《續甬上耆舊
詩》卷三十四《徐明經鳳垣》）

甬上證人書院講經會主要學友：

李文胤（鄴嗣、杲堂）十七歲。（據《南雷文定》前集卷
七《李杲堂先生墓誌銘》）

蔣弘憲（萬爲、笠庵）十七歲。（據《南雷文定》四集卷
三《蔣萬爲墓誌銘》）

張汝翼（旦復、學庵）十五歲。（據《光緒鄞縣志》卷四

十二)

陳赤衷(夔獻、環村)十二歲。(據《南雷文定》後集卷三《陳夔獻墓誌銘》)

董允瑶(在中)十二歲。(據《南雷文定》三集卷二《董在中墓誌銘》)

董允珂(二嘉)十一歲。(據《四明儒林董氏宗譜》卷三《世系橫圖》)

范光陽(國雯、筆山)九歲。(據《寒村詩文選·息尚編·范筆山先生墓誌銘》)

張士培(天因)八歲。(據《甬上青石張氏宗譜》卷三《二十七世天因府君墓誌銘》)

董道權(缶堂、巽子)八歲。(據《寒村詩文選·安庸集·貞孝先生傳》)

陳錫嘏(介眉、怡庭)五歲。(據《南雷文定》後集卷三《編修陳怡庭墓誌銘》)

陳自舜(同亮、小同、堯山)五歲。(據《寒村詩文選·息尚編·陳君堯山墓誌銘》)

董允瑋(俟真)四歲。(據《四明儒林董氏宗譜》卷三《世系橫圖》)

董允璘(吴仲)三歲。(據《南雷文定》三集卷二《董吴仲墓誌銘》)

鄭梁(禹梅、寒村)二歲。(據鄭勳《誥授中憲大夫先寒村公年譜》)

仇兆鰲(滄柱)二歲。(據仇兆鰲《尚友堂自編年譜》)

兩浙父執輩及交游之著者：

高斗樞（象先、玄若）四十五歲。（據《南雷文案》卷七《陝西巡撫右副都御史玄若高公墓誌銘》）

李文純（一之、姬伯、耕石、戒庵）四十四歲。（據《續甬上耆舊詩》卷四十六《耕石老人李文純》）

張遐勳（振寰）三十歲。（據《甬上青石張氏宗譜》卷三《二十六世振寰府君行狀》）

林時躍（霞舉、荔堂）二十九歲。（據《續甬上耆舊詩》卷三十二《端節先生林時躍·辛酉歲暮雜詩》）

潘平格（用微）二十九歲。（據《中國歷史人物生卒年表》）

陳文夬（伯美）二十九歲。（據《南雷文案》外集《陳伯美先生七十壽序》）

鄭平子（蘭皋）二十七歲。（據《南雷文案》外集《鄭平子先生七十壽序》）

林時對（殿颺、繭庵）二十五歲。（據《續甬上耆舊詩》卷三十五《林都御史時對·辛未元旦髦齡七十有七矣寒夜不寐咏少陵七十古來稀句續成二律聊以志慨》）

黃宗炎（晦木、立溪、鷓鴣先生）二十三歲。（據《鮚埼亭集》卷十三《鷓鴣先生神道表》）

高宇泰（元發、隱學）二十二歲。（據《續甬上耆舊詩》卷四十二《高武部宇泰》）

林必達（非聞）二十二歲。（據《續甬上耆舊詩》卷三十六《林侍御必達·丙子夏旱》）

黃宗會（澤望、石田、之者）二十一歲。（據《南雷文定》前集卷八《前鄉進士澤望黃君壙志》）

陸嘉淑（冰修、辛齋）十九歲。（據王簡可《陸辛齋先生年譜》）

高斗櫂（辰四、廢翁）十七歲。（據《續甬上耆舊詩》卷四十一《高隱君斗櫂》）

高斗魁（旦中、鼓峰）十六歲。（據《南雷文案》卷七《高旦中墓誌銘》）

黃百藥（棄疾）十歲。（據《黃梨洲先生年譜》）

京師交游之著者：

吳喬（殳、修齡）二十七歲。（據吳喬《圍爐詩話》四）

陸元輔（翼王、菊隱）二十二歲。（據《碑傳集》卷一百二十八《陸先生元輔墓誌銘》）

毛奇齡（甡、大可）十六歲。（據《清史稿·儒林·毛奇齡》）

湯斌（孔伯、潛庵）十二歲。（據湯斌《湯子遺書》附《潛庵先生年譜》）

姜宸英（西溟、湛園）十二歲。（據姜宸英《姜先生全集》附《西溟文鈔原序》）

黃虞稷（俞邰）十歲。（據《碑傳集》卷四十三《黃虞稷傳》）

朱彝尊（錫鬯、竹垞）十歲。（據朱彝尊《曝書亭集詩注》附《朱竹垞先生年譜》）

陸隴其（稼書）九歲。（據陸隴其《三魚堂全集》附《陸清獻公年譜》）

顧祖禹（景范）八歲。（據魏禮《魏季子文集》）

徐乾學（原一、健庵、東海）八歲。（據《碑傳集》卷二十

《資政大夫經筵講官刑部尚書徐公乾學行狀》）

　　徐秉義（果亭）六歲。（據張惟驤《疑年録彙編》九）

　　梅文鼎（定九、勿庵）六歲。（據《碑傳集》卷一百三十二《梅文鼎傳》）

　　徐元文（公肅、立齋）五歲。（據《碑傳集》卷十二《資政大夫文華殿大學士户部尚書掌翰林院事徐公元文行狀》）

　　王士禛（貽上、阮亭、漁洋）五歲。（據《碑傳集》卷十八《資政大夫刑部尚書王公士禛暨配張宜人墓誌銘》）

　　胡渭（渭生、朏明、東樵）六歲。（據《碑傳集》卷一百三十一《胡先生渭墓誌銘》）

　　閻若璩（百詩、潛邱）三歲。（據張穆《閻潛邱先生年譜》）

　　是年，萬泰已舉丙子鄉試，聲名益起，交游日盛。共同里陸符、董守諭、董德偁等號"四孝廉"，與復社桴鼓相應。後又與慈溪劉瑞當、餘姚黄宗羲等同激揚風節，獎掖後進，名重三吴，家門鼎盛。

　　○《續甬上耆舊詩》卷二十《董户部守諭》："吾鄉爲黨論所厄，不與東林聲息相接，四先生（萬泰、陸符、董守諭、董德偁）者出，夾輔慈水二馮（馮元颺及馮元飆）而聯絡之，有疏導之功焉。"

　　○《續甬上耆舊詩》卷二十《董户部守諭》："是時，吾鄉四孝廉並與東林桴鼓相應。"

　　　　按：東林，指復社。

　　○《續甬上耆舊詩》卷四十五《徐户部家麟》："是時，江浙社會極盛，蒲蕭之役，有舉必豫者，甬上首推董次公、陸文虎、董天鑑、萬履安四公。"

○《濠梁萬氏宗譜内集》卷七高斗魁《悔庵萬先生行狀》:"時瑠焰方熾,鄉里縉紳多附之者,先生與文虎極口詆之,耻不與交。四明僻處海濱,聞見固陋,前輩鮮知崇尚氣節,支派相承,訟習莫解。海内砥飾名行之士,視四明爲異域而不之齒。先生慨然,思一雪其耻,以移易人心爲己責,與慈溪劉瑞當、姚江黃太冲先生兄弟,激揚風節,扶掖後進,孜孜乎其如恐不勝也。於是四明有志之士,能知端所趨向,而不盡流於纖靡猥鄙者,先生之力也。年四十,始舉崇禎丙子鄉試,蔚然爲名士。……自此交游日盛,一時三吴諸大老,無不以識先生爲幸。"

○《兼山堂集》卷四《萬充宗四十壽序》:"往予六齡就傅,……識充宗。……充宗王父都督公下世未久,尊人悔庵先生方爲名孝廉,交游遍海内。所居甲第一區,樓閣周遮,松柏虬古,諸凡器物、輿馬、僕從之類,靡不豐饒都麗,沉沉華貫,雄於郡中。"

○《管村文鈔》卷一《先母周孺人傳》:"當是時,吾祖以名士始登賢書,文譽益駸駸盛,所交盡一世鉅公。凡以使命過浙與諸致政省覲歸者,必渡江見訪。吾祖朝夕應接不暇,一切中饋事悉聽之先祖母聞夫人。夫人上侍陳太夫人,下撫吾叔吾姑七八輩,旁奉諸祖姑之返在室者,而賓客雜還到門,杯盤肴核皆修飾合度,佐之者唯吾母一人也。每夜分客未散,諸婢及乳媪悉倚屏風僵寐廳事後,呼酒茗聲相屬。祖母與吾母熱火爐中抱酒甕汲泉水置諸側,承應不少緩。俟客去,相與滌諸器具,秉燭前後料檢然後已。明旦復然。"

　　按:上述所指萬泰與慈溪二馮、劉瑞當,餘姚黄宗羲及同里陸符、二董共激揚風節與復社聲氣相通事,指萬泰等在崇禎五年共組"文昌社"後之活動。馮元颺《勾章同學祭銘存先生文》稱:"吾鄉之交天鑑(德偁),蓋自壬申歲始……自吾黨文昌社興,而同鄉人士丕然一變,而知所爲東林之學,

以故其時識與不識,於吾黨必指而目之曰東林、東林云。文
昌社者,中丞(馮元颺)、太保(馮元飆)兩先兄,暨文烈公姜
詡明先生實主是盟。當是時,鄞有陸、萬二子、次公(董守
諭)、碩客、天鑑昆季,吾邑則瑞當、家正則、玄度兄弟群從,
益以姚江黃子三人(黃宗羲、宗炎、宗會),鳴鼓豎幟,江以南
一時懷抱忠孝、讀書有志之士,咸樂趨歸恐後,噫嘻,盛矣!"
(見《四明儒林董氏宗譜》卷十三)

七月,萬泰客南京,列名於《留都防亂公揭》,與復社諸
名士,共謀逐閹孽阮大鋮。

- 《明史》卷三〇八《阮大鋮》:"流寇偪皖,大鋮避居南京,頗招
　納遊俠,爲談兵說劍,覬以邊才召。無錫顧杲、吳縣楊廷樞、
　蕪湖沈士柱、餘姚黃宗羲、鄞縣萬泰等皆復社中名士,方聚
　講南京,惡大鋮甚,作《留都防亂公揭》逐之。大鋮懼,乃閉
　門謝客。"

- 《鮚埼亭集》卷十一《梨洲先生神道碑文》:"獨南中太學諸
　生,居然以東都清議自持,出而扼之。乃以大鋮觀望南中,
　作《南都防亂揭》,……大鋮恨之刺骨。戊寅秋七月事也。"

　　按:劉世珩《貴池先正遺書》載吳應箕《啓禎兩朝剝復
　錄》《留都防亂公揭》原文及具揭人名單,萬泰列於第四
　十名。

是年,農民起義軍李自成敗於潼關,退伏於商雒山中。
張獻忠、羅汝才降明。清兵一度入山海關,掠山東,逼
京師。

1639 年(明崇禎十二年己卯)　二歲

萬泰設私塾於家教育子孫。

- 《兼山堂集》卷四《萬充宗四十壽序》:"往予六齡就傅,輒從
　萬氏家塾,識充宗,時長予僅一齡耳。"

按:萬斯大生於崇禎六年,七歲時當爲崇禎十二年。

是年,張獻忠再度起義,與羅汝才大敗明軍於房縣。李自成自郾陽入河南。明加徵練餉。大學士楊嗣昌督師攻張獻忠。陳廷敬生。

1640 年(明崇禎十三年庚辰)　三歲

萬泰再次入京會試,不第。

○《濠梁萬氏宗譜内集》卷七《世傳六·十二世考·昌一府君》:"崇禎丙子科爲胡公世安、李公拯所賞,中第五十五名。歷丁丑、庚辰、癸未凡三試不第。"

是年,張獻忠大敗於瑪瑙山,與羅汝才合軍入川。李自成入永寧,饑民争附,勢復盛。明殺熊文燦。

甬上學友王之坪、錢廉生。黄正誼(黄宗羲子)生。

1641 年(明崇禎十四年辛巳)　四歲

是年,明廷下保舉之令,學使許豸欲以萬泰應詔,泰讓之陸符。

○《浙江通志·儒林傳·萬泰》:"時下薦舉令,學使者許豸以泰應,堅辭,推陸符。"

○《續甬上耆舊詩》卷二十二《萬户部泰》:"時黨部正分浙人,不與先生相通。先生首拉陸丈文虎應之,江左稱爲陸、萬。保舉之役,當道欲以先生應詔,讓之文虎,時稱其義。"

正月,李自成克洛陽,殺福王。二月,張獻忠出川克襄陽,殺襄王。三月,楊嗣昌自殺。洪承疇率軍寧遠以御清軍,清軍攻杏山,總兵吳三桂逃入關。

甬上學友張士塤生。梁份生。

1642 年（明崇禎十五年壬午） 五歲

　　黃宗羲建忠端公（黃尊素）祠於餘姚西郊，閹黨餘孽爭地，萬泰、陸符、馮元颺、劉瑞當等十餘人會哭祠下。

　　○ 黃炳垕《黃梨洲先生年譜》："十五年壬午，建忠端公祠，卜地邑西之西石山，爲呂氏書室，用官價百金買之。同邑在逆案以太常卿回籍者蔣某，嗾其黨爭地。東浙士大夫皆爲之不平。時兩馮公中丞留仙元颺、尚書鄞仙元飆、陸文虎符、萬履安泰兩孝廉、劉瑞當應期明經凡十餘人，會哭祠下。祭文傳播，黨逆者咋舌而死。"

　　明政局益壞。清軍克松山，下錦州，洪承疇被俘降清。李自成大敗孫傳庭於河南郟縣，破襄陽，稱新順王。

　　是年，甬上學友張梅先生。張玉書、李光地、喬萊生。

1643 年（明崇禎十六年癸未）六歲

　　萬泰赴京會試，仍不第。

　　○《濠梁萬氏宗譜内集》卷七《世傳六·十二世考·昌一府君》："歷丁丑、庚辰、癸未凡三試不第。然往返所經，名公大僚郊迎授館者踵相接也。居鄉，凡宦游至鄞者，必首造焉。而府君黑白皎然，未嘗概納。"

　　是年，張獻忠克武昌，殺楚王，稱大西王。李自成攻潼關，孫傳庭敗死，旋破西安，號西京。清軍深入山東直隸。八月，清太宗皇太極卒，子福臨嗣，多爾袞等輔政。

　　黃百家生。

1644 年（明崇禎十七年、清順治元年甲申） 七歲

　　正月，李自成建國西安，號大順，紀元永昌，北上陷太原、寧武等地。三月，進陷北京，崇禎自縊，明亡。

萬泰聞北都陷,籲請海道盧若騰舉兵北上勤王,攻農民軍。未果。

　　○《濠梁萬氏宗譜内集》卷七高斗魁《悔庵萬先生行狀》:"甲申國變,報聞,痛哭流涕,趣海道盧君若騰舉兵討闖賊。詞甚剴切,盧弗能用。"

五月,馬士英等擁福王朱由崧於南京即位,改元弘光。六月,馬士英、阮大鋮翻逆案,欲盡殺列名《留都防亂公揭》諸名士。萬泰、黃宗羲俱自都下潛歸。

　　○《杲堂文鈔》卷六《孝廉萬先生墓碣銘》:"而甲申之難作,南都定策,奸人執魁柄,諸大臣相繼去位。初,閹孽有居南都者,其人權譎工辟,倪伺國家有變。南方諸名士憂之,因作《留都防變揭片》遏其謀,萬、陸俱列焉,閹孽銜之至骨。至是,既起用事,逐諸大臣,方案前揭,欲盡殺南方名士,刊章下捕。余時與先生俱客都下,聞其事,各變服潛出都門。"

　　○《黃梨洲先生年譜》:"已而,福王監國之詔至,公遂之南中,上書闕下。時阮大鋮以定策功驟起,思修報復,遂廣揭中人姓名,造《蝗蛹録》,欲一網殺之。里中有閹黨某,首糾念臺(劉宗周)先生及其三大弟子,則祁都御史世培、章給事羽侯與公也。……公等惴惴不保。時鄒掌院虎臣與子方(顧杲)有姻連,欲遲其駕帖。公踉蹌歸浙東。"

是年四月,吳三桂導清兵入關,李自成敗於一片石。清兵入京,福臨即帝位,年號順治,命阿濟格向西進軍,多鐸率師攻江南。張獻忠建國號大西,紀元大順。山西、山東、河北人民先後紛起抗清。

裘璉生。

1645 年(清順治二年乙酉)　八歲

季野生而異敏,讀書過目不忘。是年,在客座中背揚雄《法言》,終篇不失一字。

> ○《鄞志稿》卷十二《儒林傳·萬斯同》:"八歲,於客座中誦揚
> 子《法言》如倒峽。"
> ○《潛研堂文集》卷三十八《萬先生斯同傳》:"生而異敏,讀書
> 過目不忘。八歲,在客座中背誦揚子《法言》,終篇不失
> 一字。"

方以智(字密之)子方中德(字田伯)因父在南明弘光
朝受閹黨餘孽阮大鋮欲盡殺東林黨人出逃,隨其外舅避地
甬上。因與萬泰友善,館於萬家。時方中德十五歲,季野
年幼且好玩,蓬頭歷齒,不敢出而揖客。

> ○《萬斯同全集》第八册《石園殘稿·送方田伯南還序》:"往桐
> 城方公密之與先君子友善。明乙酉歲,公冢嗣田伯隨外舅
> 孫少司馬魯山避地甬上。司馬亦先君子友也,因館於余家。
> 時田伯年方十五,余止八歲,蓬頭歷齒,不敢出而揖客。"
>> 按:方密之爲清初著名哲學家方以智字。據楊向奎先
>> 生《清儒學案新編·密之學案》,方以智有三子:長子方中
>> 德,次子方中通,幼子方中履。

是年五月,清兵攻陷南京,福王政權瓦解。六月,清軍
入浙,潞王降於杭州。餘姚熊汝霖、孫嘉績,寧波錢肅樂起
兵抗清,浙東列郡義兵共迎魯王朱以海監國於紹興,劃錢
塘江而守。萬泰因錢肅樂、谷文光推薦,監國授以户部主
事,督餉。泰固辭不獲,仍不受職,而以角巾視事。

> ○《濠梁萬氏宗譜内集》卷七《世傳六·十二世考·昌一府
> 君》:"浙東師起,吾寧首事爲刑部錢公肅樂,言於監師,授府
> 君户部主事,督饋餉,固辭不獲,角巾視事,終不受職。量貧
> 富、權緩急,激以忠義,民盡樂輸,兵皆宿飽。"
> ○《續甬上耆舊詩》卷六《谷通政文光》:"谷通政文光,字電飛,
> 一字耐庵,……奉魯王監國入越,……累官通政使司。……

疏薦同里賢者如董德偁、萬泰,皆被召用。"

時,萬泰舉家避地城東五鄉(今鄞州區五鄉碶)。

○《管村文鈔》卷一《先母周孺人傳》:"又一年乙酉,南都失守,
盡室避地五鄉。"

是年四月,李自成犧牲於湖北通山。閏六月,明唐王
朱聿鍵立國於福建,號隆武。清軍入江西、湖廣,大順軍李
錦、高一功等聯合何騰蛟抗清。劉宗周絕食卒。黃宗羲、
宗炎、宗會合黃竹浦子弟數百人,號"世忠營",駐軍江上。

王鴻緒生。王掞生。

1646年(清順治三年丙戌)　　九歲

春,張國柱部虜掠寧波、慈溪、餘姚,郡中大擾。夏,萬
泰寄家於光溪。

○《濠梁萬氏宗譜內集》卷六萬泰《誥封恭人陳氏行述》:"丙戌
之春,海師橫決,公然爲盜賊之行,郡中無寧宇,乃奉母寄居
光溪。"

○《續甬上耆舊詩》卷二十二《萬戶部泰》:"先生與宗伯仲子非
堂先生爲性命交。丙戌之夏,挈眷避余家光溪別業。"

○《濠梁萬氏宗譜內集》卷八萬言《永一府君行述》:"以是始避
地西皋,繼避地沙港口。"

　　按:沙港口在光溪境內。《四明談助》卷三十八:"光溪,
……原它山以下至洞橋、沙港口,俱稱光溪。"

　　又按:海師,指張國柱部。黃宗羲《行朝錄》卷三《魯王
監國紀年》上:"魯元年丙戌……二月,張國柱掠餘姚,其部
曲張邦寧掠慈溪。國柱者,劉澤清之標將也,航海至浙東,
依王鳴謙於定海。國柱有弓箭手五百人,其力足以制鳴謙,
乃劫之入內,行朝震恐。"定海,今寧波鎮海。

六月,清軍渡錢塘江,入紹興,監國出海。寧波人情震

恐。母聞氏病殁於光溪。萬泰輿尸五十里,葬於城西西皋
丙舍(今白雲莊),復徒步夜返。次晨,季野隨家逃兵於離
城百五十里之奉化榆林,歷江口、大埠頭,渡剡溪,行萬山
中,抵溪口,溯流至康家嶺而入,居於南雷峰下之榆林,歷
時三晝夜。

　　　○《濠梁萬氏宗譜內集》卷六萬泰《誥封恭人陳氏行述》:"五月
　　　　之晦,海師潰報聞,人情震恐,通國出走。婦聞氏病疫,殁於
　　　　旅舍,時六月初四日也。荒村無送死具,大旱五月不雨,不
　　　　通舟楫,輿尸五十里,厥於西皋。藁土方畢,徒步夜走溪上,
　　　　詰朝逃之剡曲山中。夜宿江干,暴客旁睨,中宵大雨如注。
　　　　泰徬徨徹旦,母亦驚疑不寐,三晝夜而抵山居。"

　　　○《濠梁萬氏宗譜內集》卷七萬斯大《先妣行述》:"先妣之死,
　　　　正江干失守之日,眾情洶洶,闔城竄徙。吾家先數日,故避
　　　　地光溪全氏,時復擬遷奉化之榆林。方束裝而吾母逝赤日
　　　　之下,用肩輿暴行五十里,抵西皋就殯,殯畢即入榆林,一切
　　　　喪禮廢不舉,嗚呼,痛哉!……享年四十有八。"

　　　○萬泰《續騷堂集·懷剡詩二十首》(茲錄六首):
　　　　　　丙戌之歲,避亂剡曲山中,去郡城百五十里而遙,溪山
　　　　幽邃。……
　　　　　　其一
　　　　　　江口長橋似偃虹,萬家烟火翠微中。青溪杳靄橋西路,
　　　　片片芙蓉倚碧空。
　　　　　　其二
　　　　　　亂篁深樹有孤舟,燈火光中大埠頭。信宿山樓臨木末,
　　　　一天風雨四時秋。(原注:沿溪二十里爲大埠頭,往來信宿
　　　　於此。)
　　　　　　其三
　　　　　　路入剡溪多窈窕,亂峰奇處水颿颿。輕舟如葉帆如掌,

卧向清泉白石中。(原注:自大埠頭淺水急灘,舟不容篙,從
石上渡。)

　　其四

　　溪南溪北雲生處,有客扁舟獨往還。百尺松杉青貼地,
潺湲聲擁萬重山。(原注:萬山中行二十里,漸入佳境,村名
溪口。)

　　其五

　　斜刺輕舠逆上灘,沙明水碧兩峰寒。松篁叢里康家嶺,
萬壑雲烟俯首看。(原注:逆流行二十里,至康家嶺,始捨舟
入山。)

　　其六

　　南雷峰下是吾廬,異代異人此卜居。野老能言戴夫子,
我來猶得讀異書。(原注:所居在南雷山下,爲宋進士戴公
表元之故宅,土人尚稱爲剡源夫子,所著有《剡源集》。)

○《四明談助》卷四十三"剡源山:奉化之西六十里,有山夾溪
而出,翕然深茂者,剡源山也。謂之剡源者,以其近越之剡
縣名之也。剡源之溪,以曲數者凡九。"

　　按:榆林即剡溪第四曲臼溪。《鮚埼亭集》卷五《剡源九
曲詞序》:"(剡源在)奉化縣西六十里,……四曲曰臼溪,即
榆林。有淨慈寺,戴帥初所居也。居人猶稱帥初爲剡源夫
子。"又,全祖望《句餘土音‧剡源九曲詩‧臼溪》:"臼溪多
烏桕,榆林多青榆。應憐戰場下,舊是神仙居。"下注:"又稱
榆林,元戴帥初所居。"

季野後有《述舊》詩,憶其事。

○《石園文集》卷一《述舊》:"我昔九齡時,慈母中道棄。此時
赤日頹,腥塵匝地沸。艱難營一殯,辛苦且逃避。晝行嚴壑
間,夜宿豺虎際。"

是年八月,清軍入閩,鄭芝龍降清,唐王被殺,隆武政

權覆滅。鄭成功起兵抗清。十一月，唐王朱聿鐔立國於廣州，號紹武。桂王朱由榔立國於肇慶，號永曆。清兵入廣州，紹武政權覆滅。十二月，張獻忠與清軍戰於川北，歿於陣，其部李定國等於川南繼續抗清。

浙江兵潰時，黃宗羲率餘部入四明山，後變服出訪監國消息，山寨被焚，兵散。清廷下逮捕令，乃避居餘姚化安山丙舍。

陸符卒。潘耒生。

1647 年（清順治四年丁亥）　十歲

仍避亂奉化榆林。父萬泰及長兄斯年爲生計，往來郡城榆林間，間亦至杭。時家道艱辛，季野與父共諸兄耕種荒山，賴向父舊友或民家借米繼炊。長嫂周孺人主持門戶。

○《管村文鈔》卷一《先母周孺人傳》："明年六月，先祖母歿於旅舍。是日報東江兵潰，又盡室避之奉化榆林。於時吾母年甫三十，轉徙顛頓，家道喪失，曩時諸僮僕多逸去者，而吾祖吾父時復往來城市。榆林去郡中百三十里，家中食指尚二十餘人，樵蘇不繼，多從民家借米而炊。吾母以長婦持門戶，柴水舂簸之事皆躬親之。一病七月，幾死者數次。"

○《續騷堂集·懷剡詩二十首》：

其一

荒涼幽恨有誰知？煮字從來不療饑。舊日使君居萬竹，時時送米續晨炊。（原注：住山既久，樵蘇不繼。南山麓爲小萬竹舊司理羅公隱處，不廢過從，有緩急之誼。）

其一

老農生意钁頭邊，茅栗收來不論錢。且比天隨餐檞杞菊，人間屠沽自紛然。（原注：山中無事，率群兒灌園以供晨夕之養，至足樂也。）

○《續騷堂集·有客》："白首學爲農，驅兒習胼胝。荷鋤歸南山，垂頭忽涕洟。"

○《石園文集》卷一《述舊》："弱兒可憐人，性命託兄弟。穴居逾三年，脫粟嘗不繼。"

十月祖母陳氏卒，享年七十有九。萬泰奉柩廬墓於西皋丙舍，留諸子山中。

○《濠梁萬氏宗譜內集》卷六萬泰《誥封恭人陳氏行述》："丁亥仲冬，一旦曉起畏寒，微似病瘧。泰時以饑驅入城市，家人來告，方謀醫藥，忽聞大故，驚悼踉蹌，伏尸而哭。……母生於隆慶己巳正月十七日，卒於順治丁亥十月初三日，享年七十有九。即以十一月廿四日合葬於先君之墓。"

○《濠梁萬氏宗譜內集》卷七高斗魁《悔庵萬先生行狀》："次年十月，陳太恭人病篤，先生入城市藥。報至，太恭人若有待不瞑者。芒履夜發，及門而絕矣。先生恨不得視太恭人終，哀毀逾甚，幾至滅性，歸葬西皋。"

○《續騷堂集·懷劖詩二十首》：

其一

匆匆奉母山中住，菽水無歡淚染衣。痛哭荒村風雪後，白雲何處望親幃？（原注：丙戌六月之朔，哭妻於光溪。含殮畢，即奉母入剡。逾月喪一子婦，又逾年而遭大故，時丁亥十月朔也。傷哉貧也，養生喪死，尚忍言哉！）

按：季野《述舊》詩稱："弱兒可憐人，性命托兄弟。"不言父兄而言兄弟，蓋萬泰常至郡城籌食，並廬墓西皋，不在榆林。

是年，清軍陷長沙。李自成餘部郝搖旗與何騰蛟等聯合抗清，獲全州大捷。王翊、李長祥、張煌言等舉兵抗清，結寨浙東四明山。冬,寧波抗清志士華夏等五君子謀翻城應舟山黃斌卿師,不果。劣紳謝三賓告發,華夏等五君子被捕。

學友錢漢臣生。

1648 年(清順治五年戊子)　十一歲

仍避亂居奉化榆林。長兄斯年督課子侄輩。季野居常乞字於兄。萬泰仍廬墓西皋,病瘧。

○《濠梁萬氏宗譜內集》卷七萬言《永一府君行述》:"稍暇,即擁几攤書,俾不孝輩坐其側,督率不少休。"

○《碑傳集》卷一百三十一黃百家《萬季野先生斯同墓誌銘》:"履安先生砥礪名節,素爲物望所歸。金石聲變,長謝公車,息機盛世,盡喪失其家道。兼之避仇匿影,播徙奉化榆林山中。中饋失偶,諸子孤露,三旬九食常不支,無暇計及課子詩書。所以先生年逾十歲,未嘗入塾也。然而先生志性夙成,居常乞字於諸兄。"

○《續騷堂集·西皋雜感序》:"戊子之春,子居墓廬,几席淒涼,草木荒落,顧瞻丘墓,盡焉傷心。嗚呼!天方酷瘧,人盡仳儷,睹此茫茫,能無永嘆。作《雜感詩》。"

○《續騷堂集·續秋望詩序》:"戊子之歲,廬墓西皋,曾賦《秋望》,詩成而瘧作,經年不除。"

是年正月,因華夏案,清廷大捕郡中。五月、六月,華夏等五君子相繼殉難。前明都御史高斗樞、子高宇泰,前明儀部李棡、子李文胤,皆染連就逮。萬泰間道至省城,以奇計救高斗樞父子、李棡父子出獄。棡死,以其喪歸。因自號悔庵。

○《續甬上耆舊詩》卷二十二《萬戶部泰》:"先生雅負作用,不

徒以風節見。戊子五君子之難，高都御史斗樞父子，李儀部
橱父子皆蒙難。先生與大將之記室有舊，以奇計出之。儀
部死，先生以其喪歸。"

○《杲堂文鈔》卷六《孝廉萬先生墓碣銘》："適郡中有大獄，高
中丞、先儀部爲之魁，余輩同繫者數十人。先生在病中蹶然
起曰：'吾不一行，大禍不解，豈可使賈偉節笑人。'因芒鞵間
道渡西陵，而先儀部已畢命，從人倉卒，尸臥地不收。先生
立爲營衣被棺木，以至飯含之物無不具。而高中丞與余輩
竟藉先生力，得破械出。"

○《鮚埼亭集外編》卷三十一《題萬履安續騷堂集後》："履安與
謝氏（指謝三賓）婚。乙酉之役，諸公欲殺謝氏，履安救之。
及戊子，諸公反爲謝氏所殺。履安力不能止，遂以此大不理
於口。然履安亦甚自悔，故以悔名庵。"

時駐浙清兵南下援閩，四明山寨義軍大起。前御史馮
京第與王翊合軍。然除王翊、張煌言、李長祥軍外，皆有所
抄掠。榆林亦被兵，萬泰所携書籍萬卷及雜物，盡付之
一炬。

○《續騷堂集·懷剡詩二十首》：

其一

丈室居然富五車，山中掌故屬誰家？祝融不識文章色，留得
溪邊謝豹花。（原注：入山盡挾藏書。丁亥之冬，奉柩還西
皋，留子女山中。再逾年而難作，萬卷一炬矣。）

○《管村文鈔》卷一《先母周孺人傳》："明年，山中亂，隻身走西
皋。以旱故，盡留其帑。逾月，盡毀於火。"

○《南雷文定》前集卷六《萬悔庵先生墓誌銘》："當是時，先生
遁迹榆林，喪其夫人，已又喪其太夫人。榆林之書卷、青氈
蕩於兵火。"

○ 萬承勳《千之草堂編年文鈔·恭壽堂藏書記》："桑海之交，

吾祖（萬斯年）奉曾祖避亂奉化山中，爨火不繼，載書以行。
……伊吾聲達林谷。曾祖曰：'爾所爲招賊者也。'賊果盡劫
書綿其甲。"

是年，清江西降將金聲桓、廣東降將李成棟反正。山
西姜瓖降清復叛。山東棲霞農民軍、山西呂梁農民軍屢勝
清軍。

熊汝霖死。錢肅樂死。劉獻廷生。王源生。孔尚任
生。邵廷采生。

1649 年（清順治六年己丑）　十二歲

春，王翊軍再破上虞，浙東震動。清廷命有司錄明遺
民不歸順者家口。萬泰因令長媳周氏先驅入城，而城中故
第已被掠奪一空。秋，萬氏盡室自榆林返，暫居西皋丙舍。

按：萬泰《續騷堂集·夢遊西園呈黃太冲晦木澤望》：
"三年艱走荒山中，艱難契闊長別離。"又，萬斯同《述舊》：
"穴居逾三年，脫粟嘗不繼。"自丙戌至己丑，正三年。又，萬
泰《續騷堂集·續秋望詩序》："今還故居，又颯然秋矣。束
身頹垣破壁之下，淒風侵人，落葉在地，枵然之宮，兼有寒
色，言念往昔，惻焉興懷。"可見係是年秋返西皋。

○《管村文鈔》卷一《先母周孺人傳》："郡邑下教，速諸大家之
竄處於外者。吾母奉吾祖命，先驅入城，謂榆林之筐篋既
喪，其留邑中者，尚可收合爲繕完計也。比至，則已於城降
時爲饑民所掠，掃地無餘矣。破甑敗壁，敝帷穿榻，非復向
時之舊。"

季野隨父兄荷鋤躬耕西皋，自謂"漸成田舍兒，頗諳村
居味"。

○《石園文集》卷一《述舊》："重返西皋居，遂作灌園計。田圃
久成蕪，桑麻亦已廢。再葺耕耨基，復理桔槔器。時或從父

兄,荷鋤畦邊憩。漸近田舍兒,頗諳村居味。當謂謝俗氛,終事田家利。……"

　　按:西皋指離城五里外西郊爲季野祖父萬邦孚所建生壙丙舍,即今管江岸的白雲莊。季野有《逸老堂記》述及西皋丙舍的歷史。

○《石園集》卷八《逸老堂記》:"先王父庚戌歸里,即營生壙於西皋之上,築丙舍於其旁,顏其堂曰'逸老',而歲時遊憩其中暨我先考嘗讀書廬墓於此。至我兄弟,遂相聚以居,而長兄於今抱孫焉。"

是年,金聲桓、李成棟相繼敗死。何騰蛟犧牲。張名振合軍討斬黃斌卿,奉魯王駐舟山。黃宗羲赴行在,晉左副都御史。因清廷録明遺民家口令下,陳情回里。

1650 年(清順治七年庚寅)　十三歲

　　是年九月,清軍謀攻舟山,洗四明山以塞内顧。馮京第兵敗被俘遇害。大蘭山寨破,王翊走舟山。馮京第監軍黃宗炎待死寧波獄中。黃宗羲至鄞,與萬泰、李文胤、高斗魁、馮道濟等以奇計救之,負往西皋丙舍。

○ 黃宗羲《思舊録·萬泰》:"庚寅,晦木(黃宗炎)爲馮躋仲(馮京第)連染,而固山之記室與履安有舊,由是得免。"

○《鮚埼亭集》卷十三《鷦鴣先生神道表》:"參馮侍郎京第軍事,奔走諸寨間。庚寅,侍郎軍殲,先生亦被縛,……待死牢户中。伯子(黃宗羲)東至鄞,謀以計活之。故人馮道濟,尚書鄞仙子也,慨然獨任其事,高旦中等爲畫策,而方僧木欲挺身爲請之幕府。道濟曰:'姑徐之,是無死法。'及行刑之日,傍晚始出,潛載死囚隨之。既至法場,忽滅火,暗中有突出負先生去者,不知何許人也?……忽入一室,則萬户部履安白雲莊也。負之者,即户部子斯程也。鄞之諸遺民畢至,爲先生解縛,置酒慰驚魂。先生陶然而醉,隔岸聞管弦聲,棹小舟往聽之,尋取而調之曰:'廣陵散幸無恙哉!'"

○ 沈清玉《冰壺集・黄梨洲先生傳》:"順治庚寅,弟宗炎以染連被執,將罹大辟。先生痛泣,赤足行冰雪,十指皆出血,求救於人,得胡珠百顆賂大帥得脱。"

　　按:全祖望《鷓鴣先生神道表》:"鷓鴣先生諱宗炎,字晦木,一字立溪。崇禎中,以明經貢太學,其學術大略與伯子等。……畫江之役,先生兄弟,盡帥家丁,荷殳前驅,……步迎監國於蒿壩,……先生留龕山,以治軸重,所謂世忠營者也。事敗,先生狂走,尋入四明山之道巖,參馮侍郎京第軍事。"宗炎被救後,復參與抗清義軍,又敗,遂"提藥籠,遊於海昌、石門之間以自給。……生於萬曆四十四年某月日,卒於康熙二十五年某月日"。平生作詩幾萬首,所著有《憂患學易》《六書會通》《二晦集》《山栖集》等。今存《周易象辭》,餘皆佚。

季野初識黄宗羲應在是年。

　　按:丁亥歲,黄宗羲至鄞,訪萬泰,相對淒然,時季野避兵榆林,兩人未晤。三年後,黄宗羲爲救弟至白雲莊,兩人初晤,應在是年。

　　又按:全祖望《鮚埼亭集》卷十一《梨洲先生神道碑文》:"公諱宗羲,字太冲,海內稱梨洲先生。浙江紹興府餘姚縣黄竹浦人。忠端公尊素長子。……忠端公死詔獄,……公年十九,袖長錐草疏入京頌冤。……是時,山陰劉忠介公倡道蕺山,忠端公遺命,令公從之游。……逾時中官復用事,……獨南中太學諸生,居然以東都清議自持,出而厄之,乃以大鋮觀望南中,作《南都防亂揭》,……天啓被難諸家,推公居首。……甲申難作,大鋮驟起南中,遂案《揭》中一百四十人姓氏,欲盡殺之,……大兵至,得免。……公糾合黄竹浦子弟數百人，隨諸軍於江上，江上呼之曰'世忠營'。……
授職方，……改監察御史。……江上已潰，公遽歸入四明
山，結寨自固。……聞監國在海上，……赴之，……晉左僉
都御史，再晉左副都御史。……其後海氛漸滅，公無復望，
乃奉太夫人返里門，於是始畢力著述。……丁未，復舉證人
書院之會於越中。……公謂明人講學，襲語録之糟粕，不以
六經爲根柢，束書而從事於遊談，故受業者必先窮經，經術
所以經世，方不爲迂儒之學，故兼令讀史；又謂讀書不多，無
以證斯理之變化，多而不求於心，則爲俗學；故凡受公之教
者，不墮講學之流弊。……乙亥之秋寢疾數日而歿。"著述
頗富，有《明夷待訪録》《明儒學案》《南雷文定》及有關經學、
哲理、史學、曆算、文學等數十種。

是年八月，鄭成功收復金門、厦門。瞿式耜在桂林
犧牲。

查慎行生。

1651 年(清順治八年辛卯)　十四歲

季野隨家由西皋返城中，復住廣濟橋故居。

○《濠梁萬氏宗譜内集》卷八萬言《永一府君行述》："又自榆林
返於西皋，返於城居。諸物盡棄，獨先世所遺書卷，畢載以
行，所至之處，以此自課，且以此課子。"

　　按：李文胤《杲堂内集》卷三《短歌行爲履安作序》："辛
卯秋，同諸公集寒松齋……"寒松齋爲萬氏廣濟橋故居書
齋名，可知是年秋前，萬氏已由西皋丙舍返城中故居。

萬泰却公車之徵，杜門不見賓客。

○《濠梁萬氏宗譜内集》卷七高斗魁《悔庵萬先生行狀》："是
年，公車徵，自陳病廢之狀，不就，遂杜門不見賓客。"

○《鮚埼亭集外編》卷三十一《題萬履安續騷堂集後》："履安在

復社中，甬上四孝廉之一也。丙戌後，文虎早逝，時有七孝
廉皆謝公車，而次公節最高，履安、天鑑次之，即四孝廉之
三也。"

季野始識詩書字。萬泰親爲解章義。然督課不嚴，多
歡睡遲起。

○《石園文集》卷一《述舊》："……當謂謝俗氛，終事田家利。
不謂志難諧，復迫居城内。念兹釋耕耘，欲識詩書字。父意
憐少兒，親爲解章義。晨夕寒松齋，呼兒捧篋笥。時或使應
門，間亦執巾屣。窮愁寥沉中，父懷嘗欣慰。久侍少譴責。
亦自多歡睡。"

萬泰暇則扁舟訪黄宗羲兄弟於餘姚竹橋，或掃墓杭州
西溪。是年秋，燕人梁以樟（公狄）來鄞，萬泰因約徐鳳垣、
高斗權、李文胤、高斗魁等爲寒松齋六子社，相與唱和。中
秋，萬泰約六子集寒松齋，夜出所藏明太祖賜萬斌之御押、
告身、木符及四忠三節圖像等。諸子皆歌詩紀其事。

○《續騒堂集・公狄偕掖青（徐鳳垣）、辰四（高斗權）、鄴嗣（李
文胤）、旦中（高斗魁）集寒松齋，觀高皇帝賜先臣御押、告
身、木符及先世四忠三節圖像，諸子皆歌詩紀事，報酬一
章》："高帝龍飛淮甸日，一旅首奮滁陽卒（原注：始祖起兵滁
州，歸附最早），先臣實主草澤盟，帝亦江南總連師（原注：時
帝行江南行中書省事），手剖尺一黑木符（原注：賜有省堂木
牌分守滁州），告身王號才稱吳（原注：給劄稱吳王令旨），正
朔尚頒龍鳳字（原注：時稱龍鳳五年），天章手押風雲扶（原
注：劄有御押，旁一押相傳爲徐中山筆），居守滁州十八載，
白首捐軀塞外壘。……"

季野時亦見父所藏先世令旨，注意於宋主韓林兒
所賜。

○《石園文集》卷八《追記先世所藏令旨事》："明太祖之未踐祚

也,實奉宋主龍鳳之朔。至丁未安豐既陷,始改號吳元年,其前之稱行中書省丞相暨吳王,皆宋主所命也。愚幼時猶及見太祖授我始祖令旨二道,其一方爲丞相時,後題龍鳳五年;其一則爲吳王時,後題龍鳳十年,而二札之上,皆大書'皇帝聖旨',則是太祖之初受命於宋主明甚。"

按:《濠梁萬氏宗譜内集》卷十一《世恩録》載有"劄付""宣授""令旨""木牌",兹録於下:

劄付一紙

皇帝聖旨江南等處行中書省　今擬萬國珍充管軍萬户

　　職事比及申

　　聞以來先行照會之任所有劄付須議出給者

　　　　　右劄付萬國珍准此

右劄付有太祖高皇帝御押,時爲行中書省。下别有一押,相傳爲徐中山押,未知是否? 斯大謹識。

　　宣授一道

上天眷命

皇帝聖旨萬國珍可授顯武將軍管軍萬户宜令准此

龍鳳五年四月□日

　　令旨一道

皇帝聖旨

　　吳王令旨萬國珍可授管軍副千户

　　　　宜令萬國珍准此

龍鳳十年八月□日

　　木牌一面

省堂鈞旨　今出給牌面付萬户萬國珍懸帶於滁州

　　　　太陽翼禦屯種務要軍人整肅器用齊備

　　　　不致怠慢除省堂調用外諸人毋得勾擾

　　　　如違治罪罷職

以上劄付一紙、宣授一道、令旨一道、木牌一面,要皆高皇

帝未御極時所給,我謙一府君蒙恩之始,發迹之基也。前譜
未載,至嘉一府君續修,增録於制誥之後。今斯大更列於
前,所以昭受恩之次第也。

是年七月,張名振、張煌言扈監國搗吳淞。九月,清軍
陷舟山,明東閣大學士張肯堂、禮部尚書吳鍾巒等死之。
張名振、張煌言護監國入閩,依鄭成功。王翊被俘於奉化,
遇害。冬,萬泰收吳鍾巒遺文,手鈔成帙,題曰《海外遺
集》。季野讀其書,知敬其爲人。

- 《南雷文定》前集卷六《萬悔庵先生墓誌銘》:"先生既無心於
  當世,廟堂著作,坊瓦摸勒,凡士材之所矜貴者,一不以寓
  目。有傳吳霞舟(吳鍾巒)先生遺稿自海外者,用故名紙書
  之,半紙千言,漫患漏奪。先生摩娑細視,手鈔件繫,遂爲
  完書。"

- 《石園文集》卷七《海外遺集後序》:"往毗陵吳宗伯公盡節海
  外之翁洲(即舟山),先君子爲收其遺文,手鈔成帙,題曰《海
  外遺集》。時斯同年方十四,讀其書輒知敬其人,以爲當此
  之時,宗社喪矣,區區海外一塊土,豈足爲一成一旅之業。
  而公以八十老人,間關從主,卒與此土同盡,斯其志欲何爲
  哉?夫亦成仁取義之學,講之平日,當見之晚節耳!……故
  當危難之頃,即能碎首捐軀,無少濡忍。然則公之忠,公之
  學爲之也,豈與世之徒矜名節激發於一時者比哉!"

- 全祖望《鮚埼亭集》外編卷二十四《穉山先生殘集序》:"穉山
  先生(吳鍾巒)殉節翁洲,其遺集在補陀三元寺中,浮屠敬中
  藏之,以故紙反書,磨糊汗漫,不可識別。萬農部履安(萬
  泰)求而手鈔之,共四册。農部身後,歸於叔子褐夫先生(萬
  斯大),九沙編修(萬經)之父也。顧世未有得侍者,予不及
  侍褐夫先生,而九沙以忘分、忘年之交,待予最厚,嘗請借鈔
  之,九沙許諾。顧以南北往來,未及踐約,而九沙家被火,是

集遂歸天上。"

　　按:《明史》卷二百七十六:"吳鍾巒,字巒稚,武進人。崇禎七年進士。授長興知縣,……移桂林推官。……福王立,遷禮部主事。……魯王起兵,以鍾巒爲禮部尚書,往來普陀山中。大清兵至寧波……抱孔子木主自焚死。"吳鍾巒又號霞舟。受業於顧憲成,與高攀龍、孫慎行皆爲深交。吳自焚於舟山而非寧波,《明史》所記有誤。

是年三月,孫可望、李定國率軍入廣西,聯明抗清。八月,清定順天鄉試,分滿漢兩榜。

1652年(清順治九年壬辰)　十五歲

　　季野年幼好玩,萬泰閉之書室,季野因遍讀家藏有明史料及經史諸書,盡知其大略。萬泰知之,遂送其入塾讀書。

○《鮚埼亭集》卷二十八《萬貞文先生傳》:"少不馴,弗肯帖帖隨諸兄,所過多殘滅,諸兄亦忽之。户部思寄之僧舍,已而以其頑,閉之空室中。先生竊視架上有明史料數十册,讀之甚喜,數日而畢,又見有經學諸書,皆盡之。既出,因時時隨諸兄後,聽其議論。一日,伯兄斯年家課,先生欲豫焉,伯兄笑曰:'汝何知?'先生答曰:'觀諸兄所造,亦易與耳。'伯兄驟聞而駭之,曰:'然則將試汝。'因雜出經義目試之,汗漫千言,俄頃而就。伯兄大驚,持之而泣,以告户部曰:'幾失吾弟!'户部亦愕然曰:'幾失吾子!'是日,始爲先生新衣履,送入塾讀書。"

○《碑傳集》卷一百三十一黃百家《萬季野先生斯同墓誌銘》:"(季野)熟經於默識,茸蘭角丱,則固斐然潛有文筆矣,而履安先生不知也,少子之愛,隱憂恒戚戚。一日憑兒而嘆曰:'吾死,諸子猶可,八郎未讀書,其不免爲餓殍乎?'將謀寄托於僧寺。諸兄或曰：'八郎已能文。'履安先生曰：'吁！安有未就外傅而能文者。'爲進文一篇，猶不之信，及呼而面試，立就。履安先生始愕然大驚曰：'有是哉！吾過矣，吾過矣。'由是於心始慰。"

- 《杲堂文鈔》卷三《送萬季野授經會稽序》："季野爲先生（萬泰）最少子，先生初未奇之也。既年十四五，即能取先生座上書遍讀之，盡知大略。先生更大奇之，每向余輩輒稱吾家第八兒，遂能至此，當爲善擇師友。"

- 《潛研堂文集》卷三十八《萬先生斯同傳》："年十四五，取家藏書遍讀之，皆得其大意。"

與兄斯禎、斯選、斯大、斯備及侄言共觀鄉飲酒禮於郡學。

- 《學禮質疑》卷二《鄉飲酒禮席次》："憶予弱冠時，偕兄正符、公擇，弟允誠、季野，兄子言觀禮於郡庠。見懸圖一軸，書賓主位次，其設席如其圖。"

　　按：斯大生於崇禎六年（1633），弱冠時當爲是年。

明魯王走厦門，依鄭成功。大西軍劉文秀敗吳三桂，克成都。李定國復桂林，清將孔有德自殺。李定國衡州大捷，殺清帥尼堪。

馮景生。

1653 年（清順治十年癸巳）　十六歲

萬泰憐幼子，親爲季野講解章義，雖多歡睡，亦少譴責。

- 《石園文集》卷一《述舊》："父意憐少兒，親爲解章義。晨夕寒松齋，呼兒捧篋笥。時或使應門，間亦執巾屜。窮愁寥沉中，父懷嘗欣慰。久侍少譴責，亦自多歡睡。"

季野後來曾與甬上講經會學友談及早年不甚讀書事，

由於胸中懷有"不爲舉業，不務進取"之故，即不願出任新朝之官。

○《石園藏稿·與友人書》："吾鄉中其最不理於口者唯吾家兄弟爲甚。吾兄弟之中惟弟爲尤甚。其故無他，直以不爲舉業，不務進取耳。嗟嗟！吾豈舉業之士乎？居恒自念天使我爲無知之人則已耳，既少有所知，自當竭其聰明以不負此生，苟尚尚於舉業而不知六藉爲何語，群史爲何事，其與無耳目者何異?"

按:《與友人書》談及"紹蕺山之緒"、讀"姚江之書"，稱黃宗羲爲"吾師"，則此文應作於甬上講經會求學時期，友人當指講經會學友。

九月，黃宗羲作《留書》。

○《黃梨洲先生留書·自序》："古之君子著書，不惟其言之，惟其行之也。僕生塵冥之中，治亂之故，觀之也熟，農瑣餘隙，條其大者，爲書八篇。……癸巳九月梨洲老人書於藥院。"

黃宗羲母六旬壽辰，萬泰以所作《正氣堂壽讌序》往祝。

○《南雷文定》前集卷十一《祭萬悔庵文》："吾老母……癸巳六旬，先生揭揭度阡陌間。坐定，出所作《正氣堂壽讌序》讀之，傷文虎之不偕，不覺失聲而哭。"

李定國自湖南退入廣西。張名振、張煌言合鄭成功軍，攻寧波東金塘山，入長江，敗清兵於崇明。清廷下諭：滿漢一體，然首崇滿洲。下諭表章甲申十六"死難"明臣。

兄萬斯昌卒。長嫂周氏卒。戴名世生。

1654 年(清順治十一年甲午)　十七歲

冬，黃宗羲嫁女於鄞東朱氏，寓萬氏寒松齋，季野兄弟共任其勞。

    ○《思舊録·萬泰》:"甲午冬,余嫁第三女於朱氏,入寓萬氏寒
      松齋,履安使其子任勞,余受成而已。"

    ○《黄梨洲先生年譜》:"冬,送女至甬東朱氏(原注:公第三女
      適諸生朱沆),寓萬氏寒松齋,與董次公守諭,高旦中斗魁兩
      先生話舊。"

萬氏兄弟及侄萬言(1637—1705)師事黄宗羲當始於
是年。

    ○《杲堂文鈔》卷三《送萬季野授經會稽序》:"蓋先生(萬泰)交
      游滿天下,及末年所稱畏友惟梨洲黄先生。嘗與余輩言,今
      日學術文章,當以姚江黄氏爲正宗,一時若余與高旦中諸
      人,俱得少從黄先生遊,則萬氏教之也。先生因使諸子盡事
      黄先生,黄先生亦獨奇季野及貞一,遂悉以所學授之。自悔
      庵既殁,風流雲散,余輩三、四人,蕭然伏處,放棄已極。"

    ○《鮚埼亭集》卷二十八《萬貞文先生傳》:"是日,始爲先生新
      衣履,送入塾讀書。逾年,遣請業於梨洲先生,則置之絳帳
      中高坐。"

        按:萬泰卒於順治十四年。據《黄梨洲先生年譜》,自十
      二年至十四年,黄宗羲未至鄞,可見李文胤所指萬泰卒前
      "使諸子盡事黄先生"事,當在是年冬黄宗羲爲嫁女來鄞時,
      與全祖望所稱萬泰送季野入塾後,逾年受業於黄宗羲之説,
      在時間上吻合。然言遣往餘姚請業,則誤。

正月,張名振、張煌言率師登金山而退。鄭成功攻崇
明不利。清殺大學士陳名夏。申嚴隱匿逃人之禁。

1655 年(清順治十二年乙未)　十八歲

季野在鄞。

十一月,萬泰客西陵,後往來三吳間,兄斯選侍行。

- 黃宗羲《南雷文案》卷十《祭萬悔庵文》:"先生以乙未十一月
  二十日別我。"
- 《杲堂文鈔》卷六《祭萬悔庵先生文》:"方乙未冬,先生有西
  陵之役,吾黨數人,皆置酒贈先生行。先生曰:'吾鬱鬱欲爲
  漫遊,歸無期,第若契闊諸君耳。'自後先生常往來客三吳
  間,聞問不絶。"
- 萬斯大《跋康衢遺唱》:"憶乙未年兄公擇侍先考於吳門,殘
  臘歸,相語曰:'暇與鷗鵠(黃宗炎)遨灊墅,瞩道旁碑,乃高
  王父修楓橋路記也。'"

清軍克兩廣,李定國走南寧。鄭成功部將阮駿陳六御
復舟山。張名振卒,張煌言統其軍。清下諭興文教,尊崇
儒術。

1656 年(清順治十三年丙申) 十九歲

春,季野與兄斯大、斯備,偍萬言共郡中故家子弟二十
九人爲文會,相聚劇談史書治亂古文歌辭,視世路賄利之
事如土芥,一不置齒頰間。

- 《管村文鈔》卷一《李重明墓志銘》:"弱冠,出與郡中諸大家
  子爲文會。於時會者,城南沈氏四人,城東李氏九人,月湖
  徐氏二人,比閭黃氏五人。其他高氏、葛氏、傅氏、水氏、陳
  氏各一人,及家叔充宗、允誠、季野凡二十九輩,皆年少勤
  學,更十日或十五日一會,會試二義,必劇飲盡歡而散。郡
  中傳爲盛事,即他邑多聞而效之者。余獨念吾輩相慕而友,
  豈僅以文字爲事,固宜敦氣誼,重然諾,如古書傳中所稱,始
  爲無負。"
- 《管村文鈔》卷二《菉竹廬詩草序》:"余故居在郡城廣濟坊,
  諸大家沈氏、黃氏、張氏、高氏皆比屋而處。黃與張,余高曾
  王母所自出,故余叔偍於兩家尤習。丙申、丁酉之際,世變

粗定，余叔侄集郡中俊彥爲文業之會，比舍諸家子殆居其
半。每暑月將至，父師命輟夜課，輒乘風步月，相聚劇談，非
余叔侄過黃張諸子，即黃張諸子過余。方是時，余與兩家生
計中落，而猶席先人餘蔭，不知饑寒爲何物。雖以年齒俱
少，不敢高言性命，要之，所論非史書治亂，即古文歌辭，以
爲異日當各以所長自鳴，其視世路賄利之事，直如土芥，一
不置齒頰間。”

萬泰在杭，聞諸子在家讀書頗懶，有《訓子家書》。

○《濠梁萬氏宗譜內集》卷十三《祖訓録》：“聞汝等近日讀書頗
懶，吾心甚爲戚然。如此家道，如此人情，今年幸得親近賢
師友，稍有進步，從此精進尚可，比數於人。乃今又甘心暴
棄，有始無終，是自絶於正人君子，豈有長進乎？大凡貧人
貴自樹立，使其人讀書親近正人君子，即使布衣敝履，自是
不失門户。倘自安下流，爲正人所擯棄，終身淪落下賤，豈
不可痛？吾今處此極苦境界，惟望汝等自知振拔，故見汝等
今年得賢友，心甚樂之。今乃不副吾望，能無痛心？速宜改
步，乃不負吾惓惓也。（寓杭州寄）”

夏，萬泰赴廣州。

○《濠梁萬氏宗譜內集》卷七《世傳六·十二世考·昌一府
君》：“丙寅夏，客粤東。”

○《濠梁萬氏宗譜內集》卷七高斗魁《悔庵萬先生行狀》：“丙
寅，客居西湖，有故人之粤官者，偕先生以行。”

季野有《寒松齋即事》《放歌行》詩，思父之餘，寄情故
園。有避世之意，然仍惓惓於抗清“遊俠”。

○《石園文集》卷一《寒松齋即事》：
春逝愁還在，琴書興已抛。落花消客意，倦鳥引人嘲。身賤
思遊俠，時危擬息交。蒼天不可問，且此守吾巢。
散髮來庭下，悲涼思不禁。雲開天未曙，水落石猶沉。歡意

春歸少，幽懷静裏深。子歸啼破耳，空結旅人心。

天涯容膝處，晴色掛海梢。風景徒相惜，聲名堪自嘲。長貧思藝圃，小隱欲誅茅。湖海他年意，終爲不繫匏。

亂餘思避世，三徑埋生涯。寄目園中槿，驚心夢後笳。魂依庾嶺月，泪落杜鵑花。十載羈孤意，難尋新歲華。

○《石園文集》卷一《放歌行》："官奴城外秋草肥，官奴城中鷄犬稀。十年不見笙歌樂，但看烽火照人衣。我生憂患何纏縛，一廛陋巷資饘粥。終朝冷冷聽胡笳，清夜淒淒聞塞曲。何處深山有紫芝，田園雖蕪不成歸。空林麋鹿應憐我，世外烟霞好伴誰。朅來咄咄何多怪，天刑猶喜尊足在。百尺樓前臥雪霜，萬木聲中聽靈籟。洗出幽人一片心，冰壺秋水夜沉沉。瓣香爇向孤山頂，斗酒澆將栗裏岑。名山未必無知己，掃門彈鋏胡爲爾。不見閶風臺上人，空吟詩句幽人齒。四明之山芙蓉峰，我欲登之躡遺蹤。鹿亭樊榭多奇迹，華頂赤城望裏通。臥向清泉與白石，芰荷可衣實可食。一枕悠然絕世氛，巾衫亦帶烟霞色。興來援筆作此歌，道余眷眷長相憶。"

　　按：《寒松齋即事》有"十載羈孤意"句，《放歌行》有"十年不見笙歌樂"句。甬上烽火，始於順治三年丙戌，至順治十三年丙申正好十年。又，《寒松齋即事》有"子歸啼破耳，空結旅人心"及"魂依庾嶺月，泪落杜能花"等句，顯係思父羈旅粵中事。

李定國奉桂王走昆明。王江、沈調倫復聚衆四明山，未幾敗死。黃宗羲因連染遭名捕。黃宗炎復被捕，營救得脱。清軍再破舟山，下遷界令，强遷舟山之民於内地，片帆不許下海。

陳貞慧卒，湯右曾生。

1657 年（清順治十四年丁酉）　二十歲

　　春，萬泰在粵，自廣州寄《訓子書》兩牋，訓諸子讀書宜歸本八大家，須看《通鑑》，以知古今。勉季野虛心平氣，以與諸兄相砥礪。

　　○《濠梁萬氏宗譜內集》卷十三《祖訓録》：

　　其一

　　兒輩在家，自相師友，最是好事。古書五經而外，宜歸本於八大家，至於《通鑑》，尤不可不看。讀書人不知古今，與矇瞍等耳。會考立社，但須集同志十許人，以《四書》爲面會，以經爲窗會。聞汝等聚集多人，如同鬧市，此無益有損，萬萬不宜。只杜門靜坐，時取同心之言，以相賞益，讀書在是，做人亦在是。以文會友，以友輔仁，所謂友者，非徒以其文而已也。吾老而貧，以饑寒遺汝輩，甚愧爲人父。然古人有云："相諭以道，相開以顏，豈不貧乏，勿忘饑寒。"此言父子之間貧而相安者也。遠在天末，所望汝等刻苦勉勵，不墮家聲，慰我老懷耳。

　　其二

　　六兒婚期果定否？倘已贅入陸門，還須歸家讀書。人生惟贅婿最難做，須加倍謹慎謙和，無令人傲慢也。七兒在李家相安否？雖較之諸兄稍爲得所，然天資不濟，學力宜勤，萬萬不可偷安自棄。八兒有志，吾亦甚憐之，在家讀書，當與諸兄相砥礪，但要虛心平氣，方有長進。統孫仍在周家讀書否？祖父遠出，母氏早亡，孤貧已到萬分極處，凡事須刻苦勉勵，無爲人所侮也。（原注：二書俱寓粵東五羊城寄）

　　萬泰尚有函寄李文胤，約以歸期。秋，萬泰自粵返，途中染病，卒於江西九江湖口，享年六十。

　　○《杲堂文鈔》卷六《祭悔庵萬先生文》："丁酉春，先生書來，曰：'吾將歸，末春初夏，當與諸君執手。'余輩大喜，豫爲詩待先生。及期,先生不歸。先生第七子,余婿也,余日使造市卜且筮。客有自羊城來,余往問,亦云見先生久辦裝。及遲之仲冬,而先生訃至矣,痛哉,痛哉!"

○《濠梁萬氏宗譜內集》卷七《世傳六·十二世考·昌一府君》:"明年二月,值生辰,過海幢,與金道隱(原注:名堡,丙子同籍,祝髮爲僧,名今釋),酬答甚樂。及秋來歸,同舟有毛汧者,疫且劇,舟人皆欲委之。府君謝舟人,弗累汝也。親其藥餌,時其起臥,毛愈而府君病,抵湖口不起,實丁酉十月六日也。距生萬曆戊戌二月十有三日,享年六十。"

○《濠梁萬氏宗譜內集》卷七高斗魁《悔庵萬先生行狀》:"其卒也,舟次南安,疫行。一同年友病,先生時候其寒熱,調藥以進,有止之者,先生嘆曰:'吾不忍其死於道路也。'執意病者賴先生以活,而先生不救矣。"

萬泰訃至,十二月,季野與諸兄共往湖口迎柩。

○《濠梁萬氏宗譜內集》卷七《世傳六·十二世考·昌一府君》:"是年十二月二十八日,斯大兄弟匍匐迎柩,……"

○《石園文集》卷一《述舊》:"飢寒相逼迫,父往遊嶺外。日夕望還期,中秋果返轡。途次九江濱,奄忽一夕逝。寄信至家鄉,慟絕中腸碎。含歛兒不親,湯藥兒不待。天長日月久,此恨終吾世。返柩西江濱,結廬西山次。……嘆息我生涯,憂患何遭備。"

○《杲堂文鈔》卷六《祭悔庵萬先生文》:"然傳先生訃者有地矣,日月有期矣,余一哭先生。既登先生之堂,見斬然在哭泣之位者,先生諸子也,爲再哭先生。已出西皋,見有素輴遙遙而至,即先生之匶也,始重哭先生。然則先生果死矣,痛矣乎,痛矣乎!"

歸葬萬泰於鄞西應嶴大嶺山先塋之左。作《應嶴先塋記》及《佛頂山莊》《永思堂即事》詩各二首,"漢臘""唐冠",

感慨繫之,復述隱居之意。

　　○《濠梁萬氏宗譜內集》卷七《世傳六·十二世考·昌一府
　　　君》:"歸葬於應嶨山先塋之左。"

　　○《石園文集》卷一《佛頂山莊》:"……飯有胡麻種,園多黃獨
　　　苗。……會得林泉意,商山不用招。……幾家行漢臘,若個
　　　戴唐冠?問訊今何處,鵁鶄只自安。"

　　○《永思堂即事》:"……。是處容吾放,何妨此獨歸。山中奴
　　　婢在,更可慰朝飢。"

　　　　　按:《濠梁萬氏宗譜內集》卷十二《祖塋錄》有"鄞西應嶨
　　　　大嶺山"。又有《佛頂山院記》,後注:"丙舍在西山桃源鄉,
　　　　名松溪洞天。舍後有山如佛頂湧起,即名佛頂山,丙舍亦命
　　　　佛頂山院。"永思堂或爲佛頂山院堂名。萬氏兄弟歸葬父
　　　　後,季野至此兩地,有感而作。

　　是年,張煌言還軍舟山。孫可望起兵攻李定國,大敗,
降清。清廷尊孔子爲"至聖先師"。京師科場案發。

1658 年(清順治十五年戊戌)　　二十一歲

萬泰既卒,家益貧,季野益自奮。

　　○《石園文集》卷首楊无咎《萬季野先生墓誌銘》:"先生既歸自
　　　粵,卒於湖口。季野乃奮起孤生,通經汲古,奉先志不墜。
　　　是時年已二十餘矣。"

　　○《濠梁萬氏宗譜內集》卷八萬言《叔母陸氏孺人權厝志》:"是
　　　時,先王父既喪,吾家一切交游禮際,力有不逮,俱已謝絕,
　　　室中酒漿肴核,歲不數舉。"

黃宗羲有書招季野兄弟往餘姚受業。

　　○《濠梁萬氏宗譜內集》卷八萬言《世傳七·永一府君行述》:
　　　"歸城之後,梨洲先生寓札府君,招家叔及不孝輩往受書。"
　　　　　按:不寄書與老友萬泰而與其子斯大,可見事在萬泰

卒後。

是年，甬上董允璘、董允瑫、陳錫嘏、陳紫芝、陳同亮、范光陽等十餘人結澹園社，爲心聲之會。

○ 范光陽《雙雲堂文稿》卷三《送徐戢齋之順德序》："往者順治戊戌間，爲心聲之會，時董在中孝廉兄弟、陳介眉編修與今廷尉陳非園及邑中知名之士十餘人，月必一集，論文酣飲以爲樂。"

○《雙雲堂詩稿》卷二《莊農祥八十壽》："憶昔心聲結好時，四十餘年如電抹。"

○《寒村詩文選·息尚編》卷四《陳君堯山墓誌銘》："繼爲澹園社，則有沈（斯祝）、徐（道勇）、左（紀雲、湘南）、董（在中、吳仲）諸公，而族兄子遜、非園、介眉實鼓吹之。其間捧盤執耳，皆極一時之選，而當世之耳而目之者，多指雲在樓之公子爲不可少。"

　　按：《續甬上耆舊詩》卷九十七："董文學允璘，字吳仲，徵君德偁少子也。……先生少即有志聖學，及遊梨洲之門，益自奮。有見於王氏、劉氏合一之說，以爲慎獨即是致知，……又曰'意即獨也，獨即幾也。'……先生在講社，梨洲倚爲禦侮之友，……不幸三十六歲而卒。"又黃宗羲《南雷文定》三集卷二《董吳仲墓誌銘》："自署爲蕺山學者，……就館象山，力舉社倉法行之，……蓋非齷齪闒茸自附於道學者也。"

　　又按：《續甬上耆舊詩》卷九十五："董孝廉允瑫，字在中，學者稱爲奉銘先生，徵君德偁長子也。……先生潛心理窟，……手抄宋、元、明諸儒書，參考其言而躬行之。……梨洲先生講學甬上，先生從之，稱高座。……康熙己酉試貢禮曹……廟堂諸公方以史局待之，不幸早卒。……其《事天堂集》《尊道錄》，尤有功於儒林。"又稱："先生雄於古文。"黃宗羲《南雷文定》三集卷二《董在中墓誌銘》說他：“文學南豐，詩學東坡，久之併儻於諸儒之語録，其會心在《傳習録》。……康熙己未某月某日卒於保定道之署中。”

又按：《續甬上耆舊詩》卷九十六：“陳編修錫嘏，字介眉，學者稱爲怡庭先生。……康熙丙辰進士、翰林編修。梨洲講學甬上，……然先生於梨洲格物之論亦頗不盡同。梨洲欲鑄先生就之，而卒未能也。”黃宗羲《南雷文定》後集卷三《翰林院編修怡庭陳君墓誌銘》：“家貧，以授徒爲業，……康熙乙卯，舉浙省榜首，明年登進士第，改庶吉士。……奉命纂修《皇輿表》《鑒古輯覽》二書。……先是，甬上有講經之會，君與其友陳赤衷等數十人，盡發郡中經學之書，穿求崖穴。……卒於康熙丁卯三月二十一日。”其著作有《兼山堂集》。

又按：蔣學鏞《鄞志稿》卷十：“陳紫芝，字非園，……從黃南雷講學。……中康熙十八年進士，……薦入館選，……改御史，毅然以風紀自任。……湖廣巡撫張汧，大學士明珠所私也，恃勢不法。……紫芝獨具疏參劾。……旋升奉天府丞兼督學政。……歸朝，升大理寺丞。……一日，偶於朝房啜茗，歸至寓暴卒。”

又按：雲在樓之公子指陳自舜。鄭梁《寒村詩文選·息尚編》卷四《陳君堯山墓誌銘》：“君諱自舜，字同亮，別號堯山。……與介眉倡講經之會於甬上。……六經之中，加意《春秋》。所著有《春秋經傳集解》。……君卒於康熙辛卯，……春秋七十有八。”據徐兆昺《四明談助》卷二十三《陳太僕朝輔》：“其所居在竹湖，有四香居、雲在樓……極林泉之勝，尤多藏書。……子自舜，爲證人書院高弟子。”

又按：《寒村詩文選·息尚編》卷四《范筆山先生墓誌銘》：“諱光陽，字國雯。……先生乙卯舉人，戊辰會元，翰林院庶吉士，歷任户、兵二部，出守福建延平。……卒於康熙

四十四年正月初四日，……春秋七十有六。"全祖望《續甬上
耆舊詩》卷九十六："范延平光陽，字國雯，學者稱爲箕山先
生，……同遊梨洲之門。……先生不欲以文名，然梨洲甚稱
先生之文，其詩亦淡雅，間涉道學語，要不墮橫浦偈頌一
派也。"

是年，鄭成功、張煌言率軍十七萬北上，遣將攻浙東沿
海，遭颶風，覆舟喪師而返。李定國敗於貴州。清改內三
院大學士爲殿閣大學士。覆試丁酉舉人，科場案結。

1659 年(清順治十六年己亥)　二十二歲

是年黃宗羲在余姚化安山築龍虎草堂，因附近有雙
瀑，又稱雙瀑院，自稱雙瀑院長。通讀其師蕺山遺書外，並
開始與友人講道論學，招徒講學。

秋，季野初謁黃宗羲於餘姚化安山龍虎山堂，並與師
子百家論學。有《謁黃忠端公墓》詩。

○《碑傳集》卷一百三十一黃百家《萬季野先生斯同墓誌銘》：
"余少遭亂離，播徙略同於先生，年過成童，未嘗學問。猶憶
順治歲己亥，先生初謁先遺獻於化安山，問余近讀何書？余
以無師對。先生曰：'如名父，將誰師？'余曰：'未嘗督課
也。'先生曰：'嘻！人之樂有賢父兄者，豈必藉其諄諄訓誨
乎？貴在自己默臭其氣耳。'余時惕然，面頸發赤，自是不甘
自棄，稍得立足於詩書之途者，實由先生一言發之也。"

有《謁黃忠端公墓》詩

○《石園文集》卷一《謁黃忠端公墓》："四尺新塋土未乾，金甌
倏忽變衣冠。如公真不欺明主，在帝何曾殺諫官。夾道長
楸冤自語，緣階細草血同丹。千秋碑記巍然在，讀罷淒風六
月寒。"

按：黃百家《學箕初稿》卷一《續鈔堂藏書目序》："己亥

秋，自老柳徙於龍虎山堂者三年。"龍虎山堂即黃氏化安山
丙舍，因其山東峰狀類虎，西峰狀類龍，黃氏丙舍適在其間，
故名。又"讀罷淒風六月寒"句，六月炎熱，所謂寒者，指黃
尊素於前明天啓六年六月死於詔獄事，非指是詩作於六月。
龍虎山堂爲黃尊素墓舍，季野初至化安山，例應謁此墓。

　　又按《清史稿》卷四百八十《黃百家》："百家，字主一。
國子監生。傳宗羲學，又從梅文鼎問推步法。著《句股矩測
解原》二卷。康熙中，明史開館，宗羲以老病不能行，徐乾學
延百家入史館，成史、志數種。"又《竹橋黃氏宗譜》卷十一
《主一先生》："主一先生，諱百家，國學生。原名百學，《續
錄》名黃竹農家，字不失，梨洲先生之三子也。所著有《失餘
詩稿》《學箕文稿》。晚年絕意科舉，專事家庭之學。輯《黃
氏續錄》，續纂《宋元儒學案》，有稿，未成全書。康熙朝開明
史館，相國徐立齋先生爲總裁，聘四方知名士共修之，先生
與焉。"

　　又按《明史》卷二百四十五《黃尊素》："字真長，餘姚人。
萬曆四十四年進士，除寧國推官，……天啓二年擢御史。
……既而楊漣劾忠賢，……尊素憤，抗疏繼之……（忠賢）欲
殺之，……遂被逮……遂死。……福王時，追諡忠端。"

　是年初，清兵陷昆明。李定國與清兵大戰於西磨盤
山，兵敗，桂王走緬甸。六月，鄭成功、張煌言率舟師薄寧
波，入長江，克鎮江，圍南京。七月，鄭成功敗還廈門，張煌
言敗還浙東。清立前明崇禎帝碑。

　沈士柱死。侄萬經（斯大子）生。

1660 年（清順治十七年庚子）　二十三歲

　在鄞，有《述舊》詩，頌前明爲"赤日"，貶清軍爲"腥
塵"，故國之思，躍然紙上，艱苦之情，溢於言表。

○《石園文集》卷一《述舊》："我昔九齡時,慈母中道棄。此時赤日頹,腥塵匝地沸。艱難營一殯,辛苦且逃避。晝行巖壑間,夜宿豺虎際。……"

按:此詩後有"返柩西江濱,結廬西山次。迄今已三年,魂魄猶飛墜"句,可知詩當作於是年。

是年春,五兄斯選爲生計離甬赴杭州執教。季野思念其兄,有《寄五兄公擇》《再寄五兄公擇》詩,約作於是年。時家境窘迫,有凍餒之虞,然仍以"讀書承家學,躬行率古道"與諸兄相勉。

○《石園文集》卷一《寄五兄公擇》:

飲食不求精,冠裳不求好。但求免飢寒,骨肉常相保。微願終難遂,分飛各遠道。……

陶令常乞食,顏公亦求米。古來賢達人,所遇猶如此。況我處今時,凍餒固其理。君胡事遠遊,經旬去鄉里。不見張長公,白首田園裏。

○《再寄五兄公擇》:"先人餘七子,昆弟不爲少。時願一堂聚,蔬食共飢飽。讀書承家學,躬行率古道。栖遲蓬門中,徜徉以終老。苦爲生計驅,飄零隨百草。……"

按:黃宗羲《南雷文定》五集卷三《萬公擇墓誌銘》:"公擇生平不應科舉,出而教授,自武林、語水以至淮上。……"萬泰卒後,爲生計所迫,萬氏伯仲多外出授徒以糊口。斯選先至武林(杭州),繼至語溪(桐鄉)而後至淮上(淮安)。至語溪當在黃宗羲認識呂留良之後。黃、呂初識在順治十七年,則是年斯選應授徒武林。《寄五兄公擇》有"今歲西陵去"句,《再寄五兄公擇》有"西溪有別業"句,可知斯選時在武林。然偶有金陵之行,故《再寄五兄公擇》有"孤帆指江南,共説江南好。豈知兵燹餘,家室不相保。潤州爲戰場,金陵成畏道"句。

　　按:金陵即今南京。西陵在這裏非地名。萬氏六祖萬椿、曾祖萬達甫都葬於杭州留下安樂山。高祖萬表葬於杭州西溪仙芝嶺月桂峰。見《濠梁萬氏宗譜》內集卷十二《先塋錄》。季野以先祖陵墓在寧波之西,故稱"西陵"。

清廷嚴禁集會結社。黃宗羲初識呂留良。

1661 年(清順治十八年辛丑)　二十四歲

　　元夕,與兄斯備、侄言,徒步百里,往餘姚化安山龍虎山堂再謁黃宗羲。黃宗羲很高興,令子直方以茶酒相待,圍爐講學。季野披覽黃氏藏書,留連十日,慕天邊鳥道,深山松聲,哦詩抱琴,有蕭然物外之意。歸後,頗思黃氏教誨,悲知音之寡。

　　○《黃梨洲先生年譜》:"十八年辛丑,公五十二歲,……元夕,甬上門士萬允誠斯備、季野斯同、貞一言訪公山中。"

　　○《管村文鈔》卷一《趙漢章詩序》:"因念余自昔受學姚江黃先生,徒步百二十里,下車廍岡,行平疇中,北臨大江,南山羅立如屏風,村落數處,……最後近陸家埠,……而藍水出其右,蜀山峙其陰。"

　　○《石園文集》卷一《寄懷山中友人》:"放蕩十日遊,三見雪峰白。江井煮春茶,鴉碓舂小麥。殷勤餉遠人,圍爐或竟夕。翰墨時揮灑,半室破寥寂。一別忽數旬,山水久判隔。神馳瀑院深,夢饒龍山側。……所悲知音寡,兀坐苦離索。何時龍虎堂,相對披遺籍?……"

　　○《石園文集》卷一《山中樂》:"嶺畔獨餘鳥道,天邊只有松聲。對水看山欲暮,遙遙犬吠鷄鳴。……菲菲花草春色,嚦嚦鶯鵬暮時。澤畔幽人酌酒,山間騷客哦詩。……風雪荊扉晝掩,看梅對竹徘徊。漁樵客子相訪,詩酒情人獨來。……片片春花含潤,聲聲啼鳥向闌。把酒幾人相對,抱琴有客孤彈。"

○《石園文集》卷一《山中飲酒贈黃直方》:"四山嵬嵬風雨没,
雪滿山中梅正發。爰有人兮山之阿,眼前一尊高突兀。縱
酒傾杯不知暮,竹床芒薦但高卧。頹然一枕醉初醒,呼童覓
酒仍擎斝。市上擾擾競錐金,山中但有無弦琴。世上嗷嗷
爭半菽,山中但有五斗粟。有琴可揮粟可飽,紛紛萬事何足
道。榼中有酒須且斟,對雪看梅皆絶倒。高歌不覺虎豹驚,
痛飲安知天地老。試問東鄰賣藥翁,出世何如在山好!"

有《寄懷山中友人》《遊剡中》《山中樂》《山中飲酒贈黃
直方》《同遊人觀瀑布》諸詩。

> 按:《寄懷山中友人》有"三見雪峰白",《遊剡中》有"野梅
> 緣徑路,寒鳥啄蒼苔";《山中樂》有"風雪荆扉晝掩,看梅對竹
> 徘徊";《山中飲酒贈黃直方》有"雪滿山中梅正發"等句,可知
> 應爲同時所作。又,化安山有雙瀑,故人亦稱龍虎山堂爲雙瀑
> 院。《同遊人觀瀑布》詩有"偶隨同志數人去"句,與《年譜》所
> 載季野與斯備、言同行相合。又,黃直方,諱正誼,黃宗羲
> 次子。

正月,順治帝福臨卒。康熙玄燁即位。三月,鄭成功
進軍台灣。十二月,緬人執桂王朱由榔獻清軍。是年,清
以江南哭廟案,殺金人瑞。清頒"遷界令",令寧波邊海居
民遷內地,禁出海采捕。

李暾生。

1662年(清康熙元年壬寅) 二十五歲

是年冬,城內廣濟橋故居爲清帥所奪,萬氏兄弟七人
遷居西皋白雲莊丙舍。家益落,季野與諸兄仍論學不休。

○《濠梁萬氏宗譜內集》卷七萬斯大《壽董姑七十序》:"壬寅
冬,予居被徙,姑屋亦隨之。因與余兄弟偕止西皋。"

○《石園殘稿·百忍堂松樹記》:"歲壬寅,大帥移鎮吾郡,開府

於鄰之沈氏,余居遂爲所奪,倉皇奔逬於西皋之丙舍。"

○《管村文鈔》卷二《菉竹盧詩草序》:"不數年,值大帥移鎮,沈氏
居以相國第壯麗,首爲所奪。余家居其西偏,遂並在奪中。"

○《兼山堂集》卷四《萬充宗四十壽序》:"中更喪亂,流離播遷。
宅舍奪爲馬廄,充宗兄弟皆棲止西皋墓廬,遺產亦復中落。"

○《濠梁萬氏宗譜內集》卷八《世傳七·十二世先考·永六府
君》:"壬寅,故居改爲帥府,移家西皋之丙舍,瓦屋數椽,促
膝相對。府君與諸父暨從兄貞一,三旬九食,倍嘗艱苦。然
每於單衣枵腹時,聚兄弟叔侄談經論史,歌嘯聞於比舍,人
以爲怪,亦以此重吾家門也。"

○《杲堂文鈔》卷一《萬氏家乘序》:"即今日開府故第,已爲廄
庫,馬通塞其門,而尚得聚家丙舍之中。"

○《石園文集》卷首楊无咎《萬季野先生墓誌銘》:"壬寅,故第
奪於帥弁,僦居丙舍,饘粥不給,節省以濟同族,……"

○《石園文集》卷八《逸老堂記》:"先王父庚戌歸里,即營生壙
於西皋之上,築丙舍於其旁,顏其堂曰'逸老',而歲時游憩
其中。暨我先考嘗讀書廬墓於此,至我兄弟遂相聚以居。"

○《寒村詩文選·五丁集》卷二《跛翁傳》:"出寧波城西門,走
二里許曰新河橋。挐舟南渡,又西南行半里,樹林墟墓之
中,老屋頹然,有跛翁焉。"

　　　　按:跛翁即萬斯大。

○ 萬承勳《冰雪集·白雲莊歲暮雜詩》:"閥閱今爲戎馬場,依
棲丙舍耐荒涼。不因狹窄無安頓,針綫圖書共一房。"

○《四明談助》卷二十四:"萬總兵衙。縣治南沈大學士第之
右,都督萬邦孚所居。康熙初采爲提署箭廳。萬氏子孫聚
居管村墳莊。後又遷於湖西全侍郎第之左。"

○《四明談助》卷二十四:"提督公署。康熙八年(?),提督自紹
興府移駐郡城,有司封采民房爲之。東西列戟爲轅門,前爲
大門,進內爲二門,爲甬道,中爲大堂。……進後正樓五間,

翼以兩廂。二堂之東,曰來紫軒,西曰雙桂廳,又西爲箭廳,南爲箭道。"

○《四明談助》卷三十四:"萬氏寓居管村。國初時,萬都督銜讓爲提署箭廳,其子孫散處,有居於此者。"

　　按:萬斯備《深省堂詩集》有《移居詩爲陸寄翁賦》,録於下,以資參考:

　　甬江城外多壘土,甬江城頭多鞞鼓。一聲悲栗動江雲,散入江城滿環堵。我家幕府相鄰處,比屋弓刀不可住。一朝驅徙何倉皇,骨肉相依墓柏旁。丙舍淒其偪林藪,苦雨酸風無不有。夜寒霜雪滿前溪,婦嘆兒啼四壁吼。此時思家雙泪垂,此中愁嘆誰得知?我懷同人近五載,把臂今看寄翁在。寄翁情事千里同,邗江水與甬江通。移家未定復作客,身如流草隨飄風。乃知側足嘆局窄,何事不具覆載中,嗟乎哉!四海風塵苦未息,男兒無居何足惜。一區之宅皆塵埃,魯殿梁園安在哉!願與先生同廓落,萍逢傾蓋且銜杯。君不見,漢時童子鴻,伯通廡下寄朝春。又不見,君家大小陸,小廨三間分瓦屋。古來奇人類如此,君獨胡爲不爾爾?

　是年,吳三桂縊殺桂王朱由榔。鄭成功卒,鄭經嗣立。李定國卒。明魯王死於金門。浙中通海案發,浙東抗清志士全美閑、陸宇㷭(萬斯大岳父)、魏耕等被逮。

　黃宗羲着手著《明夷待訪録》。張錫瑽(張士塤子)生。

1663 年(清康熙二年癸卯)　二十六歲

季野參與之文會罷。

○《管村文鈔》卷二《菉竹廬詩草序》:"余叔侄既失故棲,且有仰事俯育之計,不得已四出謀食,每歲莫一歸,入城訪舊,則黃、張諸子之散者固多,其處者亦營營朝夕如嚮之。把酒論文,争奇競采,了不可復得。"

閑居中，緬懷祖德，哀思故國，有《閑居》詩。鋤田種菜，交親樵牧，時興幽居泉石之意，作《西皋移居》四首。

　○《石園文集》卷一《閑居》："憑几南窗下，浩然愁思侵。箕裘懷祖德，風雨憶知音。得失林回布，成虧昭氏琴。長吟空復爾，天地正無心。"

　　　按：《續甬上耆舊詩》卷七十八《萬斯同》，録此詩，篇名作《閑居和六兄充宗》，其"箕裘懷祖德"句，作"江山悲故國"。

　○《石園文集》卷一《西皋移居》：

生計憐如鳥，翻飛依故枝。松杉先世澤，魚蟹野人資。藥圃猶堪植，蓬門尚未敧。悠然泉石意，塵外豈人知？

江城三里外，即是白雲莊。登眺身乃壯，歌呼興亦長。買魚尋釣艇，覓藕下寒塘。只少論詩客，携樽過草堂。

投閑來此地，猶喜是吾廬。小菜先春種，寒花帶雨鋤。松濤侵户冷，蘿月入簾虚。欲共幽人語，前溪覓老漁。

徑僻風還古，幽居興未淯。墓田方徙舍，社鼓却迎貓。籬破頻栽竹，簷頹半覆茅。生涯耕稼好，樵牧盡知交。

　　　按：前詩題《閑居》，後詩有漁耕之樂，知非方徙西皋時作。然前詩悲憤之情激切，當離移居爲時不遠，後詩有"只少論詩客"句，當爲文會罷後作。

是年，黄宗會卒。季野昔有《贈縮齋先生》詩，年不可考，姑繫於此。

　○《石園文集》卷一《贈縮齋先生》："竹籬短短任縱橫，一架茅簷户不扃。濁世藏名三徑足，荒山投老一身輕。茶鐺藥裏終年計，鳥語松濤徹夜聲。但得數椽容膝穩，何妨淡泊過餘生。"

　　　按：黄宗羲《南雷文案》卷六《前鄉進士澤望黄君壙志》："澤望，諱宗會，……甲申拔貢，未廷試而國變……癸卯……至八月初八日卒，得年四十有六。澤望少無師，以余爲師，……冥搜博覽,天官、地志、金石、算數、卦影、革軌、藝術、雜學,蓋無勿與予同者。……自濂洛至今日,……余與澤望皆能知其宗旨離合是非之故,而澤望忽折而入於佛。……其所著書《縮齋文集》若干卷,《縮齋日記》若干卷,《學御錄》一卷,《瑜珈師地論注》若干卷,《成唯識論注》若干卷。"

夔東十三家抗清義軍失敗。莊廷鑨明史案發,吳炎、潘柽章被害。

清廷停止八股取士。

黃宗羲《明夷待訪錄》成。兄斯年館於鄞之桃源書院。斯大脫陸宇燝於獄。父友高宇泰因浙中通海案連染入獄。學友張士塤鄉舉。

1664 年(清康熙三年甲辰)　二十七歲

初識慈溪鄭梁,常詩酒往來,結爲知己。乃時與澹園社成員陳赤衷、陳錫嘏、陳自舜、董允瑤、董允璘、范光陽等時相過從。

○ 萬斯同《守高贈言序》:"歲甲辰,禹梅設帳郡城西郊,方窮搜墳籍,不交一人。余聞其名慕之,握手歡然,恨相見晚。當是時,余年二十有七,禹梅長余僅兩月,兩人年壯氣盛,相與劇談古今,謬雌黃當世人物,實不知海內更有人能勝我輩,雖自笑其言之狂,而兩人意氣殊相得也。自是每過從必出詩文相示,余輒爲傾倒。"

○ 《雙雲堂文稿》卷四《黃師母葉夫人六十壽序》:"歲甲辰,與萬斯同兄弟遊。"

○ 《寒村詩文選·五丁集》卷一《萬允誠詩稿序》:"方康熙甲辰,余授徒鄞郊之西,與萬氏居相近。一日,季野過訪,晉接間語合意。其時公擇歸自語溪,因季野亦來顧余。"

○ 鄭勳《誥授中憲大夫先寒村公年譜》:"三年甲辰,公二十八

歲,公館於鄞西假山王氏,王即山之子聖兆,正中輩從公受
舉子業,館與萬氏居相近。一日,萬徵君季野過訪,晉接間
語意相合。其時公擇萬先生歸自語溪,因亦過訪。范君筆
山自京師歸,過晤尤數。"

○ 鄭性《鄭南溪詩文集》卷一《顯考寒村府君行述》:"先君姓鄭
氏,諱梁,初字子夏,繼字松生,後字禹梅。……甲辰,館於
郡城,交萬公擇、充宗、季野、管村、陳環村、堯山、董在中、吳
仲、范筆山、王近思、錢漢臣、張梅先、雪汀諸先生。"

　　按:《雍正寧波府志》卷二十六:"鄭梁,字禹梅,慈溪人。
康熙二十七年進士,授庶常,改戶部主事,升員外郎,再升刑
部郎中。……出守高州。師事黃梨洲,聞劉蕺山之傳。
……詩近江門、定山,文類震川。……善書畫。有《寒村詩
文選》。"

　　又按:黃宗羲《南雷文定》後集卷三《陳夔獻墓誌銘》:
"夔獻,諱赤衷,號環村","丁未、戊申間,甬上陳夔獻創為講
經會。……康熙庚申,以貢士入都廷試。……丁卯四月初
六日卒於京邸,年六十一。"

　　又按:《寒村詩文選·見黃稿》卷一《近思字說》:"王子
名之坪,字易庵,復改字近思。"同上書《息尚編》卷一《文學
王君忝堂墓誌銘》:"康熙四十有六年,歲次丁亥六月,……
以疾卒於家。……君生於崇禎庚辰四月二十二日,……春
秋六十有八。……萬公擇評王文三性命精微之學少,躬身
實踐之事多。"全祖望《續甬上耆舊詩》卷九十八:"王文學之
坪,字文三,一字忝堂。"

　　又按:全祖望《續甬上耆舊詩》卷九十八:"錢文學魯恭,
字漢臣,一字果齋。……學於梨洲之門。梨洲嘗語人曰:
'漢臣學三年可以大成。'不幸年二十七而卒。"

　　又按:《續甬上耆舊詩》卷九十八:"張公子九英,字梅先
(先一作仙),……諸生。……同社萬季野最博學,梅先不為

之下。……梅先學於梨洲之門最淺,乙卯覆舟姚江而没。"
萬言《管村文鈔》卷一《張梅先墓誌銘》:"梅先姓張氏,諱九
英,郡庠生,……惟日取諸經群史之書與吾徒質疑問難,以
求得其指歸。……生於壬午正月□□日,死於乙卯正月二
十一日。"

又按:黃宗羲《吾悔集》卷二《進士心友張君墓誌銘》:
"君諱士塤,字心友,別號雪汀。……讀書之外,好古書畫法
帖,與其友陳夔獻、陳介眉……之輩相砥礪於古昔。乙卯始
入京,候補行人。丙辰卒於寓所,康熙十五年某月某日也,
……年三十七。"黃宗羲《張心友詩序》稱其"好學深思,極詩
家聲色之致"。

自是與諸兄向友人范光陽極論黃宗羲行事,盛稱其
學。范光陽肅然起敬。

○《雙雲堂文稿》卷四《黃師母葉夫人六十壽序》:"歲甲辰,與
萬斯同兄弟遊,每論古今事,輒曰吾師姚江黃夫子言如此。
光陽詫曰:'此非袖長錐錐許顯純者乎?'因相與極論先生之
學,並及訟冤時事,夫人盡出篋中資爲先生束裝。忠端公冤
白,先生以恩入太學,往來南北兩都。……先生接蕺山之絕
學,以上溯濂洛洙泗之傳,登堂問道者無虛日。夫人脫簪珥
具酒食以給往來者。光陽又肅然起曰:'有是哉,先生之遇
也!以忠端公爲之父,以子劉子爲之師,以晦木、澤望兩先
生爲之弟,而以夫人爲之配。夫古之君子,其於五倫之内未
嘗不盡其道,然而有全有不全者,固不可必也。先生今世之
大儒也,其始遭家難,露行草宿以思揳仇人之胸,至於鼎革
之際,泲經兵燹,繭足荒山,其不至如趙江漢先生者幸爾。'
……"

季野窮居感時,往往與鄭梁放論古今,有"哀時屈子漫
滋蘭""吊古長悲行路難"等句,左徒之悲,三嘆不已。

○《石園文集》卷一《述懷》二首：

楓林茅屋舊江村，冉冉涼風共旦昏。白柄長鑱生意足，黃冠短褐古心存。關山何處容來往，交友誰能似弟昆？俯仰懷時多涕淚，藤蘿深處結柴門。

一天烽火照江干，病客科頭獨倚闌。避俗韓生思賣藥，哀時屈子漫滋蘭。索居莫誦人間世，吊古長悲行路難。惟有鶺鴒常不忘，天涯極目起三嘆。

○《石園文集》卷一《冬日言懷》：

危樓登眺久徘徊，濡翰難矜作賦才。目送閒雲江上去，心隨寒鳥日邊迴。人閑歲月愁中盡，世外烟塵夢裏猜。白首放歌長若此，悠悠情事待誰開？

積雨園林晝亦昏，藤蘿深處掩柴門。風霜有意催年盡，書劍無聊縈思煩。安得山中千日酒，長留槐國五更魂。靈氛解卜今能否？欲結筳篿與細論。

○《寒村詩文選·見黃稿詩删》卷五《同季野過國雯齋》："君當抑鬱無聊日，我亦嵚崎可笑人。携得故交仍似昔，來看秋色異於春。紅菱紫芋含杯好，白柏丹楓遶座新。隔岸年年通八蠟，只今歌舞倍傷神。"

○《寒村詩文選·見黃稿詩删》卷五《歸途遇季野因與至寓快談》："劇談無侶悵然還，遇子荒祠古社間。已漸輕烟籠萬堞，尚餘返照著千山。新寒小盞同論古，薄暮疏燈互訂頑。鼓角高城人卧後，野航相送荻花灣。"

是年六月，張煌言散軍，居懸嶴。七月，被執，九月七日在杭州遇難。萬斯大至杭，與杭人張文嘉、僧超直等共營葬於南屏。同月，李來亨自焚。南明抗清義師，至此結束。

黃宗羲編《南雷詩曆》，萬斯選手抄。萬言就婚錢氏（錢肅圖）。

董守諭卒。錢謙益卒。鄭性生。

1665 年(清康熙四年乙巳)　二十八歲

年初,季野與鄭梁、陳夔獻、陳自舜、陳錫嘏、董允瑤、董允璘、范光陽、王文三、錢魯恭、張九英、張士塤及兄斯選、斯大、侄萬言等共爲策論之會。

○《寒村詩文選·五丁集》卷一《萬允誠詩稿序》:"明年,余與甬上諸名士爲策論之會,復得交充宗、貞一,久之,始識允誠。"

○《誥授中憲大夫先寒村公年譜》:"四年乙巳,公二十九歲,仍館假山王氏,與甬上諸名士如陳環村、堯山、怡庭、董在中、吳仲、范筆山、王近思、錢漢臣、張梅先、雪汀、萬公擇、充宗、季野、管村爲策論之會。"

○《寒村詩文選·安庸集》卷一《怡庭陳先生行狀》:"乙巳丙午之際,與余同爲策論之會。"

初夏,與鄭梁、陳夔獻、兄斯大及侄萬言等十六人,共集張天因(士培)之西郊草堂,煮酒論文,詩歌唱和,赫然以爲不可一世。

○《寒村詩文選·見黃稿詩删》卷五《夏日陳夔獻、范國雯、陳非園、董俟真、萬充宗、陳介眉、陳小同、董吳仲、王石南、謝孝輔、萬季野、王文三、萬貞一、謝孝德、范載瞻諸同人集張天因西郊草堂》:"輕航來赴越壇盟,傍郭堂開碧水平。交道真同鷗鷺狎,文心悟入芰荷清。樽前綠野依城盡,樹上青山遶坐明。醉後納涼慵眺遠,鄉關恐有暮雲橫。"

○《寒村詩文選·半生亭集·初夏唱和記》:"獨憶少壯遊鄞時,朋友中以詩相往來者,若李杲堂、范筆山、丘艾軒、錢東廬、高鼓峰、隱學、陳環村、怡庭、董在中、缶堂、萬季野、貞一、張梅先、雪汀諸公,方其宮商迭奏,金石互宣,皆赫然以爲不可一世。"

　　按：《四明儒林董氏宗譜》卷三："允瑋，字俟真，……德偶第三子，郡廩生。……生於崇禎八年乙亥十月二十五日，卒於康熙五十八年己亥，年八十五。"

　　又按：全祖望《續甬上耆舊詩》卷九十七："張文學士培，字天因，梨洲先生之高弟也。……先生屢試不售，因佐父貨殖，不數年，三致千金。……其詩與弟雪汀齊名。"《甬上青石張氏宗譜》卷三《二十七世天因府君墓誌銘》："諱士培，字天因，……君生於崇禎辛未八月十六日，卒於康熙戊辰六月二十日，壽五十有八。"

十月，見園内千尺老松，蒼鱗剥落，然鐵柯石幹，迥立寒風怒雷之中，感觸萬分，作《百忍堂松樹歌》。

　　○《石園文集》卷一《百忍堂松樹歌》："廿年烽火關城變，故家舊物何由見？望去天邊山亦童，歸來門内身如燕。猶喜吾家一老松，迥立荒園半畝宮。鐵柯石幹長不改，霜前雪後消秋容。拂雲低姿摩天力，蒼鱗剥落幾千尺。色參烟霧洪濛深，勢起虬龍雲霾折。寒風日夜鼓驚濤，十月荒城雷怒號。小院陰陰白日静，空階漠漠寒霜高。吁嗟大地舊山河，此物閱世何其多！爲向庭前纏薜蘿，却免林内尋斧柯。手把殘編共晨夕，茅堂賴此增顔色。結根得所可長年，煩爾千春伴騷客。"

鄭梁有詩述及季野，約在是年。

　　○《寒村詩文選·見黄稿詩删》卷五《病瘋季野夔獻國雯過問》："蕭疏四壁客衣單，病卧匡床倍覺寒。爲吏未曾强項在，讀書應解折腰難。梧鳴夜雨蟲能和，花笑秋風蝶自看。七發願從公等聽，相過莫只問平安。"

　　○《寒村詩文選·見黄稿詩删》卷五《吳仲過訪因招季野共榻明日同文三覓夔獻國雯》："寂寞寒郊四五人，多君出郭酒相親。交寧運蹇情如舊，詩却愁多句轉新。夜語未闌霜氣重，秋懷何似角聲頻。朝來覓友看紅葉,指點榮華夢裏春。"

○《寒村詩文選·見黃稿詩删》卷五《陳爕獻席上調范國雯睡態因懷萬季野》:"陳生好客酒懷寬,爾我頻過意未闌。豈謂邀談窺月窟,漫成餞別到槐安。莊周蝶再飛筵上,劉表計當設杖端。却恨樽前無季野,教余獨作醒人看。"

是年,娶妻莊氏。

○《管村文鈔》卷一《歷代史表序》:"二十八歲始受室。"

○《石園文集》卷首楊无咎《萬季野先生墓誌銘》:"娶妻莊氏。"

黃宗羲建續鈔堂於餘姚。萬斯大館於謝氏。

1666 年(清康熙五年丙午)　二十九歲

與黃百家、陳赤衷、萬言等讀書鄞之海會寺,從雲在樓借讀《二十一史》。入夜無油,就月光讀之。兩目爲腫,背誦達旦。

○《碑傳集》卷一百三十一黃百家《萬季野先生斯同墓誌銘》:"逮後康熙丙午、丁未間,予與先生及陳子爕獻讀書於鄞縣外之海會寺,見先生從人借讀《二十一史》,兩目爲腫。"

○《千之草堂編年文鈔·恭壽堂藏書記》:"後吾父(萬言)與季野從祖日不飽一粥,毅然磨礪史學,從雲在樓陳氏借《二十一史》,入夜無油,就星月光讀之,光盡則相背誦達旦。"

○《四明談助》卷二十三《陳太僕朝輔》:"其所居在竹湖,有四香居、雲在樓、掛松軒,極林泉之勝,尤多藏書。"

○《四明談助》卷二十三:"雲在樓,在竹湖,陳御史朝輔建,以爲藏書之所。"

○《鮚埼亭集外編》卷十二《七賢傳》:"陳御史朝輔有子一,自舜,字小同。……梨洲先生講學甬上,小同從之,終日輯香經學,兀兀不休。……喜購書,其儲藏爲范氏天一閣之亞。"

《與從子貞一書》當作於是年。是書暢論經世之學,隱寓民族思想。

　○《石園文集》卷七《與從子貞一書》："……今天下但知制舉業矣，使有一讀書好古之士，鄙舉業爲不足道，而力工詩歌古文，以庶幾於古之作者，豈不誠賢。顧儒者當爲之事，寧無更進於此者乎？其上者如身心性命之學，此猶饑渴之於飲食，固不俟言矣。至若經世之學，實儒者之要務，而不可不宿爲講求者。今天下生民何如哉？歷觀載籍以來，未有若是其憔悴者也。使有爲聖賢之學，而抱萬物一體之懷者，豈能一日而安居於此。夫天心之仁愛久矣，奚至於今而獨不然？良由今之儒者皆爲自私之學，而無克當天心者耳。吾竊不自揆，常欲講求經世之學，苦無與我同志者。若吾子者，既有好古之志，又有足爲之才，是可與我共學矣，奈何專專於古文，而於經世之大業不一究心也耶！夫吾之所爲經世者，非因時補救如今所謂經濟云爾也。將盡取古今經國之大猷，而一一詳究其始末，斟酌其確當，定爲一代之規模，使今日坐而言者，他日可以作而行耳。若謂儒者自有切身之學，而經濟非所務，彼將以治國平天下之業非聖賢學問中事哉！是何自待之薄而視聖學之小也。吾嘗謂三代相傳之良法，至秦而盡亡，漢、唐、宋相傳之良法，至元而盡失。明祖之興，好自用而不師古，其他不過因仍元舊耳。中世以後，並其祖宗之法而盡亡之。至於今之所循用者，則又明季之弊政也。夫物極必變，吾子試觀今日之治法，其可久而不變耶？天而無意於生民則已耳，天而有意於生民，必當大變其流極之弊，而一洗其陋習。當此時而無一人焉起而任之。上何以承天之意，下何以救民之患哉！則講求其學以需異日之用，當必在於今日矣。吾竊怪今之學者，其下者既溺志於詩文，而不知經濟爲何事；其稍知振拔者，則以古文爲極軌，而未嘗以天下爲念；其爲聖賢之學者，又往往疏於經世，見以爲粗迹而不欲爲：於是學術與經濟遂判然分爲兩途，而天下始無真儒矣，而天下始無善治矣。嗚呼！豈知救時濟世，固孔孟之家法，而己饑己溺，若納溝中，固聖賢學問之本領也哉！吾非敢自謂能此者，特以吾子之才志可與語此，故不憚冒天下之譏而爲是言，願暫輟古文之學，而專意從事於此，使古今之典章法制，爛然於胸中，而經緯條貫，實可建萬世之長策。他日用爲帝王師，不用則著書名山爲後世法，始爲儒者之實學，而吾亦俯仰於天地之間而無愧矣……。”

按：是書勸萬言棄古文詞歌詩而從事經史之學，時萬言既與季野共磨礪史學，可知是書當作於是年。

作東漢《諸王功臣世表》《外戚宦官侯表》及《將相大臣九卿年表》等四篇，是爲後來賡續集成《補歷代史表》一書之始。

○《石園文集》卷首楊无咎《萬季野先生墓誌銘》：“先是，從雲在樓借讀《二十一史》，補其闕略，作《東漢後歷代諸表》。”

○《杲堂詩文鈔》卷一《歷代史表序》：“吾友萬季野負異稟，讀書數行下。少時嘗愾蔚宗無表，因補作《諸王功臣世表》《外戚宦官侯表》及《將相大臣九卿年表》凡四篇。嗣後，遂遍作三國、晉、宋、齊、梁、陳、魏、北齊、周、隋下及五代凡六十篇，而他僭竊諸國亦附見焉。”

是年，季野棄古文詞詩歌而專攻經史，其學爲之一變。

○《石園文集》卷首劉坊《萬季野先生行狀》：“僕生平學凡三變，弱冠時爲古文詞詩歌，欲與當世知名士角逐於翰墨之場。既乃薄其所爲無益之言以惑世盜名，勝國之季可鑒矣。已乃攻經國有用之學，謂天未厭亂，有膺圖者出，舍我其誰？時與諸同人兄弟自有書契以至今日之制度，無弗考索遺意，論其可行不可行。”

清廷復八股文。學友陳紫芝中鄉舉。

三　參加證人書院及授徒時期
（1667—1678）

1667年（清康熙六年丁未）　三十歲

　　正月初七人日，季野與兄斯選、斯大、斯備，侄萬言及里中諸子陳錫嘏、陳夔獻、張汝翼、馮政、陳紫芝、范光陽、董允瑤、董允珂、董道權、董允瑋、陳自舜、仇雲蛟、董允璘、仇兆鰲、王之坪、張士塤、張九英、張九林、李開、陳和仲、錢魯恭等二十六人至餘姚黃竹浦，執贄於黃宗羲，信宿而返。

　　○　萬言《管村詩稿》卷四《懷舊詩八首爲陳怡庭壽序》：“余叔侄以先王父之舊，受業梨洲先生者有年。乙巳春，始偕同人往。怡庭暨陳夔獻（赤衷）、張旦復（汝翼）、馮苃仲（政）、陳非園（紫芝）、范國雯（光陽）、董在中（允瑤）、董二嘉（允珂）、董巽子（道權）、陳同亮（自舜）、董俟真（允瑋）、鄭禹梅（梁）、董吳仲（允璘）、仇石濤（雲蛟）、仇滄柱（兆鰲）、王文三（之坪）、張心友（士塤）、張梅先（九英）、李錫袞（開）、張壁薦（九林）、陳和仲（寅衷）、錢漢臣（魯恭）及余叔侄凡二十六人，信宿先生南樓而返。自是，非余輩過姚江，即先生過甬，講道論心，極一時師友之盛。”

　　○　《守高贈言序》：“丙午首春，余偕陳夔獻、范國雯、陳介眉、董吳仲、錢漢臣暨余兄公擇、充宗、從子貞一鼓棹姚江，訪梨洲黃先生。”

○《雙雲堂文稿》卷四《黃師母葉夫人六十壽序》:"去歲丁未正月,始與同學執贄於先生之門。"

　　按:甬上諸子前往姚江執贄於黃宗羲,其年代,說法不一。全祖望《續甬上耆舊詩》卷九十六《證人講社弟子之二》:"乙巳之春,甬上諸子始執贄於姚江黃氏之門。"黃炳垕《黃梨洲先生年譜》亦繫其事於乙巳。然全、黃所據,皆出自上引萬言懷舊詩之《序》。萬斯備《寒村七十祝辭》:"余之得交鄭子寒村也,蓋在乙巳之歲。時梨洲黃先生倡絕學東南。四明人士自寒村外,則有張子旦復、陳子夔獻、同亮、怡庭,范子國雯、董子在中、吳仲、巽子、王子文三、張梅先並家兄公擇、充宗,弟季野,從子貞一及余,同受業黃門,爲講經之會,一時號爲極盛。"亦言在乙巳。然萬言此詩之《序》作於康熙二十四年乙丑,離康熙乙巳約二十年,而鄭梁出守高州在康熙三十四年乙亥,季野作《守高贈言序》離所言丙午足有二十九年。萬斯備爲鄭梁七十壽之祝辭,則在康熙四十五年丙戌,離乙巳更有四十一年之久。三者相隔年代甚遠,推見所憶必有誤。據黃宗羲《陳夔獻墓誌銘》:"丁未、戊申間,甬上陳夔獻創爲講經會。"萬經《濠梁萬氏宗譜內集》卷八《世傳七‧先考永六府君》:"丙午、丁未間,偕公擇五伯父、允誠、季野兩叔父,貞一兄,訂里中同志,……奉父執梨洲黃先生爲師。"皆言在丙午、丁未或丁未、戊申之間,未肯定日期。而范光陽之《雙雲堂文稿》,除《黃母葉夫人六十壽序》外,其所撰《祭鄭蘭皋先生文》更明言:"及丁未歲,與郡中董、萬、王、陳諸子,謁梨洲黃先生於姚江而稟學焉。"范文所言,則與陳錫嘏、鄭梁、萬斯大所述一致。陳錫嘏《兼山堂集》卷四《陳母謝太君六十壽序》:"蓋自丙午冬夜,予與夔獻、國雯、吳仲宿張子心友之家,有刻燭論心之約。次年(即丁未年)正月,萬氏兄弟導之以往姚江。"鄭梁《跛翁傳》:"歲丁未,偕同學十數子,執贄黃門。"萬斯大《儀禮商‧附錄‧

與陳令升書》："某自丁未年同志有講經之會，……"四人皆
稱其事在丁未年。又，鄭梁《寒村見黃稿詩删》卷一《人日早
起，陳夔獻、范國雯、董吳仲、萬季野、馮蠱仲謁黃先生歸便
道見過》詩，繫該詩作於丁未。《寒村見黃稿詩删》卷一選訂
者之一爲是年偕往姚江之董允璘，則董允璘亦以爲在丁未。
且該詩爲即日所作，鄭梁所記決不致誤。范光陽《祭鄭蘭皋
先生文》："及丁未歲，與郡中董、萬、王、陳諸子謁梨洲黃先
生於姚江而稟學焉。歸謁先生（鄭梁父鄭平子，即鄭蘭皋）
於書帶草堂，先生慇懃接引，喜溢眉宇。時諸子以得謁二老
爲平生盛事。"可以爲鄭梁上詩作佐證。

又按：鄭梁實未至姚江，萬言所憶既誤，以後全祖望、黃
炳垕因之，無異以訛傳訛。是年夏五月，黃宗羲至鄞，鄭梁
始受業於黃氏，鄭梁《生朝自述》云："天幸丁未夏，遇師甬江
澔，得聞蕺山傳，不覺志氣鼓。"又《上黃先生書》："去年五月
十三四，獲見先生於鄞郊，……始翻焉知聖學之必可爲而學
之不可以不汲汲也。"可見是年人日，鄭梁並未同往餘姚。
前鄭梁之《人日早起……謁黃先生歸便道見過》詩，亦説明
未至餘姚。季野《守高贈言序》，言首春諸子鼓棹姚江訪黃
宗羲，"即携禹梅古文往，先生亦大稱賞，謂異日必以古文名
世，未幾，禹梅執贄黃門"。季野所憶年代雖誤，然言鄭梁未
同至餘姚則是。

又按：《鄞志稿》卷十五："旦復名汝翼，號學齋。……南
雷至甬上，請業焉。在同人中最闇淡。……南雷每稱之曰：
'張旦復、王文三，皆篤行君子也。'"黃宗羲《南雷文定》後集
卷三《陳夔獻墓誌銘》亦云"躬行則張旦復、毛孝章"。

又按：《續甬上耆舊詩》卷九十八："董文學允珂，字二
嘉，一字莪山，徵君德偁仲子也。……而莪山和平大雅，
……所著有《莪山集》。"又《四明儒林董氏宗譜》卷三："允
珂，字美上，號二嘉。……邑庠生，補太學生。生於崇禎元

年戊辰十一月十七日卯時,卒於康熙十一年壬戌八月二十八日子時,享年五十五。"

又按:黄宗羲《南雷文約》卷二《董巽子墓誌銘》:"姓董氏,名道權,號缶堂,巽子其字也。世爲鄞人。父守諭。……所著《缶堂學詩》《缶堂學文》《炳燭集》《墨傭集》《旅窗隨筆》藏於家。生於崇禎庚午九月初五日,卒於康熙己巳四月二十一日。"稱他的詩"排比妥帖,不尚險怪,勝語時來。……所至有詩父庶兄之目。……其在甬上諸子,詞致翩翩,然人所指目者,惟杲堂、巽子二人,都無異詞。"

又按:仇石濤爲仇兆鰲之兄。見《尚友堂自編年譜》:"九年壬辰,十五歲,仍就學孫氏,偕兄石濤先生肄業。"又見《南雷文案》外卷《仇公路先生八十壽序》:"余友石濤、滄柱之家先生……。"

又按:《鄞志稿》卷十二:"仇兆鰲,字滄柱。……己酉,遊學越城,於古小學書院謁南雷先生,兼叩質於姜定庵先生,始留意先儒學統。……乙卯,預鄉薦,……乙丑,成進士,……遂選入中秘,與修《一統志》。……逾年,乃入京補原官,遷宮贊,轉侍讀,特擢内閣學士禮部侍郎,尋改吏部。""少時論學從南雷指授,後歸宗於朱子。"

又按:《續甬上耆舊詩》卷九十八:"張文學九林,字璧薦。"《雍正寧波府志》卷二十六:"張瑞芝,字次英,鄞人,邦奇元孫。……瑞芝有長子九林,博學能文,數奇,不得志以卒。"

又按:《續甬上耆舊詩》卷九十八:"李明經開,字錫衮,一字子寶,……粹然長者,以副車貢太學。"

又按:陳和仲爲赤衷之弟。見《杲堂文鈔》卷三《壽陳太母謝太夫人六十叙》:"夔獻有弟曰和仲。"

五月,黄宗羲來鄞,授諸子以蕺山(劉宗周)之學。六

月,因改策論之會爲證人之會,季野與諸學友或於張梅先
竹中精舍講程顥《定性書》、朱熹《中和説》;或於張天因西
郊草堂講周敦頤《通書》、張載《西銘》,季野因得獲劉宗周
《聖學宗要》之奥旨。

　　○《寒村詩文選・五丁詩稿》卷一《生朝自述》:"天幸丁未夏,
　　　遇師甬江滸。得聞蕺山傳,不覺志氣鼓。慎獨談何易,讀書
　　　勇可賈。"

　　○《寒村詩文選・雜録》卷二《上黄先生書》:"去年五月十三
　　　日,獲見先生於鄞郊,先生手授以子劉子《學言》《聖學宗要》
　　　諸書。梁伏而讀之,始翻焉知聖賢之必可爲,而學之不可不
　　　汲汲也。"

　　○《杲堂文續鈔》卷二《黄母葉淑人六十壽序》:"時萬、董子弟
　　　及里中後起諸賢,始從黄先生所,得讀《子劉子遺書》,即共
　　　喟然發憤,謂蕺山墜學當藉姚江以季興。於是先生二三故
　　　人,遂偕諸賢,設講位,伐鼓考鐘,召郡中百餘人,執經而前,
　　　使共聞先生所親授於劉門者。"

　　○《雙雲堂文稿》卷三《張有斯五十壽序》:"蕺山劉忠正公之
　　　學,自吾師姚江黄梨洲先生始傳於甬上。其時郡中同志之
　　　士十餘人,皆起而宗之,以爲學不講則不明,於是有證人之
　　　會,月必再集。初講《聖學宗要》,即蕺山所輯《先儒粹言》
　　　也。同志之士,得携其門人子弟相與質疑問難。"

　　○《寒村詩文選・雜録》卷二《竹中精舍記》:"竹中精舍在郡城
　　　之中,高樓一,前後平屋各數間,周環植花果、竹、樹,有井,
　　　有砌,有女牆。曲徑石欄,瓦盆楚楚,地縱橫不能數畝。而
　　　寧波城故臨江,無山林溪壑之勝,加以師旅留處,故家園池、
　　　亭榭,圮毁無存者。此雖不當名園一隙地,而幽僻清閟,門
　　　巷宛然,亦足樂也。丁未夏六月,張子梅先會同志於其所,
　　　講程子《定性書》、朱子《中和説》,既畢,於時桐陰滿地,蟬韻

鏗如,諸故友各起,散步竹邊,悠然動春風沂水之興。……
是時同會者:陳夔獻、范國雯、董在中、陳非園、萬充宗、陳小
同、董俟真、陳介眉、萬季野、萬貞一、王文三、錢漢臣十
餘人。"

○《兼山堂集》卷四《陳母謝太君六十壽序》:"次年正月,萬氏
兄弟導之以往姚江。歸而爲月講《通書》《西銘》之會,聲孚
道合,一時不下十餘人。言論丰采,翕然可觀,磨頰抗聲,鄙
儕俗之無所短長,而皆以爲聖人必可學而至。"

○《雙雲堂文稿》卷三《徐子文入燕草序》:"其後,稟學於姚江
黃先生,得聞蕺山之緒論,於是取濂、洛、關、閩之書,各相
證悟。"

○《雙雲堂詩稿》卷三《贈陳莘學入泮》:"講席尚懸《宗要》在,
蕺山清苦是吾師。(原注:余初與同人講子劉子《聖學宗
要》)"

○《杲堂詩文鈔》卷三《送萬季野授經會稽序》:"季野兄弟更與
所同研席諸人,相與論黃氏之學,上溯蕺山,以爲絶學宜傳,
人師難值。於是里中陳夔獻、范國雯、陳介眉諸君子,俱得
及姚江之門,學者蔚然一變,則又萬氏教之也。"

○《杲堂文鈔》卷三《黃先生六十序》:"先生(宗羲)少待教於劉
門,得傳其學。及子劉子從容盡義,先生日侍其側,年衹三
十有五耳。自後晦盲風雨,先生抱蕺山之遺書,伏而不出。
更二十餘年,而乃與吾黨二三子重論其學,而子劉子之遺書
亦以次漸出,使吾道復顯於世,有以待夫後之學者,是則先
生之功,固亦劉門之曾子也。"

○《石園文集》卷首楊无咎《萬季野先生墓誌銘》:"季野學無不
窺,而以山陰蕺山先生爲宗主,履安先生出蕺山之門,而蕺
山之高弟黃梨洲倡明蕺山之學,季野復從之遊,因得盡聞蕺
山秘旨,而躬行實踐,非僅僅標榜爲名高也。"

　　按:黃宗羲《明儒學案》卷十二《蕺山學案》:"劉諱宗周,

字起東,號念臺,越之山陰人。萬曆辛丑進士,授行人。
……起禮部主事,劾奄人魏忠賢、保姆客氏。轉光禄寺丞,
尋升尚寶少卿,太僕少卿。……起右通政。……革職爲民。
崇禎己巳,起順天府尹。……用爲工部左侍郎。……三疏
請告,上允之,……有旨革職爲民。……壬午,起吏部左侍
郎,……未至,起原官,……詔書敦迫再三,始受命。尋以阮
大鋮爲兵部侍郎。……先生再疏請告,予馳驛歸。……浙
省降,……絕食二十日而卒,閏六月八日,戊子也,年六十
八。""先生……長師許敬庵,……晚雖與陶石梁同講席,爲
證人之會,而學不同。……先生之學,以慎獨爲宗。"又《明
史》卷二百五十五《劉宗周》:"宗周始受業於許孚遠,已入東
林書院,與高攀龍輩講習。"

　　又按:上述所引之《定性書》《中和説》《通書》《西銘》實
皆劉宗周《聖學宗要》所輯内容,見《劉子全書》及黄宗羲《子
劉子行狀》。則當時諸子所學,非程朱理學,而爲蕺山之學。

後,又改證人之會爲五經講會(或稱講經會)。

○《雙雲堂文稿》卷三《張有斯五十壽序》:"於是有證人之會,
　月必再集。……其後爲五經講會,亦如之。"

○《雙雲堂文稿》卷三《徐子文入燕草序》:"最後則爲五經之
　會,家少司馬東明公有天一閣,藏書既富,而經學抄本尤夥,
　得借而讀之。月凡二會,每發一議,辨難蜂起,而卒歸於
　一定。"

○《南雷文定》後集卷三《陳夔獻墓誌銘》:"丁未、戊申間,甬上
　陳夔獻創爲講經會,搜故家經學之書,與同志討論得失,一
　義未安,迭互鋒起,賈、馬、盧、鄭,非無純疵,必使倍害自和
　而後已。思至心破,往往有荒途爲先儒之所未廓者。"

○《杲堂文鈔》卷三《送萬充宗授經西陵序》:"萬氏既傳家學,
　而復俱事姚江黄梨洲先生,得讀蕺山遺書。黄先生教人必

先通經,使學者從六藝以聞道。嘗曰:'人不通經,則立身不能爲君子;不通經,則立言不能爲大家。'於是充宗兄弟與里中諸賢共立爲講五經之集。"

○《杲堂文續鈔》卷二《陳太母謝太夫人七十壽讌序》:"既在梨洲黃先生門,得讀蕺山遺書,始渙然冰釋,爲大道不遠,惟當返而求諸六經,因與同學范國雯、王文三、仇滄柱、萬充宗兄弟及同族同亮、介眉諸子,立爲講經之社。"

○《碑傳集》卷一百三十一黃百家《萬季野先生斯同墓誌銘》:"先生約諸昆侄咸來黃竹浦問學於先遺獻,歸而爲講經之會,爭各磨礪,奮氣怒生。"

○《寒村詩文選·安庸集》卷一《怡庭陳先生行狀》:"丁未,同受學於黃門,因同倡講經之會於甬上。先生推擇同志,凡與會者皆極一時之選。"

黃宗羲命子百家從學甬上,於季野家識張梅先,並同列於講經會。

○《學箕初稿》卷二《贈陳子文北上序》:"歲丁未,家大人始命余從學甬東。是時甬上陳子夔獻、陳子介眉、萬子公擇兄弟、范子國雯等十餘人,方爲講經之會,日有課,月有程,分頭誦習,以相會通。余以愚下,得厠其間,於是始知有讀書一事。"

○《學箕初稿》卷一《哀張梅先辭》:"猶憶余之見梅先,在丁未歲。是時余讀書甬上,梅先過訪萬子季野,意氣軒翥。余在座,梅先初不相識,視之蔑如也。有頃,抗聲問季野:'春王正月,文定之冠夏時,此不易之論矣,何以必欲謂之改月改時乎?'余曰:'此不可以懸虛臆斷也。'梅先始愕然,問余於季野,季野爲道余姓。梅先曰:"此得非即黃先生之世兄主一乎?"季野曰:'然。'因始向余致寒溫。"

見家鄉荒城殘破,滿目狼烟,郊原折戟狐火,松杉古墓，"漢臘""南音"，戚戚於懷，故國之痛，涕泪不已，作《秋懷》三首。

　　○《石園文集》卷一《秋懷》三首：

　　　木落長林韶景移，風塵苒苒去何之？舊家雞犬他年盡，古墓松杉此日悲。樂府但聞《蒿里》曲，詞人競賦《七哀》詩。令威化鶴歸來後，惟有青山似舊時。

　　　秋光漸老葉聲乾，晞髮空庭撫藥闌。斗室但求容膝穩，百年敢怨布衣單。荒城滿目狼烟色，曠野驚心狐火寒。靜對一檠多感慨，藜羹麥飯且加餐。

　　　客散庭空日已沈，繞籬黃葉氣蕭森。效原折戟埋荒草，城闕悲笳雜暮砧。野老幾人行漢臘，蓼臣若個操南音？臨風漫咏《秋思》賦，泪入湘江百丈深。

　　　　　按：斗室容膝，客散庭空，蓋指遷徙西皋丙舍，即初設講經會時作。

　　鄭梁有《萬季野詩稿序》，稱季野之詩，淡漠閑遠，不事粉飾，而辭氣蘊惻，出於性情。

　　○《寒村詩文選·見黃稿》卷一《萬季野詩稿序》："鄞縣萬季野非急以詩見者也。感時觸物，常出其性情之不能已者以爲詩。蓋歷數年而後成帙。余讀其前後《寄兄公擇》詩，淡漠閑遠，不事粉飾，而辭氣蘊惻，宛然唐抹脊令之風焉。范國雯、張梅先輩，皆病其句之多弱，而余以爲使季野能去其弱，則固與古之作者頡頏。即使季野不去其弱，亦自成其爲季野之詩，而不至如今之勦襲湊泊者矣。何則？季野之詩，季野之性情也。……若夫舍吾學而戔戔焉，惟以此爲急務，固非余望季野之意，而亦季野之所不屑知，必不爲程叔子之所不喜也。"

　　是年四月，沈天甫逆詩案發。清廷寬通海、逆書、于七、逃人等案。七月，康熙親政。九月，黃宗羲、姜希轍重舉證人書院於會稽。萬言客南潯，復自南潯謁黃宗羲，以近作求正。董吳仲作《子劉子質疑》，就教於黃宗羲。

1668 年(清康熙七年戊申)　三十一歲

三月，黃宗羲至鄞，會講經會諸子於廣濟橋高斗魁家祠，又會於南門延慶寺，於是始創甬上證人書院。

- 《南雷文定》三集卷二《董吳仲墓誌銘》：“先師立證人書院，講學於越中，至甲申而罷講。後二十四年爲丁未，余與姜定庵復講會，修遺書，括磨斯世之耳目。然越中類不悦學，所見不能出於訓詁場屋。而甬上之聞風而興者，一時多英偉高明之士，吳仲其一也。明年，余至甬上，諸子大會於僧寺，亦遂以證人名之。”

- 黃百家《黃氏續録·失餘稿》：“康熙丁未，定庵姜先生請府君復證人書院之講會。先生亦故與府君同及蕺山之門者。……戊申，鄞城亦請府君主講席，一會於廣濟橋，再會於延慶寺。自是甬上傑出之君子二十餘人，咸來執贄。”

- 《黃梨洲先生年譜》：“甬上諸門士請主鄞城講席。三月，公之鄞，與諸子大會於廣濟橋，又會於延慶寺，亦以證人名之。”

- 《管村詩稿》卷三《懷舊詩八首爲陳怡庭壽》之三：“鵝湖鹿洞本同聲，隔代無端構忿争。一綫竹橋維墜緒，百年甬水集諸生。祠前伐木歌聲在(原注：先生至寧，嘗會講高氏祠，宿，戒童子，歌伐木)，壩上乘潮驛路明。我欲尋源猶未得，援琴待爾指方成。”

  按：《四明談助》卷二十三：“高中丞第，在縣治南新橋，都御史高斗樞所居。其舊宅在廣濟橋，並章耆巷李學博之居。亦其舊第。”

後書院講學地址，或設於萬氏西皋白雲莊丙舍，或設

於張氏西郊草堂（後改名黃過堂），或設於陳夔獻家，或設
於陳自舜之雲在樓。

○《鮚埼亭集外編》卷十六《甬上證人書院記》："證人書院一
席，蕺山先生越中所開講也。吾鄉何以亦有之？蓋梨洲先
生以蕺山之徒，申其師説。其在吾鄉，從游者日就講，因亦
以證人名之。書院在城西之管村，萬氏之別業也。"

○《冰雪集》卷一《哭黃梨洲先生》："憶開講席白雲莊，杖履欣
然一葦航。才能牽衣爲稚子，忽誇坦腹冠諸王。蹉跎北面
三年約，潦倒西行萬里裝。空欲傳經爲晁錯，女孫情立伏
生旁。"

○《兼山堂集》卷七《臘月廿四日風雨集萬氏草堂五首》："水北
祠堂晝掩苔，雙扉端爲客船開。講筵久寂春蔬飯，世事偏宜
濁酒杯。"

○《續甬上耆舊詩》卷九十七《張文學士培》："有別業在西郊，
曰墨莊，即梨洲講學之所。"

○《甬上青石張氏宗譜》卷四《古蹟·墨莊》："鄮山書院橋之西
境南畔，即書院故址，而慕芹公之別業也。國初，延梨洲先
生講學於此。蓋梨洲人望重於國初，非其人不肯屈，非其地
不可屈。吾氏當時人才輩出，而西郊花木之盛，書籍之富，
又得擅於一邑。而天因、雪汀兩公嘗游梨洲先生之門，故梨
洲曾過其地。墨莊之名，向傳明代已有之。"

○《甬上青石張氏宗譜》卷四《古蹟·黃過草堂》："按：墨莊、西
郊草堂、黃過草堂，一也。《雲龍舊譜》言西郊草堂，乃天因
所造，梨洲已往名堂黃過以志感。"

○《寒村詩文選·五丁詩稿》卷二《七月八日同王近思先生過
張有斯黃過草堂》："黃過堂名駭一時，風流萬子極堪思。憶
當對月論文夜，又嘆他年定別離。（原注：己酉歲，萬管村與
余讀書於此，偶商堂名。管村曰：此黃先生所過，可名

黃過。)"

○《甬上青石張氏宗譜》卷三張美翊《青石張氏宗祠記》:"康熙
壬子,餘姚黃梨洲先生嘗爲之記。其後嘗講學於斯堂。八
世祖天因府君、叔祖雪汀府君皆從之游,而九世祖四青府
君、九世祖漁溪府君、韞山府君實爲再傳弟子。當時證人講
經會諸公,都會於此。"

　　　按:黃宗羲所記,指《復芹堂記》。天因,即張士培;雪
汀,即張士塤;四青,即張錫琨;漁溪,即張錫璜;韞山,即張
錫璁。

○《南雷文定》後集卷三《陳夔獻墓誌銘》:"東方爲學之士,雨
併笠,夜續燈,聚夔獻之家,劈肺烹蛤蜆,蔬橡雜陳以飲食
之。連牀大被,所談不出於王霸,積月日不厭。余每過必
如之。"

○《杲堂文鈔》卷三《壽陳太母謝太夫人六十叙》:"蓋夔獻少有
盛名,家在郭西,復當舟車所會處。自十年以來,梨洲先生
至甬上,必主夔獻家,同門諸弟子畢集。……每客至,太夫
人必親辦中厨,出豐膳,陳帷帳共具。"

○《乾隆鄞縣志》卷十八《寓賢》:"黃宗羲,字太冲,紹興餘姚
人,與萬泰、陸符同學於劉宗周,寓鄞最久,一時名賢多從
之。陳氏雲在樓,其講學處也。"

黃宗羲懲明末講學之流弊,故甬上證人書院務以敦品
經世爲旨,從蕺山之學入手,以窮經讀史爲主,旁及文學、
曆算、地理,一掃前明講堂之錮疾。

○《鮚埼亭集》卷十一《梨洲先生神道碑文》:"公謂明人講學,
襲語錄之糟粕,不以六經爲根柢,束書而從事於游談,故受
業者必先窮經,經術所以經世,方不爲迂儒之學,故兼令讀
史。又謂讀書不多,無以證斯理之變化,多而不求於心,則
爲俗學。故凡受公之教者,不墮講學之流弊。"

○《鮚埼亭集外編》卷十六《甬上證人書院記》："不知自明中葉以後，講學之風，已爲極弊，高談性命，直入禪障，束書不觀；其稍平者，則爲學究，皆無根之徒耳。先生始謂學必原本於經術，而後不爲蹈虛；必證明於史籍，而復足以應務，元元本本，可據可依，前此講堂錮疾，爲之一變。"

○《黃氏續録·失餘稿》："府君謂學問必以六經爲根柢，空腹游談，絡無撈摸，於是甬上有講經會。"

○《杲堂文鈔》卷三《送范國雯北行序》："先生嘗嘆末世經學不明，以致人心日晦，從此文章事業俱不能一歸於正。"

○《管村文鈔》卷一《鄭禹梅制義序》："吾師梨洲先生之倡道於甬東也，甬之士從而游者數十人，講席之暇，先生取宋、元、明以來未經表暴之文百餘家，手爲批畫以授之吾黨，而其間鄭子禹梅習之最敏。"

○《南雷文案》外卷《陳夔獻五十壽》："於是爲講經會，窮搜宋、元來之傳注得百數十家，分頭誦習。"

○《杲堂文續鈔》卷三《與萬貞一書》："自貞一與其諸父及里中十餘君子同事姚江梨洲黃先生，……而先生因授諸生以所傳蕺山慎獨之學，發古今説經諸書爲世所未傳者，點定兩漢、唐、宋及先輩大家文鈔，不煩探索而坐辯千載，是非皎然，明白以視。"

○《杲堂文鈔》卷三《黃先生六十序》："而先生更以一身，上窮六經之源，下泛百氏之海，采二十一史之林，旁獵方技諸家之圃，使吾黨共折衷於先生，足以自信，如望天樞而知北，望天梁而知南也。"

○ 萬經《寒村七十壽序》："往丁未、戊申間，先君子偕家叔與同里諸君子奉南雷先生創爲講會。……維時經學、史學以及天文、地理、六書、九章，至遠西測量推步之學，爭各磨礪，奮氣怒生，皆卓然有以自見。"

○《兼山堂集》卷四《萬充宗四十壽序》："且俱受業於梨洲先

生,以昌明理學爲志,旁及星曆、算數之傳。"

　　諸子常先從黃宗羲處,取說經諸書,歸而盡搜郡中藏書之家先儒注釋數十種,參伍而觀。月再集,晨而往,各執經以次造席,取所講覆誦畢,主講者抗首而論,坐上析疑辨難,務擇所安。午飯畢,續講所乙處,盡日乃罷。黃宗羲時至甬上,則各執經而問。

　　○《杲堂文鈔》卷三《送萬充宗授經西陵序》:"於是充宗兄弟與里中諸賢,共立爲講五經之集。先從黃先生所受說經諸書,各研其義,然後集講。黃先生時至甬上,則從執經而問焉。"

　　○《杲堂文鈔》卷三《送范國雯北行序》:"於是里中諸賢,倡爲講五經之會,一月再集。先期於某家,是日晨而往,摳衣登堂,各執經以次造席,先取所講覆誦畢,司講者抗首而論。坐上各取諸家同異相辨析,各擇所安。日午進食,羹二器,不設酒,飯畢,續講所乙處,盡日乃罷。諸家子弟自十歲以上俱得侍聽。揖讓雍容,觀者太息。"

　　○《杲堂文續鈔》卷二《壽董母陳太夫人七十序》:"然年來郡中諸子,共事姚江黃先生,學術文章,俱得見其本末。因唱爲講五經之會,每月再集,及期,諸君各執經就坐,辨論盡日,可謂一時之盛集。"

　　○《南雷文案》卷二《陳夔獻偶刻詩文序》:"聚同志爲經會,夔獻常爲都講。每講一經,必盡搜郡中藏書之家先儒注說數十種,參伍而觀,以自然的當不可移易者爲主,而又積思自悟,發先儒之所未發者嘗十之二三焉。"

　　○《寒村詩文選·雜録》卷二《戎心源文稿序》:"因爲窮經之會於甬上,間請先生至,止則做先儒故事,聚衆講學。"

　　甬上證人講經會子弟前後共四十人左右,爲黃宗羲所推許者十六七人,講會主講者六七人,而以萬、董子弟著稱。季野年雖少,已爲學友所宗。

○《續甬上耆舊詩》卷九十六《證人講社弟子之二》："甬上諸子始執贄於姚江黃氏之門,……凡二十七人。後又益以高撰采宇亮、黃旦暘道暉、陸鈊侯鋆、張有斯錫琨,一時束修之彥皆萃矣。"

　　按:《續甬上耆舊詩》卷一百《陸明經鋆》:"字鈊侯,一字雙水。陸氏詩派……至本朝少衰,雙水振之,其在南湖秋水社中,與族兄鑾並有名,稱二陸。胡京兆西園社亦以二陸爲眉目。學於梨洲之門,以明經終。"

　　又按:《甬上青石張氏宗譜》卷二《系錄》:"錫琨,士培子,字有斯,號過雲,晚號四青山人。府學生,生順治十一年甲午……卒康熙五十八年己亥。……年六十六歲。"

○《學箕初稿》卷一《哀張梅先辭》:"其時,甬上知名士慕蕺山之源流,同梅先而來問學者,不啻二十餘人,固皆卓卓不凡。"

○《管村文鈔》卷一《鄭禹梅制義序》:"吾師梨洲先生之倡導於甬東也,甬之士從而游者數十人。"

○《杲堂文續鈔》卷二《陳太母謝太夫人七十壽讌序》:"立爲講經之社,十年來,自大《易》至《春秋》以次畢,請主講者率六七人。"

○《南雷文定》後集卷三《陳夔獻墓誌銘》:"數年之間,僅畢《詩》、《易》、三《禮》,諸子亦散而之四方,然皆有以自見:如萬季野之史學;萬充宗、陳同亮之窮經;躬行則張旦復、蔣宏憲;名理則萬公擇、王文三;文章則鄭禹梅清工,李杲堂緯澤,董巽子、董在中函雅;而萬貞一、仇滄柱、陳非園、陳介眉、范國雯准的當時,筆削舊章,余子亦復質有其文。嗚呼!"

　　按:本文所引黃宗羲所推許十六人,係據上海中華書局《四部備要》本。然據中華書局1959年版陳乃乾編之《黃梨洲文集》,上引之"躬行則張旦復、蔣宏憲"句,改爲"躬行則張旦復、毛孝章"。按《南雷文定》四集卷三《蔣萬爲墓誌銘》:"萬爲名弘憲,別號笠庵。……萬爲之文,御以遒心,主以理骨,儼然大家體裁也。補諸生者五十四年,廩於二十人中者二十八年,較藝於場屋者十五秋。學校中指爲眉目,文譽殷然江湖間。其爲人又規矩尺寸,言笑不苟。……生於天啓二年三月二十七日,卒於康熙三十一年六月二十六日。"

○ 黄宗羲《南雷詩曆》卷二《寄陳介眉兼懷萬貞一》:"浙東古文詞,近日方權輿;杲堂開之艷,禹梅勝以癯;國雯去陳言,季野真書櫥;文三不輕作,意欲探隋珠;破壞訓詁陋,夔獻、充宗歟? 貞一之秀穎,介眉之奧樞。應酬豈文章,彼此皆述朱。數子拔其一,便可啓荒途。"

○ 《續甬上耆舊詩》卷九十五《董孝廉允瑶》:"時萬氏兄弟八人,而公擇、充宗、季野雄視講社;先生兄弟四人,推先生與少弟吳仲。時人爲之語曰:'三萬熊熊,二董雍雍。'"

○ 《寒村詩文遷·息尚編》卷四《陳君堯山墓誌銘》:"丁未、戊申間,南雷先生講學甬上,甬之士從而遊者多英偉高明之彦。而次亦循循雅飭,總之,非時俗齷齪者可比,一時號稱極盛。……君既纍試不遇,念舉業非學者究竟,與介眉倡講經之會於甬上。一時英賢畢集,析疑辨難,議論蜂起,而君雍容揖遜,徐出一語,因遂有解紛息爭之目。"

○ 《寒村詩文選·安庸集》卷一《怡庭陳先生行狀》:"丁未,同受學於黄門,因同倡講經之會於甬上。先生推擇同志,凡與會者皆極一時之選,心得新義,爭長競爽,足破從來訓詁。而先生廣徵而約取,獨能以虛心平氣之詞,解紛息辯。"

○ 《杲堂文鈔》卷三《送萬貞一遊江右序》:"先生諸子,季野年最少。季野善讀書,其於經史之學,開卷了然,能得其綱領。余有所疑,質諸季野,始自信。雖季野視余爲父黨,其執禮甚恭,余亦心師之。"

○《杲堂文鈔》卷三《徐遂生六十序》:"萬子季野,爲吾黨所宗。"甬上講經會首講《易》,季野常向同學董道權借《易》書,讀之甚勤。然仍常作詩,並學性命之學。

○《管村詩稿》卷四《懷舊詩爲陳怡庭壽》:"戊申後,諸子聚爲講經之會,首《易》……。"

○萬斯同《致董道權書》(《昭代名人尺牘》卷十一《萬處士斯同》):"數日不見,甚思一晤。……《易》書必須借弟一看,多多益善。"

○萬斯同《致董道權書》:"拙草呈上,乞吾兄嚴加筆削。弟初未嘗學詩,而此又數年前所作,多不成句,非吾巽子無從受詩法矣。……國兄曾相晤,云《高子遺書》不日當奉還。承許《易説》,何不乘便擲我。天晴便走候,並得《易》書也。"

　　按:董巽子即董道權,其父董守諭,即明末甬上東林四先生之一,黃道周弟子,邃於《易》,所著有《讀易一抄》《讀易二抄》《卦變考略》等,季野欲借之《易》書,殆指此耳。

　　又按:《高子遺書》指明末東林學派高攀龍之著作,對理學有所批判。

時,季野兄弟尚聚居西皋管村白雲莊丙舍。斯大作《萬氏宗譜》,季野與共閱家藏群公手札,因作《跋家乘外集群公手札後》,並編其曾大父達甫《皆非集》、王父邦孚《一枝軒吟草》兩詩集。

○《杲堂文鈔》卷一《萬氏家乘序》:"即今日開府故第,已爲廏庫,馬通塞其門,而尚得聚家丙舍之中,即一褐衣、一糲飯,誰非先人所貽;攀墓門松柏,霜皮黛色,誰非先人所植?……康熙七年戊申六月望日同里後學李文胤撰。"

○《濠梁萬氏宗譜·高斗樞序》:"予嬰難餘生,久廢筆墨,終日兀坐。適長兒宇泰以《萬氏宗譜》呈予,云欲得余序之。蓋予故友萬履安第六子充宗所增修也。……其開府故第,今改入營册,爲草庫馬廐。充宗兄弟,出依西皋墓舍以居,其伏臘、婚喪之禮,寧能一一如其舊歟？吾知充宗必有隱痛於其心者。……今充宗克守先志,同昆季師事其父友餘姚黄太冲,得聞蕺山劉先生之學,……使三百年家聲不墮於陵移谷改之餘……以成此譜,蓋一代文獻備焉。……康熙七年歲次戊申七月朔前御史中丞高斗樞撰。"

○《石園文集》卷五《跋家乘外集群公手札後》:"夏日無事,與六兄充宗閲家藏群公手札,見有冢宰汪鋐與高王父、中丞喬應甲與王父二書,同曰:'是小人之尤也,曷斥之？'充宗曰:'然。'……遂棄二札不録。……家乘之中,而寓《春秋》之法焉,何其嚴也！異時吾子孫觀此,尚爲集中之所載者,不爲集中之所棄者,庶幾不墜吾祖之教,而亦充宗所以采輯之意也。嗚呼！人其可不自立哉？"

萬達甫《皆非集》卷上於《諜》後刻有"四明萬達甫純初著,男邦孚校,孫泰訂,曾孫斯同編,玄孫世標輯"二十五字。萬邦孚《一枝軒吟草》目録後刻有"四明萬邦孚汝永著,男泰訂,孫斯同編,曾孫世標輯"二十字。

　　按:季野編其曾大父、王父兩詩集,年不可考,是年既與兄斯大共閲群公手札,斯大又輯《宗譜》,則編此兩詩集實有可能,姑繫於此。

《寄侄貞一問金陵舊事》四首約作於是年。憶明祖開國,世臣瞻仰之所;今則荒邱殘枝,抱恨難洗。

○《石園文集》卷一《寄侄貞一問金陵舊事》四首:
原廟相傳三百秋,年來風雨變荒邱。遊人此際應登覽,幾見衣冠月出遊。
雞鳴山上草芊芊,望入樓臺冷暮烟。高皇陵上松楸樹,可有殘枝泣杜鵑？

宮殿淒淒宿暮鴉，建康城裏日堪嗟。禁中已是他人住，莫問
當時百姓家。

萬里寒江烟雨高，金山突兀湧驚濤。只今新恨猶難洗，那有
餘情溯六朝！

　　　按：萬言於是年赴萬載授徒，路經金陵，此詢金陵舊事
　　四首，當作於是年。

萬斯大館於城内高氏。

方苞生。

1669 年（清康熙八年己酉）　三十二歲

四月，張士培之父張振寰卒，季野與鄭梁、范光陽、陳
夔獻、董允瑤、萬斯大、陳錫嘏、董允璘、萬言等十九人共往
祭之。

　　　按：鄭梁《寒村詩文集·雜録·同人祭張振寰封翁文》，列
　　名者先後有：范光陽、陳赤衷、董允璘、萬斯大、陳紫芝、陳錫
　　嘏、鄭梁、萬斯同、董允瑤、萬言、楊履祥、王之琰、王之坪、黃百
　　家、范溥、陳履升、趙祖瑞、馬存瑋、屬其嘉等共十九人。

　　　又按：《甬上青石張氏宗譜》卷三《二十六世振寰府君傳》：
　　“張遏勳，字振寰，……爲商，……遂以貲雄鄉里，而知書通大
　　義。參張煌言幕府，傾家輸餉，嘗以一語完全城之命。已而事
　　敗，……幾被難。”

　　　又按：同上書卷三黃宗羲《振寰府君墓誌銘）：“府君念不
　　得以儒術起家，乃招勝流名士，與子同處論文。……生於萬曆
　　丙午九月十二日，卒於康熙己酉四月十四日。”

與董允璘俱赴會稽。季野授經姜希轍家，其時與黃百
家、姜汝高（生卒年不詳）同讀書相砥礪。得姜氏所藏有明
列朝《實録》，廢寢觀之。他如邸報、野史、家乘，無不遍覽
甚悉。且時與兄弟及同人自道修史事，謂明代二百九十餘

年之史事，尚無成書，今日失考後人何據。自是專志於明史，悉屏他書不觀，季野之學爲之三變。

○《杲堂文鈔》卷三《送萬季野授經會稽序》："今歲，季野將授經於會稽，余適病肺，喀喀蓊床間。季野過余曰：'某將行，非杲堂無以贈我。'余謝曰：'以余之衰病自棄若此，豈有以益季野。'然季野方學子劉子之學，今蕺山講席重開，黃先生身爲此堂之長，絕學季興。季野至會稽，登其堂，發其笥，益見子劉子所未傳書，親其衣冠琴車，餘風放佛，必更愾然有深發於中者。且余聞諸黃先生曰：'末世之學，其能病吾道者有二：一曰俗學，一曰異氏之學。然俗學之爲患，其鄙易見，凡有識者俱能救之，而異氏之學其能中人，往往使學者自墮於霧霾而不知其晦蒙，自汩於波濤而不知其陷沒，其爲害彌大。'今子劉子之遺書初出，海內仰止，此堂益爲四方瞻聽所在，得無復有陰持異氏之說竄入其間者乎？所幸黃先生力任斯道之重。季野與董子吳仲俱客會稽，得從黃先生，相與先後其間，非其種者鉏而去之，廓如也。是則余所望於季野者矣。"

○《碑傳集》卷一百三十一黃百家《萬季野先生斯同墓誌銘》："己酉以後數年，又與先生讀書於越城姜定庵先生家，發其所藏有明列朝《實錄》，廢寢觀之。余時注意舉業，頗迂先生所爲。先生謂富貴有命，今古不可不通也。向晚縷縷必爲余詳說一日所觀某事之顛末，某人之是非，出口入耳，使余得粗知一代之梗概者，亦多自先生教之也。"

○《碑傳集》卷一百三十一黃百家《萬季野先生斯同墓誌銘》："（季野）於有明十五朝之《實錄》，幾能成誦，其外邸報、野史、家乘，無不遍覽熟悉，隨舉一人一事問之，即詳述其曲折始終，聽若懸河之瀉，蓋先生出生無他嗜好，侵晨連夜，惟有讀書之一事，而又過目不忘，故其胸中所貯益富，殆記所謂

‘博聞强識，敦善行而不怠’，先生其無愧於斯語哉！”

○《方苞集》卷十二《萬季野墓表》：“吾少館於某氏，其家有列朝《實録》，吾默識暗誦，未敢有一言一事之遺也。”

按：《清史稿》卷二八二：“姜希轍，字二濱，浙江會稽人。明崇禎間舉人。順治初，除溫州教授。五年，以瑞安知縣缺員，令暫攝。鄭成功來犯，……破成功兵。……九年，遷直隸元城知縣。……十五年，授工科給事中，……更歷兵、禮二科。……康熙元年，考滿内升，回籍待闕。九年，詣京師，復按户科都給事中，……遷順天府丞，……十七年，授奉天府丞。……三十七年，卒於家。”

又按：黄宗羲《南雷文定》五集卷三《姜定庵先生小傳》：“別號定庵，……同爲子劉子之弟子，……重舉證人講會。”

○《學箕初稿》卷二《贈陳子文北上序》：“其後讀書於越之兩水亭，則有萬子季野、姜子汝高爲之砥礪。”

按：姜汝高即姜汝皋，姜希轍子。阮元《兩浙輶軒録》卷十一：“姜垚，字汝皋，號蒼崖，餘姚歲貢生；……官國子監學正。著《樗里山樵稿》《姚江詩存》。蒼崖爲二濱先生令嗣。”

又按：二水亭在姜希轍家，姜氏所著有《兩水亭集》。

○《守高贈言序》：“己酉秋，禹梅棘闈獲售，其所居半浦，去郡城三十里，自是相見漸稀，然一載之間，猶必再三把晤，晤則讀其文益弘以肆，雖兩人出處不同，而意氣彌合。余時方有志於明史，悉屏他書不觀，未暇用力於古文，而禹梅則竟以古文名世。余前寄禹梅詩，有‘憶昔師門論長技，君學古文我學史’之句，蓋實語也。然兩人窮愁特甚，余也硯田爲生。禹梅屢蹶公車，亦復憔悴困頓，然其爲古文日益工。”

○《石園文集》卷首楊无咎《萬季野先生墓誌銘》：“季野自以世受國恩，思以文章報國。值鼎社遷改，無可爲力者，遂喟然曰：‘三百年祖功宗德，於亘古無兩，而國史承訛襲謬，迄未有成書。’乃發憤以史事爲己任，以謂庶持此志，上告列祖在天耳。"

○《石園文集》卷首劉坊《萬季野先生行狀》："時與諸同人兄弟,自有書契以至今日之制度,無弗考索遺意,論其可行不可行。又思此道迂遠,而《典》《考》《志》諸書所載,有心人按圖布之有餘矣。而塗山二百九十三年之得失,竟無成書,其君相之經營創建,與有司之所奉行,學士大夫之風尚源流,今日失考,後來者何所據乎? 昔吾先世四代死王事,今此非王事乎? ……"

黃宗羲於證人書院弟子中已心屬季野,其史學更爲同門學友所推崇重視。

○《杲堂文鈔》卷三《送萬季野授經會稽序》："其諸子自第五公擇以下及貞一,余俱與爲三世交至深。余嘗論之曰:'粹然有得,造次儒者,吾不如公擇;事古而信,篤志不分,吾不如充宗;足以文章名世,居然大家,吾不如貞一;至若學通古今,無所不辨,則吾不如季野。'……季野於經學能與漢、宋諸儒辨及微芒,於史學能取歷朝設官、儀禮、兵刑、田賦諸大政,盡考得其詳,而尤善識三百年之文獻,間發爲古文詞,識力深健,不減歐、曾,爲詩亦能窺盛唐大家之室。然性喜肆力於學問,或終年無所作。黃先生嘗謂余曰:'以季野之才,好學若此,望諸君少待之,無促使下筆,俟積其胸中所有,一涌而出,當盡爛然矣。'蓋黃先生心屬季野之重有如此。……"

○《碑傳集》卷一百三十一黃百家《萬季野先生斯同墓誌銘》:"從是公擇之心學,涵養粹如;充宗之經術,疑義盡墮;允誠、貞一、授一之文彩,才燦國華,先生(季野)略足兼之,而尤長於史。自西漢以來數千年之制度、沿革、人物出處,洞然腹笥。"

學友王之坪館於杭。董允瑤、鄭梁中舉。

妻莊氏卒,莊氏生三女。

1670 年(清康熙九年庚戌)　三十三歲

是年初仍館於越,往來甬越間。時萬氏兄弟多櫛比居於西皋丙舍,與樵牧爲伍。季野雖處貧,自信承家在乎讀古人書,窮理立身,絕不在於富貴顯達。撰《逸老堂記》,侃侃闡說,期與諸兄子侄相共勉。

　　○《石園文集》卷八《逸老堂記》:"先王父庚戌歸里,即營生壙於西皋之上,築丙舍於其旁,顏其堂曰'逸老'。……由庚戌迄今,甲子正一周,而萬氏之居此堂者凡五世矣。……至我兄弟,侶魚蝦,友麋鹿,樵夫牧豎,皆得與我爭席,……今吾兄弟八人,反無一人克振其箕裘者。青氈失於偷兒,故第奪於戍卒,携婦若子,櫛比以居,俯仰此堂,能無骨悚?……蓋所謂承家者在乎立身,而不在乎富貴。所謂立身者在乎詩書禮樂,而不在乎顯達。……若但以栖息丙舍爲克負荷,彼世之克保華屋甫田者何限?吾未見承家之譽果在乎此也。吾兄弟其尚以不德是懼,而思保先人之令名哉!因不禁流泪而書之。"

　　　　按:黃百家《萬季野先生斯同墓誌銘》:"己酉以後數年,又與先生讀書於越城姜定庵先生家。"則是年仍館於越。《逸老堂記》當係中間返甬時所作。

有《寄范筆山書》,暢論其治史之心曲。自謂慨有明史籍抵牾疏漏,因欲以國史爲主,輔以諸家之書,仿《通鑑》之體,成一代之大觀,以備他年修史之舉,亦足爲他日經濟之用。

　　○《石園文集》卷七《寄范筆山書》:"……惟是生平素志有人所不知而不可不使吾兄知者,謹一白之,惟吾兄與我同志焉。弟向嘗流覽前史,粗能記其姓氏,因欲遍觀有明一代之書,以爲既生有明之後，安可不知有明之事？故嘗集諸家記事之書讀之，見其牴牾疏漏，無一足滿人意者。……客歲，館於越城，得觀有明歷朝《實錄》，始知天下之大觀，蓋在乎此。雖是非未可盡信，而一朝之行事，暨群公之章奏，實可信不誣，因其事以質其人，亦思過半矣。始嘆不觀國史，而徒觀諸家之書者，真猶以管而窺天也。弟竊不自揆，嘗欲以國史爲主，輔以諸家之書，刪其繁而正其謬，補其略而缺其疑，一仿《通鑑》之體，以備一代之大觀，故凡遇載籍之有關於明事者，未嘗不涉覽也；即稗官野史之有可以參見聞者，未嘗不寓目也。弟之素志如此。顧其事非一人之所能爲，亦非數年之所能就。又自苦記誦不廣，觀覽無暇，非得高才如吾兄者相與共事，亦安能以有成？故弟之意，願吾兄暫輟詩古文之功，而留意於此，俟胸中稍有條貫，縱儒生不敢擅筆削，他年必有修史之舉，亦可出而陪末議，其與徒事詩文而無益於不朽之大業者，果孰緩而孰急也？……今之操筆爲詩古文辭，不過僅賢於專工舉藝者耳，其於古人立言之旨，概未有當也。弟向嘗從事於此，數年以來，絕筆不爲者，非不好也，將有所專力而不敢分也。嘗與同志言：吾輩既及姚江之門，當分任吾師之學，今同志之中，固有不專於古文而講求經學者，將來諸經之學，不患乎無傳人，惟史學，則願與吾兄共任之。誠留意於此，不但可以通史，並一代之制度，一朝之建置，名公卿之嘉謨嘉猷，與夫賢士大夫之所經營樹立，莫不概見於斯，又可以備他日經濟之用，則是一舉而兼得之也。……"

　　同年又有《與李杲堂先生書》，言甬上在明清間之節義，爲他鄉所不及，應及時藉郡志以傳之。因欲藉杲堂之文筆，采《實錄》之明文，廣搜私家之故牘，諸公文集，評加考辨。而就舊志補缺正訛，闡微揚隱，並可備他日續修郡志之用,懇李主其事,己則願與於討論之列。

　　○《石園文集》卷七《與李杲堂先生書》:"兹有鄉邦一事,須藉
　　　先生之文以傳者,敢敬陳之。吾郡人才至宋而盛,至明而大
　　　盛。近者鼎革之際,更有他邦所不及者,是不可無以傳之,
　　　愚嘗有其志焉,而苦力不能爲也。先生爲文章宗匠,此事非
　　　先生之責而誰責乎? 前朝人物,其顯著者既已備列於國史,
　　　其側陋者亦已采輯於郡乘,此書似可無作。顧國史但記政
　　　績,而不及家鄉之行,其書既略而不詳;郡乘多徇請托,而不
　　　免賢否之淆,其書又雜而無別。欲免二者之弊,其惟《浦江
　　　人物》《吳郡先賢》之例乎? 望先生仿二家之法,著爲一書,
　　　采《實錄》之明文,搜私家之故牘,旁及於諸公之文集,核其
　　　實而辨其訛,考其詳而削其濫,使善無微而不顯,人無隱而
　　　不章,此實不朽之盛事,而亦先賢之有待於後人者也,先生
　　　得無意乎? ……先生之文誠善矣,傳之後世,必不至於覆
　　　瓿。然但可成一身之名,初何益於天下之事。惟以我之文
　　　章,表前人之遺行,使前人藉我而得以不朽者,我亦藉前人
　　　而附以不朽,豈非所謂相得而益章者哉! 今無才者不能著
　　　述,而有才者又不肯著述,此前賢之懿行所以多不傳於後世
　　　也。……郡志終於嘉靖,正宜續修,補其後之缺,而正其前
　　　之訛,亦吾黨今日之事。此書若成,即可備修志之用,……
　　　先生誠任筆削之權,愚亦敢與於討論之列;其他若吾師霜皋
　　　先生,廢翁、隱學兩公,暨家兄充宗、允誠,從子貞一,皆可同
　　　與斯事,不一年而即可告成矣。不及今急爲采葺,使先賢之
　　　行事愈久愈湮,當亦君子所痛心也。"

　　　　按:是書首言"村齋遼闊,教言多違",可知係入贅傅氏
　　　前作。時尚居西皋。傅氏住城東,離李文胤家僅"相去數百
　　　步"(見李文胤《送萬季野北上序》),何"遼闊"之有?

五月,高斗魁卒於家,季野與同人共往爲文祭之。

○《寒村詩文選‧見黄稿》卷一《祭高鼓峰文》："康熙庚戌五月十五日,鄞縣高鼓峰先生卒於家。同邑友李文胤、陳赤衷、萬斯選、范光陽、董允瑫、萬斯大、董道權、陳紫芝、陳錫嘏、陳自舜、董允瑋、董允璘、萬斯同、萬言、王之坪、張九英、錢魯恭等既各爲文奠之矣。六月二十有二日,慈溪馮政、鄭梁來吊,同人復相與會哭,而因屬梁以公奠之文。"

按:云當日同人皆"各爲文"奠之,季野必有祭文而已佚。先其時高斗魁有先後贈季野詩二則,計三首,其第二次二首,係並贈萬言者,皆備致推稱。因年份失考,附繫於此。《續甬上耆舊詩》卷四十一《高隱君斗魁‧贈萬季野》:"老友當年惟汝憂,豈知今日出人儔。遭逢似此須修省,學問無多不怨尤。道闡鹿園稱得手,師歸剡曲是真求。西臯滿逕飛紅葉,且放閑心到草邱。"(原注:履安素不喜季野,不知其後所造最大,有此首二句。)

《示季野貞一》:

真詩幾句贈君家,千古風流老白沙。莫算聲歌輕過眼,須尋根抵始逢花。窮年追琢何由到,一字推敲已自遲。雅健明明親説破,無勞世俗鬥斷牙。

廿載精神八句耽,朝翻王李暮鍾譚。自從三宿西園後,始向伊川《擊壤》探。但使片雲歸絶島,依然寒月落清潭。功夫到此非容易,收拾身心静裏參。

又按:黄宗羲《南雷文案》卷七《高旦中墓誌銘》:"旦中,姓高氏,諱斗魁,別號鼓峰,……生於某年癸亥九月二十五日,卒於某年庚戌五月十六日。"全祖望《續甬上耆舊詩》卷四十一《高隱君斗魁》:"國難,棄諸生。……是時,江上諸遺民日有患難,先生爲之奔走,多所全活。……初先生講學雙瀑院中,黄先生澤望謂其省悟絶人。……由是一意講學。……庚戌,得年四十有七。"

九月,高斗權五十壽,季野有《贈高廢翁先生序》,從高之貧餓而好文，申貶世俗；復自言亦善於餓者，尤稱慕廢翁之胸懷浩落，將學其所爲而以娱其餓。

　　○ 萬世標輯《先府君集原稿·贈高廢翁先生序》（一名《季野集稿》）：“廢翁居環堵之室，朽几敗榻，殘書數編，昕夕吟誦，忘其身之憔悴，室之呻吟也。每於啼飢號寒時，輒把筆爲詩數章，爲古文一首。客之過者，莫不以翁爲怪，而不知翁固未始怪也。士處今世，上無授粲之人，下無解衣之友，耕田不能，行賈不可，計惟有窮餓已耳。將欲抉樊籬塗心志以丐升斗於人世乎？吾不知其可也。欲焚詩書、毀筆墨，自放於山巔水涯乎？又未知其計之得也。然則翁之所爲固其常耳，又安足怪哉！人之笑翁者，以翁死於餓，吾觀古之人，甑塵釜魚如范萊蕪，三旬九食如陶彭澤，長鑱託命如杜子美，老飢抗行如辛敬之者，人之笑之莫不以爲死於餓矣。顧其人之死皆不以餓，而其死於餓者，往往出於君卿貴人，如梁武皇、周丞相、鄧大夫之流，何可悉數。夫餓者未必死，而餓死者未必盡貧賤之夫。然則世之貧賤者，安知其終餓，而富貴者安知其終不餓耶？予亦善於餓者，顧不能如翁之胸懷浩落，吟咏不輟以爲愧，方將學翁之所爲，以娱其餓，而人顧以爲怪哉？……”

　　　　按：全祖望《續甬上耆舊詩》卷四十一：“高隱君斗權，字辰四，學者稱爲廢翁先生，……戊子，都御史父子俱蒙難，先生與弟旦中傾家救之。……而由是從事於故國無已，其事秘莫能盡傳，遂以此破其家。……風度澹蕩，發言皆有深致，其詩亦如之，古文簡貴有法，……有寒碧亭，先生愛之，因以名其集。”

　　時證人講經之會方講三《禮》。友人陳錫嘏在雲在樓，竟晚夢與人言，蕺山、梨洲之傳，當在夔獻、季野。

　　○《寒村詩文選·見黃稿詩删》卷一《長安感懷》：“治《禮》着鞭

吾已後,通經結果孰爲真?（原注:時經會方講三《禮》)"

　　按:此詩,鄭梁自編次於庚戌年。

○《兼山堂集》卷四《陳母謝太君六十壽序》:"予夜臥雲在樓,夢與人言'蕺山、梨洲之傳,當在夔獻、季野'。覺,語同亮而異之。夔獻志氣激昂,季野聲容嚴静,俾在聖門狂狷之亞也。"

　　按:范光陽《雙雲堂文稿》卷四《陳母謝太君六十壽序》有"今歲庚戌十一月二十日,太君六十悦壽"句。因繫此事於是年。

是年末,季野從越歸,贅於城東傅氏。陋屋敝衣,家人又多病,而在此窮愁中,篤學忘我,讀書著述不輟。

○《管村文鈔》卷一《歷代史表序》:"嗚呼! 叔父處於世亦窮矣。八歲喪吾祖母,九歲喪吾曾祖母,十有八歲祖父舍之適吳,又明年亡於粵。二十八歲始受室,不五年而又死,計三十三年中六徙其家,兩更大亂。今贅居東城傅氏,敝屋兩楹,右爲臥房,左爲客坐,雞塒爨具,雜然並陳,壘敗瓦爲門,賓至俯首而入。質疑辨難,如響應而莫窮。既退,復手一卷不輟。雖三女號饑,叔母病臥,呼藥聲犁然,勿卹也。"

○《杲堂文續鈔》卷三《送萬季野北上序》:"吾友萬季野兄弟八人,……諸萬並居西臯丙舍,惟季野獨依婦家城東。其所居甚貧,敝褐寒漏,四壁不能立。"

友人鄭梁、范光陽應試至京。

萬承勳(萬言子)生。高斗樞卒。

1671年(清康熙十年辛亥)　三十四歲

二月,高宇泰倡明遺民耆舊集於鄞之南湖,稱明州九子社(亦稱南湖九子社),以勵晚節,季野皆與之游。

○高宇泰《肘柳集·題林荔堂明山遺民記述後》:"予於辛亥之

春，爲耆舊社，尚有九人焉：徐子庸我、王子無界、邱子梅仙、林子荔堂、周子棲烟、徐子霜皋、予叔廢翁，暨錢子蟄庵，歲時觴咏，百年爲期，以勉晚節於冥頑域中。”

○《續甬上耆舊詩》卷四十九《沈文學麟生·明州九子歌序》：“辛亥二月九日，耆舊會初集延慶寺。辰四、宫山拉余往焉。其爲明州九子者：徐我庸振奇、王水功玉書、邱梅仙子章、林霞舉時躍、高辰四斗權、錢蟄庵光繡、高宫山宇泰、徐掖青鳳垣、李鄴嗣文胤。”

○《續甬上耆舊詩》卷二十六《王太常玉書》：“辛亥，高武部隱學（即宇泰）爲耆舊雅集，邀先生入座，……所謂南湖九子者也。”

○《杲堂文續鈔》卷三《送萬季野北上序》：“季野喜從郡中耆舊諸長者游。”

○《杲堂詩鈔》卷五《暮春，林殿颺先生招同高隱學、徐霜皋、萬季野，及賢伯仲荔堂、非聞諸公讌集竟日，賦呈四首》（詩略）。

按：全祖望《續甬上耆舊詩》卷四十二：“高武部宇泰，字元發，一字隱學，學者稱爲蘗庵先生，都御史斗樞長子也。……錢忠介公起兵，先生請命於其大父，盡輸家所有以助軍。……超授尚書武部員外郎，參東江軍事。……而東江又陷，……四方之士趨島上，必以先生爲内主。丙戌冬，臘書不戒，捕入獄，同事者以賄出之。丁亥，……華、王諸公方謀再舉兵，先生與焉，……於是父子並入獄，……而賓客又爲行賄於大將以免。……庚寅、辛卯之交，瀕死者又數矣。……更十年爲壬寅，島上降卒入浙東，漸以中土義士姓名告，……而先生爲之魁。已而詩禍又起，先生豫焉，於是長繫二年，甫出，甲辰又逮入獄，並錮都御史於私室。……蒼水正命，始漸緩，次年，賓客卒，以賄出之。……乃頽然自放，與方外者遊。……晚年輯《雪交亭正氣録》十六卷，……

又與林評事輯《甬上正氣録》八卷,別輯《敬止録》四十卷。……又有《禮貫》一書,獄中所作也。其詩……最後合之曰《肘柳集》。……次年戊午,無病而逝。"又稱:"先生古文最雄。"

又按:《續甬上耆舊詩》卷四十九《通介道人徐振奇》:"字可貞,一字我庸,……忠介(錢肅樂)之貴也,先生未嘗通一問,及起事江干,先生忻然從之。與倪仲晦入蛟門,説王之仁而返之,以户部郎参瓜里軍事,迎監國於天台。……國亡,遁入東錢湖之青雷山中,……居山中二十餘年。諸子前往固請,乃返城東。角巾方袍,不與時貴接。"

又按:《杲堂文鈔》卷六《前太常寺博士王無界先生墓誌銘》:"謹按:王先生諱玉書,字水功,一字無界,爲諸生,……會越中兵起,錢忠介公開府江上,……乃以薦拜太常寺博士。……未幾,遂避迹名山水間,絶意自放,始專精於詩。……而先生卒,年七十一。"

又按:《續甬上耆舊詩》卷二十八《邱舍人子章》:"字含三,又字梅仙。……受知於婺東二張,有盛名。畫江之師以薦,召爲中書舍人。從亡入瀠洲,尋入閩,多依蒼水幕府。……棲遲天目山中,自號雪庵頭陀,最後教諸生於東洞庭山中。……先生故與吳祭酒梅村有世好,至是梅村出山,先生絶之。辛亥年已七十,家中固請歸里,……次年卒。"

又按:《續甬上耆舊詩》卷三十三《端節先生林時耀》:"字霞舉,學者稱爲荔堂先生。……少負志節,受學於蕺山劉忠正公,又受學於漳浦黄忠烈公,歸而與華公嘿農、王公石雁爲講社,所稱鶴山七子者也。以明經貢太學。乙酉,錢忠介公薦之,召爲大理左評事,直制誥,晉御史,未幾,江干事去,遁入桓溪山中。……明年,華、王之難作,先生始入城,竭力救之,不能得。……凡入仕於新朝者,先生皆不之喜。……門人爲加號曰'端節先生'。"

又按：全祖望《續甬上耆舊詩》卷三十五："林都御史時
對，字殿颺，學者稱爲繭庵先生。崇禎庚辰進士，……官行
人。……南都召爲御史，未赴。東江畫國，召爲兵科，晉掌
工科，……又晉副都御史。前後封事凡數十上，……而最得
罪於王之仁者，在爭東錢湖之不可塞及牙行諸稅；最得罪於
方國安者，在請誅馬、阮；最得罪於諸中官者，在禁閹黨之復
用。於是國安以東林遺孽糾公，遂去國。……而東江雲散，
亳社再墟，……事定，歸家已蕩然矣。……已而徵車四出，
公名亦豫其中，以病力辭。……得年九十一歲。所著有
……《留補堂集》。"

又按：《續甬上耆舊詩》卷二十七《周監軍元初》："字自
一，一字立之，學者稱爲棲烟先生。……東江建國，先生與
其諸弟……赴之。錢忠介公疏授明經，……先生不受，遂以
白袷參軍事。……迨國亡，重跰走入榆林。……至是雖行
遁，尚從事於窮島之聲援，遂盡廢其貲。……晚年，……先
生乃往返郊城之間，高武部九子之社，先生與焉。……年八
十餘卒於家。"

又按：全祖望《續甬上耆舊詩》卷三十四："徐明經鳳垣，
字掖青，學者稱爲霜皋先生。……少爲諸生，有盛名。東江
之役，毀家輸餉。錢忠介公薦之，以明經參幕府。已而事
去，苦節自矢。……晚與林評事、高武部共輯《甬東正氣
錄》，……雅通岐黃之術。……卒年七十有一。"所著有《負
薪集》。黃宗羲《南雷餘稿》有《壽徐掖青六十序》，稱："而掖
青之詩，最爲俊拔。"

又按：全祖望《續甬上耆舊詩》卷三十六："林侍御必達，
字非聞，一字不巖，崇禎癸未進士，官行人。南都有貴州主
試之命，以馬、阮用事，辭不赴。乙酉，越中進御史，同陳謙
使閩。謙死，思文，……仍授行人，……尋還其御史，提督福
建學政。丙戌，閩潰，親王以便宜令公仍舊任，公微服遁歸。

乙巳，浙督趙公廷臣薦之，復膺召命，固辭不出。……時甬上遺老以林都御史繭庵……與公並稱三逸。……公年九十三而卒。"

又按：《續甬上耆舊詩》卷五十《錢徵君光繡》："字聖月，一字蟄庵，……甬東聲氣之盛，自董、陸四先生首與東林相呼吸，次之爲華、王諸先生，而繼之者，先生也。講學則師石齋，……論文則師牧齋。……俄而國亡，從兄忠介公舉兵越中，先生居硤中，知事不可爲，不赴。硤中亦舉兵，先生不豫。自此佞佛益甚，自署寒灰道人。……亂後歸甬。……戊午之夏，忽以憤懣自裁，聞者惜之。"

秋，有《李杲堂先生五十壽序》，痛斥明前後七子剽竊秦、漢而藐視韓、歐，提倡文章之才力不足矜，要在得乎法度之爲貴。

○《石園文集》卷七《李杲堂先生五十壽序》："學者之以古文詞鳴世也，非騁其才力之爲難，乃審其法度之爲難貴。有明之爲古文詞者，何止百家，其初固出於一派也。自北地、信陽出，藉口先秦、兩漢，而古文之派始分。迨太倉、歷下，鼓其黨以觸排前人，紹述何、李，於是七才子暨後五才子、末五才子、繼五才子之流，群奉王、李爲俎豆，而古文之派竟截然分爲兩途矣。彼其時志矜意滿，藐韓、柳而陋歐、曾，非不人人自以爲秦、漢也。乃歿未百年，而好古之士至有不能舉其姓氏者，豈其才力之不足哉，亦不能審其法度以至於此也。……其時有晉江王道思者，初亦剽竊秦、漢，未幾而翻然一變，盡棄其少年之所學，而取裁於歐、曾，一時如唐應德、趙景仁、羅達夫諸公，皆藉以取正，而古文之法始得以不泯於後世。爲王、李之學者，莫不衆咻而群詆之，抑知千百世後，溯古文之正派者固在此而不在彼也耶？吾鄉杲堂李先生，……始亦嘗慕悅王、李，繼乃力祛宿習，而粹然一出於正。

吾師姚江黃夫子，當代文章大家也，亦許先生之文以爲必可
傳。……今天下文人溺於陋習，藐韓、柳而陋歐、曾者猶比
比也。使如先生者出而模範天下，庶幾古文一道可以復興。
……辛亥麥秋二日，爲先生五十初度，同人皆有言稱壽，余
惟先生之古文既可以傳後世，則先生之所以自壽者亦既多
矣，又何假於他人之言，因不揆而述古人之流派如此，諒不
以余言爲妄也。"

　　時，甬上證人講經之會講《禮》將畢。其講經之法，合
以三《禮》，廣以注疏，參以宋、元、明諸家之書，而裁以己
意。中有漢儒語雜見於經文，則毅然斷之。

○《杲堂文鈔》卷三《送萬充宗授經西陵序》："諸賢所講，大略
　合之以三《禮》，廣之以注疏，參之以黃東發、吳草廬、郝京山
　諸先生書，而裁以己意，必使義通。中有漢儒語雜見經文，
　則毅然斷之，務合於聖人之道。至專經治舉業家聞之，率其
　生平誦解所不及，茫然不知所說爲何經也？……且吾黨講
　《禮》將畢……。"

　　季野治經之外，仍專攻史學。陳錫嘏稱其"腹笥便便，
上下古今如指掌"，李文胤稱其於史事"爛然在掌"，推重爲
"畏友"。

○《兼山堂集》卷四《萬充宗四十壽序》："而充宗兄弟，椒蕃賢
　聲，擬於荀氏。即如予所交公擇，能讀蕺山遺書，心解獨得，
　被服造次，擬於儒者。允誠善法書、篆刻，文采雍容。季野
　腹笥便便，上下古今如指掌。"

○《杲堂文續鈔》卷一《萬季野詩集序》："吾友萬季野少從梨洲
　先生，得傳子劉子之學，吾黨方有五經講席，每諸君子考證
　有所未定，必待季野片言，遂俱折服。而其於史學馳騁數千
　年間，人物、典制、國家所以興亡，爛然在掌，而近述三百年
　故事益詳。每從衆座引據歷朝《實錄》及先輩名公卿遷除歲

月,悉無所爽。若吾季野於經史之學,真吾黨之畏友也。"

兄斯大館於武林魏氏,李文胤有《送萬充宗授經西陵序》相贈,以萬氏八龍比於東漢荀氏八人。

○《杲堂文鈔》卷三《送萬充宗授經西陵序》:"吾友萬履安先生有才子八人,一門孝友,可爲士族法,此近世所未有也。諸萬中,公擇、充宗、季野俱與余定交。余嘗目諸萬曰:'事古而信,篤志不分,吾不如充宗。'又曰:'説經無雙,名擅八龍;昔有慈明,今見充宗。'以荀氏八人,慈明第六,而萬氏八人,充宗亦第六也。"

按:"荀氏八龍"見《後漢書》卷九十二《荀淑傳》:"荀淑,字季和,潁水潁陰人也。……少有高行,博學而不好章句,多爲俗儒所非。……安帝時徵拜郎中……去職還鄉里,當世名賢李固、李膺等皆師宗之。……有子八人:儉、緄、靖、燾、汪、爽、肅、專,並有名稱,時人謂'八龍'。初荀氏舊里名西豪,潁陰令勃海范康以爲昔高陽氏有才子八人,今荀氏亦有八子,故改其里曰高陽里。""爽字慈明,一名諝,……年十二能通《春秋》《論語》,……爽遂耽思經、書,……潁川爲之語曰:'荀氏八龍,慈明無雙。'……年六十三。著《禮》《易傳》《詩傳》《尚書正經》《春秋條例》……。"

熊賜履邀顧炎武至京修史,爲顧所拒。斯選仍館石門。萬言館李氏。

是年,二兄斯程卒。友人董允璘卒。

1672 年(清康熙十一年壬子)　三十五歲

鄭梁有《題萬季野文稿》二首,對季野之文稱頌備至,而言其詩未工。

○《寒村詩文選·見黃稿詩删》卷二《題萬季野文稿二首》:斯文仗爾識真傳,轉眼離居忽四年。惠我著書多若此,聽君

抵掌快依然。鷄壇藥石疑空古（原注：集中與友人書俱藥石
之言），竹簡權衡欲破天（原注：讀明史，論多獨見）。病子佛
頭專着糞，題詩意在序詩篇（原注：余嘗序季野詩，頗言其未
工）。

少陵詩律常言細，吏部文章最忌陳。兩家才人將作主，千秋
學者定稱臣。甬江博洽誰如子，黄浦風流莫讓人。大海細
流應不棄，相逢更欲剖纖塵。

是年作《百忍堂松樹記》。時萬氏兄弟因城内故居爲
清帥所奪，居於西郊白雲莊丙舍，生活既困頓又不便，季野
因借城内故居所植松樹而作此《記》，以泄心頭之忿。

○《石園殘稿・百忍堂松樹記》：“先王父解七閩之節，卜居郡
城之中，顔其西偏之堂曰百忍，蓋取張氏獻唐宗之義而示後
人以同居之意也。庭之左畔有松一株，……微風入拂，松聲
與讀書之聲相爲響答。……歲壬寅，大師移鎮吾郡……，余
居遂爲所奪，倉皇奔迸於西皋之丙舍，而此松遂與之別矣。
迄今十年所，每手冰雪之文，輒思與松相對而何可復得。
……嗟乎！吾家何罪，松亦何罪？昔處幽人之室者，今且辱
觕鞿之手耶？……顧予家自始祖以來，爲將者十世，亦嘗統
大師鎮方州矣，寧聞有駐師數萬駢處民舍而使民不獲庇其
一椽者耶？……雖然，今天下何山不童？斧斤之交於山林
者，咸無留木焉。”

是年，有《讀棄疾世兄詩稿因書其後》詩，内有“人方仇
我輩”語。

○《黄氏續録・續録詩綜》載黄百藥《萬季野詩韻》附萬斯同
《讀棄疾世兄詩稿因書其後》：“十年棲一壑，抱膝恣高吟。
筆墨消愁得，溪山發興深。人方仇我輩，天不絶知音。携向
林邊讀，清風幾度侵！”

　　按：黄百藥《萬季野詩韻》原詩爲：“汪洋《廿一史》，真足

寄長吟。我限榆枋促,君遷喬木深。高華承健筆,鹵莽愧知
音。得傍琳琅側,那愁歲序侵。"

又按:是詩原注"庚子年",然庚子年季野尚未專力治
史,於詩意不合,疑爲壬子之誤。故録入此年。

又按:甬上證人書院之建,郡中士子謊訾頗烈。黄宗羲
《陳夔獻五十壽序》稱:"方會之初立,聞見之徒,更口靳故,
鴟鼓害翼,犬呀毒啄。"黄百家《范國雯制義稿序》亦稱:"其
有奮心篤志,窮經學古者,鄉里之人,群轟然而笑之。"李文
胤《陳太母謝太夫人七十謊序》則稱:"前此里中少年固多
竊笑之。"萬言《鄭禹梅制義序》稱:"不意悠悠之口,遂以余
輩欲立異同,笑讪沓興。"是皆可與季野"人方仇我輩"一語
相互證符契。

又按:棄疾(1629—1694),即黄宗羲長子百藥。據《竹
橋黄氏宗譜》卷十二:"棄疾先生,諱百藥。早年棄於疾,故
即以爲字也。其詩清苦,名之曰《留窮草》。"

冬,董道權將出游,季野及講經會諸子,前往餞別。

○ 董道權《缶堂學詩》卷一《三別》:"仲冬日初旬,繁霜覆茅屋,
董子有遠行,良友來示速。蟄庵錢先生,先子共推轂,忘年
結婚姻,敢以吾兒屬。負笈將初春,慎與擇師塾。西皋氓萬
子(原注:謂公擇、允誠、季野、貞一),引我就繩索。冀以策
吾兒,毋厪爲書簏。"

李文胤有詩懷念季野與萬言、黄百家等。

○《杲堂内集》卷五《壬子歲暮感懷》:"諸君尚肯數相過,五十
衰公髮中皤。坐席漸將推草木,酒杯久已隔山河(原注:余
斷酒已十七年)。文驚後起新篇妙,詩愛先生老氣多。客去
東扉仍寂寂,不知年夜夜如何?(原注:謂黄主一、萬季野、
貞一諸君)"

是年,萬言、王文三、張梅先、黄百家等共應試省城,而

董允璘又於去年卒；證人講經之會爲之中衰。

　　黄宗羲選《明文案》。

　　李文胤撰《甬上耆舊詩》，兼錄作者傳。

　　張廷玉生。

1673 年（清康熙十二年癸丑）　三十六歲

　　至慈溪，訪潘平格，録其所著《求仁録》數帙而歸，毛文強見而嗜之。證人學友因轟言其畔師黄宗羲。宗羲亦怒，季野謝以此後"不談學而專窮經史"。

　　　○《恕谷後集》卷六《萬季野小傳》："逾數日，季野見下拜曰：'吾自誤六十餘年矣。吾少從游黄梨洲，聞四明有潘先生者，曰"朱子道、陸子禪"，怪之，往詰其説，有據。同學因轟言予畔黄先生；先生亦怒。予謝曰："請以往不談學，專窮經史。"遂忽忽至今。'"

　　　○《求仁録輯要》卷首毛文強《潘先生傳》："余少受業於南雷黄先生，學蕺山劉子之學。癸丑歲，館於寧城，因萬季野得先生書數帙，一見而嗜之，同志者皆非余，余信之益篤。後過慈水顔長文（名曰彬）家，求其全書。長文者，先生之高第弟子也。"

　　　○《求仁録輯要》卷首毛文強《潘先生傳》："先生姓潘，諱平格，字用微，寧波府慈溪縣文溪人也。……十五、六歲時輒以豪傑自命，……十七歲有必爲聖賢之志。……二十歲從事於程朱之學，鄉里友朋輒迂之。越五年，又從事於王、羅之學。後又從事於老莊之學者半載，禪學者二年。因念程、朱、王、羅之學，既不合於孔孟，而二氏之學，益不合於孔孟。竭力參求，慚痛交迫者四十日如一日，而親證渾然天地萬物一體，當下知孔、曾一貫之道，當下知佛老之異於孔孟，當下知程、朱、王、羅之皆不合於孔孟，是時蓋三十八歲冬十月也。

既親證孔孟之學爲渾然天地萬物一體,因論爲學之要,必須立明明德於天下,之欲《大學》之格物,物是身家國天下,格是格通人我。……遂著《求仁録》十卷、《著道録》十卷、《四書發明》六卷、《孝經發明》二卷、《辨二氏之學》二卷、《契聖録》五卷。"

○ 《崑山新陽合志》卷二十九《人物·游宴》:"潘平格,字用微,慈溪人,順治中,婁東陳瑚招同講學,移寓崑山薦嚴寺,與朱用純、諸士儼友。歸莊,周同谷悉奉教稱弟子。平格守身嚴毅,清修苦節,其學以渾然天地萬物同體爲宗。歲大旱,居民五更汲井,爭一瓶水擊破頭顱數人。人謂平格,天災民病至此,先生不出救,天地萬物同體爲何? 强之登壇禱雨,平格口誦《孝經》,伏赤日中,忽陰雲四合,大雨立沛。薄暮,縣令請相見,棹舟避去。後卒於浙。著有《辨王羅》《辨禪》《辨老莊》《求仁録》若干卷。"

　　按:毛文强即毛勄,又名孝章。

黃宗羲有書寄季野,抨擊潘平格頗烈,指潘氏蔽於大原者有三,即滅氣、滅心、滅體。其"朱子道、陸子禪"之説爲詆毀先儒之"名母之學"。

○ 《南雷文案》卷三《與友人論學書》:"潘用微議論,某曾駁之於姜定庵書。……凡用微之蔽於大原者有三:其一滅氣,夫大化之流行,只有一氣,充周無間,……聖人即從升降之不失其序者,名之爲理。其在人而爲惻隱、羞惡、恭敬、是非之心,同此一氣之流行也。聖人亦即從此秩然而不變者,名之爲性。故理是有形見之於事之性。性是無形之理,……而要皆一氣爲之。……用微言性自性,氣自氣,氣本非性,不足言也。用微既主張天地萬物一體矣,亦思天地萬物以何者爲一體乎? 苟非是氣,則天地萬物之爲異體也決然矣。……其二滅心,先儒以靈明知覺爲心,蓋本之乾知,而有所謂南海北海，千載上下，無有不同也。儒者未嘗有識神之論，佛氏始有之，即以是例之，儒者心有所向之爲欲，識神之謂也。苟無欲，則此靈明知覺者，即是真心矣。用微以靈明知覺歸於識神，無欲而靜，尤爲識神之盤據。引佛氏之繩，以批儒者之根，吾惡受之。其三滅體。心無分於内外，故無分於體用。《大學》之所謂先後本末，是合外於内也，歸用於體也。……用微必欲合内於外，歸體於用，以爲敬在於事，始爲實地，若操持涵養，則盤桓於腔子而已。夫萬感紛紜，頭緒雜亂，……豈復能敬？……夫微之顯，不動而敬，不言而信，溥博淵泉而時出之，君子之所不可及者，其惟人之所不見乎？其功夫皆在心體，不在事爲境地。……用微又言，今之言體者，豈非性乎？今之言性者，豈不遺天地萬物乎？舍天地萬物而言性，非性也。孟子云：萬物皆備於我，而其要在反身，如用微之不得操持涵養，則反身便爲遺天地萬物矣，是我備於萬物，不是萬物備於我也，豈不成戲論乎？用微有此三蔽，故其放而爲淫詖之辭。……用微以人師自命，不難置先賢於堂下，供其叱咤，……以一棒號令天下，無論兩廡諸賢，蹂躪而甘之。……夫用微之訾毀先儒，名母之學也。"

按：黄宗羲《陳夔獻墓志銘》："有以格物之説自誇獨得，歷詆宋明諸儒，千里來見，夔獻貫宗勾極，亦折其角而去，其自信之力，可謂惡言不入者矣。"潘平格《求仁録輯要》以"格通人我"釋格物，力排朱、陸格物之説，則梨洲此所指，顯係潘平格。

又按：《求仁録輯要》後附顏曰彬（即長文）之言："及至己酉歲，與先生會於證人書院，始讀其書，真性勃發，舉十餘年來之疑而未信者，一旦豁然有會，遂北面執弟子禮焉。"則知己酉年，即康熙八年，潘平格曾至鄞，與陳夔獻辯論於證人書院。時季野在會稽授經，當係返甬後知其事，往詰而信,録其書數帙而歸。

《儒林宗派》當作於是年前。

按:季野是年既因潘平格事,向黄宗羲表示:"請以往不談學,專窮經史。"則該書寫作年代之下限,當不超過是年。

是年,季野與兄斯選及趙時騵三人,共修《寧波府志》,三閲月而成。

○《咸豐丙辰鄞縣志》卷三十二《舊志源流》:"《寧波府志》三十卷,康熙十二年知府邱業重修,分修者萬斯選、萬斯同、趙時騵三人,未及刊行,其鈔本郡中藏書家時有之。《序》云:'臣業承乏寧波,奉藩司嚴檄,亟有事於纂修,……遂設局於公署,率諸生夙夜編輯,凡三閲月而書始成。……竊以志爲史中之一體,而不足以盡史之法,猶之頌爲《詩》中之一義,不足以盡《詩》之情也。有徵信無傳疑,則志即謂史;有揚善無書惡,則志自爲志。文取其簡而盡,義取其覈而顯,如是而已。……康熙十有二年孟夏中浣寧波府知府邱業序。'"

○《杲堂文鈔》卷一《歷代史表序》:"適季野修吾鄉郡乘,先覽舊書諸列傳,見所載某年先輩爲某官行事,季野隨覽隨判其上曰,是年某月,此公已遷去,代者爲某,何得以甲冒乙?如是甚多,他人覆驗之,不爽月日。"

按:《四明儒林董氏宗譜》卷十二有季野著《董氏五先生世傳》,下具"四明布衣萬季野斯同撰"。董氏五先生爲董琳、董鑰、董鰲、董樾及董光宏,皆爲證人講經會學友董允瑤等祖先。董氏爲四明望族,此蓋爲季野修《寧波府志》所作。是書尚有董天鑑傳,見李文胤《董天鑑先生傳》:"吾友萬季野撰郡志,以先生列孝友傳中。"然此文已佚。

吴三桂叛。朱三太子案發。黄宗羲至鄞,登天一閣,發藏書。斯大所纂《春秋》毁於火。學友錢魯恭卒。

1674 年（清康熙十三年甲寅） 三十七歲

季野館於李文胤家，爲其子曒課經。時與李文胤相對
咏懷，兩人自置於雲霞之表，俯視世間。嚄嚇富貴中人，相
得甚歡。

○《杲堂文續鈔》卷三《送萬季野北上序》："亂後，諸萬並居西
皋丙舍。惟季野獨依婦家城東。其所居甚貧，敝褐塞漏，四
壁不能立，與余家相去數百步。余齋居在曲巷中，竹長柳
深，車馬稀至。因延季野與同居，使兒子曒從受經。……季
野遍從里中大家借得異本，數童子往來道中。一時諸君欲
叩經史疑義，則造季野，欲論古文詞，則造余。余兩人相時，
各欣然咏懷，一宮一商，其聲出金石，如是者遂五年。方是
時，余兩人岸然自置，並在雲霞之表，俯視世間一切。躍馬
食粱肉。嚄嚇富貴中人，其相去碌碌，誠不可丈尺也。"

按：全祖望《鮚埼亭集》卷二十一《李東門墓表》："李太
學曒，字寅伯，一字東門，鄞人，杲堂先生子也。杲堂艱於得
子，四十後始舉太學。……而太學不耐章句之學。……梨
洲黃先生見其詩曰：'是能獨開生面者。'……鄭南溪、謝北
溟、萬西郭爲四子之集，太學爲之長。性好遊。……卒年七
十有五，所著《松梧閣集》。"

是年甬上講經會已至《春秋》。黃宗羲令萬斯同彙集
歷代論《春秋》"春王正月"條，竟高達五大册，認爲繁瑣
而罷。

○ 全祖望《鮚埼亭集》外編卷二十三《春秋輯傳序》："往者姚江
黃徵君以經學大師倡教浙東西之間，嘗欲……大修群經，而
首從事於《春秋》，先令其徒薈萃大略，輯爲叢目，只篇首'春
王正月'一條，草卷至五大册猶未定。徵君笑曰：'得無爲秦
延君之説《尚書》乎？'度難以成篇而止。"

按：全祖望説黃宗羲講經首從事於《春秋》，誤。《春秋》

爲講經會最後一課。其徒當指萬斯同。萬斯同著有《周正彙考》，所考即"春王正月"一條。然此文最後輯有黃宗羲文、萬斯大文五、萬斯同自己所作文七篇。此七篇當爲他後來至京修史時所補。見方祖猷主編《萬斯同全集》第一册《周正彙考·目録》。又秦延君注《尚書》之説，見蔣伯潛《十三經概論》："秦延君之注《堯典》，僅釋篇名及首句'曰若稽古'四字，已十餘萬言。"《堯典》爲《尚書》的一篇。

　　季野初訂詩稿，請李文胤爲之序，並約李文胤寫《新樂府》，擬取有明三百年朝廷大事與士大夫風節有關名教及他軼事，每題繫以樂府之章。李文胤以老辭。是爲季野擬撰《明樂府》之始。

- 《杲堂文續鈔》卷一《萬季野詩集序》："而季野復喜言詩。適余從老友徐霜皋先生泛東湖，登望海絶嶠，游覽數日，得五言古詩一卷。季野讀之甚喜，爲能兼謝客、杜陵之妙，且屬余異日作詩，當復如此，勿以去老漫興。而季野亦出其詩二帙，使余序之，一何其中今協古，鏗鏘感諷，流連宛篤，凄遠若是，其辭之絶工也。季野近與余約，擬取三百年朝廷大事，與士大夫風節有關名教及他軼事足傳，每題繫以樂府一章，以續西涯後。在季野爲之誠甚易，而余則已老矣。獨是余好。舉季野之詩，將令學者俱翻然先求諸經史之學以溯其源，窮其派，而後汪洋以出之。且使天下儒家了然知梧桐月照，楊柳風吹，未即爲人豪語，而一時詩人不知讀書，徒齗齗奉一先生言，相剽摹其聲句，以争此坐，毋爲也。"

- 萬斯同《明樂府》卷首《自序》："昔之擬《樂府》者，率用漢、魏古題，獨唐白少傅取本朝事爲題，而名之曰《新樂府》。蓋新題體制，非漢魏遺制也。余讀而愛之，因采明室軼事爲題，而繫之以詩，不過五七言、長短句，非有音節可被之管弦也。今而直名爲《樂府》，則與漢、魏遺制不類，欲不名爲《樂府》，又非余效法白傅之意,故循襲其舊,亦名之曰《新樂府》云 。"

　　按:《續甬上耆舊詩》卷七十八《貞文先生萬斯同》全錄
《明樂府》於後,載全祖望書跋曰:"此乃先生少年時館李杲
堂家所作也 。"

是年,長子世楷尚在世 。

　　按:萬斯大《學禮質疑》卷二《宗法八‧萬氏族譜》載斯同
有子世楷。據黃宗羲作於壬子十一年之《答萬充宗質疑書》,
其內容皆爲《質疑》卷一前編關於曆法者。又萬經《學春秋隨
筆序》言《質疑》作於康熙甲寅十三年後,以此推之,是書之作,
始於康熙十一年壬子,至康熙十三年後始成書,《萬氏族譜》載
是書卷二後,故定是年世楷在世。惟世楷之生卒年不可考 。

是年二月,孫延齡叛清 。 三月,耿精忠亦叛,遣將擾
寧波 。

1675 年(清康熙十四年乙卯)　三十八歲

是年,李文純八十,季野有詩爲壽 。

○《續甬上耆舊詩》卷七十七《萬布衣斯備‧次韻家弟季野壽
戒庵先生八十》:

野民風格史稱奇,爭似先生八十時。火下細書凡百篋,暗中
默誦足千詩。高冠有爲應長繫,名酒相招更不辭。妙畫一
方瓶一座,春花插上許多枝。

蘆虎相依只一廬,但留方丈便安居。即當寢食猶研句,除却
登臨不讀書。氣節一門推勝舍,才華諸子壓應徐。它年儻
入儒林傳,黑蝶先生可得知?

　　按:季野所作詩今已佚。茲惟錄其兄斯備次韻詩 。

　　又按:全祖望《續甬上耆舊詩》卷四十六:"耕石老人李
文純,字一之,一字姬伯,學者稱爲戒庵先生……諸生,丙戌
以後棄之。……蓋豫於五君子之謀,……自是遂匿影奉化

之求村,事定始復入城。……爲詩亦不輕與人唱和。……
庚申,年八十五卒。"

冬,范光陽將北行,季野兄弟及侄萬言前往相送。

○《雙雲堂詩稿》卷五《雪中萬公擇、充宗、季野同其猶子貞一
枉顧。時余將北行,煩道意梨洲先生》:"雪壓寒江兩岸明,
孤舟如畫坐來輕。千年幸續山陰興,萬里愁爲京國行。戴
嶺擔書斯道重(原注:余北行,携有子劉子遺書),龍堆入望
夢魂驚(原注:先生廳事聯用柳道傳'隱現白龍堆'之句)。
煩君報語黄夫子,絳帳春風倍悵情。"

是年,陳錫嘏、范光陽、仇兆鰲皆中鄉舉,陳錫嘏爲榜
首,萬言爲副榜。張士塤至京候補行人,萬斯大在杭州,張
九英卒,甬上證人講經會諸子或散或卒,講經會遂罷。

○《管村文鈔》卷三《登高什序》:"自余叔侄與里中諸公爲講經
之會,……既而左春、心友、非園、在中、寒村、先雋、筆山、怡
庭、滄柱相繼騰達,諸未第者,各以事去,經席遂而中輟。"

○《兼山堂集》卷四《徐果亭先生五十壽序》:"而吾浙乙卯繼
起,遂稱鼎足。"

自丁未至乙卯八年間,講經之會所學《易》《書》《詩》
《禮》等次第畢,或稱未畢《春秋》。

○《杲堂文續鈔》卷二《陳太母謝太夫人七十讌序》:"因與同學
范國雯……諸子,立爲講經之社。十年來,自大《易》至《春
秋》以次畢講,主講者率六七人,諸家子弟及里中後起賢者
俱從下席。"

○《管村詩稿》卷四《懷舊詩爲陳怡庭壽》:"戊申後諸子,聚爲
講經之會,首《易》、次《書》、次《詩》、次《禮》,怡庭於其間探
頤索隱,特爲詳明,未畢《春秋》,以多出游者而止。"

○《石園文集》卷首楊无咎《萬季野先生墓誌銘》:"家居之日,
與諸文士爲講經之會,月凡再舉,來會者不下百餘人,聽季

野主講，先《易》、次《禮》、次《詩》、次《書》、次《春秋》，折衷諸儒，援據今古，議論蜂起，聞之者人人以爲得所有而歸也。"

　　按：所學次序，當以萬言所說爲準。

耿精忠部再窺寧波，犯定海。

沈壽民卒。

1676 年（清康熙十五年丙辰）　三十九歲

仍館李文胤家。李文胤爲其《歷代史表》作序，稱季野從故籍中精覽詳稽，心通本末，定其世次歲月，以補前人所未有，其事比《漢書》作表益難，並以司馬遷之"深思""深考"相推許。

　　○《杲堂文鈔》卷一《歷代史表序》："夫蘭臺生於東漢，去西京不遠，本朝文獻方策未亡，然其王子侯表尚有失書侯所食邑名者，某人嗣不具年月者，百官表有姓名不具者，失載遷免者，俱爲史之闕文。今季野生千載而後，惟從史傳鑒本中精覽詳稽，心通本末，定其世次歲月，以補前人所未有，其事益難。太史公論作史之法，一曰'深思'，一曰'深考'，蓋從來著述家未有不審於經營，慎於證辨而能成一家之書者也。季野益習於本朝文獻，又嘗作開國以後至監國、行朝功臣將相內外諸大臣年表，以備史官采録……康熙丙辰歲季春同里李鄴嗣杲堂撰。"

　　　　按：錢大昕《萬先生斯同傳》，嘗述季野論史表之體曰："馬、班史皆有表，而後漢、三國以下無之。劉知幾謂得之不爲益，失之不爲損。先生則曰：'史之有表，所以通紀傳之窮，有其人已入紀傳而表之者，有未入紀傳而牽連以表之者。表立而後紀傳之文可省，故表不可廢，讀史而不讀表，非深於史者也。'"

　　　　又按：季野所作開國以后至監國、行朝功臣將相內外諸大臣年表,已佚。

黃宗羲有詩《寄陳介眉兼懷貞一》,中有"季野真書櫥"句,推許其淹博。鄭梁有詩《寄王文三兼柬公擇、季野兄弟》,內有"何日耽書諸萬老,結鄰朝夕與盤桓"句,稱慕季野兄弟。

是年二月,尚之信叛。十月,耿精忠降。

黃宗羲《明儒學案》成書。萬言、陳錫嘏北上,言入太學,陳官翰林。學友張士塤卒。楊椿生。

1677 年(清康熙十六年丁巳)　四十歲

仍館李文胤家。前明太僕卿語溪曹廣,葬順治五年翻城之役殉難之楊文琦、楊文琮、楊文瓚、楊文球四兄弟及其家屬十棺於鄞之鏡川。寧波遺民多作詩頌其事,季野亦有詩《楊氏四忠卜葬歌》,表章忠烈,寄思故國。

○《石園文集》卷一《楊氏四忠卜葬歌》:"楊家兄弟真男兒,四忠雙烈曜雲霓。有家已籍胤已絕,可憐白骨委荒堆。念爲忠臣乃如此,皇天無知當告誰?語溪曹公真義士,高情豈但泣枯骷。廿載幽魂散復聚,忠臣埋骨竟有時。憑君北向遙極目,西山陵土何崔巍!寶城松檜不堪問,玉匣珠襦寧可追。誰將斗酒澆寒食,野花空自發春姿。屢朝帝者猶若是,微臣得此更何悲。乃知忠臣誠可爲。"

按:楊氏兄弟死難狀,全祖望《鮚埼亭集外編》卷十《楊氏四忠雙烈合狀》記載如下:"四忠者,長監紀推官……文琦,字瑤仲,號楚石;次職方郎中文琮,字天璧;其第三弟文瑛,早卒;次監察御史……文瓚,字贊玉,號圓石;次都督府都事文球,字天琅。……而華公(即華夏)過宜所致大蘭帛書中途爲人所得,密揭告變,並列推官、御史名,旁及都事,而獨遣職方。時推官兄弟四人,方謀於野,聞變,或勸之逃。
推官曰:'吾以義動,而臨難不赴,且將陷父於辟,安用義爲?
然偕死亦無益,吾獨承之。'因遣御史、都事入閩。御史不
肯,乃獨遣都事變服走。推官就訊,慷慨無厄詞,但言御史
不預謀,請釋之以養父,而自請速死。華公時已先在囚中,
聞之,泪涔涔下。而太公因橐饘傳語,謂一日未死,當一日
讀書。……當事議坐推官而釋御史,推官遂與華公同死。
既殞,張夫人(文瓚妻)謂御史曰:'難猶未止,可速去。'職方
亦曰:'弟但去,有我在。'御史猶豫未決,夫己氏(即謝三賓)
復以賄請於當事,必殺之。乃復逮之。御史大呼高皇帝不
絶以死。……張夫人拜謝於太公之前,投繯被救,……乃飲
藥,少選,毒不即發,復投繯而絶。……沈夫人(楊文琦妻)
噭然而哭,……亦自經。……而都事之入閩也,……次年,
福寧不守,都事死之。"

又李聿求《海東逸史》卷九:"廣字遠思,崇德(明時稱語
溪)人。崇禎十三年進士,授汀州推官,……調漳州,擢刑部
主事,……預嘉興起兵事,不克,監國擢給事中,進太僕卿。
後以蠟書致海上,頻遭不測。嘗葬贈僉都御史楊文瓚父子
兄弟十棺於鄞,人稱高義。"

又按:《杲堂文續鈔》卷三《贈都察院右僉都御史玄石楊
公一門合葬墓誌銘》:"公族兄……爲諸生,尚義,有子曰式
傅,字錫巖,授經語溪,間從太僕曹先生廣語,及公一門忠
節,今暴骸未葬,殊可歔欷。曹愀然,即出二十金,使錫巖持
歸,即殯所營葬,復致書太常林先生時對,使相經理。期以
丁巳臘盡襄事,惟取完固墓石,題某府君表名而已。時日逼
歲除,錫巖父子身培土運石,共營窀穸,十墓俱成。"又全祖
望《楊氏四忠雙烈合狀》:"癸卯,太公卒。是年,有降卒自海
上,言職方將引海上將趙彪爲患,逮至錢唐,……賦絶命詞,
扼吭而卒……又十二年,而御史之同年,前太僕石門曹廣,

葬推官父子兄弟十棺於鏡川。"癸卯係康熙二年,又十二年
爲康熙十四年,則季野是詩當作於該年。然李文胤《墓誌
銘》爲即事之作,而全祖望此文作於事隔六十七年後之乾隆
甲子九年,故應以李文胤之作爲是。

五月,尚之信降清。耿精忠部據舟山。

黃宗羲至海昌講學。

潘平格卒。

1678 年(清康熙十七年戊午)　四十一歲

仍館李文胤家。時季野之學已名聞海内。時賢惟恐
不識其面,惟恐不讀其書。

　　○《杲堂文續鈔》卷三《送萬季野北上序》:"今季野學既大充
　　矣,海内惟恐不識其面矣,惟恐不讀其書矣。"

李文胤有《戊午上日二首》,其一述及季野。

　　○《杲堂詩鈔》卷六《戊午上日二首》:"僻住牆東似住村,年來
　　車馬更相存。說經兼造先生席(原注:萬季野授經余家),問
　　字因尋長者門(原注:謂允誠)。風日漸催藜杖健,文章始讓
　　布衣尊。老夫試下開春筆,要與諸公次第論。"

潘耒亦盛稱季野史學之精。

　　○潘耒《遂初堂詩集·少遊草》卷之二《贈萬充宗》:"爰有八昆
　　弟,一一皆璵璠。君特邃經術,傳流口紛綸。百家較同異,
　　千聖探淵源。隱居不干禄,容貌春風温。季弟(季野)精史
　　學,近代尤多聞。洪永迄末造,典章暨人文。細大能默識,
　　有觸如傾盆。此學足名世,海内無其倫。從子(貞一)亦殊
　　才,膽氣雄九軍。誦其古文辭,踔若天馬奔。三君吾所識,
　　餘者不暇論。"

　　　　按:《清史稿》卷四百八十四:"潘耒,字次耕,吴江人。
　　……自經史、音韻、算數及宗乘之學,無不通貫。康熙時,以

布衣試鴻博,授檢討,纂修《明史》。……令撰《食貨志》,兼他紀傳。尋充日講起居注官,修《實錄》《聖訓》。……二十三年,……坐浮躁降調,遂歸。……四十二年,聖祖南巡,復原官。大學士陳廷敬欲薦起之,力辭而止。……有《遂初堂集》。"潘耒爲顧炎武弟子,潘柽章之弟。

是年,高宇泰卒。李文胤爲文祭之,並稱及季野爲高宇泰所器重。

　○《杲堂文鈔》卷六《祭高員外文》:"我友季野,經神史林,君有所質,必相走尋。"

是年,清廷開博學鴻儒科,浙江巡道許鴻勳以季野薦,季野力辭。

　○《鮚埼亭集》卷二十八《萬貞文先生傳》:"康熙戊午,詔徵博學鴻儒,浙江巡道許鴻勳以先生薦,力辭得免。"

　○《石園文集》卷首楊无咎《萬季野先生墓誌銘》:"歲戊午,有強之出者,辭不就。"

時徐乾學因母喪居憂,聞季野名,敦請編纂《喪禮》,因至崑山應約,是爲其撰《讀禮通考》之始。

　○《雍正寧波府志·儒林傳》:"大司寇徐乾學聞其名,敦請編纂《喪禮》諸書。"

　○《石園文集》卷一《傳是樓藏書歌》:"先生後起書亦富,彼哉自欲呼兒曹。只此風流當世絶,眼前何人堪並豪。昨年招我置其下,亦欲啜醨還餔糟。"

　　　　按:韓菼《資政大夫經筵講官刑部尚書徐公乾學行狀》:"乙卯復原官。明年升右贊善。冬,顧太夫人卒。先是,公爲孝廉而喪贈公,哀毀甚,三年不內寢,喪葬一以禮。及喪太夫人,如之。謂未葬,讀《喪禮》;既葬,讀《祭禮》。近世闕不講學,士大夫罕能舉其物,本根不立,爲人道禍。乃輯比自古以來及於晚近稅文戚敬之宜,經以三《禮》緯以史,本於王朝達於野,始於皋復訖於除,謹於大經詳於曲,守其故常通於變,爲《讀禮通考》一書。"

又,徐樹榖《讀禮通考序》:"先大夫《讀禮通考》草創於康熙丁巳,……時復與朱太史竹垞及萬季野、顧伊人、閻百詩諸君子商榷短長。"其後,錢大昕《萬先生斯同傳》亦稱:"尚書徐公乾學聞其名,招致之,其撰《讀禮通考》,先生預參定焉。"

又按:此書實多爲季野所撰,劉坊《萬季野先生行狀》,歷數季野所著書,言"《讀禮通考》九十卷,爲徐司寇乾學所纂,刻於徐氏傳是樓中";楊无咎《萬季野先生墓誌銘》亦言其所著書有《讀禮通考》;閻若璩《尚書古文疏證》謂"鄞萬斯同季野將輯古今《喪禮》,名《通考》"(按:《讀禮通考》僅言喪禮);陸隴其在其《日記》中亦稱:"萬季野又以所著《讀禮通考》附論來閱。"則是書初爲季野所著明甚。

又按:全祖望《萬貞文先生傳》:"及崑山徐侍郎乾學居憂,先生與之語《喪禮》,侍郎因請先生纂《讀禮通考》一書。"徐母卒於康熙丙辰冬,丁巳、戊午、己未三年,徐乾學、徐元文兄弟居憂崑山,蓋徐氏擬纂是書而力不逮,招季野館其家,因代爲之撰。

又按:《清史稿》卷二百七十一:"徐乾學,字原一,江南崑山人。……康熙九年一甲三名進士,授編修。……遷左贊善,充日講起居注官。丁母憂歸。……服闋,起故官,充《明史》總裁官,累遷侍講學士。……二十四年,召試翰詹諸臣,擢乾學第一。……尋直南書房,擢內閣學士,充《大清會典》《一統志》副總裁。……未幾,遷禮部侍郎,直講經筵。……二十六年,遷左都御史,擢刑部尚書。二十七年,典會試。……二十八年,元文拜大學士,乾學子樹榖,考選御史;副都御史許三禮劾乾學,……乃許給假回籍。……命携書籍即家編輯。二十九年春,陛辭,賜御書'光焰萬丈'榜額。

……三十年，乾學與玨俱坐奪職。"

有《遊葉九徠半繭園》詩。愛此園竹深樹茂，徑幽山青，有愜襟遣慮之趣。

○《石園文集》卷一《遊葉九徠半繭園二首》：

探奇何所適？只向此中尋。曲徑藏樓小，短籬護竹深。鶴栖澗户冷，雲度石牀陰。夙抱長林興，悠然愜素襟。

欲釋寰中慮，來登沼上亭。座延千樹碧，簾捲半山青。鳥語喧花徑，書聲静竹屏。主人能愛客，長此得沉冥。

按：半繭園又稱小有堂，在崑山。姜宸英《湛園未定稿》卷四《小有堂記》："有林蔚然，從數百武外望之，隱出於連甍比宇之間，是爲葉君九徠半繭之園。先是，君曾大父孝廉公經始於邑東南陬，父工部公稍葺而大之，……工部晚年，析園以爲三，以與君之兄弟，而君得其東偏之半，於是小有之堂橫踞兩山間，反處園之中焉。"

又按：《崑山新陽續修合志》："葉奕苞，字九來，……工詩，善書法。康熙戊午舉博學鴻詞，被擯，歸，葺半繭園，……別成《志稿》二十二卷。"姜宸英《湛園藏稿》言其卒於康熙二十六年。所著尚有《長門玄》《燕子樓》等戲曲及《經鉏堂文稿》《經鉏堂詩》《賓告》等。

十月，自崑山返鄞。時學友錢廉爲父錢啓忠刻遺集，萬斯大爲之序。季野亦有題詞。

○ 錢啓忠《清溪遺稿》下《清溪公題詞·萬斯同（季野）》："士君子困於流言，一時悠悠之口，舉無足憑，惟以得白於大賢爲足重。此君子之是非，所以嚴於朝廷之袞鉞也。方清溪錢公中讒於建德鄭冢宰，時以冢宰正人，群聽幾爲所惑，自蕺山劉忠正公爲之訟言於人，公之冤遂以白。……雖然，公之皎皎素節，固不因劉公而始白，而劉公爲當代大賢，其言又何可不重，此廉所爲采擇之意也夫。廉於先人之事，不取信於朝廷昭雪之詔,而反取信於劉公之一言,則廉之此志,亦豈常人可及哉!"

按:《清溪遺稿》載萬斯大《序》:"清溪錢先生既沒三十有六年,其子廉集其遺文而刻之。……康熙戊午冬十月,同里後學萬斯大拜撰。"則季野此文,應繫於是年。

又按:黃宗羲《南雷文定》三集卷二《朝議大夫奉敕提督山東學政布政司右參議兼按察司僉事清溪錢先生墓誌銘》:"清溪先生諱啓忠,字沃心。……先生登崇禎戊辰進士第。……除南康府推官。……郡固有白鹿書院,……先生集士子講學,隨機指點。……歸宗寺爲紫柏重興,先生刻其集於寺中。憨山葬五乳峰下,其地不吉,先生爲之重卜。……改理撫州,尋遷刑部主事。……轉禮部員外郎。……已而,提督山東學政。……以詿誤歸。未幾得白。崇禎癸未八月十一日卒,……年五十。"錢啓忠爲鄒元標學生,師友於劉宗周。

又按:全祖望《續甬上耆舊詩》卷九十九:"錢征君廉,字稚廉,一字東廬,山東提學副使啓忠子。……其丁國難,方四歲。當是時,先生之再從兄太保忠介公闔門航海,家被藉。……太恭人挈先生避兵武林,……已而事定,……長而勵志讀書,以經世之學自任,……及姚江黃先生至鄞,申明蕺山之傳,錢氏子弟多從之遊。而先生才氣橫溢,思爲王霸有用之學,以見用於世。……聊城傅閣學以漸欲薦爲中書舍人,不就。耿藩之亂,……武定李閣學之芳爲制府從之,問策先生,授以秘傳火攻之法,……王命叙先生從征勳,授官,先生以母老固辭不赴。""杲堂晚歲,……而於東廬稱許尤至,所云'天下史才推萬八,目中奇士有錢三'是也。""徵君槀岸自喜,却極留心世故,梨洲先生語之曰:'切莫理會饅頭夾子也。'"

是年,春正月,清廷舉博學鴻儒,黃宗羲爲掌院學士葉方藹所薦,力辭;又薦,其在京弟子陳錫嘏代言辭,得免。

八月,吳三桂卒。清廷始行康熙永年曆。

鄭梁入都。陳錫嘏以父老告假歸里,憂弟子無所矜式,重舉講經之會。

四　京師修史時期(上)
(1679—1689)

1679 年(清康熙十八年己未)　四十二歲

春,復赴崑山,館徐乾學家。作《傳是樓藏書歌》。

○《杲堂文續鈔》卷三《送萬季野北上序》:"今春,季野既別余,就館於崑山。"

○《石園文集》卷一《傳是樓藏書歌》:"東海先生性愛書,胸中已貯萬卷餘。更向人間搜遺籍,直窮四庫盈其廬。……即今海內藏書家,殘編散落如春花。錢氏絳雲歸一炬,祁園緗帙亦堪嗟。……若將此樓相絜量,何異八百歸西周!"

　　　按:東海爲徐乾學之別號;傳是樓爲徐氏之藏書樓。黃宗羲《南雷文定》三集《傳是樓藏書記》稱:"喪亂之後,藏書之家多不能守,異日之塵封未觸,數百年之沉於瑤臺牛篋者一時俱出,於是南北大家之藏書盡歸先生。先生之門生故吏遍於天下,隨其所至,莫不網羅墜簡,搜抉緹帙,而先生爲之海若,作樓藏之,名曰'傳是'。"

三月,清廷詔試博學鴻儒,纂修《明史》。中式者五十餘人,分授編修、檢討各官,同修《明史》。詔以徐元文爲監修,葉方藹、張玉書爲總裁。秋,徐元文以監修自崑山入京,邀季野及其侄萬言俱往。

○《寒村詩文選・五丁集》卷二《樂府新詞序》:"吾友萬季野博

極群書,於有明一代之事,尤所精研而熟記,余嘗嘆其學成而無所用也。己未之秋,崑山徐公以監修《明史》入朝,來邀季野與俱。"

○ 《寒村詩文選·五丁集》卷一《送萬季野之京師序》:"今年秋,崑山徐公赴監修《明史》之召,挾萬子貞一同行,而並延季野與俱行,且題請預修,是季野之行其所學,將先二三子著鞭矣。"

○ 《鮚埼亭集》卷十一《梨洲先生神道碑文》:"未幾又有詔,以葉公與同院學士徐公元文監修《明史》。……徐公延公子百家參史局,又徵鄞萬處士斯同、萬明經言同修。"

○ 萬承勳《冰雪集·自序》:"康熙己未,父入京預修《明史》。家徒壁立,母遵王父命,辛苦延師,督兼嚴父。"

○ 《歷代紀元彙考》卷末萬經《紀元彙考識》:"歲在己未,玉峰太夫子延叔父入都,從此不相見十載。"

　　按:玉峰太夫子指徐元文。

　　季野自崑山返鄞,與萬言共往餘姚藍溪向黃宗羲辭行。黃宗羲贈以詩,以"此世文章推婺女,定知忠義及韓通""不放河汾聲價倒,太平有策莫輕題"等句贈之,勉以大義。

○ 《南雷詩曆》卷二《送萬季野貞一北上》:
史局新開上苑中,一時名士走空同。是非難下神宗後,底本誰搜烈廟終。此世文章推婺女,定知忠義及韓通。憑君寄語書成日,糾謬須防在下風。
管村彩筆掛晴霓,季野觀書決海堤。卅載繩床穿皂帽,一篷長水泊藍溪。猗蘭幽谷真難閟,人物京師誰與齊?不放河汾聲價倒,太平有策莫輕題。
堂堂載筆盡能人,物色何緣到負薪。且莫一詩比老婦,應憐九帙有萱親。重陽君渡盧溝水,雙瀑吾被折角巾。莫道等閑今夜月,他年共憶此良辰。

　　　按:藍溪即今餘姚陸家埠。

黄宗羲以父黄尊素所記之《大事記》《時略》及己所記
之《三史鈔》《續時略》等授季野叔侄携至京師。

○《續甬上耆舊詩》卷三十八《寓公雙瀑院長黄宗羲・寄萬貞
一》:"己未別萬子,共醉湖水湄。秋月千門静,朗然照鬚眉。
被衣坐屋角,談鋒如門麛。一部十七史,遷固及宋祁。但取
徵存亡,不貴修文辭。先公《大事記》,神廟逮光熹。余有
《三史鈔》,實録及家稗。傾筐授萬子,庶爲底本資。史臣職
褒貶,權與宰相夷。布衣入史館,明初則有之。子今踵盛
事,莫負此良時。"

　　　按:據《濠梁萬氏宗譜》卷九萬承勳《先府君墓誌》,萬言
於康熙十四年中乙卯科副榜,考正紅旗教習,期滿授知縣,
待補。則是詩所稱"布衣入史館"決非指萬言。詩目《寄萬
貞一),疑爲《寄萬季野貞一》之誤。

○楊椿《孟鄰堂文鈔》卷二《再上明鑒綱目館總裁書》:"萬君熟
明朝典故,其家有餘姚黄忠端公《時略》、忠端之子梨洲《續
時略》。《時略》者,嘉(靖)、隆(慶)時事及諸臣奏疏;《續時
略》者,萬(曆)、泰(昌)、天(啓)、崇(禎)時事奏疏也。"

八月,季野自藍溪歸,即與萬言治裝北上。證人講經
會學友鄭梁、陳自舜、王文三,兄斯備及宗羲子黄正誼等共
餞別於張氏黄過堂,悵然惜別。季野倡繪圖以記其事,鄭
梁因繪《秋郊餞別圖》。次年圖成。

○《寒村詩文選・五丁集》卷一《秋郊餞別圖記》:"己未之秋,
萬子貞一將與其叔父季野往京師,同學之人悵然惜別,乃相
與具肴核、載壺觴,陳之黄過草堂而餞焉。酒酣,貞一作而
呼曰:'禹梅! 方吾與子讀書是堂也,凡我同人皆在,旬日之
間,非同人過我,則我過同人。曉風落日,來往扁舟,依稀目

前也。倏忽十一年,旦中、吳仲、梅先、心友、漢臣皆已物故。在中客保定,夔獻客維揚,國雯客句曲,吾公擇、充宗兩叔父,一客語溪,一客錢塘。介眉雖自翰林乞假歸,尚未入里,而吾與子乃把酒舊遊之地,對故人談往事,酣嬉嘯咏,不可謂不樂。然顧瞻在席者,自同亮、文三、正誼,家允誠叔父而外,大半皆昔日從遊之子弟矣。往迹易陳,來踪難必,千秋萬世,亦誰知吾輩相聚於此之樂哉!'季野曰:'蘭亭禊事、西園雅集,披圖宛然,胡不仿而行諸?'於是,王子文三以余能畫,屬余爲《秋郊餞別圖》,作文記之,而先命工人來圖面貌。畫未及半,酒闌夜深,明晨夢回,各以事散,記未作也。次年之三月,貞一書來京師,責余記急。余時在杭,復書以圖未成爲解。秋八月三日,困坐衙齋,蕭然無侶,念去年此日飲別草堂之樂而不可得。……良友之命,踐諾爲安,伸紙搖毫,預書緣起,當覓便郵,先供噴飯。"

○ 鄭性《鄭南溪詩文集》卷三《寄軒三祝圖序》:"張子曰:'昔吾與公之少也,公之叔季野先生遊京師,同人繪《秋郊餞別圖》,吾與公偕預。'"

　　　按:張子係張錫琨,別號輼山,張士塤子。

李文胤亦至黃過堂送別,然遲至,因另設家宴爲餞。並言鄭敬能招郅惲同隱弋陽,而未能阻其別,東齋一席仍懸以待,殷殷勉以出處之義,並以詩四首爲贈。

○ 李暾《寒村七十祝辭》:"暾從先君子(李文胤)過黃過草堂,送萬季野夫子暨管村北上,始覿先生之面。"

　　　按:鄭梁《秋郊餞別圖記》未言李文胤父子參與餞別,蓋遲到之故。

○ 《杲堂文續鈔》卷三《送萬季野北上序》:"今季野學既大充矣,海內惟恐不識其面矣,惟恐不讀其書矣,吾即有修竹一庭,蓬蒿遮其三徑,豈能使季野與余久處此中耶?昔鄭次都能招郅君章弋陽同隱,未嘗止其喟然而別也;襄陽龐德公使孔明獨拜床下,未嘗阻其隆中一出也,此亦事勢使然矣。今春,季野既別余,就館於崑山,甫數月,季野復歸,治行將北上,造余而別。余因出韭柰常供,與歡敘竟日,復念季野此行,爲計歸重聚,即季野不得自期,況季野所主爲史閣巨公,初領制作之重,其推轂季野尤甚。即從此,季野出處之事,且有操之者矣。使余亦從諸君津津計季野此行,譬有一嫠婦,盛稱東鄰嫁女乘輇,得無爲識者掩口?但余與季野交最深,知季野即負用世才,其素襟良不易,吾東齋一榻,當仍久懸,以待孺子。終不若君章,諸葛君一出而後,回憶弋陽魚釣,長嘯作《梁甫吟》,遂茫如隔世也。"

○《續甬上耆舊詩》卷五十三《東洲遺老李鄴嗣》:"康熙戊午,浙之大吏皆欲以先生應詞科之薦,以死力辭。已而,萬徵君季野亦有史館之招,先生送之,嘆曰:'嗟乎!鄭次都能招郅君章同隱弋陽山中,不能禁其喟然而別,從此出處之事,且有操之者。'徵君以是終身不受館職。"

○《杲堂先生内集·贈萬季野》:

當代麒麟閣,國家草昧初。深誠補王室,一劍總兵符(原注:萬氏在國初爲世勳)。社稷纏妖氣,幽人拜鼎湖。歸號故松柏,流恨滿山隅。

生死論交地,招尋興已專。南爲祝融客,夜隔孝廉船(原注:謂悔庵先生)。離別人誰在,江湖意泫然。不堪垂白鬢,一擬問高天。

前輩今誰繼,眼中萬少年。再聞誦新作,應任老夫傳。壯惜身名晚,來因孝友偏。怡然敬父執,端雅獨脩然。

靜者心多妙,傳經故絶倫。聲名從此大,詞賦兩如神。自顧轉無趣,交情老更親。若人得數見,款曲動彌旬。

鄭梁亦有文送別,則以浙東學統相勉。

○《寒村詩文選·五丁集》卷一《送萬季野之京師序》："孟子
曰:'夫人幼而學之,壯而欲行之。'人苟非無所學,未有不欲
行之也。然而往往有所不能,非不能也,權位也,時勢也。
兩者或不得一焉,或得一而不能兼焉,雖欲行,其孰從而行
之?吾四明及梨洲先生之門者甚衆,然可以稱學之者亦無
幾人,而萬子季野實爲高第弟子;至求其行之也,則季野視
二三子爲更難。蓋二三子之學於黃門者,或居翰苑,或上春
官,其最不遇者,亦列於諸生,雖不即行,他日猶有行之之
望。而季野獨蕭然一布衣,弱妻病子,啼號破屋。束制禮作
樂經天緯地之手,而俯首與六七童子朱墨呻唔,坐銷此壯年
白日,嗚呼,可嘆也!今年秋,崑山徐公赴監修《明史》之召,
挾萬子貞一同行,而並延季野與俱行,且題請預修,是季野
之行其所學,將先二三子著鞭矣。吾觀季野之學,博通經
史,而於有明一代之事尤精,綱舉目張,條分縷析。方其窮
年矻矻也,人相與非而笑之,豈知蜀清守丹穴,其後秦皇帝
爲築女懷清臺;劉昭烈與曹操爭天下,諸葛孔明顧從隆中起
哉?雖然,吾方爲季野難之,夫以季野之學之識,而又輔之
以貞一之文筆,其於凌班越馬也何有?然而有難焉者,則吾
嘗爲季野審時而度勢也。……抑余與季野皆浙東産也,姑
即浙東論,浙東之學術、事業、文章,孰與陽明?季野之學近
宗梨洲,遠溯蕺山,其於陽明,固未嘗墨守之也,然豈遽入室
操戈者耶?方今名公卿之干城功令者,詆之爲告子,黜之爲
竺乾,甚苦心也。而草野之趨附之者,乃一味粗浮曰'是嘗
通叛藩''是嘗交倖奄'。果若人言,儒林耶?名臣耶?吾不
知其何所位置矣。議論可以逞一時之意氣,史筆將以立千
秋之定評。季野往矣,願以其所學者,與諸老先生斟酌行
之。不惟此也。"

父友暨學詩之師徐鳳垣贈詩二首,冀其卓立千秋之筆。

○《續甬上耆舊詩》卷三十四《徐明經鳳垣・送萬季野之都門
二首》：

惻惻復惻惻，離腸柔欲結。不畏道里長，終念風塵隔。世路
分險夷，江漢盛冰雪。顧我失木猿，窮年困旅食。愧乏雙明
璫，爲子生羽翼。要使大義存，卓立千秋筆。

車馬正駸駸，送別河梁道。落日照布帆，滿目皆秋草。河北
我舊遊，大都霜雪早。豈無高陽徒，朝齊暮燕趙。擊筑並吹
竽，亦足傷懷抱。不遇霍將軍，功業致身少。願子樹令名，
爲報東山老。

○《續甬上耆舊詩》卷三十四《徐明經鳳垣》：“字掖青，學者稱
爲霜皋先生。……門下之屨常滿，其卒成耆碩者，萬徵君季
野也。”

　　按：徐鳳垣爲清初甬上著名詩人，全祖望言季野出其門
下，蓋指學詩於徐氏。

季野對契友自言至京與修史之志，乃欲藉手以報先
朝；且群書無力自致，必資有力者以成之。

○《石園文集》卷首楊无咎《萬季野先生墓誌銘》：“己未，復有
以幣聘入史局者，季野曰：‘吾此行無他志，顯親揚名非吾願
也。但願纂成一代之史，可藉手以報先朝矣。’”

○《方苞集》卷十二《萬季野墓表》：“季野自志學，即以《明史》
自任，其至京師，蓋以群書有不能自致者，必資有力者以成
之，欲竟其事，然後歸。”

北上，行程過杭時，馮景亦有文送別，盛稱季野之學，
謂幾可以《禹貢》治河，以《春秋》斷獄，以《周官》致太平，以
三百五篇當諫書。

○馮景《解春集文鈔》卷一《送萬季野先生之京師序》：“方今之
患，士有市心而無經術，風俗日敗壞而不可救。嘗與山陽顧
在瞻言而痛之。在瞻曰：‘士無經術，故至此。苟稍稍讀書

明義理,必知自愛,寧有市心乃爾邪?'予曰:'然世之厭薄經
術者,以爲無適用;其巧於自媒者,涉其凡而緣飾之,便能立
致通顯,鼓天下浮薄不才之子而從之,是市之尤者也。嘗謂
經術之亡,不亡於厭薄者,而亡於緣飾者。然尚賴世有老師
大儒,窮年樸學,心知古人之意,行己尺寸,而吾特惜乎其抱
雌節而不鳴於世也。'先生之道,純乎天,隱於學,無所不貫。
既絶意人事,徒以故人徐相國之招,禮聘三至,乃强起詣京
師,不有得於身,必有得於友。由先生之道,可以《禹貢》治
河,以《春秋》斷獄,以《周官》致太平,以三百五篇當諫書,奚
而不適用也? 抑不惟是而已,聞先生之清節,凡緣飾儒術相
持爲市者,必知所愧勵,今之患庶其有瘳乎? 先生至京師,
以予言示在瞻,何如也?"

　　按:《清史稿·文苑一》:"馮景,字山公,錢塘人,國子監
生,善屬文,……康熙時遊京師,……大學士索額圖召欲見
之,謝不往。……景雖布衣,不求仕進,而未嘗忘當世之務。
……其著述多佚,今存者《解春集》。"

　　又按:杭世駿《馮景傳》,馮卒於康熙五十四年,所著尚
有《幸草》《樊中集》等。

　　是年,從給事中張鵬請,命內閣學士徐元文爲監修,翰
林院掌院學士葉方藹、右庶子張玉書爲總裁,廣徵喬萊等
五十人入翰林,與右庶子盧琦等十六人爲纂修,大規模修
《明史》,開局於東華門外。

　　索額圖被貶,明珠專政。學友陳紫芝中進士。

　　子世標生。學友董允瑫卒。

1680年(清康熙十九年庚申)　四十三歲

　　徐元文欲按例授季野以七品俸,稱翰林院纂修官。季
野堅辭,請以布衣參史局,不署銜,不受俸,且不住史局,館

於徐乾學兄弟之碧山堂賓館。

○《鮚埼亭集》卷二十八《萬貞文先生傳》:"明年,開局修《明
史》,崑山徐學士元文延先生往。時史局中徵士,許以七品
俸,稱翰林院纂修官,學士欲援其例以授之。先生請以布衣
參史局,不署銜,不受俸,總裁許之。"

○《鄞志稿》卷十二《儒林傳下・萬斯同》:"明年開史局,崑山
徐學士元文延修《明史》。時局徵士稱著作郎,食七品俸,學
士欲援例以授,並辭之,以白衣參史事,不署銜,不受俸。蓋
斯同先世自明初受三等之封,世襲指揮僉事,迄於國亡,故
不輕出仕。"

○《碑傳集》卷十二韓菼《資政大夫文華殿大學士户部尚書掌
翰林院事徐公元文行狀》:"客有熟於前朝典故者,公奉書幣
延致賓館,遇有疑誤,輒通懷商確。"

○《潛研堂文集》卷三十八《萬先生斯同傳》:"會詔修《明史》,
大學士徐公元文爲總裁,欲薦入史局,先生力辭,乃延主其
家,以刊修委之。"

　　按:閻若璩《尚書古文疏證》:"甲子春,寓東海公碧山
堂。……時季野寓處頗近。"又,張穆《閻潛丘先生年譜》康
熙甲子條按語:"碧山堂,蓋健庵館客之別第。"可知季野在
京初期,不居史局而館於徐氏碧山堂。

在京權貴,無不敬禮雅重,所答《明史》事,覈之史乘原
書錙銖不爽。然不稍自貶抑,題刺時自稱"布衣萬斯同"。

○《碑傳集》卷一百三十一黃百家《萬季野先生斯同墓誌銘》:
"司寇健庵先生、宮詹果亭先生(徐秉義,徐乾學之弟)以及
京朝諸大老,無不敬禮雅重。凡有古典故事未諳出處者,質
詢於先生,先生以條紙答之曰:在某書,某卷,某葉。檢書查
閱,不爽錙銖,蓋不能使人不心服也。"

○ 陳康祺《郎潛紀聞》:"先生在史局時,周旋諸貴人間,不肯稍

自貶抑,其題刺則曰'布衣萬斯同'。"

釀金贖浙東抗清義士父友馮京第侍郎之子。甬上證
人書院學友張璧薦(九林)卒於京邸,季野爲之收殮。

　○《石園文集》卷首楊无咎《萬季野先生墓誌銘》:"故人馮京第
　死於義旅,其子没入,不得歸,初至燕市,爲釀錢贖之。而里
　人有九林者,亦死於邸,爲收含殮焉。"

　　　按:李聿求《魯之春秋》卷十八:"馮京第,字躋仲,號簟
　　溪,慈溪人。……師事劉宗周、黃道周,與復社諸人相切劘,
　　名列《留都防亂公揭》。……歸唐王,以明經授監軍御史。
　　唐王敗,京第再預湖州起兵,不克,又歸,乃聯絡海上諸寨
　　事。……京第亡命入四明山中募兵,與職方王翊合軍,守杜
　　罊以應。魯王監國於閩,進兵部侍郎。杜罊破,走舟山,監
　　定西侯張名振軍。援吳勝兆,……爲大兵所敗,京第得脱,
　　乃逸。戊子,勸黃斌卿遣使至日本乞師。……己丑,監國命
　　京第再乞師於日本,以左副都御史黃宗羲副之。……庚寅,
　　京第再結寨於四明山之道岩,大兵破之。……舟山破,京第
　　歸,復募兵,……甲午,部將王昇降,……遂被執,不屈死。"

　　　又按:《續甬上耆舊詩》卷九十八《證人講社諸弟子詩》
　　有《張文學九林》,言其"字璧薦"。

是年,有《悼董在中》詩,慨樗櫟多爲廊廟所用,而楩南
反見摧,不禁慟哭不已。

　○《四明儒林董氏宗譜》卷十四《悼董在中》:"數年之前君哭弟
　(指董允璘),宿草屢青猶殞涕。今日何期遽哭君,仰欲叫天
　俯叩地。君家兄弟何競爽,才名世上真無兩。驊騮欲騁千
　里足,未陟康衢先斷鞅。才子云亡真無那,何堪又復弱一
　個。哭君豈爲朋友私,天若有淚亦應墮。與君數世爲通家,
　雷陳交誼曷足誇。論文燒燭每苦短,角藝視日恒嫌斜。去
　歲知君客上谷,我亦脂車驅向北。心喜會合定有期,誰料聞

君遽不禄。嗚呼君才世所稀,志期匡濟竟何爲? 樗櫟多爲
廊廟用,梗楠豈意反見摧。去家萬里魂何寄,天涯飄泊幾時
歸? 欲奠椒漿無處所,慟哭荒原知未知?"

　是年,李文胤在鄞,爲季野《明樂府》作序,稱其意存諷
刺,誦其詩,即可知其史學。學友陸嘉淑,亦爲作序,稱其
補有明一代史事之遺佚,間有繁霜離黍之痛、左徒之怨。

　○《萬季野先生明樂府》卷首李文胤《樂府新辭序》:"《詩》之
　　教,以言志述事,陳美刺而驗時政得失,觀四方土俗異同。
　　則雖言志之詩,無非述事也。三百篇而後,西漢尚爲近古,
　　孝武皇帝時始立樂府,命有司采詩夜誦,謂采取秦楚趙代間
　　百姓謳謡以考政教得失,其言未可即宣露,故夜誦之。是則
　　其所采之詩,多諷切時事,……絶不得見。始知西京制作,
　　遭新莽蕩廢,在東漢已闕然,誠可嘆也。晉以後古意益亡,
　　至唐杜工部以詩名世,於五言始有《出塞》《留花門》《垂老
　　別》諸詩,七言始有《記麗人》《哀王孫》《悲陳陶》諸詩。其詞
　　既工,於古人諷切之義復合,獨出冠時。於是李公垂、元微
　　之諸人,遂創爲新樂府,譏刺當時之事,而白太傅所撰五十
　　篇最善。自《七德舞》《法曲》至《采詩官》,俱以諷喻爲體,可
　　播於樂章。以至近世,楊廉夫、李西涯諸公,亦有所作,爛然
　　可觀,要皆變風變雅之遺也。余閑居,嘗與吾友萬季野言,
　　謂謝臯羽生於宋末,尚能追撰鐃歌、騎吹之曲,意在揚厲國
　　威,其義可取。因亦補作鐃歌十八曲,以竊附正雅,而文義
　　膚薄,深愧古人。季野則獨取三百年間朝事,及士大夫品
　　目,片言隻句,可撮爲題,俱繫樂府一章,意存諷刺,以合於
　　變風變雅之義,雖其詞未即方駕工部,而以前視元、白,後當
　　楊、李,則幾過之矣。或謂以季野史學蓋世之才,不使纂成
　　一朝之史,而徒取三百年之單文俚句,造爲韻語,以寄諷當
　　世,似近於識小,殊爲季野惜之。余獨謂不然,詩以述世,其

詩即其史也；詩亡而史作，義本相貫，但有簡繁之分耳。季
野即未及纂成一朝之史，而且以《新樂府》先之，是亦史之前
驅也。先詩而後史，與祭先河而後海同。詩其源也，史則其
委也。誦其詩者，即可知季野之史學矣。"

○《萬季野先生明樂府》卷首陸嘉淑《序》："鄞江萬季野作《新
樂府》數十百篇，紀有明二百七十餘年之事，而杲堂李徵君
序之矣。庚申秋，出以見示，且屬亦爲之序。夫自漢、魏以
來，至於唐、宋，樂府正變之義，杲堂言之詳矣，予又何贅述
焉。雖然，杲堂不云乎：謝翺羽生於宋末，追撰鐃歌、騎吹之
曲，意在揚厲國威，其義可取。然則季野之爲此，非以文采
聲律爲工也。季野傳家世爵，自武略以下，如鹿園、瑞巖、履
安諸公，皆著名氏。履安以老孝廉操采飛遁之節。季野恪
遵庭訓，與諸昆祖繩、奧國、公擇、充宗、允誠，皆以布衣著
述。季野身在草莽，不敢竊遷、固、荀、袁之指，鋪張敘次，托
諸樂府之遺，知其意有在焉。二祖列宗之功德，史或有不盡
書，所書或失其真，且記載淆訛，神聖默成，有非尋常文學之
士所能窺測，乃爲之洗發其隱微，徵考其本末，推辨其得失，
以補一代之遺佚，頌群后之謨烈，而一時名臣偉德亦得因以
附見。間有感慨嘆息，繁霜離黍之痛，推其所自，以比於左
徒之怨，此固仁人孝子之思，根本於六義，上下於四始，而寄
托之詞章。讀其詩，論其世，未嘗不嘆其與皋羽先生同原而
一委也。予嘗怪陶南村在太祖時，景運方開，乾坤載闢，勿
爲衢歌、壤吟以諷咏太平，而顧斤斤焉紀元氏之世系，述上
都之典章，若惟恐其湮沒不傳者。舊臣野老，懷抱耿耿，不
憚詞而筆之。當其時無罪，而百世以下將有所考據焉，亦未
盡庆於《春秋》之義。況我季野身爲世爵之裔，爲鹿園諸公
名臣之後，親履安忠孝孝廉之子，其耿耿不忘，又寧南村先
生之流所得而擬耶！請以是序季野之《樂府》，且以質之
杲堂。"

　　按:《浙江通志·文苑一》:"陸嘉淑,字冰修,海寧人。有《辛齋遺稿》。崇情遠跡,高酣長謠,文采風流,溢於賓座。"又,王簡可《陸辛齋先生年譜》,陸字孝可,號射山,晚號辛齋,棄諸生不應試,晚歲遊京師,名公巨卿交相推重,或欲薦應鴻詞科,力辭不就。明萬曆四十八年生,清康熙二十八年卒,年七十。

　　又按:全祖望《續甬上耆舊詩》卷七十八《貞文先生萬斯同》載季野之《明樂府·自序》:"昔之擬《樂府》者,率用漢、魏古題,獨唐白少傅取本朝事爲題,而名之曰《新樂府》。……余讀而愛之,因采明室軼事爲題,而繫之以詩,不過五七言、長短句,非有音節可被之管弦也。今而直名爲《樂府》,則與漢、魏遺制不類,欲不名爲《樂府》,又非余效法白傅之意,故循襲其舊,亦名之曰《新樂府》云。"

○　全祖望《續甬上耆舊詩》卷七十八《貞文先生萬斯同·明樂府跋》:"隨意拈題,未及賅備,要其議論有足定史案者。遠仿香山,近擬茶陵,雖稍近率易,然不礙其爲學人之詩。若更能以鐵崖之奇古出之,則絕妙好辭也已。全祖望跋。"

　　徐元文、葉方藹舉姜宸英、曹溶、黃虞稷等參與修史,又特薦黃宗羲、李清修史。奉旨命浙江督撫禮聘,黃宗羲以老病力辭。旋奉特旨,凡黃宗羲有所論著及所見聞有資《明史》者,著地方官抄錄來京,宣付史館。徐元文並延黃百家參史局。葉方藹又欲薦顧炎武修史,被拒。黃宗羲自訂《南雷文案》。學友陳夔獻入都。

　　是年,李文胤卒。

1681年(清康熙二十年辛酉)　四十四歲

　　仍在京修史。有《寄七兄允誠》詩,言千里來京,但逢蔓草荒陬,油然有歸卧西皋之意。

○《石園文集》卷一《寄七兄允誠》:"吾兄性本愛山丘,多才往往爲人求。……與兄相倚若蚩尵,風雨何曾閑晨夕。今來荏苒越歲華,歸夢依然在兄側。平生雅志期壯遊,欲遍山川窮九州。驅車已歷數千里,但逢蔓草縈荒陬。向來此意爽然失,豈若家園守敝裘。他年歸臥西皋上,與爾同儈牆東牛。"

按:斯備亦有《懷八弟季野》詩(見《深省堂詩集》),兹錄於下:"老年骨肉最關心,楚水燕山涕不禁。室遠幾曾書得達,燈沉或有夢來尋。講堂無恙花誰掃? 蔣徑雖存草愈深。問説東鄰游學侶,鬚眉早被雪霜侵。"

冬,季野問詩於友人吳喬。

○ 吳喬《答萬季野詩問》(僅錄季野所問,而略吳喬之答):
"昨東海諸英俊問:'出韻詩,唐人多有之,而王麟洲極以爲非,何也?'
又問:'和詩必步韻乎?'
又問:'初、盛、中、晚之界云何?'
又曰:'下手處如何?'
又問:'唐人詩盡如《黑鷹》《病馬》否?'
請君因以拙作相質。
諸君相逼不已。
諸君又曰:'同朋發矢,方知中的與否,煩君亦作《白燕》詩見示。'
問云:'今人忽尚宋詩如何?'
又問:'詩與文之辨?'
又問云:'人謂作詩須合於三百篇,其説如何?'
又問:'宋、明之界云何?'
又問:'丈丈何故舍盛唐而爲晚唐?'
又問:'學晚唐者,寧無此過?'"

又問:'少陵七律異於諸家處,幸示之。'

又問:'嚴滄浪之説詩,專貴妙悟,如何?'

又問:'唐詩亦有直遂者,何以獨咎宋人?'

諸君又問曰:'三百篇之意渺矣,請更詳言之。'

又問:'命意如何?'

又問:'布局如何?'

問曰:'丈丈於唐詩,皆如義山《無題》之見作者意乎?'

又問:'"小犬隔花空吠影",意何所指?'

又問:'施愚山所謂今人只解作韻者若何?'

又問:'金聖嘆謂唐詩必在第五句轉,信乎?'

又問曰:'丈丈極輕二李,與牧齋之論同乎?'

又曰:'請將《風》《雅》《頌》再詳細言之。'

又問:'《尚書》云:"詩言志,歌永言,聲依永。"則詩乃樂之根本也。樂既變而爲元曲,則詩全不關樂事;不關樂事,何以爲詩?'

問:'焦仲卿妻在《樂府》中,又與餘篇不同,何也?'

問:'詩唯情景,其用處何如?'

問:'三唐變而愈弱,其病安在?'

問:'六朝詩,多有本非詩人,偶然出句即絶佳者。唐人不然,何也?'

問:'古詩如何?'"

○ 吳喬《答萬季野詩問補遺》(僅錄季野所問而略吳喬之答):

"問曰:'丈既知俗病與魔鬼,詩宜盡脱之矣?'

問曰:'若然,則開、寶人於何處發其心光耶?'

問曰:'詩在今日,以何者爲急務?'

問曰:'言情叙景若何?'

問曰:'何謂性情?'

問曰:'丈丈生平詩千有餘篇,自謂與此中議論離合何如?'

問曰:'用韻以何者爲準則?'

問曰：'先生不肯步韻，人以爲傲，信乎？'

問曰：'如《尚書》所言，則詩乃樂之根本也，後世樂用曲子，則詩不關樂事乎？'

問曰：'詩之體格，名目如何？'

問曰：'先生每言詩中須有人，乃得成詩，此説前賢未有，何自而來？'

問曰：'弘、嘉人外，豈無讀其詩而不見其人者乎？'

問曰：'唐體於何而始？'

問曰：'君於致堯詩何太拳拳？'

問曰：'詩有惟詞采而無意者乎？'

問曰：'措詞如何？'

問曰：'唐人故意瞞人乎？'

問曰：'造句煉字如何？'

問曰：'五言古詩如何？'

問曰：'定遠好句如何？'

問曰：'二十年前，葉文敏公題兩先生詩草有"邢夫人見尹夫人"句，人久以爲定論。今之推重定遠如此，得毋自以爲地乎？'

問曰：'先生近日所進如何？'

問曰：'七言古詩如何？'

問曰：'八比乃經義，何得目爲俗體？'

問曰：'先生嘗言三唐與宋元易辨，唐明難辨者何也？'

問曰：'如先生言，詩竟不用聲色耶？'

問曰：'先生誅斥僞杜詩、瞎盛唐，何不自爲真者乎？'

問曰：'獻吉風節可觀，又何以學杜而反壞？'

問曰：'學中唐者，寧遂免人奴之過？'

問曰：'先生何不自選一編，爲唐人吐氣？'

問曰：'豈有七八十歲老人，僅能讀義山、韓偓詩之理？蓋自貶以詬人耳！'

問曰：'鍾、譚派於世無用，一蹶不振；二李法門，實爲不祧之

祖,何也?'

問曰:'朝貴俱尚宋詩,先生宜少貶高論。'

諸英俊以陳臥子所選明詩畀予曰:'丈丈高論,請於此指其實焉。'

又問曰:'某篇壓卷之論,鍾、譚亦不優,尊意與之同乎?'"

　　按:《答萬季野詩問》《答萬季野詩問補遺》二篇,皆録自今人程千帆主編之《詩問四種》(濟南齊魯書社 1985 年 2 月第一版),與吳喬《圍爐詩話》對校,二篇之問答皆節録自此書。然吳喬未明言爲季野所問,程書何以遽定爲答季野,不詳,疑所答非季野一人耳。

　　又按:吳喬《圍爐詩話·自序》:"辛酉冬,萍梗都門,與東海諸英俊圍爐取暖,啖爆栗,烹苦茶,笑言飆舉,無復畛畦,其有及於吟咏之道者,小史録之。時日既積,遂得六卷,命之曰《圍爐詩話》。"

　　又閻若璩《尚書古文疏證》卷五:"崑山吳喬先生,當代之善論詩者也,或問曰:'初、盛、中、晚之界如何?'"閻氏所指"或問",蓋指季野等人。

　　又《清史稿·文苑一》:"殳,字修齡,原名喬,亦常熟人也。著《圍爐詩話》。"據《崑山後徵》,吳氏卒於康熙三十四年,年八十五。所著尚有《撫膺詩》《舒拂集》《呑鳥集》《西崑發微》《手臂録》等。

　　正月,鄭經卒於臺灣。七月,施琅取澎湖,攻臺灣。十月,清軍取雲南,吳世璠自殺,三藩之亂平。十二月,補廣西鄉試。

1682 年(清康熙二十一年壬戌)　四十五歲

　　春,鄭梁至京,會季野,見修史諸君多以史事詢季野。季野出所撰《明樂府》請爲之序。

○《誥授中憲大夫先寒村公年譜》:"二十一年壬戌,公四十六歲。春,同陳莘學北上。……至京,時萬季野、貞一二公在明史館,貞一任纂《列女傳》。公囑以先世節婦入史,復求其作先濮州公傳,而季野以所撰《樂府新詞》屬公序。"

○《寒村詩文選‧五丁集》卷二《樂府新詞序》:"吾友萬季野博極群書,於有明一代之事,尤所精研而熟記,余嘗嘆其學成而無所用也。己未之秋,崑山徐公以監修《明史》入朝,來邀季野與俱。余時喜其兆足以行,爲文送之。已而,徐公欲薦,不果。今年春,余會試來京,見一時修史諸君,多從季野折衷,季野亦遂樂爲之駁正,余於是喜季野之學,不用而用矣。而季野顧出其所作《樂府新詞》,殷勤命余爲序。夫《樂府新詞》者,取三百年中之朝事、人品可作詩題者,而繫之以韻語,雖意存諷刺,要不過如變風變雅,勞人怨士之所偶發耳,不足以該《明史》,豈足以見季野之萬一哉!然而,史者,開局設官而成,其是非可否非一人所得而主。詩者,滿心肆口而出,其美刺勸懲實一人所得而操。天下讀書種絶,浮言淆亂,在仕途之耳目爲尤甚。孟子謂'王者之迹熄而《詩》亡,《詩》亡然後《春秋》作',是《春秋》孔子之史,孟子猶斷其爲《詩》亡不得已而作,未敢以爲史便勝於《詩》也。然則聖人以史續《詩》,而季野欲以詩佐史,逢時不同,取義則一,宜乎!其所欲序者,在此而不在彼也。嗚呼!季野一代史才,乃不得與備位玉堂者同操筆削,以正是非,而區區單言隻句,自附於里巷小民之唱嘆,此豈獨季野之不幸乎?而讀其詩者,猶徒較量於聲調體格之間,或躋之元、白,或夷之楊、李,此豈知吾季野者乎!夫天下事,能者不任,而任者不能,往往如此。此世道之所以日非,而有識者之所爲不欲觀者也。因爲書其卷末,慨然太息而歸之。"

○《鮚埼亭集》卷二十八《萬貞文先生傳》:"諸纂修官以稿至,皆送先生覆審。先生閱畢,謂侍者曰:'取某書,某卷,某葉,

有某事當補入;取某書,某卷,某葉,某事當參校.'侍者如
言,而至無爽者."

春,有《送徐純公還玉峰》《送陸翼王還䣖城》詩,慨京
都人心之趨名利,油然有家園之思。

○《石園文集》卷一《送徐純公還玉峰》:"行行燕市中,風塵日
迷路。利名中人心,車馬爭馳鶩。君獨兩無營,擁書放情
趣。非乏濟代才,帝閽何深固。雙縢縛驊騮,駑駘使駕輅。
酒酣長嘯間,白眼時一露。逆旅得相依,豁達開情愫。胡當
芳草時,遽賦河梁句。分手城西隅,欲別難回步。"

○《石園文集》卷一《送陸翼王還䣖城》:"久作燕山客,不識燕
山道。今朝別故人,始睹城邊草。苗芽綠初滋,春色知尚
早。鞍馬何駸駸,離思關河繞。之子南國賢,德業人代少。
把臂三載來,談論互傾倒。高齋時往還,入山如得寶。羈旅
少歡情,藉君開懷抱。何意東風生,遽伴南飛鳥。鄉邦得耆
英,京邑失師表。我亦念家園,矯首望何杳! 征鞍不可借,
憂心益以擣。分手黯無言,夕陽落林杪。"

按:玉峰,指江蘇崑山;䣖城,指浙江平湖。陸翼王,即
陸元輔。萬言是年亦有《送徐純公南還兼擬藝初》及《送陸
翼王南還》詩,《管村詩稿》編於壬戌年下。又,陸元輔亦曾
爲季野詩集題詞。言其"五七言古,蕭疏冲淡,上之可追隨
王、孟,次亦當頡頏衰、柳"(見《石園文集·題詞》)。年不可
考,姑繫於此。

又按:《碑傳集》卷一百三十載張雲章《陸先生元輔墓誌
銘》:"吾邑菊隱先生,姓陸氏,名元輔,字翼王,今之大師都
講也。先生爲嘉定之新涇里人。……方是時,明之末造,
……邑中儒先,……相與結爲直言社,……而先生師事陶
庵,勵志尤切,社中諸友,咸敬憚焉。……明亡,……先生脫
去博士弟子籍分,將潛深伏奧,以布衣老矣。而當世大人先

生以其經師，必欲力致之，先生念已於前朝未有禄仕，出亦無害，……故以禮來聘者，先生不之拒，……而東海公乾學力趣先生入都。……先生所主，既皆海内巨室大家，發其藏書，益資閱覽。……康熙十七年，詔舉博學鴻儒，……召試，詭不入格……遂罷去。……而先生易簀，實康熙三十年九月十四日也。"

是年，葉方藹卒。詔以李霨爲《明史》監修，湯斌、徐乾學、王鴻緒爲總裁。姜宸英入史館。

顧炎武卒。王錫闡卒。朱之瑜卒於日本。

1683 年（清康熙二十二年癸亥）　四十六歲

仍在京修史。與侄萬言共遊慈仁寺，見市上雁憐而買之，欲歸而釋。僮僕不知，爲鎩羽，後養而放之。萬言有"秋高猶阻南征翮，顧影深慚雞鶩多"詩句，托雁寄情，想見季野叔侄不滿修史諸人，有南歸之意。

　　○《管村詩稿》卷二《羈雁》五首：

　　　遊戲先生愛物仁，擬將放雁學儀真。烹鵝誰道山陰後，更有吾州鎩羽人。（原注：家叔買之慈仁市上，本欲歸寓放之也，小僮不知，竟鎩其翮。）

　　　沙塞崎嶇千里强，翩翩逐隊爲隨陽。此心未遂垂雙翼，獨向間階啄稻粱。

　　　聊將飼秣慰經旬，野性昂藏未得馴。甲胄支吾憑一喙，總緣依倚失同倫。（原注：養之旬月，無親狎意，見人輒張喙相抗。）

　　　歷歷雲中儔侶過，追飛無力可如何？秋高猶阻南征翮，顧影深慚雞鶩多。

　　　月皎霜清小院空，中霄嘹嚦向悲風。遥知蘆渚孤棲者，此際淒其恨亦同。

七月,初會陸隴其於京寓。湯斌、陳赤衷、張雲章等同在座。

○ 陸隴其《陸清獻公日記》卷八:"癸亥,……七月,……廿七。湯潛庵來會。嘉定張雲章、寧波萬斯同、陳赤衷來會。"

　　按:《清史稿》卷二百六十五:"陸隴其,……字稼書,浙江平湖人。康熙九年進士,十四年,授江南嘉定知縣,……坐諱盜奪官。十七年,舉博學鴻儒,未及試,丁父憂歸。……二十二年,授直隸靈壽知縣。……二十九年,……授四川道監察御史,……因假歸。三十一年,卒。"所著有《困勉録》《松陽講義》《三魚堂文集》,其爲學專宗朱子。

　　又按:《清史稿》卷二百六十五:"湯斌,字孔伯,河南睢州人,……九年,成進士,選庶吉士,授國史院檢討。……十六年,調江西嶺北道。……丁父憂,服闋,聞容城孫奇逢講學夏峰,負笈往從。康熙十七年,詔舉博學鴻儒,……授翰林院侍講,與修《明史》。二十年,充日講起居注官,浙江鄉試正考官,轉侍讀。二十一年,命爲《明史》總裁官,遷左庶子。二十三年,擢內閣學士。……上曰:……可補江寧巡撫。……二十五年,……授禮部尚書,管詹事府。……二十六年,……改工部尚書。未幾疾作,……一夕卒,年六十一。"

　　又按:《方苞集》卷十《張樸村墓誌銘》:"君諱雲章,字漢瞻,號樸村,江南嘉定人也。……君始以校勘《宋元經解》客司寇家,其後諸公貴人考訂文史,必以相屬。而君嘗就陸稼書先生問學,獨陰以名義相砥。……以順治戊子九月十四日生,卒以雍正丙午七月朔後三日,享年七十有九。有《樸村集》二十卷行世、乙未以後文集若干卷、《南北史摘要》《咏南北史詩》藏於家。"據《乾隆嘉定縣志》,張氏曾整理李清所輯《南北史合注》一百九十一卷。又據《販書偶記》,尚著有

《文選評釋》若干卷。

八月,與兄斯備往會黃虞稷,又遇陸隴其,因與論經史,陸隴其稱爲"博雅君子"。後季野以萬斯大《學禮質疑》贈之。未幾,又以斯大《周官辨非》及己所著《讀禮通考附論》借閱之。

○《陸清獻公日記》卷八:"癸亥,……八月,……初六,往會黃俞邰,適遇萬季野及其兄斯備在坐。季野嘗助健庵修《喪禮考》,言之亹亹,真博雅君子也。又言《儀禮圖》及《通解》皆有未當處。又言明之《孝慈録》,不免'武人爲於大君'之失。又言服制當遵時王,……初九,萬季野以其兄充宗所著《學禮質疑》贈我,雖間有自信之過,然真博雅君子也。……十一,從季野處借得充宗所著《周官辨非》,其自信尤甚。……二十,……萬季野又以所著《讀禮通考附論》來閱。"

　按:《清史稿·文苑一》:"黃虞稷,字俞邰,上元人,本籍晉江,……以諸生舉鴻博,遭母喪,不與試,左都御史徐元文薦修《明史》,又修《一統志》,……家富藏書。著《千頃堂書目》,爲《明史·藝文志》所本。"

十一月,與吳任臣、萬言、姜宸英、陳赤衷、陸隴其、馮魯庵、張雲章等公酌。時,呂留良已卒,季野與述及黃宗羲與呂留良交惡之由。後又會陸隴其、吳任臣,言辛全之學及時論之歧見。

○《陸清獻公日記》卷八:"十一月,……廿三日,吳志伊、萬季野、貞一、姜西溟、馮魯庵、陳爕獻、張漢瞻公酌。貞一極言東莊之失,然皆是東莊前半段事。又言東莊之攻陽明,即所以攻梨洲。此言甚過,或其初意氣相左則有之,豈所以論後半段之東莊乎?季野云:東莊所以怨梨洲者,以梨洲曾有書數其失;又一日,衆坐中語及羅念庵,東莊不知念庵何人也,梨洲之子唐突之,所以東莊怨益深。然此皆其前半段事,不足道也。……廿八日，會吳志伊、萬季野。季野言辛全字復元，高景逸極重之，言其已到吳康齋地位，劉念臺則謂是儒而僞者也，二公之論不同。"

　　按:《清史稿·文苑一》:"吳任臣，字志伊。……以精天官、樂律試鴻博，入翰林，承修《明史·曆志》，著《周禮大義》《禮通》《春秋正朔考辨》《山海經廣注》《托園詩文集》，而《十國春秋》百餘卷尤稱淹貫。"又，吳爲浙江仁和人。又按:《清史稿·文苑一》:"姜宸英，字西溟，慈溪人。……績學工文辭，……聖祖目宸英及朱彝尊、嚴繩孫爲海內三布衣。……薦應鴻博，後期而罷。方藹總裁《明史》，又薦充纂修，……分撰《刑法志》，……尚書徐乾學領《一統志》事，設局洞廷東山，疏請宸英偕行。久之，舉順天鄉試。三十六年，成進士，……授編修，年七十矣。明年，副蟠典試順天，蟠被劾遣戍，宸英亦連坐，事未白，卒獄中。"

　　又按:東莊指呂留良，據《呂用晦先生文集·附録·行略》:"先君諱留良，字莊生，又諱光輪，字用晦，號晚村，姓呂氏。……時高旦中先生自鄞至，黃晦木先生兄弟自剡至，與同里吳孟舉自牧諸先生以詩文相唱和。……至丙午歲，……告以將棄諸生去，……向時詩文友皆散去。乃摒擋一切，與桐鄉張考夫、鹽官何商隱、吳江張佩葱諸先生及同志數人，共發明洛閩之學，編輯朱子書，……戊午歲，有鴻博之舉，浙省首以先君名薦，牒下，自誓必死。……庚申夏，郡守復欲以隱逸薦，先君聞之，乃於枕上剪髮，襲僧伽服，……生崇禎己巳正月二十一日，距卒康熙癸亥，享年五十有五。"所著有《呂用晦文集》《東莊吟稿》。又，呂爲浙江石門人。明亡，曾結客抗清，順治十年爲諸生，剪髮後僧名耐可，字不昧。雍正時以曾靜獄，剖棺戮尸。

　　又，高景野爲高景逸之誤，即高攀龍，東林黨人。羅念庵即羅洪先，明中期思想家，劉念臺即劉宗周。吳康齋即吳與弼，明初思想家。梨洲之子，當指黃百家。又，黃宗羲與呂留良交惡事，甚復雜，季野與萬言所述，與全祖望《續甬上耆舊詩》卷四十一《高隱君斗魁》篇所述之觀點相同，兹錄全文於下：

"先生與梨洲、晦木、澤望並稱莫逆。晦木之子，石門呂莊生之寮婿也。莊生以是學道於梨洲，學醫於先生，共執弟子禮，於梨洲尤恭，莊生時已補學官弟子，慕諸遺民之風，遂棄之。蒼水之死，隱學之出獄，莊生皆大有力焉。然莊生負氣，酒後時出大言，梨洲每面折之，莊生漸不甘。及吳孟舉與梨洲共購祁氏藏書，莊生使其客竊梨洲所取衛湜《禮記集說》、王偁《東都事略》以去。未幾，貽書梨洲，直呼之曰某甲，且告絶交，浙東黃氏弟子皆大駭。先生力爲之調停而不得，而梨洲頗卞急，深以先生不絶莊生爲非，其作先生墓誌，遂有微詞。莊生亦即出而力攻梨洲。黃、呂構難，自此大裂。莊生欲求所以抗梨洲者，乃講朱子之學以詈陽明矣。"

又按：黃宗羲與呂留良交惡事，可參閱方祖猷著《論黃宗羲與呂留良論争的實質及其思想根源》，見《寧波大學學報》1988年創刊號。

又按：高攀龍、劉宗周論辛復元事，見黃宗羲《明儒學案》卷五十八《東林學案·忠憲高景逸先生攀龍·札記》："復元，聖質也，見在已是康齋等輩矣。……復元再肯進此一步，大儒矣。"後有黃宗羲按語："辛全字復元，家貧，十七八纔知讀書，即有志聖學。三十不娶，友人勸之，始有室。不赴試，當事挽之，廩於學官。崇禎時，以薦舉入朝，所著有《樂天集》《養心録》。然其人胸中憒憒，急欲自見。劉先生曰：'辛復元，儒而偏者也；馬君謨，禪而偏者也。'"

黃宗羲有《答萬季野喪禮雜問》寄季野，季野持以示閻

若璩,極稱其師經學之精,顧閣不謂然,意不合。季野又質
以《喪禮》。

○ 《南雷文定》卷四《答萬季野喪禮雜問》:"(問)宮室之制,先
儒謂諸侯以上,房分東西;卿士以下,但有東無西。唯陳用
之謂東西俱有。朱子心以爲然而未敢決言,今將從陳説,如
何?"萬斯大《學春秋隨筆》卷五:"近梨洲先生答吾弟季野
曰:'謂祔後,反主於寢,總緣誤解《左傳》此條。'……"

　　按:《學春秋隨筆》所舉此答,亦見於《答萬季野喪禮雜
問》。

○ 《尚書古文疏證》卷八:"又按,季野稱其師餘姚黄氏經學爲
致精,示余《答萬季野喪禮雜問》,中有問:'鄭康成謂天子、
諸侯左右房,大夫、士直有東房、西室。陳祥道因《鄉飲記》
薦脯出自左房,《鄉射記》籩豆出自東房,以爲言左以有右,
言東以有西,則大夫、士之房、室,與天子諸侯同可知。朱子
心頗然之而未敢決,今將從祥道,何如?'黄氏答:'此恐不足
以破鄭説。所謂左房者,安知其非對右室而言也;所謂東房
者,安知其非對西室而言也?《顧命》胤之舞衣在西房,兌之
戈在東房,天子、諸侯之兩房,經有明文。士既有西房,何以
空設無一事及之耶!'余曰:'《儀禮》固曾及之,何得謂無?'
季野愕然。余曰:'《聘禮》君使鄉皮弁還玉於館,賓南面受
圭,退負右房而立。是時,賓館於大夫之廟,此右房非大夫
廟所有乎?'季野曰:'據賈公彦以爲於正客館,非廟。'余曰:
'更證以下文:公館賓,賓辟。康成注:凡君有事於諸臣之
家,車造廟門乃下。賈疏云:以其卿館於大夫之廟。此館則
是諸臣之家,已不能掩前説之非。且古者天子適諸侯,必舍
其祖廟;卿館於大夫,大夫館於士,士館於工商,皆廟也,無
別所爲館舍。惟侯氏覲天子,賜以舍,非廟,《聘禮》安得與
之同?昌黎嘗苦《儀禮》難讀,今觀康成以下諸公議論,得毋

並《儀禮》未之讀耶？'季野益不悦。……又按，季野稱《書集傳》，謂今《書》傳注所以獨少者，緣壓於蔡氏。予以爲不然，因偶摘'逆子釗於南門之外'，蔡傳作'路寢門外'，不知南門即下應門，蔡蓋徒襲用僞孔傳，而不顧與《明堂位》《穀梁傳》不合，不博考之。……又按：……鄞萬斯同季野，將輯古今《喪禮》，名《通考》，以《喪服記》'夫之所爲兄弟服，妻降一等'質予曰：'鄭康成解兄弟爲族親，賈公彦曰："當是夫之從母之類乎？"以弟論，二説俱未安，曷若以爲嫂叔有服之徵？'予曰：'可。'乃退而審思，嫂叔無服，一見於《檀弓》，再見於《奔喪》，三見於《逸禮》，……可知須當闕疑，惜不及復語季野。"

　　按：《清史稿·儒林二》："閻若璩，字百詩，太原人。……僑寓淮安。……年十五，以商籍補山陽縣學生員。研究經史，深造自得。……年二十，讀《尚書》至古文二十五篇，即疑其僞。……康熙元年，遊京師，旋改歸太原故籍，補廩膳生。十八年，應博學鴻儒科，報罷。……及乾學奉敕修《一統志》，……若璩與其事。……世宗在潛邸聞其名，延入邸中。……康熙四十三年卒，年六十九。"所著有《尚書古文疏證》《四書釋地》《孟子生卒年月考》《潛丘札記》《毛朱詩説》《日知錄補正》《博湖掌録》等。

鄭梁有詩懷季野、萬言等。

○《寒村詩文選·五丁詩稿》卷四《桂開偶述束筆山》："賞心思與故人同，其奈飛西或去東。臥病（原注：謂介眉）遠遊（原注：謂陳、萬諸公）誰似我，夜臺未必廣寒宫（原注：時充宗卒於杭州寓中）。"

　　是年，清軍入臺灣，鄭克塽降。清開海禁，詔沿海遷民復籍。開寧波、漳州、廣州、鎮江四港。王士禎請修補國學所藏《十三經注疏》及《二十一史》刻板。飭督撫查明南監板,令學臣收貯儒學尊經閣。《明史》紀傳部分初稿先後完成。康熙上諭,令修史宜從公論斷,可以傳信後世。

萬斯大卒。呂留良卒。施閏章卒。

1684年(清康熙二十三年甲子)　四十七歲

春,閻若璩思季野《喪禮》之質,中夜忽有所得,時兩人寓所頗近,閻因思昔與季野議論不合,竟不敢往詰。

○ 張穆《閻潛丘先生年譜》:“二十三年甲子,四十九歲。……甲子春,寓東海公碧山堂,爲說《禮服》,中夜精思,不覺忽得云云。時季野寓處頗近,不敢復語之矣。(原案:蓋因駁《喪禮雜問》,不滿於其師餘姚黃氏之經學,爲季野所不悅也。)”

○《尚書古文疏證》卷八:“甲子春,寓東海公碧山堂,爲說《禮服》,中夜精思,不覺忽得。……時季野寓處頗近,不敢復語之矣。”

范光陽公車北上,經杭,晤鄭梁。鄭梁有《范筆山公車見過,賦此話別,兼示萬季野、貞一》詩寄季野。

○《寒村詩文選·安庸集》卷一《范筆山公車見過,賦此話別,兼示萬季野、貞一》:“肯過逆旅慰相思,老友如君外更誰?杯酒笑談方叙闊,燈花坐對自添悲。交遊漸少花飛瓣,齒髮同衰樹槁枝。此去長安無足道,傷心應只萬家知。”

○《誥授中憲大夫先寒村公年譜》:“二十三歲甲子,公四十八歲。……秋,南溪公應鄉試歸,公猶客武林,臥病覺苑寺中,賴萬公擇先生左右之,得痊。”

是年,馮景爲季野雜著三十六篇作序,盛稱其高才博學,於書無不淹貫,尤於《明史》旁搜博采,成一家言,其雜著遠述家風,廣徵國是,發潛闡幽,予奪不爽,有謝皋羽、鄭所南之遺風。

○《石園文集》卷首《馮景題詞》："余常讀宋遺民謝翱《晞髮集》及鄭所南《心史》二書,高其節而哀其忠,輒爲廢書流涕。先生生於明末,爲世臣後,高才博學,不求聞達,志良苦矣。六經百氏之書,無不淹貫,尤專心有明一代之史,旁搜博采,衷於至當,成一家言,垂信來世。今觀史論雜著三十六篇中,遠述家風,廣徵國是,忠孝之本,於是乎在。至於一代風氣之升降,君相之昭聲,人品心術之邪正,著書持論之是非,發潛闡幽,予奪不爽。柳子厚所謂報國以文章,此先生志也。謝、鄭之遺,此爲争烈矣。甲子嘉朔,錢唐馮景拜題。"

　　按:《宋元學案》卷五十六《龍川學案》:"謝翱,字皋羽,長溪人。……會文丞相天祥開府延平,……署諮事參軍。……及文丞相被執以死,先生悲不能禁,……有嚴子陵釣臺,先生設丞相主,再拜,伏酹號慟者三,……作楚歌招之。……尋隱者方韶父鳳、吳子善思齊,晝夜吟詩。……婺、睦人士,翕然從其學。至元甲午,去家武林西湖上。明年,肺疾作,瀕死,屬其妻曰:'……'已而韶父等至,瘞之子陵臺南。……先生每慕屈平托興遠遊,自號晞髮子。"所著有《晞髮集》。

　　按:《四庫提要》卷一百七十四:"鄭所南,名思肖,宋末連江人。元兵南下,嘗伏闕上書,不報。宋亡,隱耕吳中,自名所南,一名憶翁,皆示思憶趙宋,不肯北面事元之意。又自稱三外野人。所著有《錦錢集》《蘭譜》。又著《心史》,一説係人所托,係僞書。"

是年,設台灣府,下令停止圈地;弛海禁。康熙南巡,徐元文罷都御史職,專領《明史》監修。潘耒降級,離職歸里。朱彝尊亦被劾降級。冬,學友鄭梁、仇兆鰲並北上應試。

李霨卒。

1685 年(清康熙二十四年乙丑) 四十八歲

夏,父友吳鍾巒子吳公及訪季野於京師寓所,爲求《吳霞舟遺集》序,因作《海外遺集後序》,稱吳氏抗清死難,當爲平日爲學所致,非徒矜名節於一時者可比。

○《石園文集》卷七《海外遺集後序》:"蓋公爲諸生時,東林講學之會方興,從顧(顧憲成)、高(高攀龍)諸公及同里孫文介公,日談道德之奧。已而諸公遞逝,公即代主其席,學益有聞。年垂六十,始得一第,出宰長興,輒以所學爲治,致忤時左遷。其後,自粵西而閩海,自閩海而翁州,流離瑣尾,日瀕於死,而公益勵於學,不以憂患而荒。是其一生無日不以學爲事,故當危難之頃,即能碎首捐軀,無少濡忍,然則公之忠,公之學爲之也,豈與世之徒矜名節,激發於一時者比哉!……公之遺文,既爲先君子所輯,其雜記瑣事不可以載集中者尚數十帙。先君子既歿,斯同寶而藏之,無敢失墜。竊念公詩文,當公之海內;其他片言隻字爲手澤所存者,當歸之其子孫。忽忽三十年,無由一識其後人,以爲恨。乙丑夏,留滯燕山,有客顧余逆旅,則公之季子公及也。相與叙述生平,悲感交集,而公及篤行老成,不墜家學,惓惓以遺集未盡刻爲念。今年將返里門,終剞劂之事,謂斯同當附一言,因不揆而書其後,以畢幼時景仰之志云爾。"

　　按:吳公及,諱裔之,江蘇武進人。《黃梨州詩集·補遺》有《得吳公及(原注:名裔之,霞州先生子)書》。

王源至京,預修《明史》,季野愛其磊落英傑之氣,與之訂交。

○ 清國史館《清史列傳》卷六十六《王源》:"年四十餘,遊京師,公卿皆降爵齒與之交。與鄞萬斯同訂《明史稿》,《兵志》,源所作也。"

○《恕谷後集》卷六《王子源傳》:"文學館閣徐乾學等招致天下士,排纘詞章。一時如劉繼莊以及萬斯同、胡渭生、閻若璩輩,皆集闕下,而王子亦與焉。"

○《石園文集》卷七《王中齋先生八旬壽序》:"北平王崑繩,文士也,而有磊落英傑之氣,余愛而友之。"

○ 王源《居業堂文集》卷十八《先府君行實》:"先君年八十有一而終。……不孝源於乙丑返都,值修《明史》,……"

　　按:《清史稿·儒林一》:"王源,字崑繩,大興人。……唯喜習知前代典要及關塞險隘、攻守方略。年四十,遊京師。……中康熙三十二年舉人。……崑山徐乾學開書局於洞庭山,招致天下名士,源與焉。於儕輩中獨與劉獻廷善,日討論天地陰陽之變、伯王大略、兵法、文章、典制、古今興亡之故、方域要害、近代人才邪正,其意見皆相同。……未幾,遇李塨,大悅之,……遂介塨往博野執贄元門。時年五十有六矣。後客死淮上,所著《平書》十卷、《文集》二十卷。"

原甬上好友謝爲衡有詩寄季野。

○《續甬上耆舊詩》卷一○一《謝公子爲衡·柬萬季野》:"當年朝暮喜追陪,此日思君愁未開。花落六回人臥病,月明千里雁歸來。索居始信文園苦,感物應知鄴下哀。何日松窗風雨夜,重携尊酒共徘徊。"

　　按:謝爲衡,字孝德,又字莘野。父謝于宣,甲申李自成攻克北京時自殺,祖即順治初寧波"翻城之役"中出賣抗清志士之罪魁。其兄謝爲兆爲季野姊夫。據《續甬上耆舊詩》卷一○一《謝公子爲衡》:"爲人敦篤尚古道,蘊藉自喜。楊推官楚石兄弟之死,太僕(謝三賓)所下石也,及曹丈遠思葬之,莘野賦詩感頌,因嘆太僕諸孫皆能蓋愆以自立。"謝爲衡爲康熙二年(1663)與季野等共組策論會之成員。然未參加證人書院。其詩稱心而出,黃宗羲爲之作《謝莘野詩序》。

詩言"花落六回",則當作於是年。

是年,康熙御書"萬世師表"匾額,勒石頒於各省府州縣學懸掛。命修《一統志》。仇兆鰲登進士。汪琬編《明史列傳》。

1686(清康熙二十五年丙寅)　四十九歲

春,馮景有《上湯潛庵先生書》寄季野代投。湯斌因托季野代向馮景致嘉勉意。

○ 《解春集文鈔》卷五《上湯潛庵先生書》:"今丙寅春,景條陳時務十五事,悉見采擇,……獨恨無因緣進於明公。……(原注:時湯公不由江淮入都,此書無從達,因寄萬季野代投。公見書三太息。方處憂心悄悄時,公遂語季野致意,且勉立德,功不在徒言也。)"

劉獻廷應徐乾學之聘,至京,季野一見心折,引參《明史》事,同住徐氏賓館。獻廷常出遊,歸必以其考察所得相告。季野則以所讀之書證之,相約以館脯所入,抄史館秘書。並告以南明史事。

○ 《鮚埼亭集》卷二十八《劉繼莊傳》:"崑山徐尚書善下士,又多藏書,大江南北宿老爭赴之。繼莊遊其間,別有心得,不與人同。萬隱君季野於書無所不讀,乃最心折於繼莊,引參明史館事。……予又嘗聞之,萬先生與繼莊共在徐尚書邸中,萬先生終朝危坐觀書,或瞑目静坐。而繼莊好遊,每日必出,或兼旬不返,歸而以其所歷告之萬先生,萬先生亦以其所讀書證之,語畢復出。故都下求見此二人者,得侍萬先生爲多,而繼莊以遊罕所接。時萬先生與繼莊各以館脯所入,抄史館秘書,連甍接架。"

○ 劉獻廷《廣陽雜記》:"隆武諱聿鍵,終於福建;紹武諱聿鐭,終於粤西;永曆諱由榔,終於夜郎;魯監國諱以海,終於海外,絶奇。萬季野云。"

○ 又同上書:"何督師騰蛟,長沙被害。相傳永曆中,贈中湘王。萬季野述吳漢槎言,乃忠襄王,中湘誤也。"

○《居業堂文集》卷十八《劉處士墓表》:"劉處士諱獻廷,字繼莊,別號廣陽子。……故尚書徐健庵及其弟故大學士立齋兩先生聘之,不就,……徐又聘之,乃就,而予以修《明史》,亦館於徐,與處士道同志合,……顧留京師四年有奇,遇而訖不見用。庚午復至吳,……"

　　按:自庚午(康熙二十九年)上溯四年有奇,當在康熙二十五年至京。

　　又按:《清史稿·文苑一》:"劉獻廷,……大興人,……其學主經世,……而復往來崑山徐乾學之門,議論不隨人後。萬斯同引參明史館事,顧祖禹、黃儀亦引參《一統志》事,獻廷謂諸公考古有餘,實用則未也。"所著有《廣陽雜記》。

　王源有《與友人論韓林兒書》致季野,責其《明樂府》斥廖永忠沉韓林兒於瓜步之説,無端加明太祖以弑君之罪。季野以《追記先世所藏令旨事》一文答之。

○《居業堂文集》卷六《與友人論韓林兒書》:"韓林兒,非名林,林、兒兩字一音,北人土語,牧豎小字,猶漢之劉盆子也。顧盆子實漢宗室,林兒賊子,豈真趙氏後乎?明太祖初起,依郭子興,非由韓氏。子興卒,勢孤,乃用其年號,受其官,假其聲援,猶唐高祖稱臣借兵突厥,與項羽之於義帝,陳友諒之於徐壽輝,不可同日語明矣。乃足下則以'瓜步'之説,而加以弑君之罪。夫《綱目》於篡弑嚴矣,乃光武親北面更始,司隸校尉大司馬,更始授之;徇河北,更始命之;蕭王,更始封之。河北定,與更始貳,而《綱目》未嘗書以叛;更始未亡,即帝位,《綱目》未嘗書以僭;且赤眉初降更始,樊崇頓首稱

臣受爵，後更倡亂，立盆子，殺更始，而《綱目》亦未嘗書以
弑。蓋元與盆子亂等耳，不足以言君臣。而光武誕膺天命，
正位號，烏得反以更始爲正統，而責光武以君臣之義？此紫
陽揆之天理，折衷於《春秋》，百世以俟聖人而不惑者。假令
足下操筆，則光武在所必誅，而唐太宗之滅突厥，竟等之嬴
秦之滅周矣，可乎？不可也。孔子成《春秋》，而亂臣賊子
懼。魯桓親弑其兄而奪之位，乃隱之弑也，書曰‘公薨’；桓
之立也，書曰‘即位’，不聞直書以弑君。蓋孔子魯人，諱國
惡，義固應爾。足下家於先朝有世職，尊先人孝廉公，大節
高風，卓卓垂不朽，而足下昆季，又皆自托於皋羽、所南之
流，即遇魯桓，亦當遵法孔子。且夫滁、和諸州，太祖地也；
采石、太平之戰，太祖力也；克集慶，太祖功也，韓林兒曷嘗
毫末有所與？而天命歸之，人心向之，豪傑服之，救民水火，
開三百年丕基，績邁湯、武，功存萬世。顧欲奉一未成事之
賊子牧豎爲正統，與太祖正君臣之分，而搜取莫須有之説，
顯然大書，比太祖於劉裕、蕭道成，而自以爲實録所不載者，
吾能知之，而直書之，是無論非天下後世人心之公，凡有血
氣稍知大義者，莫不操筆而議其後，即足下異日見先人於地
下，孝廉公以足下此舉爲安乎？抑不以爲安乎？苟不以爲
安，而足下其將何詞以對也？”

　　按：季野《明樂府》第一首即叙韓林兒被害事，名《沉瓜
步》，兹録於下：

　　沉瓜步（原注：述韓林兒於丙午十二月被廖永忠沉之於
瓜步。）

　　韓家帝子年雖少，曾據中原稱帝號。明祖起兵十年間，
江南實頒龍鳳詔。安豐既敗滁陽遷，歲時朝賀尚儼然。自
從丙午沉瓜步，明年遂改吳元年。廖永忠，爾何逆！豈不
知，我皇之興賴其力，胡乃弑主甘爲賊！人言斯事實逢君，
異日將希格外恩。寧知終受誅夷禍，太祖何嘗念若勳！

○《石園文集》卷八《追記先世所藏令旨事》："明太祖之未踐祚
也，實奉宋主龍鳳之朔。至丁未安豐既陷，始改號吳元年，
其前之稱行中書省丞相暨吳王，皆宋主所命也。愚時猶及
見太祖授我始祖令旨二道，其一方爲丞相時，後題龍鳳五
年；其一則爲吳王時，後題龍鳳十年：而二札之上，皆大書皇
帝聖旨，則是太祖之初受命於宋主明甚。今國史及諸家傳
記，皆没而不載，其意蓋爲國諱也，不知此何必諱。漢祖不
嘗受命懷王乎？韓氏之興，與懷王何異！不聞漢史爲高帝
諱，今國史何必爲太祖諱也。況韓氏事雖不成，而下中原、
隳上都、雲擾六合，卒致元氏失圖，皆其首發難之功，則其所
驅除，實開太祖之先，初非漢樊崇、隋楊玄感之比。《綱目》
於玄感諸人，猶未嘗書之爲盗，則韓氏之立國，何不可大書
特書，而乃爲太祖諱也。他書言歲元旦，太祖欲設宋主位，
而劉誠意去之，則此歲之前，太祖固未嘗不奉以朝也。太祖
身未諱，而史官無識，致没其意，甚可恨也。愚故追記之如
此，他日修正史者，或可以是爲一證而正舊史之失云。"

　　按：季野所言明太祖所授令旨二道，見前。

黄宗炎卒。季野昔有《贈鸂鶒先生》詩一首，年不可
考，姑繫於此。

○《石園文集》卷一《贈鸂鶒先生》："經年擲杖掩柴關，雲老松
枯山外山。留得一椽維大廈，儼然孤鶴出人間。借鋤蒔藥
開荒圃，鑿澗疏流過曲灣。回首英雄多澤畔，平章泉石得
長閑。"

有《送張漢瞻南還序》，以抒其在京師惟交海内文士之
樂爲樂，然又不能常聚，於最樂之中又有不樂的心情。

○《石園藏稿・送張漢瞻南還序》："余客燕山久，出門蹠步，即
風塵污人，無一可怡予志者……余嘗謂京師無事可樂，惟得
締交海内文士爲可樂耳。然士之至止者，又不能常聚，……

則於最樂之中又有不樂者存焉。練水張子漢瞻,此余所謂
賢而與之締交者也,自壬戌迄今歷四年,所不爲不久。……
而漢瞻以養親爲志,卜日南旋,余欲留之而不可,……吾子
歸,益讀未見之書,尚友先喆,卓然蘄乎不朽,則余雖不獲與
吾子久處,而吾子固自有友矣。"

是年,命王熙、張玉書爲監修,陳廷敬、張英爲總裁。
王鴻緒以治母喪回籍,未幾,復任總裁。趙執信充明史館
纂修官。禁淫祠。命搜訪經學史乘,諸子百家禁不錄。敕
修《大清會典》。

1687 年(清康熙二十六年丁卯)　五十歲

是年,初識梅文鼎,盛譽其曆數之詳核博辨。

- 《石園文集》卷七《送梅定九南還序》:"宛陵梅子遊燕山,余
  得與之定交。其人温然君子也,而詩文落筆驚人眼。所著
  《古今曆法考》《中西算學通》諸書,詳而核,博而辨,卓然可
  垂世行遠,信哉,其足以成名也。余客燕山久,四方賢豪長
  者至止,多與縞帶言歡,要皆浮華鮮實之士,若學成而可名
  士者,亦無幾人。梅子既善詩文,又旁通曆學如此,此豈今
  世文章之士可得而並駕耶?"
- 梅文鼎《方程論發凡》:"歲丁卯,薄遊錢塘。……續遇無錫
  顧景范、北直劉繼莊二隱君,嘉禾徐敬可先輩、朱竹垞供奉,
  淮南閻百詩、寧波萬季野二徵士於京邸,並蒙印可。"

  > 按:《清史稿·疇人一》:"梅文鼎,字定九,號勿庵,宣城
  人。……年二十七,師事竹冠道士倪觀湖,受麻孟旋所藏臺
  官交食法,……補其遺缺,……疇人子弟及西域官生皆折節
  造訪,有問者亦詳告之無隱。所著曆算之書凡八十餘種。
  ……己未,明史開局,曆志……又以屬文鼎,……作《明史曆
  志擬稿》一卷,……己巳至京師,……乙酉二月南巡,……光

地與文鼎伏迎河干。……文鼎爲學甚勤,……歲在辛丑卒,
年八十有九。"

黄百家至京,與季野共修《明史》,亦館於徐乾學賓館。
時季野已名重京師。百家以所著詩相視,季野盛贊之。

○《碑傳集》卷一百三十一黄百家《萬季野先生斯同墓誌銘》:
"昔余在京時,見立齋先生論一事曰:'萬先生之言如此。'一
朝士問曰:'萬先生何人?'答曰:'季野。'又問:'季野何人?'
立齋先生怫然他顧曰:'惡!焉有爲薦紳可不識萬季
野者。'"

○《鮚埼亭集》卷二十八《萬貞文先生傳》:"安溪李厚庵最少許
可,曰:'吾生平所見,不過數子,顧寧人、萬季野、閻百詩,斯
真足以備石渠顧問之選者也。'"

　　　按:李厚庵即李光地,據《清史稿》卷二百六十二:"李光
地,字晉卿,福建安溪人。……康熙九年成進士,選庶吉士,
授編修。……十三年,耿精忠反,……十四年,(光地蠟書密
疏平閩之策)。……十六年,……擢侍讀學士,……十七年,
……遷翰林學士。……十九年,……授内閣學士。……二
十五年,……授翰林院掌院學士,直經筵,兼充日講起居注
官、教習庶吉士。……二十七年,尋擢兵部侍郎,……三十
三年,督順天學政。……三十六年,授工部侍郎。三十七
年,出爲直隸巡撫。……四十二年,……擢吏部尚書,仍管
巡撫事。……四十四年,拜文淵閣大學士,……五十七年
卒,年七十七。"所著有《榕村文集》等。

○ 黄百家《黄氏續録·續録失餘稿》:"余少亦頗事吟咏,自順
治己亥,至康熙丙寅,雜體詩約至千首。丁卯歲,以修《明
史》事,携至長安,與萬季野同居徐相國之邸。相國、季野見
而共贊之,遂爲人所竊去。"

黄宗羲作《陳夔獻墓誌銘》,推許季野之史學。

○《南雷文定》後集卷三《陳夔獻墓誌銘》:"丁未、戊申間,甬上陳夔獻創爲講經會,搜故家經學之書,與同志討論得失,……往往有荒途爲先儒之所未廓者。數年之間,……諸子亦散而之四方,然皆有以自見,如萬季野之史學,……"

是年,與戴名世訂交,戴氏稱其爲人"非世俗之人所及"。

○《戴名世集》卷三《蔡瞻岷文集序》:"余客遊四方,與士大夫交遊,而求學者於時文之外,求功名於制科之外,頗得數人焉:於浙江則得萬君季野;於燕京則得劉君繼莊、王君崑繩;於吾郡則得蔡瞻岷。此數人者,其學其功名誠如余之所云云者,而非世俗之人所及也。"

　　按:戴鈞衡《戴南山先生年譜》:"二十六年丁卯,先生三十五歲。是年,至京師。"據此譜,戴氏於去年冬已至京。又戴氏《齊謳集自序》稱:"戊辰、己巳之間,自燕逾濟。"則於次歲(康熙二十七年)冬才離京,留都凡兩年。戴氏素留意於《明史》,其識季野,當在是年。

　　又按:徐宗亮《善思齋文續鈔》卷二《戴先生傳》:"戴先生,諱名世,字田有,一字褐夫,世居桐城南山。……先生少負奇氣,不可一世,文章學行爭與古人相先後,尤以史才自負,喜網羅明代逸事。……康熙己丑,年五十七,始成進士及第第二人,授翰林院編修。當是時,詔修《明史》數十年矣,以史館徵求遺書,凡事涉革除之際,民間多諱不錄,屢裁稿而未告成,先生心竊痛之,嘗著《孑遺録》,以見其概。又有《與余生書》,……先生是書並載《南山集》。……先生及第後第二年,左都御史趙申喬追論其事,……聖祖皇帝特恩減等論死。"

康熙上諭大學士等,史事須參看實録,《明史》修成之日,應與實録並存。嚴虞惇入京,修《明史》。徐釚被謫歸里。喬萊解職歸里。劉獻廷纂《曆志》，備《明史》采用，未定稿。

學友陳錫嘏、陳赤衷卒。葉奕苞卒。湯斌卒。

1688 年（清康熙二十七年戊辰）　五十一歲

上巳，季野與徐乾學、姜宸英、湯右曾等修禊楊氏園，壺觴中清談竟日。

    ○ 姜宸英《姜先生全集》卷二十七《葦間詩集·總憲公修禊楊氏園同西崖、季野，時園中花事尚遥，宿莽蒼然，壺觴竟日，清淡而已》：“並巒城陰十里賒，輪蹄静處有人家。不教喧騎驚游陌，坐愛移尊款落霞。澗水未生流尚曲，檜枝經暖綠初遮。非公高躅遺塵賞，誰向空林待物華。”

        按：《清史稿》卷二百六十六：“湯右曾，字西崖，浙江仁和人。康熙二十七年進士，改庶吉士，授編修。……三十九年，授刑科給事中。……四十一年，轉户部掌印給事中。……四十四年，提督河南學政。……四十八年，遷奉天府府丞。四十九年，遷光禄寺卿。五十年，轉太常寺卿、通政使。五十一年，擢翰林院掌院學士。五十二年，授吏部侍郎。……六十年，命解右曾侍郎，仍專領掌院學士。六十一年，卒。右曾少工詩，清遠鮮潤，其後師事王士禛，稱入室。”

春，季野與朱鶴齡、錢澄之等會於徐乾學官邸之憺園，共搜考秘文，商質疑義。

    ○ 朱鶴齡《愚庵小集》卷九《憺園牡丹文讌記》：“玉峰健庵先生，好古博學，家藏經籍甚富，江浙名賢，無不羅而致之賓館。今年春杪，余借書過憺園，先生出四部書示余，牙籤縹帙，觸手爛然。因與錢飲光、萬季野數子，諮質疑義，搜考秘文，如坐積書巖，不待三食，脉望已脩然身輕矣。”

        按：朱鶴齡此文寫作年代不可考，姑繫於此。

　　又按:《清史稿》卷四百八十:"朱鶴齡,字長孺,吳江人。明諸生,……鼎革後,屏居著述,……自號愚庵。……初爲文章之學,及與顧炎武友,炎武以本原相勗,乃湛思覃力於經注疏及儒先理學,……年七十餘卒。"所著有《愚庵詩文集》《易廣義略》《尚書埤傳》《春秋集説》《讀左日鈔》《禹貢長箋》等。

　　又按:《清史稿·遺逸一》:"錢澄之,字飲光,原名秉鐙,桐城人。少以名節自勵。……是時,復社、幾社始興,比郡中主壇坫者,……桐城則澄之及方以智,而澄之又與陳子龍、夏允彝輩聯雲龍社以接武東林。……阮大鋮既柄用,刊章捕治黨人。澄之先避吳中,……入粵。……黃道周薦諸唐王,授吉安府推官,改延平府。桂王時擢禮部主事,特試授翰林院庶吉士兼誥敕撰文。……乃乞假,間道歸里。……自號曰田間,著《田間詩學》《易學》……乃復著《莊屈合詁》,……又有《藏山閣詩文集》。卒年八十二。"

夏,盛暑,季野與姜宸英、朱彝尊、查慎行、黃虞稷、湯右曾等十七人,相共作《苦熱聯句》。

○ 朱彝尊《曝書亭集》卷十四《屠維大荒落·苦熱聯句》:"苦熱今年甚,幽州亦藴蒸(朱茂晭)。久無甘雨降,惟見火雲升(姜宸英)。際夜焦烟合,經天杲日恒(張遠)。高林苦白帶,淺沜霞丹稜(王原)。最怕衝灰洞,何須堰灰陵(徐善)。河流金口膩,山翠畫眉層(彝尊)。黑蜺潛難見,商羊舞莫憑(萬斯同)。新畬荒稷黍,遺種慮蟊螣(朱儵)。雩隊分行綴,祠官典故徵(譚瑄)。力難驅旱魃,咒乃試番僧(查慎行)。童女雙丫髻,旌竿五色繒(李澄中)。新妝朱箔卷,雜戲綠衣能(魏坤)。虹霓群情望,塵埃萬目瞪(黃虞稷)。疾雷無影響,長轂但鞠輘(釋净憲)。銷夏愁無策,聯吟喜得朋(龔翔麟)。盡諳微徑入,不待小僮膺(湯右曾)。席帽人人脱,亭欄處處凭(鄭觀衮)。劇談多野趣,苛禮必深懲(錢光夔)。旅跡頻年共,鄉心觸緒增(宸英)。小航思划槳,精舍憶擔簦(茂暡)。白剥烏頭芡,青牽紫角菱(原)。夕風嘶麥蛰,横港没魚鷹(右曾)。竹樹濃於畫,笆籬密似罾。千家花滿屋,六月稻交塍(彝尊)。自失江村樂,翻憐毒暑仍(善)。黄沙隨扇集,白汗比漿凝(遠)。易漬牀牀簟,空支院院棚。擔稀珠市果,價倍王河冰(慎行)。槅落含香蕊,攣拳裊格藤(斯同)。暗窺蛛網縮,乾坼燕泥崩(翔麟)。户撤垂簾額,缾添汲井繩(儼)。慵尋温水浴,只想冷硎登(瑄)。三葛衣猶重,雙絲履不勝。撥書嫌走蠹,懸拂倦驅蠅(坤)。秖覺娑拖便,誰甘褦襶稱(觀衮)。到門防客刺,無地曲吾肱(彝尊)。亟買泉澆圃,同貪草藉艿(宸英)。酒拼河朔飲,茶愛武夷秤(澄中)。返照斜初歛,微涼暮可乘(原)。分曹爭射覆,四座百觚騰(慎行)。"

按:《清史稿·文苑一》:"朱彝尊,字錫鬯,秀水人。……所至叢祠荒塚、破爐殘碣之文,莫不搜剔考證,與史傳參校同異。……文名益噪。康熙十八年,試鴻博,除檢討,時富平李因篤……及彝尊皆以布衣入選,同修《明史》。……二十年,充日講起居注官。典試江南,稱得士。入值南書房。……三十一年,假歸。……當時王士禛工詩,汪琬工文,毛奇齡工考據,獨彝尊兼有衆長。著《經義考》《日下舊聞》《曝書亭集》,又嘗選《明詩綜》,……卒年八十一。"

又按:《清史稿·文苑一》:"查慎行,字悔餘,海寧人。少受學黄宗羲。於《經》邃於《易》,性喜作詩,……名聞禁中。康熙三十二年,舉鄉試。其後聖祖東巡,以大學士陳廷敬薦,詔諸行在賦詩。又詔隨入都,直南書房。尋賜進士出身,選庶吉士,授編修,……充武英殿書局校勘,乞病還。坐弟嗣庭得罪,闔門就逮。世宗……特許放歸田里。"慎行著《敬業堂集》《周易玩辭集解》,又補注蘇詩,行於世。

冬，季野與黃百家共南歸。離京前，與憺園諸友餞別，
有《將返四明留別憺園諸友》詩，相約於明年秋返京。徐乾
學亦有詩相贈。

　　○《石園文集》卷一《將返四明留別憺園諸友》：“夙道西園盛軼
　　　才，此來猶喜得追陪。雲歸蘿徑常聯句，月浸桐陰共把杯。
　　　客夢不緣家室擾，旅懷偏爲友生迴。相期後會知何日？笑
　　　指黃花待我開。”

　　○沈德潛《清詩別裁》卷九《徐乾學·送萬季野南還》：“霜花醁
　　　酒送君還，邸舍相依十載間。慣對卷編常病眼，與談忠孝即
　　　開顏。折衷三《禮》宗王鄭，泚筆千秋續馬班。薄笨獨驅驚
　　　歲暮，凍雲寒雪滿江關。”

　　　　　按：憺園指徐乾學賓館。又，黃百家《黃氏續錄》載徐元
　　　文《主一在京邸相助明史之役，戊辰冬歸覲梨洲先生三詩述
　　　懷呈教》詩，可知黃百家與季野同歸。

　　○《歷代紀元彙考》卷後萬經《紀元彙考識》：“戊辰叔父南歸
　　　時，先父歿已六年，叔父慰問外，仍勖經以學業也。”

　　是年，權臣明珠革職。黃宗羲自訂《南雷文定》。萬言
獨成《崇禎長編》，因直筆得罪權貴，貶官出授五河知縣。
范國雯會試第一，鄭梁第八，皆任庶常。仇兆鰲預修《明
史》。

1689 年(清康熙二十八年己巳)　五十二歲

　　三月，季野北上。黃宗羲自餘姚至鄞相送，師生劇談
終夜，依依惜別，黃氏有“四方聲價歸明水，一代賢奸托布
衣”之嘆。

　　○《黃梨洲先生年譜》：“二十八年己巳，公八十歲。……主一
　　　公自京歸覲，呈徐立齋相國《述懷》詩三章，即次韻寄之。三
　　　月，之甬上，送萬子季野北上。”

○《南雷詩曆》卷四《送萬季野北上》："三疊湖頭入帝畿，十年
烏背日光飛。四方聲價歸明水，一代賢奸托布衣。良夜劇
談紅燭跋，名園曉色牡丹旂。不知後會期何日？老淚縱橫
未肯稀。"

○《歷代紀元彙考》卷後萬經《紀元彙考識》："明年叔父入都，
不見者又八戴。"

至京，見閻若璩所撰《一統志》叙及人物，不以爲然。
閻始頗駭其言，旋乃大爲折服。

○《尚書古文疏證》卷六："先一載在京師，萬季野謂余，撰《一
統志》奚必及人物，人物自有史傳諸書，余頗駭其言。及近
覽《元和縣圖志》《太平寰宇記》，意果不重在此：一州内或人
物無，或僅姓名貫址，即間舉生平，亦寥寥數語，不似明《一
統志》誇多泛濫，令人厭觀。因折衷二者之間，不妨臚名宦、
流寓、人物、列女四項，但取其言與行關於地理者，方得采
輯。……蓋不惟其人，惟其地，不然，隨甚道德，隨甚勳名及
文藝，苟無關地理，概不得闌入。何者？著書自有體要，故
善乎杜君卿有云：'言地理者，在辨區域、徵因革、知要害、察
風土。'李弘憲云：'飾州邦而叙人物，因丘墓而徵鬼神，乃言
地理者通弊，至於丘壤山川，攻守利害，反略而不書。'元和
宰相之言施於撰述如此。若張南軒論修志不可不載人物，
典刑繫焉，世教補焉，此則儒生之見，此之點綴郡邑志則可，
非所論大一統之書，卷帙浩繁者也。"

是年，季野與閻若璩、胡渭等合編由徐乾學主持之《資
治通鑑後編》。

○《四庫全書提要》卷十《史部·編年類·資紹通鑑後編一百
八十四卷》："國朝徐乾學撰。……是編以元明人續《通鑑》
者陳桱、王宗沐諸本，大都年月參差，事蹟脱落。薛應旂所
輯，雖稍見詳備，而如改《宋史》周義成軍爲周義，以胡瑗爲

朱子門人，疏謬殊甚，皆不足繼司馬光之後。乃與鄞縣萬斯同、太原閻若璩、德清胡渭等，排比正史，參考諸書，作爲是編。草創甫畢，欲進於朝，未果而歿。今原稿僅存，惟闕第十一卷，書中多塗乙刪改之處，相傳猶若璩手蹟也。其書起宋太祖建隆元年，迄元順帝至正二十七年，凡事蹟之詳略先後，有應參訂者，皆依司馬光例，作考異以折衷之；其諸家議論，足資闡發者，並采繫各條之下，間附己意，亦依光書之例，標臣乾學曰以別之。……所輯北宋事蹟，大都以李燾殘帙爲稿本，援據不能賅博。……宋末昰、昺二王，皆誤沿舊史，繫年紀號，尤於斷限有乖。……又載元順帝初生之事，過信庚申外史，尤涉鑿空。然其裒輯審勘，用力頗深，故訂誤補遺，時有前人所未及。……而以視陳、王、薛三書，則過之遠矣。”

按：張穆《閻潛丘先生年譜》列是書編於己巳年。

又按：《清史稿·儒林二》：“胡渭，初名渭生，字朏明，德清人。……十五爲縣學生，入太學，篤志經義，尤精輿地之學。嘗館大學士馮溥邸。尚書徐乾學奉詔修《一統志》，……延……渭分纂。……康熙四十三年，聖祖南巡，……御書‘耆年篤學’四大字賜之。……五十三年卒，年八十有二。”渭長於經術，所著有《禹貢錐指》《易圖明辨》《洪範正論》《大學翼真》等。

冬，初識劉坊於徐乾學兄弟之京邸，以其詩古文英偉有奇氣，愛而與之訂交。

○《石園文集》卷首劉坊《萬季野先生行狀》：“憶坊己巳冬得交萬季野先生於崑山相國京邸，同晤者爲劉子繼莊。”

○《石園文集》卷七《送劉龕石南還序》：“劉子龕石游京師，余初與之接，落落然也。既而讀其詩古文，英偉有奇氣，余始愛而與之交。……龕石卓犖觀書，發爲詩歌，縱橫超軼，而

古文亦矯焉不群,蓋探原於古之作者,其來有端緒,而非世
之勠襲陳言、冥行瞀趨者比也。"

　　按:丘復編《劉鼇石先生年譜》,劉坊,原名琅,字秀英,
號鼇石,福建上杭人。清順治十五年生於南明永曆治下之
雲南永昌,因以遺民自居,不仕清廷,遊歷各地。康熙五十
六年卒,年五十六。

《兩浙名賢録》《明季兩浙忠義考》約作於是年。

　　按:寧波天一閣藏此二書,爲清人手抄本,兩書皆有"甬
上萬斯同輯"八字。後者收有明清之際抗清死難、國變後隱
不出或薙髮爲僧之"忠義"志士共一百二十九人。此書僅列
提綱。其杭州府仁和縣條共録十五人,後注"以上者皆已
故",中有吳任臣。吳氏卒於康熙二十八年(1689),故繫是
兩書之作於是年。

時季野在京修史,自早至晚,丹鉛不置。或有客來,於
經、史、人物,閎論崇議,鋒辨四出;客去,復理前業不倦。

　　○《石園文集》卷首劉坊《萬季野先生行狀》:"其時,京師鶩名
之士,風傳二先生(一爲劉繼莊)博聞爾雅,學無所不窺。
……先生則自朝至旰,一編丹鉛不置,客來會者,或經史制
度,或人物得失,閎論崇議,鋒辨四出,娓娓如數家珍,言某
人某事如何? 某時某官某地建置如何? 檢書按之,詞語未
嘗少誤。客去,復理前業不倦,或數日一往答。來者遇諸
途,問之無異在寓。坊以久放風塵,所交四方知名士,不勝
屈指,惟先生辨析不窮,數往候之,談天末數百年事一如其
素所歷,以是獨服膺先生,稱爲未有。"

是年,康熙南巡,祭禹陵。十一月,徐乾學爲許三禮所
劾。乞回籍歸省。梅文鼎修定《明史·曆志》稿。趙執信
革職出京。友人陸嘉淑卒。學友董道權、學友張士培卒。

五 京師修史時期(下)
(1690—1702)

1690 年(清康熙二十九年庚午) 五十三歲

春,初識父友沈壽民之子沈公厚於京師,相見歡然。

- ○《石園文集》卷七《送宣城梅耦長南還序》:"歲庚午,余浪迹燕臺,有客顧予逆旅,則沈子公厚也,相見歡然,誠昔人所謂傾蓋若故者。"

- ○《石園文集》卷七《送沈公厚南還序》:"明之末造,江南復社大盛,海內名士無不入其中,而兩先生(沈壽民、梅郎中)及余先君子傑然爲社中眉目。……滄桑變興,梅先生已辭世,乃先生隱居著書,巍然負海內重望者四十年。恨余僻處海隅,生當先生之世,且獲稱通門子,而不得一侍函丈,耿耿此心,何時能已。然余不及見先生,猶幸交先生之子。"

夏,劉獻廷南還,約季野、王源、戴名世等同歸蘇之洞庭,共成所欲著之書,季野諾,擬歸。

- ○《石園文集》卷首劉坊《萬季野先生行狀》:"明年,崑山(徐元文)歸里,繼莊以館俸之得,鈔史館秘書無算,持歸蘇之洞庭,將約同志爲一代不朽之業。"

- ○《居業堂文集》卷十八《劉處士墓表》:"庚午復至吳,遂南遊衡岳。"

- ○《鮚埼亭集》卷二十八《劉繼莊傳》:"時萬先生與繼莊各以館

脯所入,抄史館秘書,連甍接架。尚書既去官,繼莊亦返吴,而萬先生爲明史館所留。繼莊謂曰:'不如與我歸,共成所欲著之書。'萬先生諾之,然不果。"

○ 戴名世《戴名世集》卷五《送劉繼莊還洞庭序》:"劉君繼莊,博通古今,讀書自適,而不從事於科舉。……繼莊尤留心於史事,購求天下之書,凡金匱石室之藏,以及稗官、碑誌、野老遺民之所紀載,共數千卷,將欲歸老洞庭,而著書以終焉。……繼莊有友曰王崑繩及余二人,約偕詣洞庭,讀其所購書。而繼莊無擔石之儲,無以供客,余二人之行皆不果,而繼莊先携其書以歸。……吾聞洞庭擅東南湖山之勝,而繼莊家在西山,尤爲幽人之所棲息。繼莊歸而爲余懸一榻焉,余雖不能即行,終必圖與繼莊著書終隱,以酬曩昔之志。繼莊曰:'然。'遂書之。"

劉獻廷稱讚季野之詩,有不情不緒之想,出乎筆墨之外,其年不可考,姑録於此。

○《石園文集》卷首劉繼莊《題詞》:"悲憤之衷,值乎世會,淵博之學,發乎性靈,復有一種不情不緒之想,出乎筆墨之外。以詩論詩,詩之陶也;以文論詩,詩之莊也。"

秋,有《盛訥夫詩序》論明和清初詩之弊,而主誠溢乎中,文發乎外,自抒其性情之真。

○《石園藏稿·盛訥夫詩序》:玉峰盛訥夫以詩鳴於時。……庚午秋,邂逅於燕山邸舍。……,嘗論近代之詩有二派,其尚高華者以王、李爲祖,而其弊也失之浮華。其尚幽異者,以鍾、譚爲宗而其弊也失之淺,兩者交譏而世幾無詩矣。其在於今,公卿大夫都顯位擁厚實者,往往喜爲清新幽折之詞,頗類於山林憔悴者之所作,而江湖散人蓬蓽寒士,或多效臺閣之體而上擬垂軒食肉者之所爲,此兩者,亦皆勦襲乎外,非其性情之真也。盛子爲詩質而不俚,華而有則,不蹈王、李、鍾、譚之習,而亦無今日散人寒士之態,信所謂溢乎中,文發於外,自抒其性情之真也。

　　時鄭梁在京,有《送萬季野南歸》詩,約季野回里,重開甬上講經之會。然季野爲明史監修張玉書和總裁陳廷敬所留,不果。因離碧山堂,移居於江南會館。

○《寒村詩文選・玉堂後集》卷一《送萬季野南歸》:"論心京邸更尋誰? 我到君還豈不悲! 史局未昭千載信,講堂徒作十年離(原注:季野爲崑山修史十年餘矣)。書生去住身何礙? 國是玄黃不可知(原注:時因崑山罷相同歸)。明歲陳情應得請,甬江講筵准追隨。"

○《石園文集》卷首劉坊《萬季野先生行狀》:"先生遂爲京口(張玉書)、澤州(陳廷敬)所留,移置江南會館中。"

○《碑傳集》卷一百三十一黃百家《萬季野先生斯同墓誌銘》:"庚午夏仲,立齋先生南還,余亦爲監修張素存先生及諸總裁所留,又與先生同修《明史》於江南會館。"

　　按:《清史稿》卷二百六十七:"張玉書,字素存,江南丹徒人。……順治十八年進士,選庶吉士,授編修,累遷左庶子,充日講起居注官。……二十年,擢內閣學士,充經筵講官,尋遷吏部侍郎,兼翰林院掌院學士。……二十三年,丁父憂,……服闋,即家起刑部尚書,調兵部。……二十九年,拜文華殿大學士兼户部尚書。……五十年,……疾作,遂卒,年七十。"

　　又按:《清史稿》卷二百六十七:"陳廷敬,初名敬,字子端,山西澤州人。順治十五年進士,選庶吉士。……十八年,充會試同考官,尋授秘書院檢討,……累遷翰林院侍講學士,充日講起居注官。十四年,擢內閣學士兼禮部侍郎,充經筵講官,改翰林院掌院學士,教習庶吉士。……十七年,命直南書房。……二十三年,調吏部。……二十五年,遷工部尚書，……時修輯《三朝聖訓》《政治典訓》《方略》《一統志》《明史》，廷敬並充總裁官，累調户、吏兩部。……二十九年，起左都御史，遷工部尚書，調刑部，……授户部尚書，調吏部。四十二年，拜文淵閣大學士，兼吏部，……五十一年，卒。"

時史館修史，概由季野裁定，名公鉅卿，咸以不識其姓名爲恥。

○《石園文集》卷首楊无咎《萬季野先生墓誌銘》："當其在江南會館時，名王大姓有叩門請見者，有虛左相迎者。或夜半飛騎到門，問以某事某人，則答以片紙，云在某年月某書某卷，使者馳去，已而復來，率以爲常，其足以備顧問於一時者如此。稱之者曰：'天生季野，關係有明一代人傑也。'今世所號爲名公鉅卿，咸以不識姓名爲恥。"

○《碑傳集》卷一百三十一黄百家《萬季野先生斯同墓志銘》："少司寇鄭山公先生曰：'天生季野，關係明朝一代之人也。'"

是年，因同學仇兆鰲邀，主講席於京師，布衣敝屣，從容就席，凡田賦、兵制、選舉、樂律、郊禘、廟制、輿地、官制等，皆脱口成章。月凡三舉，聽者常數十百人。

○《尚友堂自編年譜》："二十九年庚午，五十三歲　與修《一統志》書，暇日與館中知己邀吾鄉萬季野先生（原注：名斯同，博學洽聞，時以布衣聘參史局。）同講經術，浹旬一舉。"

○《鄞志稿》卷十二《儒林傳·萬斯同》："在京師，仇侍郎滄柱邀主講會，聽者常數十百人。"

○《潛研堂文集》卷三十八《萬先生斯同傳》："在都門十餘年，士大夫就問無虛日，每月兩三會，聽講者常數十人。"

○《石園文集》卷首楊无咎《萬季野先生墓誌銘》："季野志在國史，而其有功於後學，則講會之力爲多。……其北遊也，則

月凡三舉,益以田賦、兵制、選舉、樂律、郊禘、廟制、輿地、官
制諸論説,凡宜因宜革,皆勒成典,則實史事之權衡也。朝
而設席,向晚而退,如歲寒書屋、梅花堂、浙江江南會館,皆
其講經史處也。”

○《碑傳集》卷一百三十一黃百家《萬季野先生斯同墓誌銘》:
　　“後主講於京師,每月兩會,至期輿馬駢集。先生布衣敝屣,
　　從容就席,辨析歷代制度,若《通考》《通志》諸書,脱口成文,
　　執筆者手不停録。諸王聞先生名,亦願交請見。”

七月,與梅文鼎同訪陸隴其。九月,陸隴其來會,得見
萬言所著《崇禎長編》。

○《陸清獻公日記》:“庚午……七月二十四日:萬季野同宣城
　　梅定九(名文鼎)來,梅長於曆法。……九月,會萬季野,始
　　見《崇禎長編》。”

是年,季野與邱克承共删訂鄭梁《還朝詩存》。

　　按:鄭梁《寒村詩文選》有《還朝詩存》,下題:“同郡丘克承
紹衣、萬斯同季野删訂。”

　　又按:《續甬上耆舊詩》卷九十九《邱鉅野克承》:“字紹衣,
一字艾軒,康熙己酉舉人,官知鉅野縣,有幹略。……其詩出
於趙丈人選之門,有四靈之遺音。”

康熙上諭,《明實録》宣德以後頗多譌謬。《大清會典》
告成。徐元文以舊大學士仍領史事,旋解職歸里。《明史》
已編成初稿四百一十六卷。

汪琬卒。

1691 年(清康熙三十年辛未)　五十四歲

春,父友梅郎中子梅庚來訪,時與沈公厚、黃百家共相
聚,前明復社四名士子弟相與披襟道愫,文酒流連,相得
甚歡。

○《石園文集》卷七《送宣城梅耦長南還序》："往先君子交遊遍海內，在宣州則梅郎三、沈耕巖兩先生，在鄰邑則黃梨洲先生最友善。……諸家後人，余以受經黃門，獲交主一昆弟，頗聞梅先生有子曰耦長，沈先生有子曰公厚，皆讀書有文，克紹家學。而吾鄉去宣州千里而遙，不獲一遘以爲恨。歲庚午，余浪迹燕臺，有客顧予逆旅，則沈子公厚也。……未幾，主一（黃百家）自南來。辛未春，耦長亦以赴春闈來，於是四家子弟萃於一處，相與披襟道愫，文酒流連，積年懷思，一朝盡慰，何其快也。"

　　按：《清史稿·文苑一》："（梅）庚，字耦長，少孤，承其祖鼎祚、父郎中之傳，益昌大之。……康熙二十年舉人。……性狷介。客遊京師，不妄投一刺。……後知泰順縣，有惠政。"

三月，會陸隴其，告以《明史》纂修《曆志》事。

○《陸清獻公日記》："辛未……三月……會萬季野，言明史《曆志》吳志伊纂修者，今付梅定九重修。"

四月，會王士禎，以所著《禘說》八篇就正，王稱其言甚辨而核。

○ 王士禎《居易錄》卷十："康熙三十年辛未。……鄞人萬斯同，字季野，明都督表之後，舉人泰之子，黃宗羲太冲之弟子也，投予所著《禘說》八篇，駁鄭康成之非，而據唐趙匡、宋程子之說以爲證，其言甚辨而核。"

　　按：《禘說》八篇載於《石園文集》卷三，又載於《群書疑辨》卷六。其言鄭康成釋"禘"之非，如："凡鄭氏解經固多鑿空妄說，要未有如'禘'之甚者。……故欲明'禘'之說，必先知鄭氏之謬而後'禘'義可得而言也。"（《禘說一》）；"鄭於行'禘'之月尚未詳考，而堅執三年春禘之說，多見其闇於識而疏於經術矣。"（《禘說二》）；"胸無定識，而强欲立說以垂後，後之人又惑於其説而悉本之以定禮,皆不可解也。"(《禘説三》);"嗚呼! 先王報本追遠之大典,爲傳注所汩没而不得申明於後世,如鄭氏者,豈非先王之罪人哉!"(《禘説五》);"予既爲《禘説》,或詰之曰:'子於《禮》專排漢儒,力主宋儒之説,豈漢儒之在先者不足信乎?'曰:'《大傳》《小記》言"禘"所自出,漢儒悉解爲祀天,此可信乎?'……閲五六百年,至唐趙匡而始覺其誤,不可謂唐人之識不優於漢人也。然趙氏謂不兼群廟,至宋程子而更正其非,不可謂宋人之識不優於唐人也。蓋使漢儒所言悉本《經》傳,後人安敢抵牾。彼非但誤解《禮》文,亦且鑿空妄説,不有唐宋諸儒,安能使先王令典復明於後世哉? 予於先儒特從其善者而已,何排抑漢儒之有?"(《禘説八》)

　　按:《清史稿》卷二百六十六:"王士禎,字貽上,山東新城人。……順治十二年,成進士,授江南揚州推官。……康熙三年,……内擢禮部主事,累遷户部郎中,……改翰林院侍講,遷侍讀入直南書房。……尋遷國子監祭酒。……二十三年,遷少詹事,……二十九年,起原官,再遷兵部督捕侍郎。三十一年,調户部。……三十七年,遷左都御史,……遷刑部尚書。……四十三年,坐王五、吳謙獄罷。……四十九年,上眷念諸舊臣,詔復職。五十年,卒。……士禎姿禀既高,學問極博,與兄士禄、士祐並致力於詩,獨以神韻爲宗。"

是月,黃百家南歸,梅庚繼之,季野悵然若失,有《送宣城梅耦長南還序》,勉以保守先業,毋玷家聲。

○《石園文集》卷七《送宣城梅耦長南還序》:"乃聚首無幾,四月既望,主一先歸,居數日,耦長又將戒道,當歡會之時,更有離群之感,余能不悵然耶? 竊念先君子輩,當聲氣極盛時,馳騁騷壇文社,海内指之者,不過謂名士風致然耳。既而潦盡潭清，咸各有以自見，不隨腐草同盡，乃知諸公固有以自立，非徒一時標榜虛名、藻績、浮詞而已也。四家弟子，余最無似，雖嘗保守先業，不廢詩書，然環顧此中，求可以不朽者而未有也。微獨余不敢自恃，即在三子亦恐未敢以爲足，得毋惕然省，憬然自慚耶。從來名父之子難爲繼，……豈果父兄之失教哉！良由爲子弟不克力自振拔耳。繼自今余與三子相聚之時少，相睽之日多，惟各尊所聞行所知，益崇令德，毋玷家聲可也。因耤長之行，書此以爲別，且示公厚、主一，俾交勉焉。”

○《碑傳集》卷一百三十一黄百家《萬季野先生斯同墓誌銘》：“時余以先遺獻年老，不能久留，遂任史志數種，歸家成之。”

○《黄氏續録·失餘稿》：“自從辛未年出都，棄不應試。”

秋，方苞至京，季野降齒德與之交，勸其勿溺於古文，並告以《明史列傳》南人多而北人少之故。方苞見其所著《湯斌傳》，備載明珠傾害湯斌事。

○ 蘇惇元《方望溪先生年譜》：“三十年辛未，先生年二十四歲。……一意爲經學。先生入都，萬季野先生（名斯同）獨降齒德與之交。季野告之曰：‘子於古文，信有得矣，然願子勿溺也。唐、宋號爲文家者八人，其於道粗有明者，韓愈氏而止耳，其餘則資學者以愛玩而已，於世非果有益也。’先生於是輟古文之學，一意求經義焉。”

○《方苞集》卷十二《萬季野墓表》：“而季野獨降齒德而與余交，每曰：‘子於古文信有得矣，然願子勿溺也。唐、宋號爲文家者八人，其於道粗有明者，韓愈氏而止耳，其餘則資學者以愛玩而已，於世非果有益也。’余輟古文之學而求經義，自此始。”

○《方苞集》卷十八《明史無任丘李少師傳》：“康熙辛未，余始至京師，華亭王司農承修《明史》，四明萬季野館焉，每質余以所疑。初定《列傳》目録,余詫焉,曰:'史者,宇宙公器也,子於吴、會間,三江五湖之所環,凡行身循謹,名實無甚異人者多列傳,而他省遠方,灼灼在人耳目者反闕焉,毋乃資後世以口實乎?'季野瞿然曰:'吾非敢然也。吴、會之人,尚文藻,重聲氣,士大夫之終,鮮不具狀、誌、家傳。自開史館,牽引傳致,旬月無虚,重人多爲之言。他省遠方,百不一二致,惟見列朝實録,人不過一二事,事不過一二語,郡、州、縣志,皆略舉大凡,首尾不具,雖知其名,其行誼事迹,不可鑿空而構,欲特立一傳,無由摭拾成章。故凡事之相連相類者,以附諸大傳之後,無可附,則惟據實録所載,散見於諸志,此所謂不可如何者也。'……余感公事,追思季野所云,故並著之。"

　　按:方苞言季野辛未年館於王鴻緒家,有誤。方氏"追思"之作,往往失實。

○《方苞集外文》卷六《湯潛庵先生逸事》:"余遊吴門,與蔡忠襄之子方炳善,告余以勢家深心疾公之由。客京師,見四明萬斯同《傳》,慈溪姜宸英《逸事記》,備載構公者之陰謀巧言,而《狀》《誌》《年譜》皆闕焉,或事相牴,或大體合而節目有異同。乃徵於桐城張文端、安溪李文貞、長洲韓宗伯、錢塘徐冢宰,皆曰:'三君子之言,信而有徵。'"

○《方苞集外文》卷四《湯文正公年譜序》:"自古小人構陷忠良,暗昧奸欺之迹,必待世遠人亡,野史、家乘流傳而後暴著。惟公之歿,則同時士大夫訟言柄臣之陰賊,群小之朋從,長洲汪琬爲《誌銘》,四明萬斯同、慈溪姜宸英作《傳》《記》,大書深刻,無所還忌。"

　　按:季野之湯斌《傳》,姜宸英之《逸事記》,今《石園文集》《姜先生全集》皆無,惟姜氏有《工部尚書睢陽湯公神道碑》載於《全集》卷十三《西溟文鈔》卷三,於湯斌被構害事,僅言:"部覆革職者再,降調者一,翰林掌院及詹事府公劾者皆一，賴上寬仁曲全，僅鎸職而已。”數行，語焉不詳。而所記構害湯斌事，載於方苞《湯司空逸事》，茲錄於下：

“公之內召也，比郡士民爭以農器什物塞水陸道，不可行。公示諭：‘吾在外，不能爲父老德。往者屢請核減浮糧，並爲廷議阻，今入見天子，且面陳之。’余相國國柱者，執政（指明珠）私人也，得此以告曰：‘曩議，皆上所可也。善則歸君，過則歸己，而市於衆以爲名，使上知此，立躓矣。’比公至，語已上聞，而公未之知。……會靈臺郎董漢臣上書，指斥時事及執政大臣，下內閣九卿議。執政惶悚，不知所爲。議與同列囚服待罪。王相國熙繼至，貌甚暇，徐曰：‘市兒妄語，立斬之，則事畢矣。’執政曰：‘上閱奏至再三，親點次，類嘉與之，奈何君言若是？’王笑曰：‘第以吾言入，視何如？’時公爲宗伯，最後至，余相國述兩議以決於公。公曰：‘彼言雖妄，然無死法，大臣不言，故小臣言之，吾輩當自省。’國柱曰：‘此語可上聞乎？’公曰：‘上見問，固當以此對。’執政入奏，國柱尾其後而與之語。命下，董漢臣免議。自是上滋不悅公。戊辰，余國柱宣言：‘上將籍公內府，爲旗人表率。’時公以興作，度材於通州，某月某日日下晡，……嚮晦，語家人：‘吾腹不寧。’夜半遂歿。既歿，逾月，上與諸大臣語：‘吾遇湯某特厚，而怨訕不休，何也？’衆曰：‘無之。’上曰：‘廷議董漢臣，彼昌言：“朝無善政，君多失德，大臣不言，故小臣言之。”尚不爲怨訕乎？’衆乃知公爲執政及國柱所傾也。非上寬仁，凮重公，含怒而不發，公以此無類矣。”

又按：李光地《榕村語錄續集》卷十五載此事，言湯斌爲徐乾學所構害，與方苞所言不合。

又按：《清史稿》卷二百九十：“方苞，字靈皋，江南桐城人。……篤學修內行治古文，自爲諸生，已有聲於時。康熙三十八年舉人。四十五年，會試中式，……五十年，副都御史趙申喬劾編修戴名世，……苞爲序其集，並逮下獄。五十二年,獄成,……入旗。……乃召苞直南書房。……六十一年,命充武英殿修書總裁。世宗即位,赦苞。……三年,還京師,入直如故。居數年,特授左中允,三遷內閣學士。……上命專領修書。……尋命教習庶吉士,充《一統志》總裁。……乾隆元年,充《三禮義疏》副總裁。命再直內書房,擢禮部侍郎,……復命教習庶吉士。堅請解侍郎任,許之。……十四年,卒,年八十二。……苞爲學宗程朱,尤究心《春秋》《三禮》。……其爲文,……爲古文正宗,號桐城派。"

又按:《清史稿》卷二百六十九:"明珠,字端範,納喇氏,滿洲正黃旗人。……康熙三年,擢總管。五年,授弘文院學士。七年,……授刑部尚書,改都察院左都御史,充經筵講官。十一年,調吏部尚書。……十六年,授武英殿大學士。……累加太子太師。……明珠既擅政,簠簋不飭,……與索額圖互植黨相傾軋。……二十七年,御史郭琇疏劾明珠,……罷明珠大學士,交領侍衛內大臣酌用。……未幾,授內大臣,……竟不復柄用。四十七年,卒。"

時,季野仍舉講座,旬講月會,聽者甚衆。

○《方苞集》卷十二《梅徵君墓表》:"康熙辛未,余再至京師。時諸公方以收召後學爲名,天下士負時譽者,皆聚於京師,而君與四明萬季野亦至。季野,浙之隱君子也,君亦不事科舉有年矣。余詫焉,皆曰:'吾懼獨學無友,而蔑以成所業也。'季野承念臺劉公之學,自少以《明史》自任,而兼辨古禮儀節,士之欲以學古自鳴及爲科舉之學者皆輳焉,旬講月會,從者數十百人。"

九月,赴李光地之宴,再遇陸隴其,縱論經史。

○《陸清獻公年譜》:"辛未,……九月初三,在厚庵席上,萬季野言金仁山不應作《通鑑前編》,改易《春秋》經文。又言杜氏《通典》中《喪禮》最好,餘不及《通考》;《通考》中《經籍考》

最好。又言《考亭淵源録》不言朱子生於閩，此不是。"

　　是年，徐乾學落職，《一統志》局撤。王鴻緒再被劾。萬言在五河被羅織入獄。

　　陸元輔卒。黄虞稷卒。徐元文卒。許三禮卒。

1692 年(清康熙三十一年壬申)　　五十五歲

　　仍在京修史。秋，王源爲父明指揮僉事王世德索壽言於季野，因作《王中齋先生八旬壽序》，於王世德篤念故主之情，甚表敬意。

　　○《石園文集》卷七《王中齋先生八旬壽序》："則知尊甫中齋先生，乃明室禁衛親臣，熟悉先朝遺事，年八十矣，而篤念故主不衰，酒酣浩歌，感懷疇昔，常泣下沾襟，余聞之，不覺肅然起敬。……蓋王氏世官錦衣，先生當烈皇帝朝仕爲指揮僉事，日直禁廬，凡天子興居食息，及仗下謨謀陳奏，靡不目睹而親聞。……余好網羅前朝故事，每欲從先生質所疑，而余客燕山，先生反避地淮上，相去二千里，不獲親聆言論以爲恨。今年先生返津門，地近矣，余又荏苒不克往，日爲南望興嗟。麥秋之月，崑繩以先生年登八秩，索壽言於余。余固欲一見先生而不可得，今得藉手以攄宿昔之志，豈不快甚，……是則故老之傳聞真有關於國史。……余家自始祖以來，世官外衛，頗與王氏類，先君子以老孝廉坎壈没世而不悔，亦與先生相若，而崑繩又與余定交，則頌颺先生之盛德以垂示後人，宜無若余者。"

　　按：姜宸英《姜先生全集》有《前錦衣衛指揮僉事王公墓表》，謂："及癸酉秋，幸與崑繩同領順天薦，公亦以前一歲挈家來天津。"季野此文有"今年，先生返津門"句，可知此文當作於壬申。

　　又按：王中齋名世德，著有《崇禎遺録》。

季秋,黃宗羲爲季野《歷代史表》作序,稱此書之作爲不朽之盛事,大有功於後學,並慨有明之史,獨藉一草野之士以留。

○ 萬斯同《歷代史表》卷首黃宗羲《序》:"四明萬季野,吾友履安先生之少子也。先生以文章風節高天下,而季野克繼之。其讀書五行並下,弘羊潛計,安世默識,季野准之,誠不足怪,而尤熟於明室之典故。會修《明史》,當事諸公無不咨其博洽。嘗慨《二十一史》多無《表》,乃悉從而補之,得六十卷,誠不朽之盛事,大有功於後學者也。余憶崇禎己巳於陳眉公坐上遇許子洽,有明館閣九卿表初成,見之以爲奇書。此不過目前一代之考索,而季野能追考於千載之上,豈不謂尤奇耶。余向讀書時,嘗有意爲斯事,忽忽未果,嘉季野之克成余志也。嗟乎! 元之亡也,危素趨報恩寺,將入井,僧大梓云:'國史非公莫知,公死是死國史也。'素是以不死。後修《元史》,不聞素有一詞之讚。及明之亡,朝之任史事者衆矣,顧獨藉一草野之萬季野以留之,不亦可慨也夫! 康熙壬申歲秋姚江黃宗羲太冲撰。"

朱彝尊亦於是年爲《歷代史表》作序,譽該書攬萬里於尺寸之內,羅百世於方冊之間,用心勤,考稽博,可用以鏡當世之得失。

○《歷代史表》卷首朱彝尊《序》:"鄞人萬斯同,字季野,取歷代正史之未著表者,一一補之,凡六十篇,益以《明史・表》一十三篇,攬萬里於尺寸之內,羅百世於方冊之間,其用心也勤,其考稽也博,俾覽者有快於心,庶幾成學之助,而無煩費無用之失者與。昔之論史者,每以《漢書・古今人物表》爲非,然韓祐續之,猶見收於《唐志》,矧季野所編,皆歷代正史所必不可闕者,用以鏡當世之得失。……康熙壬申歲朱彝尊撰。"

是年，四明遺老錢肅圖卒。錢氏曾有《寄懷萬季野》詩一首，爲季野北上後所作，年不可考，姑録於此。

　　○《續甬上耆舊詩》卷四十三《錢侍御肅圖·寄懷萬季野》：“寒風栗栗凍平川，遥憶傳經修竹前。萬卷只如指掌静，諸峰隨意入庭妍。貧因無事殘年擾，幸好閉門欲雪天。誰似長淮空老去，扶持倦懶是詩篇。”

　　　　按：《鮚埼亭集外集》卷五《明監察御史退山錢公墓石蓋文》：“侍御諱肅圖，字肇一，學者稱爲退山先生，浙之寧波府鄞縣人也。……大學士忠介公肅樂之弟。以諸生倡議，歷官監察御史。辛卯，翁洲之役，被俘不屈，……忽釋之。……生於萬曆丁巳，……卒於康熙壬申，……得年七十六歲。”錢肅圖善詩，其詩存於《續甬上耆舊詩》卷四十三。

康熙上諭，作史不應膠執私見。又諭，所覽明史《本紀》《列傳》，於洪武、宣德《本紀》訾議甚多。又諭，《明實録》立言過當，紀載失實處甚多。陳廷敬丁父憂回籍。朱彝尊解職南還。

王夫之卒。顧祖禹卒。陸隴其卒。學友蔣弘憲卒。

1693 年（清康熙三十二年癸酉）　五十六歲

仍在京修史。梅文鼎南歸，季野有《送梅定九南歸序》，創議折衷中西曆法，盛讚梅氏《曆學辨疑》能會通中西之異同，有功於曆學甚大；其所製天文儀器，能曲盡精藴。

　　○《石園文集》卷七《送梅定九南還序》：“梅子既善詩文，又旁通曆學如此，此豈今世文章之士可得而並駕耶？嘗慨曆之爲學，帝王治世之首務，而後代率委之疇人子弟，致膠其法而不能通其義，如有明三百年中，學士大夫非無通曉其學者，往往不見用，其所用者不過二三庸劣臺官，死守一郭守敬之法而不知變。夫守敬之法，非不善，然在當時已不能無少誤,乃歷三百年之久,猶且堅執其死法,其於曆果能無誤耶?故古今曆法之疏,無如明世之甚,由專委之疇人,不知廣求學士大夫講明其義也。迨西法既入,其説實可補中國所未及,……乃世之好西學者,至詆毀舊法;而確守舊法者,又多抉摘西學之謬,若此者,要未兼通兩家之學而折其衷也。梅子既貫通舊法,而兼精乎西學,故其所著《曆學辨疑》,旁通曲暢,會兩家之異同,而一一究其指歸,乃知西人所矜爲新説者,要皆舊法所固有;而西學所獨得者,實可補舊法之疏略:此書出而兩家紛紜之辨可息,其有功於曆學甚大。梅子又能制器,所制窺天測影諸儀,大不盈尺,而曲盡其精蘊,方之於古,即一行、王朴、沈括之流未之能過。不意文人之中有斯絶技,余能不低頭下拜耶! 余與梅子交五載,昕夕過從,交相得也。今於其歸,胡可以無言。”

春,與楊師可、梅定九、高孔霖、梁質人、馬洛文、楊東里、張豐村、李九于等七八人結會於季野住舍,以探討“上下古今禮樂兵農諸大政定爲一代經久之模”,其主旨爲“宜於今不泥於古”。因梅定九於是年南歸,自己又將回寧波故里,計此會難以爲繼,因作《別會稽楊可師序》論述此會宗旨,希楊可師“繼自今仍力爲講貫”,“用我,持此以往;不用,則筆之書於同志”。

　　○《石園藏稿・別會稽楊可師序》:“余少時慕永嘉、永康經世之學而惜其書不傳。嘗欲偕二三同志上下古今,討求禮樂兵農諸大政定爲一代經久之模,而同志者寡,願莫之遂。既而稍有所知,間與友人言之,里中後進之士,頗有聞而樂就者。而余久滯燕山,反無以慰其所望,嘗縈於懷不能自已。

　　　　今年春,偶與楊子可師言及,楊子欣然,即邀宣城梅定九、潁上高孔霖、南豐梁質人、上元馬洛文、黃陂楊東里、宛平張豐村、丹徒李九于輩八九人,爲會於余之旅舍,月必三舉,相與博陳古制,究極利弊之所在,而折衷於一説。宜於今不泥於古。雖未知於永嘉、永康之學何如,以視束書不觀,遊談無根者亦相去遠矣。

或曰:'同甫之事功,不爲朱子所喜,而正則、君舉亦與朱子異趨,奈何舍洛閩之正學,沾沾數子之學爲?'余應之曰:'子以爲儒者之學但虛談正心誠意而已乎? 彼體國經野、濟世康民之術何? 莫非分内事其置之也。余嘗謂夏、商、周相傳之良法至秦而盡亡,漢、唐、宋相傳之良法至元而盡廢,明祖之興,好自用而不師古,其治法遠出唐、宋下。至於今,又可知矣。不取而講明之,何以善其後。余竊怪今之儒者,非馳騖乎詞章,則高談性命,問以古今經世之學,則懵然而莫知,若此者,果可謂之儒者乎。'……梅子既南旋,未浹月,余又將繼往,則此會亦不能久矣,可師……繼自今仍力爲講貫。……世用我,持此以往;不用,則筆之於書,廣示同志,不有益於今,必有益於後。"

按:文中所説永嘉、永康指南宋温州永嘉和婺州永康兩地的哲學學派。前者以葉適(字正則)、陳傅良(字君舉)爲代表;後者爲陳亮(字同甫)所開創。後人皆稱爲宋浙東學派。他們都主張事功之學,反對北宋以程顥、程頤爲代表的洛學和以南宋朱熹爲代表的閩學。洛閩之學都主張在天理指導下闡述《大學》的正心誠意和人的性命之學。陳亮則與朱熹有王霸義理之辯。

侄孫萬承勳(1670—1733)爲救父萬言,至京謁季野,並識劉坊於季野寓所。

○ 萬承勳《恭壽堂編年文鈔·答劉龍石寄懷詩序》:"憶癸酉因先君子被難,之京師,遇龍石於季野叔祖寓舍,與之談,如故交者。"

按:《鮚埼亭集》卷二十二《磁州牧西郭萬君墓表》:"西

郭諱承勳,字開遠。生於康熙庚戌,……卒於雍正某年。
……所著有《冰雪詩集》六卷。"又按:萬承勳爲黃宗羲女孫
婿,晚年任直隸磁州知州。所著尚有《千之草堂編年文鈔》
(即《恭壽堂編年文鈔》)、《和蘇詩》《勉力集》等。

是年,黃宗羲擴《明文案》爲《明文海》,又輯《明文授
讀》。王源、姜宸英舉順天鄉試。

黃正誼卒。萬斯年卒。

1694 年(清康熙三十三年甲戌)　五十七歲

康熙下詔,以張玉書、熊賜履爲《明史》監修,王鴻緒、
陳廷敬爲總裁。王鴻緒主修《列傳》,因邀季野住其官邸
中,以錢名世爲副,於前稿分合增削之。

○《孟鄰堂集》卷二《再上明鑑綱目總裁書》:"三十三年,召左
都御史華亭王公於家,與尚書澤州陳文貞公爲總裁,而張文
貞公與原任大學士孝感熊文端公爲監修。張公以嘗爲總
裁,任修《志》書,陳公任修《本紀》,王公任修《列傳》。王公
延鄞縣萬君斯同、吾邑錢君名世於家,以史事委之。萬君熟
明朝典故,其家有餘姚黃忠端公《時略》,忠端之子梨洲《續
時略》。……萬君以二書爲主,先修嘉靖後傳而正之以《實
錄》,參之以《傳》《記》。……萬君無書足信,惟憑《實錄》及
稗史之可從者,辨其人之忠佞,定其時之後先。……萬君在
時,於徐公傳稿,合者分之,分者合之,無者增之,有者去之,
錢君俱詳注其故於目下。"

○《清史稿・文苑一・萬斯同》:"至三十二年,再召王鴻緒於
家,命偕陳廷敬、張玉書爲總裁。陳任《本紀》,張任《志》,而
鴻緒獨任《列傳》,乃延斯同於家,委以史事,而武進錢名世
佐之。"

按:"三十二年"之記有誤,應爲"三十三年",《清史稿・

王鴻緒》：“三十三年，以薦召來京修書。”

　　又按：《清史稿·王鴻緒》：“初名度心，字季友，江南婁縣人。康熙十二年一甲二名進士，授編修。十四年，於順天鄉試，充日講起居注官，累遷翰林院侍講。十九年，……加鴻緒侍讀學士銜。……二十一年，轉侍讀，充《明史》總裁。累擢内閣學士、户部侍郎。……二十六年，擢左都御史。……二十八年，……左都御史郭琇劾鴻緒與高士奇招權納賄，……皆予致休。……三十三年，以薦召來京修書。尋授工部尚書，充經筵講官。四十七年，調户部，……以原品休致。……五十四年，復召來京修書。……雍正元年，卒於京。”

　　又按：《清史稿·文苑一》：“名世，字亮工。康熙四十二年一甲進士，授編修。夙負文譽。……鴻緒聘修《明史》，斯同任考核，付名世屬辭潤色之。官至侍讀。坐投詩詔年羹堯，奪職。”又，錢名世一字絧庵，參與纂修《佩文韻府》《淵鑑類函》《駢字類編》。所著有《崇雅堂集》《古香亭詩集》《國史四王傳》等。

　　楊椿識季野約在是年。時季野患目疾，然室中集書盈尺者四五或八九，與錢名世商定取舍。往往夜半踞床坐，口若懸河，錢名世坐炕前，奮筆疾書，以文筆出之。

　　○《孟鄰堂集》卷二《再上明鑑綱目館總裁書》：“椿時年二十餘，嘗屢至其館中，見萬君作一《傳》，集書盈尺者四五或八九不止。與錢君商榷孰爲是，孰爲非；孰宜從，孰不宜從；孰可取一二，孰概不足取。商既定，錢君以文筆出之，故其辭達，其事明，有遠出《唐》《宋》二史上者。”

　　　　按：《碑傳集》卷四十七齊召南《日講起居注翰林院侍講學士楊公椿墓誌銘》：“公諱椿，字農先，世爲武進望族。……康熙癸巳舉順天鄉試，乙未，會試中式，以艱歸。戊戌殿試成進士,改庶吉士,授翰林院檢討,分修政治典要。
……雍正初,授文林郎,後兼《明史》及《一統志》、國史三館
纂修。……癸酉十二月十日卒,壽七十有八。"

○《茶餘客話》卷九《萬斯同修明史》:"初修《明史》之時,徐東
海延萬季野至京師主其事。時萬老矣,兩目盡廢,而胸中羅
全史,信口衍說,貫串成章。時錢亮工尚未達,亦東海門下
士,才思敏捷,授而籍之。錢晝則徵逐友朋,夕則晉接津要,
夜半始歸靜室中。季野踞高足床上坐,錢就炕几前執筆,隨
問隨答,如瓶瀉水。錢據紙疾書,筆不停綴,十行並下,而其
間受托請移袞鉞,乘機損益點竄諸史官之《傳》《紀》,略無罅
漏。史稿之成,雖經史官數十人之手,而萬與錢實尸之。
噫! 萬以煢煢一老,繫國史絕續之寄,洵非偶然。錢雖宵
人,而其才亦曷可少哉!"

　　按:阮葵生稱其事爲徐元文延季野至京初修《明史》時,
然又言季野老矣,兩目盡廢。季野初修《明史》時,年僅四十
餘,何以言老? 且其時錢名世尚未至。據楊椿《再上明鑑綱
目館總裁書》,其事應繫於季野移住王鴻緒官邸後。

李光地被劾。萬言以贖歸。

徐乾學卒。喬萊卒。萬斯選卒。黃百藥卒。

1695 年(清康熙三十四年乙亥)　五十八歲

陳正心來訪,盛稱季野爲人古茂淵邃,不屑與流俗爲
伍,自言相見恨晚。

○《歷代紀元彙考》卷首陳正心《序》:"歲乙亥,余來京師,而先
生以王大司空延修《明史》先數年至。因就謁,交甚歡。先
生爲人古茂淵邃,不屑與流俗伍,落漠寡交,惟二三同志者
相與講道談藝,則亹亹不倦,以故得至其前者弗易。及既與
之接,析疑賞奇,得以聞所未聞,每自恨其相見之晚也。"

　　時季野仍在京主講會，講禮樂源流、典章沿革、圖書曆
象、河渠邊務。温睿臨爲之記録。

　　○《歷代紀元彙考》卷首陳正心《序》："時茗上温子鄰翼亦在
　　都，與先生爲講會，士大夫聚者常數十人。先生據高座，凡
　　禮樂源流、典章沿革、圖書曆象、河渠邊務，惟所欲。奮袖抗
　　談，問難蜂起，應之如響。温子從旁筆記其語，歸而考證諸
　　書爲文，其詞今所著《講會録》是也。"

　　　　按：《講會録》今佚。温睿臨何時與季野交善，不可考。

　　　　又按：《湖州府志·文苑三》："温睿臨，字鄰翼，號哂園，
　　烏程人。……康熙四十四年舉人。以詩、古文雄於時。性
　　亢直，好面折人過。遊京師，卿相皆敬禮之。……與四明萬
　　斯同交善。時斯同在史館，方輯《明史》，語睿臨曰：'鼎革之
　　際，事變煩多，……及今時故老猶存，遺文尚在，可網羅也。'
　　……睿臨曰：'諾。'在京邸放廢無事，因尋得野史數十種，薈
　　萃成書，題曰《南疆逸史》。"所著尚有《吾徵録》《均役全書》
　　《遊西山吟稿》，均不傳。

　　是年，劉獻廷卒於吳，昔所抄之書皆散失。季野聞耗，
與劉坊相對扼腕，久而不能釋懷。

　　○《石園文集》卷首劉坊《萬季野先生行狀》："（劉獻廷）既歸
　　吳，不久身殁，其書散失於門人交遊處，予與先生扼腕
　　久之。"

　　○《居業堂文集》卷十八《劉處士墓表》："庚午復至吳，遂南遊
　　衡嶽，困而歸。方謀與同志結茅著書終老，乃不一年死矣。"

　　○《清史列傳·文苑傳·劉獻廷》："康熙三十四年卒，年四
　　十八。"

　　二月，學友范光陽（字筆山）出守福建延平府。

　　六月，學友鄭梁出守高州。季野慨鄭氏以古文見知於
世，而又抑之不與翰墨之林，而己以史事之故，猶羈旅於京

師,不無悲憤,因書《守高贈言序》。

○《守高贈言序》:"己未以後,浪迹燕臺,禹梅亦三以公車至。
異鄉聚首,情好彌敦,讀其古文,益爲嘆絕。余兩人齒髮日
長,感歲月之遷流,嗟人生之易邁,未嘗不俯仰悲懷,而意氣
之盛,猶不減昔日也。戊辰,禹梅省試獲售,擢入禁林。論
者謂禹梅之文,名世已久,館閣群賢,宜無過之者,他日典尚
方著作,黼黻皇猷,必在此人。而其散館,乃得部曹。爲部
曹三年,宜得督學使者,又以俸少一月,不獲預。至今年乙
亥,僅得守高州以去。夫士君子懷抱斯文,恒患不見知於
世;見知矣,而又抑之俾不與翰墨之林。即公卿大夫相與咨
嗟嘆息而迄不克留,豈禹梅之文可鳴於野,不可鳴於朝耶?
何既得之而又失之耶? 念余與禹梅交三十年矣,始者聚於
鄉國,後乃聚於京華。此三十年中,世事之變更何多! 即吾
鄉諸友,其死亡者亦何多! 而余兩人猶得於風晨月夕,談往
事,憶舊聞,抵掌歡謔如少壯時,不可謂非人生之幸,而意氣
之相期爲無負也。獨是禹梅通籍於朝,反擁五馬以去,而余
布衣賤士,乃以史事之故,猶羈旅天涯,耿耿此心,能無悲
憤! 故於禹梅之行,不能以無言。"

　　按:《守稿贈言序》,《石園藏稿》作《送鄭禹梅之任高州
序》。

○《誥授中憲大夫寒村公年譜》:"三十四年乙亥,公五十九歲,
公出守高州。……六月六日出都。"

秋,"沈公厚南還宣州,因作《送沈公厚南還序》,稱譽
明末復社'訾毀時政,裁量公卿'"。

○《石園文集·送沈公厚南還序》:"明之末造,江南復社大盛,
海內名士無不入其中,而兩先生及余先君子傑然爲社中眉
目,一時聲氣翕集,往往訾毀時政,裁量公卿,以故巖廊之
上,亦避其諷議,而沈先生風義爲尤烈。當其保舉入都,即

抗疏輔臣楊嗣昌、督臣熊文燦,直聲震於輦下。天子亦爲之
動容,雖不遽行其言,亦未嘗加之罪。一時朝野嘖嘖,莫不
嘆天子仁聖,能容草野之言,而先生之讜論勁氣爲不可及也。

　　滄桑變興,梅先生已辭世,乃先生隱居著書,巍然負海
內重望者四十年……。余不及見生生,猶幸交先生之子,自
庚午春識公厚於燕山旅館,自是五年,每見益親。……會梅
先生子耦長亦自宣州來,……於是余三人者,時相過從,追
述先人遺事,不禁感嘆。……今日撫躬自問,得不仰先型而
惕然動念乎?麥秋之月,公厚將舍余南還,余將何以贈之,
子輿氏有言'守孰爲大,守身爲大',……聊以是當縞紵
之贈。"

　　七月,黃宗羲卒於餘姚,鄭梁適於赴任途中便道過家,
聞耗,至墓哭祭,令子鄭性異日建二老閣以祀黃宗羲及祖
鄭溱。

　　吳喬卒。

1696(清康熙三十五年丙子)　五十九歲

　　季野懼遺老之將盡,野史無刊本,勉溫睿臨輯福、唐、
桂南明諸王遺事。

　○ 溫睿臨《南疆逸史·凡例》:"昔吾友四明萬子季野方輯《明
　　史》,語余曰:'鼎革之際,事變繁多,金陵、閩、粵,播遷三所,
　　歷年二十,遺事零落,子蓋輯而志之,成一書乎?'余曰:'是
　　《明史》之所賅也,余何事焉?'萬子曰:'不然,明史以福、唐、
　　桂、魯附入懷宗,記載寥寥,遺缺者多。倘專取三朝,成一外
　　史,及今時故老猶存,遺文尚在,可網羅也。逡巡數十年,遺
　　老盡矣,野史無刊本,日就零落,後之人有舉隆、永之號而茫
　　然者矣,我儕可聽之乎?'余曰:'是則然矣,其間固有抗逆顏
　　行,伏尸都市,非令甲之罪人乎?取之似涉忌諱也,刪之則

曷以成是書?'萬子曰:'不然,國家興廢,何代無之!人各爲
其主,凡在興朝,必不怒也,不得已而遂其志爾。故封阡表
容,贈通祀闕,歷代相沿,著爲美談。本朝初定鼎,首褒殉國
諸臣,以示激揚,其在外者,不暇及爾,褒與誅可並行也。且
方開史局時,已奉有各種野史悉行送部,不必以忌諱爲嫌之
令矣。采而輯之何傷?'余因曰:'諾!'然世事拘牽,因循未
果也。"

按:季野勉温睿臨輯南明諸王遺事,年不可考。季野昔
曾寄望於劉獻廷,劉氏既歿,或轉寄於温氏,故繫於此。

秋,方苞將南歸,季野邀其信宿寓所,與之長談史法,
力主治史須事信而言文,應博搜資料而以《實錄》爲指歸,
須論世知人,有裁別之識,反對官局修史。欲授方苞以史
法,請方氏以文出之。

○《方苞集》卷十二《萬季野墓表》:"丙子秋,余將南歸,要余信
宿其寓齋,曰:'吾老矣,子東西促促,吾身後之事,豫以屬
子,是吾之私也。抑猶有大者,史之難爲久矣,非事信而言
文,其傳不顯。李翱、曾鞏所譏魏晉以後,賢奸事迹並暗昧
而不明,由無遷、固之文是也。而在今,則事之信猶難,蓋俗
之偷久矣,好惡因心而毀譽隨之;一室之事,言者三人,而其
傳各異矣,況數百年之久乎?故言語可曲附而成,事迹可鑿
空而構,其傳而播之者,未必皆直道之行也;其聞而書之者,
未必有裁別之識也。非論其世,知其人,而具見其表裏,則
吾以爲信,而人受其枉者多矣。吾少館於某氏,其家有列朝
《實錄》,吾默識暗誦,未敢有一言一事之遺也。長遊四方,
就故家長老求遺書,考問往事,旁及郡志邑乘、雜家誌傳之
文,靡不網羅參伍,而要以《實錄》爲指歸。蓋《實錄》者,直
載其事與言,而無可增飾者也。因其世以考其事,覈其言而
平心以察之,則其人之本末可八九得矣。然言之發或有所

由，事之端或有所起，而其流或有所激，則非他書不能具也。凡《實錄》之難詳者，吾以他書證之。他書之誣且濫者，吾以所得於《實錄》者裁之，雖不敢具謂可信，而是非之枉於人者蓋鮮矣。昔人於《宋史》已病其繁蕪，而吾所述將倍焉。非不知簡之爲貴也。吾恐後之人務博而不知所裁，故先爲之極，使知吾所取者有可損，而所不取者，必非其事與言之真而不可益也。子誠欲以古文爲事，則願一意於斯，就吾所述，約以義法而經緯其文，他日書成，記其後曰："此四明萬氏所草創也。"則吾死不恨矣。'……又曰：'昔遷、固才既傑出，又承父學，故事信而言文。其後專家之書，才雖不逮，猶未至如官修者之雜亂也。譬如入人之室，始而周其堂寢匽溷焉，繼而知其蓄産禮俗焉，久之其男女少長，性質剛柔，輕重賢愚，無不習察，然後可制其家之事也。官修之史，倉卒而成於衆人，不暇擇其材之宜與事之習，是猶招市人而與謀室中之事耳。吾欲子之爲此，非徒惜其心力，吾恐衆人分割操裂，使一代治亂賢奸之迹，暗昧而不明。子若不能，則他日吾更擇賢者而授之。'"

冬，方苞南歸，有《與萬季野先生書》，謝季野之所約。

○《方苞集》卷六《與萬季野先生書》："僕性資愚鈍，不篤於時，抱章句無用之學，倔强塵埃中，是以言拙而衆疑，身屯而道塞。獨足下觀其文章，察其志趣，以謂並世中明道覺民之事有賴焉。此古豪傑賢人不敢以自任者，昧劣如某，力豈足以赴其所志耶？某於世士所好聲華，棄猶泥淬，然辱足下之相推，則非唯自幸，而又加怵焉。蓋有道君子，重其人則責之倍嚴，使僕學不殖而落，行不植而敊，足下將有得不於心者，此僕所以每誦知己之言而忻與惕並也。蓋嘗以古人之道，默自忖省，其無所待而能自必者，獨先明諸心，爲善不爲惡而已。……古之謀道者，雖所得於天至厚，然其爲學，必專

且勤，久而後成。故子曰：'發憤忘食，其學易也。'曰：'假我
數年。'今僕知識下古人千百，而用功乃不得十一，如乘敝車
罷牛，道長塗，曲艱絕險，又值樛枝盤根，絓其縶而關其軸，
不亦難乎？以此知士有志於古人之道，不獨既成而行有命，
其成與否，亦天所命也。然行之以不息，要之以致死，其有
得於身，與有得於後，則吾不敢知。南歸後，蹤跡具與崑繩
書，幸索觀，時賜音耗，以當講問，吾之望也。"

　　按：《方望溪先生年譜》："三十五年丙子，先生年二十九
歲，居京師。……秋，試順天，報罷，擬不復應舉。冬，南歸。"
又，《方望溪集附錄・文目編年》："丙子：《與萬季野書》。"

　季野所纂之《讀禮通考》於是年用徐乾學名刻於徐氏
崑山之傳是樓。朱彝尊以博、精、詳、要稱許之。

○《石園文集》卷首劉坊《萬季野先生行狀》："所著書數十種：
《儒林宗派》八卷、《廟制圖考》四卷、《讀禮通考》九十卷，爲
徐司寇乾學所纂刻於徐氏傳是樓中。"

　　按：徐乾學時已卒，纂刻者爲徐氏之子徐樹穀。見徐樹
穀《讀禮通考序》。

○《曝書亭集》卷三十四《讀禮通考序》："摭采之博，而擇之精；
考據之詳，而執之要。此天壤間必不可少之書也。"

1697 年(清康熙三十六年丁丑)　六十歲

　正月，侄萬經(斯大子，1659—1741)因會試抵京，來
謁，相見甚歡。

○《濠梁萬氏宗譜內集》卷九萬經《小跛翁紀年》："丁丑，三十
九歲，正月，抵京，謁八叔父字季野於明史局中，相見甚歡。
問經近時學業，愧無以對。"

○《歷代紀元彙考》卷後萬經《紀元彙考識》："丁丑，經公車謁
見，叔父呼經曰：'女近讀書何若？'經惶恐不能對。是歲留

館京師,得常侍左右。"

　　按:《清史稿·儒林二》:"斯大子經,字授一。……及
長,傳父、叔及兄言之學,又學於應撝謙、閻若璩。康熙四十
二年,成進士,選庶吉士,散館授編修。五十年,充山西鄉試
副考官。五十三年,提督貴州學政。……乾隆初,舉博學鴻
詞科,不就。年八十二,家遭大火,遺書悉焚。……逾年卒。
著有《分隸偶存》二卷。"

二十四日,季野六十誕辰,王源、梁份、戴名世、錢名
世、徐壇長、黃自先、蔡瞻岷等十二人,共置酒於吳商志寓
所,爲季野壽。季野歡娛暢飲,諸子各賦詩爲贈。

　○《居業堂文集》卷十六《萬季野六十序》:"高士萬季野,浙人,
　　客京師,成六十,時丁丑春正月。萬子以戊寅生,生數歲,遇
　　亂,迄今五十餘年,亂極而治,而萬子方六十。噫,非萬子所
　　遇之幸哉!大瓠可以浮江湖,藐姑射神人,塵垢粃糠可以陶
　　鑄堯舜。三月聚糧,不可爲適莽蒼者,道也,而焦桐之遇,已
　　不爲不幸,矧嶧陽之材之全其美於天者乎?予與南豐梁質
　　人,嘉禾吳商志,新安宋豫庵、黃自先、蔡瞻岷,漢水楊東里,
　　福清許不棄、黃叔威,龍眠戴田有、孫幼服,毗陵錢亮功,下
　　相徐壇長,共置酒商志寓,爲萬子壽。酒半,自先談黃山雲
　　海之奇,謂戊辰中秋前四日,登文殊院,俯視諸峰,雲簁揚其
　　上下,風起西北,麾之。須臾,濤驚浪叠,溶溶浩浩,奔騰滰
　　蕩,群山俱滅,而高峰撐拄外突,雲薄之峻拒不受。雲怒,回
　　瀾噴湧,因風躍起千百尺跨焉,乃盡沒於是。森然滄海,極
　　目不知其幾千里,獨天都、蓮花兩峰浮其上,而萬壑風聲在
　　下,如長鯨怒吼,鼓浪排空,欲出月影,化爲波光。日出,朱
　　霞倒景萬狀。忽天風起,雲濤四裂,群峰露頂,如鳧鷗零亂。
　　頃之,海頓涸,依然萬峰羅畺。語罷,諸子灑焉神動,而商志
　　預請不棄畫長松怪石於壁座上,颯颯烟雲超忽。萬子喜,舉

觴顧諸子曰:'吾與諸君,何異置身海外三山,拍浮邱而挹洪崖,其各爲詩贈我?'乃狂飲劇醉,諸子各賦詩以贈。予爲之歌曰:'天風吹兮海雲寒,露溥溥兮夜飲闌。長予佩兮高予冠,倚扶桑兮珊瑚竿。路渺渺兮思無端,馭青霓兮驂白鸞。沐日浴月爲金丹,駐君華顏頹玉盤。何須杜蘅與椒蘭,雲中笙鶴鳴和鸞。與君共挹朝露餐,東觀滄海生回瀾。'"

按:吳商志曾爲季野詩集題詞,稱:"季野五言諸古,沖淡似韋蘇州,幽峭似孟東野,而得蘇州家法爲多。"年不可考,姑錄於此。

又按:《清史稿・文苑一》:"梁份,字質人,南豐人。……講經世之學,工古文辭。嘗隻身遊萬里,……覽山川形勢,訪古今成敗得失、遐荒軼事,一發之於文。方苞、王源皆重之。……卒年八十九。著有《懷葛堂文集》十五卷,《西陲今略》八卷。"

又按:《清史稿・藝術二》:"徐用錫,字壇長,宿遷人。……康熙四十八年進士,官翰林院編修。……究心樂律、音韻、曆數、書法。五十四年,分校會試,嚴絕請託。……終以浮議罷歸。乾隆初,起授翰林院侍讀,年已八十。尋告歸,卒於家,……著《字學劄記》二卷。"

又按:《戴名世集》卷三《蔡瞻岷文集序》,蔡係安徽桐城人,"通才敏辯,其氣甚豪,而鑽研於典籍者又精且熟"。卒於江蘇江都,有《蔡瞻岷文集》。

又按:王士禎《居易錄》,黄自先,名元治,黟縣人。曾兩官滇、黔,以大理通判入爲宗人府經歷,遷户部郎中,後出爲雲南澂江知府。

又按:《戴名世集》卷二《闕里紀言序》:"《闕里紀言》者,湖州宋豫庵先生之所作也。先生自少沉浸,反覆於宋五子之書,慨然以斯道爲己任,而傷邪説之横行也。"

九月,萬經應聘館於京,時來從季野問業。

○《濠梁萬氏宗譜内集》卷九萬經《小跛翁紀年》："九月,應海
昌實齋陳公諱詵聘,偕至都門,課其子世俉,因得時從八叔
父問業。"

是年,季野思劉獻廷之前約未踐,抑抑思歸,向劉坊索
詩爲贈,卒以史事未竟,不果行。

○《石園文集》卷首劉坊《萬季野先生行狀》："(劉獻廷卒後)間
二年,先生不自得,抑抑思歸,索予詩爲贈。已而,未果。"

康熙上諭,八旗弟子一體應試。又諭,修史惟從公論;
修史事當核實,議必持平,務使褒貶適中,是非有準。

兄萬斯禎卒。

1698 年(清康熙三十七年戊寅)　六十一歲

春,南歸。往餘姚,訪黄百家,致王鴻緒之意,欲偕之
於秋季入都,以修畢《明史》,未果,於其寓所,見黄宗羲晚
年所著《明三史鈔》,大喜,與百家約,待修史完事,歸來依
此底本,另成〈明朝大事記〉。

○《碑傳集》卷一百三十一黄百家《萬季野先生斯同墓誌銘》:
"戊寅春,先生南歸,過余謂曰:'吾學博於汝,而筆不及汝,
《明史》之事,樂得子助。'致司空王儼齋先生之意,約余秋間
同入都。余以先遺獻遺命:宋、元儒《學案》,宋、元《文案》四
書未成,辭之。已見先遺獻晚年所著《明三史鈔》,大喜曰:
'此一代是非所關也。我此番了事,歸來將與汝依此底本,
另成《明朝大事記》一部,何如?'余心甚快之。"

訪黄宗羲故居西園,有《初至西園》詩。

按:西園爲原黄宗羲黄竹浦故居。黄宗羲有《小園記》
記其事。季野父萬泰有《夢遊西園呈三黄子》詩可證。季野
於順治十六年、十八年兩次往謁黄宗羲,黄氏皆居化安山而
不在黄竹浦,季野雖有"數畝西園地"句,然不過"經年繫客

魂"而已,未言至該地。康熙十八年北上修史,往辭黄宗羲,
時宗羲居於藍溪。二十七年返甬省親,季野未至餘姚,時或
有往謁之意而未果,故此詩名"初至"。自康熙二十七年至
三十七年,恰十年,故此詩有"十年長作西園夢"之句。

原甬上證人書院學友子弟張錫璜、張錫璁等爲補壽於
寧波郊外光溪之澗樓,季野有詩誌其事。

○《續甬上耆舊詩》卷一百十二《張孝廉錫璜 · 壽萬季野先
生》:"丁丑年爲先生六十初度,時在都纂修《明史》。戊寅歸
里,同人補祝於光溪,先生有作,即爲次韻:

學殖先生富,胸藏萬卷樓。布衣操月旦,鐵筆續《春秋》。海
内淵雲望,人間管樂儔。閣名今不朽,果喜碩人留(原注:時
宿在澗樓)。

甲子長安度,何如此地樓? 壺觴鄉社酒,風月故園秋。賞勝
望年侣,從遊問字儔。所嗟剛聚首,北轍又難留。"

按:《甬上青石張氏宗譜》卷二:"張錫璜,士塤長子,字
志員,號漁溪,以《詩經》補鄞縣學諸生,充歲貢。康熙五十
五年……舉人,揀選知縣,敕授文林郎,生順治十七年庚子,
……卒雍正二年甲辰,……年六十五歲。"

又按:《甬上青石張氏宗譜》卷二:"張錫璁,士塤次子,
字德符,……號韞山,太學生,考授州同,敕授儒林郎。生康
熙元年壬寅,……卒雍正九年辛亥,……年七十。"

又按:季野所作詩已佚。

在甬,應約爲諸家子弟重開講席,自三月至八月,縱論
田賦、兵制、選舉、廟制、郊社、律吕、輿地、官制等。以田賦
用銀,加賦極重,生民之困極爲明亡原因。並言貪污和科
舉,爲古今兩大弊端。

○《續甬上耆舊詩》卷一百十二《張太學錫璁 · 贈別萬季野先
生北上四十二韻》:"昔日談經會,都講先生主。秋郊送別

來，廿年雲散聚。今歲暮春歸，兩度見鄉土。講堂得重開，生徒喜欲舞。首論賦役法，則壞溯神禹。井田不可復，限田亦虛語。惟有租庸調，唐制頗近古。兩稅一條鞭，救患患仍巨。次論古兵制，田賦寓卒伍。漢唐調發多，府兵法可祖。宋乃專召募，遂受養兵苦。明世軍兵分，北都勞禦侮。季年成土崩，加餉禍由部。繼及選舉條，實興德行取。用吏昉秦政，設科起漢武。中正法久弛，諸科弊難杜。下逮王氏學，至今流毒蠹。前代惟制科，庶幾得人普。終乃禮與樂，津津聽揮麈。郊社與禘祫，群疑融水乳。律呂通曆法，妙理入淵府。燈火有餘閒，繪圖紀寰宇。蛟川十日遊，官制詳縷縷。《明史》及東林，約略傾端緒。腹笥便便盈，三筐何足數！執卷隨人叩，載筆獨予許。中有兩要言，可作《三通》補。白金供正賦，貪風成蛇虎。治道不古若，大半由阿堵。科目取人才，登進雜枯窳。假令孔孟生，豈由場屋舉！二者利名根，斬斷須利斧。奇快論不刊，崒峍氣暫吐。倘得此言行，如暮日重午。敢云即至道，齊變乃可魯。空抱王佐才，誰識名世輔。史館羈淵雲，筆墨日纂組。……"

○ 萬斯同《講經口授》："從古田賦無徵銀者，至明而徵銀；從古民間無用銀者，至明而用銀；從古加賦無如此之重者，至明而極重：生民之苦極矣，國欲不亡，得乎？……府兵之制，……計六家出一兵，即周寓兵於農之意。……然召募之制，朝廷雖多養兵之費，而民間晏然，否則如唐府兵之制，雖其法最善，而一人爲兵，則六家盡受其累。……明兵制之弊，一爲武將之世襲；一爲衛軍之世襲。承平日久，將既無韜略之材，而軍亦不習兵革之事，不得已而召募，朝廷仍有養兵之費矣。……鄭康成謂禘是祭天之禮，其說易窮。……伏羲神農，已有樂，而言樂者，始於黃帝，大約其法至黃帝時而精耳。"

○ 萬斯同《講經口授》："鄞邑東七鄉有東錢湖，西七鄉有廣德湖。……鄞人樓異輒言廣德湖可田,儲所入待高麗使者。
遂廢湖得田八百頃,募民佃輸米四萬石,計今折色每畝三
錢。……自元明以後,民間轉向買賣,既輸田主之税,而官
糧又不能減。正德年間,鄞人楊欽叩閣,每畝得減至一錢四
分,今猶以爲重也。"

　　按:萬斯同此次返鄉講學,其記録本至今尚存《萬季野
先生四明講義》和《講經口授》二本。前者文前有萬斯同子
萬世標《題詞》及《講會學規》,然僅記録田賦、兵制、選舉。
後者録有田賦、兵制,無選舉,但有宮廟、祭祀和律吕,然前
兩項記録内容較前記録者少。前者記録内容相當詳細。

　　按:《講經口授》前録有講會之日期及内容:"□月□日,
第一會,講田賦;三月十九日,第二會,再講田賦;三月二十
九日,第三會,復講田賦;四月初九日,第四會,講兵制;四月
十九日,第五會,講兵制;四月二十九日,第六會,講兵制;六
月二十九日,第十一集,講宮廟祭祀;七月初八日,第十二
集,講廟祀;七月二十四日,第十四集,講律吕。"中少第七、
八、九、十及十三講,此所闕内容,蓋張錫瓏所述選舉、《明史》
及東林之講會。又馮貞群先生謂此稿係温睿臨所記,實誤。

與學友王之坪共訪原策論會會員徐勃,煮酒夜談,信
宿而回。

○《續甬上耆舊詩》卷一百十五《徐侍御勃·萬季野王文三過
　談小飲留宿》:
　有客翩然至,家山老弟昆。世情蒼狗幻,吾道素衣尊。官冷
　慚鮭菜,談深到酒樽。天涯難聚首,剪燭更重論。
　且莫貪酣卧,秋窗月正明。懷人秦楚隔(原注:董峰任秦安,
　管村遊豫章),憶舊生死驚(原注:追憶蕙江、夔獻、介眉、在
　中諸子)。何日還西垞,無心戀北征。故園頻入夢,吾意亦
　歸耕。

　　按：徐勃爲南明戶部侍郎徐家麟子，原澹園社及策論會
成員。據《鄞志稿·列傳》十：“徐勃，字道勇。……成康熙
三年進士，授三原令。……再令廣東順德。……秩滿，擢山
西道御史，未幾卒。”

秋，自甬偕錢名世北上，證人子弟餞別於光溪，相約以
三年爲期，修畢《明史》歸里，重開講座。

○《續甬上耆舊詩》卷一百十二《張太學錫瑮·贈別萬季野先
生北上四十二韻》：“歸家未半載，掛席復江澐。欲別難爲
懷，秋風射細雨。家園一頃田，亦足給二饘。後起應有人，
君子之澤溥。屈指三年期，歸來六十五。”

○李暾《閑閑閣草·題萬季野夫子西郊送別圖》：“老成嘆凋
零，死別生僕僕。直方與怡庭，墓草悲已宿。高州痛聞訃，
萬里牽案牘。允誠計糊口，依人苦拳局。假山雲在樓，南北
分馳逐。和仲與子政，八口謀鹿鹿。味芹昆季賢，圖書稍藏
蓄。前輩嘆寂寥，後起思教育。先生不可留，又欲膏車輻。
前者送北行，猶有伴與叔。今年疊陽關，行李先生獨。六十
翁已衰，三千里難縮。行矣期三年，歸來飽饘粥。”

○張恕《南蘭文集》卷六《鄞江送別圖》：“甬上諸君子餞送萬季
野先生與其叔管村北遊圖，爲同里陳韶作，鹿原林佶記。圖
中講學舊友，半爲梨洲高弟，先輩風流如接，歌笑杲堂，喬梓
而外，味芹昆季，識其名者已鮮，況其他乎？林記後有東門
詩五首，其第一首云‘陽關疊西郊，二十年前事’，蓋先生再
歸時所題。《閑閑集》刊本祇存三首，而三首中復有更改，此
乃其初稿也。”

　　按：張恕所述有誤，季野與萬言於康熙十八年北上修
史，餞別於西郊，其圖爲鄭梁所作，而非陳韶作；林佶係福建
侯官人，康熙進士，季野在京修史時所識，曾爲季野《崑崙河
源考》作序，決非季野北遊前舊友；東門（李暾）詩既爲季野

"再歸"時所題,而此圖名爲"西郊送別"或"鄞江送別",非鄭
梁所作之"秋郊餞別",則兩圖時間不同,名稱又別;鄭梁所
作之圖,餞別於張氏別業西郊黃過堂,此圖則餞別於西郊鄞
江光溪,地點有異:由此可見,張恕所見之圖,當爲是年季野
再叠陽關,酒載光溪時之圖,而非"甬上諸君子餞送萬季野
先生與其叔(誤,應爲其侄)管村北遊圖",張恕把兩圖相混,
又把後圖認作前圖,故有此紕繆。

○《續甬上耆舊詩》卷一百十二《張孝廉錫璜·送萬季野先生
北上》:"先生卓犖起海隅,能自得師靈慧夙。敝屣帖括志不
凡,沈酣經史好真酷。朝看矻矻日忘餐,夜誦琅琅月爲燭。
禰衡一覽未詫奇,應奉五行詎云速。捫腹如藏武庫森,脱口
如數家珍熟。小子髫年厠講堂,懸河雄辯常驚服。……天
教博學吐英華,詔修《明史》開芸局。金鑑從頭遞整綱,玉堂
歛手群推轂。秉筆居然接素臣,校書何必登天禄。案上唯
耕硯一方,門前不受米千斛。廿載西陵作嫁衣,幾番東閣移
陵谷(原注:前爲崑山徐相國所聘,後客司寇家,既而京江張
相國聘之,今又館於華亭王中丞官邸)。憶昔秋郊送別時,
朱顏方壯雙眉緑。僂指於今兩度歸,華巔忽訝千絲屬。學
徒雲集喜追隨,講席輪番留信宿。列朝典故剖源流,一時傳
寫盈珠玉。貴與夾漈疑前身,止齋同甫追遺躅。嘆息誰來
國士知,相逢漫作經生目。童年志學愧予荒,經濟文章承父
勖。愁病蹉跎忽半生,兄弟聲華非二陸。補牢已悔此時遲,
歧路空悲何處逐。幸從汲緶挹餘波,頓使面牆開遝矚。鴻
羽方漸鷄黍親,皋比未暖驪歌促。酒載光溪欲更留,車迎畿
甸偏爭瀆。客邸何人慰寂寥,江南錢起超凡俗(原注:武進
錢子亮工同行)。丹餘鉛暇話賓朋,定誇樂事吾鄉足。吾鄉
文獻最風流,讀書種子猶繩續。耆舊飄零近可憐,少年薰沐
知誰復?此別金臺歷幾霜,何時鏡水尋一曲。所忻古貌德
公龐,足比修齡濟南伏。傳經期付百千秋,發架重繙三萬

軸。行行橐筆早歸來，絳帳長傍梅花屋。”

冬，在京，劉坊因詩文彈射鉅公，禍將作，季野與萬經謀之姜宸英，密令南歸。

○《冰雪集》卷二《答劉龕石寄懷次韻》：“憶癸酉因先君子被難，之京師，遇龕石於季野叔祖寓所，與之談，如故交者。每索余沽火酒飲醉狂叫曰：‘吾可以不娶哉！吾先人死於忠，其爲若敖氏之鬼耶？’後數年，以彈射鉅公詩文，忌才者乘機煽禍。叔父謀之姜西溟先生，密令南還。適陳莘學（陳錫嘏子）知漳浦，去龕石上杭家不遠，持余書往謁。”

季野有取於劉坊不偏僂於公卿間，作《送劉龕石南還序》，勉以益堅其志，毋變其故。

○《石園文集》卷七《送劉龕石南還序》：“然今京師貴人往往詆之爲狂，謂其人不可近。嗟乎！此正余之有取於龕石也。度今之天下，不狂者何限？使有一狂者出乎其間，視夫伈伈俔俔偏僂磬折於公卿前者，不猶爲賢哉！吾正疾今世之人不能狂耳。果其能狂，猶不失古志士之概，而世顧以爲怪，甚矣，天下之惑也！……龕石閩人也，而生長於滇之永昌。弱冠丁偽周之亂，滇、黔、楚、蜀，兵戈雲擾，龕石子身擔空囊，間關數千里，鋒鏑饑寒，身瀕百死，卒還其故鄉，斯已奇矣。問其讀書幾何年？則自幼至今，率以道路爲家，未嘗安居一日杜門誦習也。宜其胸中枵然無所有，而見聞甚富，即世之號稱淹博者，欲傲以所不知而不能，斯其人不更奇哉！其祖別駕公官於永昌，勝國之季，張獻忠遺孽來犯，毅然城守，不屈而死。今永昌有三忠祠，公爲之首，龕石固忠臣之孫也。及抵故鄉，則家業已罄，不得不出遊四方，其才氣足傾動一世，而爲人不肯委蛇從俗，以是得狂之名。屢游都下，公卿大夫多知其才，禮下之，而卒不甚相合，則以其狂之故也。然余交龕石久，雖時或放言，不能順適人意，而實不

見其狂之態,不知世人雜然而詆之者,果何所指也。夫以鼇
石之爲人,余猶嫌其不狂,而世已不能容,倘有若古嵇康、阮
籍,近時之桑悅、徐渭者遊於公卿間,其將更何以目之哉!
今鼇石以無所遇,將返故鄉,余願鼇石益堅其志,毋變其故,
常使天下謂書生中猶有不隨流俗之士,庶不失吾兩人相期
之志也夫。"

自康熙己巳迄戊寅十年間,季野常與劉坊徹夜長談其
修史不倦之初衷,以先世四代死王事,鼎社雖改,無能爲
力,故惟持此志,期以告列祖,報故國。

○《石園文集》卷首劉坊《萬季野先生行狀》:"(季野)告予曰:
'吾之衷,惟君知之。往歲繼莊之言不踐,僕所以濡忍於此,
念先世九代勝國世勳,至先人,中崇禎丙子鄉試,於是舊業
頓隳。我十一世祖斌從明太祖起兵定天下,太祖知其才,賜
今名,命長守滁州。十七年,天下已定,策功,雖爭城野戰遜
諸公,然擾攘之初,闢田野,固守禦,吏民安堵,使江淮向化,
雞犬不驚,厥功偉矣,遂得受三等之封,世襲指揮僉事。洪
武五年,從左副將軍文忠征進沙漠,戰死阿魯渾河。十世祖
鍾奉命備倭寧波,於是遂爲鄞人,賜第今府學之東。建文元
年,禦靖難師,戰死大興之花園。九世伯祖武,年少襲職,罣
吏議,不自甘,從黔國征交趾,以湔恥,戰死檀舍江,時年廿
三,無嗣。於是九世祖文遂復僉事職。年廿二,牽舟師備
倭,大戰蓮花洋,逐之出牛頭洋,至桂門,夜見二燈懸水上,
遙望之以爲賊艘也,引弩中之,燈息而波濤大作,遭覆溺死。
所見之炬,蓋龍目也,龍怒其攪海,沈舟,至今桂門有射龍將
軍祠。我二祖將材不恒,而不得永其年。文祖之死,祖妣有
五月遺身,於是祖姑義顥日號於天,求生男嗣萬氏,已而果
生八世祖全,姑遂不嫁,爲男子冠裳,佐二嫂寡母以立萬氏
之門,至今滁州南門外有宣武祠。崇禎時,南太僕卿馮元飆

所建，以祀四忠三節一義者也。全三傳爲鹿園都督表，公以
文章德業起世宗朝，與唐應德、羅達夫、王汝中諸公交善，其
《集》與《表》《志》皆諸君子所爲，稱爲一代名臣，是爲僕之高
祖。至祖邦孚公以總兵鎮七閩，彈琴雅歌，意氣雍容，未老
即引年歸里。吾父棄累代戈矛之傳，以文史代驅馳。崇禎
之季，復社所謂萬履安先生者，領袖東南數十年。乙酉之
秋，魯監國授爲戶部主事，督餉。公則曰：“我何以主事爲
哉！至於督餉濟王業，小臣三百年世勳，誼敢辭乎？”及監國
不守，素業已殫，携妻子避亂奉化山中，常忍餓以食乏者。
蓋先人棄僕廿餘年，而僕兄弟之憾，至今未釋也。僕兄弟八
人，咸各蓋自樹立，念先人辭世禄，勉思以文德易武功。今
鼎遷社改，無可爲力者，惟持此志，上告歷祖在天耳。……
昔吾先世四代死王事，今此非王事乎？祖不難以身殉，爲其
曾玄，乃不能盡心網羅，以備殘略死，尚可以見吾先人地下
乎？故自己未以來迄今廿年間，隱忍史局，棄妻子兄弟不
顧，誠欲有所冀也。凡此皆僕未白之衷，君深知我，故爲君
詳之，他日身後之狀，君豈得委哉！’此自己巳、庚午以迄戊
寅，十年之間，鷄鳴風雨談之，往往徹夜不休。予初聞，以爲
先生姑妄言耳，孰意戊寅京邸一別，遂成千古耶！”

　　劉坊有詞題季野所著之《鄞西竹枝詞》，年不可考，姑
録於此。

　　○《石園文集》卷首《題詞》：“竹枝詞唐人不過寫其方之謠俗以
　　　代絃管。今先生五十詩，乃鄞之地志，可謂一翻從前之案
　　　矣。（原注：上杭劉坊甕石）”

　　鄭梁自高州寄書季野，約季野同歸里，重振南雷講席。

　　○《寒村詩文選・雜録》卷一《與萬季野書》：“三年之別，萬里
　　　之遥，彼此相思，不待言喻。小力京回，直至去年除夕抵高，
　　　知近祉安善，差慰遠懷。吾輩從師問學，原無幾人，近且彫

落殆盡。亥秋南雷之變,痛心殊甚,幾無一人可與之言,其
幸而存者,正當共相砥礪,無負師門。而聚散無常,趨向漸
殊,非先生毅然歸里,力爲主持,斯文安得有宗主乎?弟今
已決意乞養矣。高凉之政,不興一利,亦不滋一弊,自謂名
利都忘,頗稱無罪。獨是五馬歸來,仍然寒酸,故我菽水之
供,如未禄仕,爲可愧耳。便使入都,謹附新詩十二奉正,神
與俱馳,伏唯照亮。餘再悉,不一一。”

學友錢廉卒。

1699年(清康熙三十八年己卯) 六十二歲

仍在京修史。

是年,姜宸英因科場案下獄,未幾卒。嚴虞惇受牽連,
奪職歸里。

1700年(清康熙三十九年庚辰) 六十三歲

二月上巳日,應孔尚任招,與劉中柱、吳穆、陳于王、吳
暻、金德純、溫睿臨等於草橋修禊。

○《孔尚任詩文集》卷四《長留集·草橋修禊,招萬季野、劉雨
峰、吳鏡庵、溫睿臨、宋穉恭、周秉節、顧威寧、陳健夫、吳元
朗、金素公、李吉四、俞叔音、李丹崖、陳履仁、李蕭公分韻》

按:袁世碩《孔尚任年譜》:孔尚任,字聘之,又字季重,
號東塘,別號岸堂,自稱雲亭山人,山東曲阜人。康熙二十
年,捐國子監生。康熙二十三年,康熙南巡,講經稱旨,授國
子監博士。三十四年,遷户部主事。三十六年,授承德郎。
三十九年,晉户部廣東清吏司員外郎。同年,以事致休。康
熙五十七年卒,年七十一。所著有《湖海集》《岸堂稿》《長留
集》《小忽雷傳奇》《桃花扇傳奇》《律吕管見》等二十餘種。

又按:《道光寶應縣志》卷十七:“劉中柱,字砥瀾,號禹

峰,由廩貢生授臨淮縣教諭,遷國子監學正,歷擢兵部主事、戶部郎中,……出守真定府,……以老乞休歸。……中柱少以詩名與朱彝尊、查慎行輩相唱和。"

又按:孔尚任《燕臺雜興三十首》自注:"吳鏡庵,名穆,前恭順侯之子,能詩。……余遊淮揚,其聲始噪,寄家淮南,潦倒燕市。"

又按:李元度《國朝先正事略》卷三十八:"吳元朗者,名暻,梅村先生子也,工詩。……康熙戊辰進士,與館選。累遷給事中,著有《西齋集》。"

又按:孔尚任《燕臺雜興四十首》自注:"宛平陳健夫,名于王,俠士也。今卜居西城,閉戶吟詩,如一野老。"

又按:《清史稿》卷四百八十四:"金德純,字素公,漢軍正紅旗人。著《旗軍志》。"

四月,識李塨於金德純筵上,與論毛奇齡之《河右全集》。

○《恕谷先生年譜》:"四月入京。……金素公設筵相邀。是日,晤萬斯同季野,胡渭生朏明。"

○《恕谷後集》卷六《萬季野小傳》:"季野暴聞予名,又知予與毛河右遊。先是,萬氏叔季在史館纂修,爲河右所折,嗛之。金德純特筵招胡朏明、季野及予,曰:'三君者,天下巨君也。'予後至,季野酒餘赫然曰:'《河右全集序》爲先生撰,稱許太過,將累先生。'予謝手曰:'敢拜直言。然序文先生未深讀也。《序》以躬行自勵,以讀書歸毛先生。方慚虛大,非以屈誼,且聖道恢郭,詎一說而已。'胡子曰:'然。'因罷去。"

按:《清史稿·儒林一》:"李塨,字剛主,蠡縣人。弱冠與王源同師顏元。……舉康熙二十九年舉人。晚歲授通州學正。……塨博學工文辭,……既而從毛奇齡學。……塨學務以實用爲主,解釋經義多與宋儒不合。……於程朱之講學,陸王之證悟,皆謂之空談。"生於順治十六年,卒於雍正十一年,年七十五。所著有《周易傳注》《論語傳注》《中庸傳注》《大學辨業》《大學傳注》《恕谷後集》等多種。

　　又按:《清史稿·儒林二》:"毛奇齡,字大可,又名甡,蕭山人。……順治三年,明保定伯毛有倫以寧波兵至西陵,奇齡入其軍(南明軍)中,……及事解,以原名入國學。康熙十八年,薦舉博學鴻儒科,……授翰林院檢討,充《明史》纂修官。二十四年,充會試同考官,尋假歸,得痹疾,遂不復出。……奇齡淹貫群書,所自負者在經學,然好爲駁辨。……素曉音律。……五十二年,卒於家,年九十一。"所著有《西河合集》等。

　　五月,王源爲季野所著之《庚申君遺事》作序,言其志在不忘有明。又爲其所著之《六陵遺事》作序,稱許其博考互證之功。

　　○《居業堂文集》卷十二《庚申君遺事序》:"萬子季野輯《庚申君遺事》一卷。據《元史》虞集之詔,明宗妥懽非己子之言,證以權衡、余應、袁忠徹、黃溥、程敏政諸家論説,則妥懽固確爲瀛國之子,即邁來迪甫爲周王所納,即生妥懽,與生妥懽而後爲周王所納事不同,要爲趙氏之子無疑。《宋遺民録序》謂其事之卓卓乎可以信後世而下慰遺民不忘宋之心者,則篁墩之志,即萬子之志也。"

　　　　按:庚申君即元順帝。

　　○《居業堂文集》卷十二《六陵遺事序》:"予自幼讀謝皋羽《冬青樹引》,未嘗不流涕也。嗟乎! 六陵之禍,悲夫,何其痛也。天下義烈忠偉之事,雖由性生,亦往往激發於不容己。激愈甚,則發愈奇,而盜賊豺狼之勢,遂有時不得窮極其凶於天地,此唐、林諸義士之爲之所以烈烈於千古也。顧傳珏者不及景熙,傳景熙者不及珏,而其説多齟齬不相合。萬子

哀集諸家之説爲一編，乃知唐、林之外，又有王英孫。英孫
之外，又有謝翱、鄭樸翁諸人，皆當日合謀同力而爲之者。
特其事秘而不傳，世之人各傳其所知，不及其所不知，而守
陵使宦者羅銑，又在諸人之外，苟非博考互證，使其事確然
衆著於天下，則湮没者固多，而已傳者亦不能無疑於後，則
是編之功，豈其微歟？"

　　王源有《萬季野補晉書五表序》，約作於是年，極譽季
野之史才、史識及史學。

　　○《居業堂文集》卷十二《萬季野補晉書五表序》："萬子季野，
　　補《晉書年表》三：曰將相大臣，曰方鎮，曰僭僞；諸國世表
　　二：曰諸王，曰諸國。晉史至紛頤矣，表缺焉不備，萬子所
　　補，詳而核，綱舉而目張，讀者一覽井然，其有功於後學甚
　　大。千門萬户構於指掌，才也；若陰木，若陽木，某材當某
　　任，或任或否，無失分黍，識也；乃吾讀左氏《傳》，《漢書》天
　　官、地志、律曆、職官、儀度、兵、農、刑、法、六藝、百家之説，
　　數千年因革損益，莫不綜貫精徹，鎔煉該瞻，以司馬遷之才，
　　或猶譏其淺陋，學顧不重乎？然易編年爲紀傳，實遷創體。
　　網羅洪荒、三代、春秋、戰國、秦、漢軼事，一人自爲始終，讀
　　者誠知其難，故統之以表兼總條貫，而後可以得其要，是表
　　乃紀傳必不可無者。司馬光作《通鑑》，猶倣年表爲目録，他
　　史悉祖龍門。乃自陳壽、范曄而下，例不爲表。《晉書》尤不
　　可無表，率略而不載，何歟？萬子史學既淹，尤熟於國史，列
　　朝《實録》幾成誦，其他載籍以百數，博覽强記，以准於《實
　　録》。無論何代不數見之人、何事，叩之莫不原委條晰，使問
　　者暢其意以去。且夫《晉書》踵六朝餘陋，史筆蕩然，太宗何
　　所取而獵之以爲名？其他八書，南、北《史》類然。《新唐書》
　　較優而不及《五代史》。降及宋、元，庸俗遝劣，其陋遠出《晉
　　書》下，説者多譏其才識不逮。然使有才識而無學，猶棟、庇

桷、甓、石之材，漫無庀，而欲造千門萬户之阿房、未央，凌雲通天承露之金莖，即般輸曷濟？蓋學者史之本，才識者史之用，學者徵其實，才識者運於虚。扶摇羊角，虚也，使非有垂天之翼，數千里之背，又熟以之九萬里而南乎？此萬子之學所爲不可及也。雖然，淺見寡聞，其失也疏；學博者，或失之枝。古今人表何與於漢，宰相世系何關於朝廷？《公羊傳》曰：'接菑也，四；貜且也，六；四也，駢；六也，枝。'是二者，皆萬子之所笑也。"

温睿臨亦於是月爲《南宋六陵遺事》作序，言季野之意，非徒考核前事，而足使後人知亡國之間非無人，勿委之天運。

○ 温睿臨《南宋六陵遺事序》："四明萬季野先生，始彙集其事，定其歲月之紀，闡其隱躍之衷，而總衡之曰：'此必唐、林二人之協謀，而羅陵使又從其後裒集所未盡，而後諸書之牴牾涣然冰釋，諸君子之義烈愈昭昭與日月争光矣。'吾以是推之，漢唐之末，諸陵暴骨，寧無義士焉出而掩覆之，而其人其事，湮没不傳，則紀事之文有功世道，豈淺鮮哉！先生之輯是編也，非徒核其事也，亦欲使後之人思夫天崩地坼之時，猶有赤手犯虎穴以自靖於萬難中者，勿徒熟視禍敗，輒諉曰'天運'而不之省也。是則先生覺世之意也夫。"

按：《昭代叢書》所輯之王源《南宋六陵遺事序》《庚申君遺事序》，温睿臨《南宋六陵遺事序》，每文後皆書有"康熙庚辰"四字。

《宋季忠義録》約輯於是年。季野於書中盛譽周之頑民，即商之義士，並提倡著月表，以詳獨行全節之事。

○ 萬斯同《宋季忠義録・附録》："案：宋社既移，四方稱兵者蜂起，大都宋之遺民不忘故主，欲噓既燼之灰，非弄兵潢池者比也。所謂周之頑民，即商之義士乎？乃《元史》概書之爲盜，彼史臣之體故宜爾，而諸人之心，則不白於天下萬世矣。今悉采而録之，竊比朱子《綱目》，不書樊崇、楊玄感爲盜之義云。"

○ 《宋季忠義録》卷十一《謝翺》："故皋父欲著月表，以詳獨行全節之事，不曰季宋而曰季漢者，亦猶唐宰相之托於前代也。"

同月，與胡渭論河圖，見其所著《易圖明辨》，大爲欽佩，爲之作序。

○ 胡渭《易圖明辨》卷一："今年客京師，與四明萬君季野（斯同）論及此事（指河圖）。萬君曰：'幽王被犬戎之難，周室東遷，諸大寶器，必亡於此時，河圖無論後人，恐夫子亦不及見。'余聞而韙之。"

○ 《易圖明辨》卷首萬斯同《易圖明辨序》："予初讀《易》，惟知朱子《本義》而已。年垂三十，始集漢魏以後諸家傳注，與里中同志者講習，乃頗涉其津涯。因嘆朱子篤信邵子之過，而《本義》卷首之九圖爲可已也。友人德清胡朏明先生，精於《易》學，庚辰仲夏，示予以《易圖明辨》十卷，則《本義》之九圖咸爲駁正，而謂朱子不當冠於篇首。予讀之大喜，躍然曰：'至哉，言乎，何其先得我心乎！'予嘗謂河圖、洛書、先天後天、羲文八卦、六十四卦、方圓諸圖，乃邵子一家之學，以此爲邵子之《易》則可，直以此爲羲文之《易》則大不可，乃朱子恪遵之，反若羲文作《易》，本此諸圖，不亦異乎！夫河圖見於《顧命》《繫辭》《論語》，古固有之，而後世亡之矣。今之自一至十之圖，本出陳希夷，古人未嘗語及，非真河圖也。戴九、履一之圖，今之所謂洛書者，見於《漢書·張衡傳》及緯書《乾鑿度》，乃《太乙下行九宫圖》，非洛書也。後世術家配以一白二黑之數，至今遵用不變，豈果真洛書乎？卦止有震、齊、巽之位，乃孔子之所繫，而文王、周公之遺法也，安得有先天之位？此誰言之而誰傳之？天地定位一節，不過言八卦之相錯耳，何曾有東西南北之説，而欲以是爲先天卦位乎？此不特先天二字可去，即後天二字亦必不可存。蓋卦位止一而無二，不得妄爲穿鑿也。八卦之序，自當以父母六子爲次，孔子《繫辭》屢言之，乃舍此不遵，以乾、兑、離、震、巽、坎、艮、坤爲次，此何理乎？太極生兩儀，兩儀生四象，四象生八卦，固出於《繫辭》，而實非生卦之謂也。乾坤生六子，其理顯然，而坤可以置於最末乎？三男三女，可錯亂而無序乎？《易》但有三畫之卦，重之則爲六畫，未嘗有二畫、四畫、五畫之卦也。但有八卦、六十四卦，未聞八卦重爲十六，十六重爲三十二，三十二始重爲六十四也。必曰一每生二，以次而加，試問《易》中曾有是説乎？至於卦變，惟程、蘇二家爲可信，古人十辟之説，予猶不敢從，若朱子之《本義》，益爲支離，況與《啓蒙》之言不合，一人而持兩説，令學者何所適從？此予必不敢附會者也。凡此諸説，間與友人言之，或然、或不然。讀先生此書，一一爲之剖析，洵大暢予懷。而其采集之博，論難之正，即令予再讀書十年，必不能到，何先生之學大而能精如此。以此播於人間，《易》首之九圖，即從此永廢可也。四明同學弟萬斯同纂。”

六月，林佶爲《崑崙河源考》作序，服其徵引之博，辨證之精，推許爲經世之學。

○ 萬斯同《崑崙河源考》卷首《原序》：“季野萬先生留心經世之學，於前代治河開塞修防之策，犁然有會於心。……一日，先生出《崑崙考》一帙示予，竊服其徵引之博，辨證之精。……先生據諸説而折衷之，俾世之談治河者言流而不昧源。……設荷天子寵靈，河伯效若，不日錫圭告成，將有事於崑崙，則一介之使挾先生是書，過積石，逾鹽澤，馳騁絶域，以求所謂真崑崙者，一洗千古之惑，豈不偉哉！……康熙庚辰

夏六月十有一日，侯官林佶序於京師琉璃廠西柳巷之
寓舍。"

　　按：林佶，字吉人，號鹿原，康熙進士，授内閣中書，有
《樸學齋集》，見《清史稿》卷四百八十四《文苑》。

九月，與李塨論《禮》及書法。

○《恕谷先生年譜》："庚辰四十二歲，……九月，……季野謂先
　生曰：'先儒訓學各異，予謂只是讀書耳。'先生不答。知其
　有纂輯《禮》書，叩之。季野言禘及宗廟甚析，又言隸即楷
　書，非八分也。"

○《恕谷後集》卷六《萬季野小傳》："既而謂予曰：'先儒訓學錯
　出，愚謂只是讀書耳。'予不答，但叩其長。"

十月，邀李塨參與講會。時季野講三代及元、明制度，
地理、河渠、倉庫、政刑等。翰林、部郎、處士率四五十人，
環坐聽講，温睿臨爲摘記。

○《恕谷先生年譜》："十月，……過季野講會，以其屢邀也。講
　三代以及元、明制度，如選舉、賦税各項，並漕運及二洪、泇
　河水道。"

○《恕谷後集》卷六《萬季野小傳》："當是時，朝廷平三藩後，尚
　辭學，公卿從風靡，讀書名士競會都門，而季野以博淹强記
　爲之首開講會，皆顯官主供張，翰林、部郎、處士率四五十
　人，環坐聽季野講宮闕、地理、倉庫、河渠、水利、選舉、政刑
　諸項，不繙書，每會講一事，口如瓶注，温睿臨札記。何代、
　何地、何人，年、月、日，事起訖，毫釐不失也。"

十一月，李塨離京，季野與徐秉義、胡渭、王源等前往
送別。

○《恕谷先生年譜》："十一月，……乃促裝歸。徐果亭、胡朏
　明、竇静庵、萬季野、王崑繩皆來送別。"

　　按：《清史稿》卷二百五十："徐秉義，字彥和，舉康熙十

二年進士第三,授編修,遷右中允,乞假歸。乾學卒,召補原官,累遷吏部侍郎,……左遷詹事,……擢內閣學士。乞歸。……五十年,卒。"所著有《培林堂集》《詩經識餘》等。徐秉義爲徐乾學弟。

往年在甬上講經會受師黃宗羲所托,彙輯自古以來論"春王正月"未成之作,趁在京師舉辦講經史之會時,增補完成,名《周正彙考》,由講會記錄者金德純作序。

　○《周正彙考》卷首金德純《序》:"四明萬季野先生爲《周正彙考》,屬序於余。余受而卒業……。襄平晚弟金德純撰。"

　　　按:《周正彙考》共八卷文七六篇。後面部分如顧炎武、黃宗羲、萬斯大、萬斯同所寫的文,當爲在京開講經史之學時所補。季野文四篇爲《周正辨》《晉行夏時説》《書春秋提綱後》《書春秋或問後》。

是年,清廷命大臣子弟科場考試另立編號。李光地上疏士子荒經,令以《太極圖説》《通書》《西銘》《正蒙》一並命題。孔尚任被休致仕。

彭孫遹卒。陳恭尹卒。

1701年(清康熙四十年辛巳)　六十四歲

正月,赴孔尚任宴,同座有李塨等七人,各分韻賦詩。時孔尚任不得志於仕途,季野勸其早息行吟,勿留意於榮辱。

　○《恕谷先生年譜》:"赴東塘筵,同陳心簡、萬季野、吳敬庵、曹正子、陳健夫、邢偉人分韻賦詩。先生詩寓意諷東塘置官宜歸。"

　○李塨《恕谷詩集》卷下《集孔東塘岸堂同陳心簡、萬季野、吳敬庵、曹正子、陳健夫、邢偉人即席分得元字》:"紫陌尋春何處存,罷官堂上暮雲屯。瑯玕籐老環三徑(岸堂前植一籐,

名之曰瑯玕籩），車笠人來共一樽。此日何方留聖裔，昔年
遺事説忠魂（座中心簡、季野説明季張春事）。升沉古今那
堪憶，只羨君家舊石門（東塘家居石門山，諷之速歸也）。"

○《孔尚任詩文集》卷四《長留集·贈萬季野》："菡萏初折風，
桃花曉露逼。清流泛紅霞，難比仙人色。欲求駐顏方，毛孔
塵難拭。藥物在何山，俗眼未一識。拜問商大夫，所閲幾荆
棘？豐頰若乳嬰，必借大丹力。舉掌拍我肩，負屈莫留臆。
大丹亦易成，行吟須早息。抑鬱傷氣神，不啻金火克。吾讀
古書多，榮辱殆千億。"

按：季野之詩已佚。

二月，徐秉義謀刊李塨之《大學辨業》，李塨携書往季
野求正。越數日，李復往晤，季野對此書大爲傾倒，因與述
少時往會潘平格事。李並論及《大學》之理與實事，季野甚
讚許，自此，與李塨情好日密。

○《恕谷先生年譜》："季野叔行在史館纂修，爲河右所折，嘿
之。季野見先生所作《河右全集叙》，不悦，故與先生雖屢過
從，猶格格有退言。及將刊《大學辨業》，念季野負重名，必
須一質，合則歸一，不合則當面剖辨，以定是非，乃持往求
正。逾數日，復晤，季野下拜曰：'先生負聖學正傳，某慚與
先生識，久爲所包，不知先生。某少受學於黄梨洲先生，講
宋明儒者緒言，後聞一潘先生論學，謂陸釋朱羽，憬然於心。
既而黄先生大怒，同學競起攻之。某遂置學不講，曰：予惟
窮經而已。以故忽忽誦讀者五六十年。今得見先生，乃知
聖道自有正途也。'"

○《恕谷後集》卷六《萬季野小傳》："歲辛巳，都憲及徐少宰秉
義謀梓予《大學辨業》，予思季野負重名，見不合，或詆讕，不
如先事質之，袖往求正。逾數日，季野見下拜曰：'吾自誤六
十餘年矣。吾少從遊黄梨洲，聞四明有潘先生者，曰"朱子

道,陸子禪",怪之,往詰其説,有據。同學因轟言予畔黄先生,先生亦怒,予謝曰:"請以往不談學,專窮經史。"遂忽忽至今,不謂先生示我正途也。'自此情好日密。"

○ 戴望《顔氏學記》卷四《學正李先生埭》:"鄞縣萬季野斯同閲予《辨業學規》,嘆息起立曰:'以六德、六行、六藝爲物,學習爲格,萬世不刊之論也。先儒舊解,固泛而無當矣。'予因告之曰:'昨有人詰予云:子謂農工商亦非士分業,然則《大學》尚有遺理乎?予曰:明德親民,德行六藝,何理不具?然理雖無所不通,而事則各有其分,如冉有足民,豈不籌畫農圃之務,而必不與老農老圃並耒而耕,而安得兼習胼胝之業與?且言此者,以學乃實事,非托空言,空言易爲,實事難備,故治賦爲宰,聖門各不相兼,況學外紛瑣者乎?不然,心隱口度,萬理畢具,然試問所歷,亦復有幾?則亦徒歸無用而已矣。'季野曰:'然。'"

季野遂作《大學辨業序》,譽揚顔李之學得古人失傳之旨。以朱熹、王守仁、潘平格諸人之格物説爲非,並致意李埭,願與其師顔元相見。

○《石園文集》卷七《大學辨業序》:"《大學》一書,見於戴氏之《禮記》,非泛言學也。乃原《大學》教人之法,使人實事於明親之道焉爾。其法維何?即所謂'物'也。其物維何?周官大司徒之三物是也。三物者,一曰六德:知、仁、聖、義、中、和。一曰六行:孝、友、睦、姻、任、恤。一曰六藝:禮、樂、射、御、書、數。……當是時,上無異教,下無異學,其爲法易施,其爲事易行也。降及春秋,世教漸微,而《大學》三物之法,或幾乎衰矣。然教雖衰,其成規未嘗不在,固人人之所共知,此作《大學》書者所以約其旨於格物,以見三物既造其至,則知無不致,而誠、正、修、齊、治、平之事,可由此一以貫之矣。後之儒者,不知物爲《大學》之三物,或以爲'窮理',

或以爲‘正事’，或以爲‘扞格外誘’，或以爲‘格通人我’，紛紛之論，雖析之極精，終無當乎《大學》之正訓，非失之於泛濫，則失之於凌躐，將古庠序教人之常法，當時初學盡知者，索之於渺茫之域，而終不得其指歸，使有志於明親者，究苦於無所從入，則以不知‘物’之即三物也。蠡吾恕谷李子，示予《大學辨業》一編，其言物，謂即大司徒之三物，言格物，謂即學習禮、樂、射、御、書、數六藝之物。予讀之擊節稱是，且嘆其得古人失傳之旨，而卓識深詣爲不可及也。夫古人之立教，未有不該體用、合内外者：有六德、六行以立其體，有六藝以致其用，則内之可以治己，外之可以治人，斯之謂大人之學。而先王以之造士者，即以之取士，其詳見於《周禮》，其法實可推行乎萬世，惜乎後之儒者不知也。獨程子謂《大學》之道，古之《大學》所以教人之法，而朱子引之。夫既知爲《大學》教人之法，何不即以三物之教釋之，而乃指之爲窮理。夫言學習三物，則窮理在其中，但言窮理，則學習三物之事或未實矣。李子本其躬行者，著爲是編，乃述古人之成法，非創爲異途以駭人，而格物之正訓實不外此。天下事固有前人不能知，後人反知之者，不可謂後人之説異乎前儒而驚疑之也。至妄者更疑《周禮》三物賓興之説亦未可信。然則古之教士取士將無法乎？若曰有法，而是時《五經》未著，文墨未興，試問非三物而何法乎？此予於《辨業》一編所以三復而不能自已也。然李子謂此編大旨發於其師顏習齋先生，則知先生之學識更有大過人者，而恨予之尚未見也。因並書簡端，以致予願見之意焉。”

　　按:《清史稿·儒林一》:“顏元，字易直，博野人，……名其居曰‘習齋’。肥鄉漳南書院，邑人郝文燦請元往教，有文事、武備、經史、藝能等科，從游者數十人。……後八年而卒，年七十。”所著有《四存編》《四書正誤》《朱子語類評》《習齋記餘》等。生於明崇禎乙亥，卒於清康熙甲申，年七十。

又按:"窮理""正事""格通人我"是指朱熹、王守仁、潘平格之格物説。

四月,李塨應邀至講會。季野向來會者宣示李塨"格物"之義,讚爲"真聖學宗旨",並請登座講郊社,李塨辭謝。李塨亦心折季野。

○《恕谷先生年譜》:"四月,……後之季野講會,衆拈郊社。季野向衆揖先生曰:'此李恕谷先生也,負聖學正傳,非予所敢望。今且後言郊社,請先講李先生學,以爲求道者路。'因將《大學辨業》所論格物之義,高聲宣示曰:'此真聖學宗旨,諸君有志,無自外。'因延先生登座,同講郊社,先生辭謝去。"

○《恕谷後集》卷六《萬季野小傳》:"一日,講會,衆拈郊社。季野曰:'未也,請先講李先生學。'因舉《辨業》所論格物,即學六藝,歷歷指示,曰:'李先生續周、孔絶學,非我所及,諸君有志勿自外。'並延予登坐講郊社。予辭謝去。嗟乎! 吳越文人,爭尚浮誇,季野耆宿,褒然厭於上,公卿趨其餘風,今忽聞野人一言,傾心折服,舍己從之,是一端也,幾於大舜矣。"

○《顔氏學記》卷四《學正李先生塨》:"而鄞萬處士斯同,尤篤服先生,……一日,會講於紹寧會館,先生亦往,衆請問郊社,萬君向衆揖先生曰:'此蠡李先生也,負聖學正傳,非予敢望,今且後郊社,請先言李先生學,以爲求道者路。'因將《辨業》之論歷歷敷陳曰:'此質之聖人而不惑者,諸君有志,無自外矣。'"

十月,李塨復入都。季野與論經史、聲韻,以爲天下學者,唯己與李塨。李塨亦以經學就正。

○《恕谷先生年譜》:"十月,入都。……季野與先生論經史。季野曰:'夾室並廟,室皆南向,故《顧命》西夾,南向敷席。'先生曰:'夾室東西向,非南向。《爾雅》東西廂是也。《公食大夫禮》宰東夾北西面，使並廟而向南宰，何爲立廟後乎？立廟後何以至東序授醴醬薦豆乎？'季野又言晉立《古文尚書》，不可廢。先生曰：'《古文尚書》自漢孔安國送官府，至晉中秘尚存，惟無傳。東漢梅頤始得安國傳奏之，非獻《古文尚書》也。謂《古文尚書》已亡，而晉僞爲者，誤矣。即謂晉復出者，亦誤也。'季野曰：'何見？'曰：'見《隋書》。'論及聲韻，先生曰：'古無四聲，有之，始齊周顒。古惟分宮商、五均，不分平上四聲。'季野憮然曰：'吾何以未考也？'將歸，檢之。次日，復晤，笑而携手曰：'俱如先生言。天下惟先生與下走耳，閻百詩、洪去蕪未爲多也。'"

○ 李塨《學禮》："塨家，子稽首，父躬下；妻稽首，君躬。後語季野，季野曰：'子跪拜，而父擧手，亦答拜也。'行者是也。"

　　按：王源《居業堂文集》卷十三《洪去蕪文集序》，洪氏新安人，"貌温色和，言必稱先王，而胸懷經世之略。……去蕪弱冠棄擧子業，南涉洞庭、瀟湘，縱觀衡嶽，北走燕趙，歷瑯邪，觀滄海，……而余與去蕪羈窮隱約日益甚，於是益相與砥礪，爲文以自見於天下"。

季野邀李塨閱所修《明史》，李塨慨北人固陋，史傳南多北少。

○《恕谷後集》卷七《劉節婦岳氏墓表》："昔萬季野修《明史》，倩予訂。予每慨北人固陋，雖先德不知表揚，以致湮霾不登者夥矣。既而閱世，忮狠訾謷，於其懿親師友，不少噢咻也，寧直固陋哉！"

○《恕谷後集》卷七《書明劉户郎墓表後》："萬季野修《明史》，邀予閱。明南北混一，乃史載北人亦少，季野頗嘆息焉。明宣宗曰：'長材偉器多出北方。'而吾蠡三百年，僅登一布政楊瓚擧廉賢，奏議增附生員。……南好浮華，北習固陋，毋怪史傳之南多而北少也。"

時,明史《紀》《傳》大體告成,《表》《志》未竣,季野因言於王鴻緒,請延李塨同修《明史》,李塨辭。

○《恕谷先生年譜》:"時季野修《明史》,《紀》《傳》成,《表》《志》未峻,因言於王尚書鴻緒,來拜,且請筵,謀延先生館其府,同修《明史》。先生辭。"

○《恕谷後集》卷六《萬季野小傳》:"(季野)從臾王尚書來拜,意招予同修《明史》,予辭謝不願也。"

季野常應吳涵邀,與李塨、王源、胡渭、冉覲祖、竇克勤等五六人聚首論學。

○《恕谷後集》卷一《送都憲石門吳公請假歸里序》:"辛巳,……偕徐果亭少宰爲予梓《大學辨業》。是時,冉永光、竇敏修二太史尚在館,萬季野、王崑繩、胡朏明亦寓都門。公時聚予五六人論學,指曰:'乾坤賴此柱礎也。'"

按:《嘉興府志》:"吳涵,字容大,石門人。康熙壬戌進士,授編修,歷副都御史,……升工部侍郎,理寶源泉局,……轉刑部,……進吏部侍郎兼翰林院掌院學士,……尋升左都御史,仍兼掌院,以病歸卒。"

又按:《清史稿·儒林一》:"冉覲祖,字永光。……康熙二年鄉試第一,杜門潛居,爰取《四書集注》研精覃思二十年,……遞及群經,……兼采漢儒、宋儒之說。……少詹事耿介延主嵩陽書院。……三十年,成進士,選庶吉士。三十三年,授檢討。……卒年八十有二。"冉氏爲河南中牟人。

又按:《清史稿》卷四百八十《儒林一》:"竇克勤,字敏修,柘城人。康熙十七年進士……授檢討。……嘗於柘城東郊立朱陽學院……中州自夏峰、嵩陽外,朱陽學者稱盛。著有《孝經闡義》。"

秋,萬言因追贖鍰,復將入獄,子承勳代之,被羈於陝。鄞人陳坊毅然偕行至陝,復至京告急於季野。季野致書故人，得助金贖歸。

> 萬承勳《冰雪集・自序》：“辛巳，復嚴追贖鍰。秋風落日中，牀上別父，灶下別母，踉蹌出門，而詩境愈慘。至京師，曩時仗義如東海徐大司寇者，零落殆盡。思自投西安獄。入關，父門生李耀州再力救之，得脫。走馬中原，放舟長江，嘯歌以歸。”

> 《鄞志稿・特行傳・陳坊》：“陳坊，字卜年，爲人慷慨慕古俠烈事。萬管村在明史館以直書忤諸要人，後知五河縣。史館恨之未已。屬大吏文致其罪，論死。時，陝西方開贖例，管村子承勳貸之父友有力者以贖論。承勳年少，陝中胥吏欺之，匿其金三千未上。陝撫移咨浙省，並捕承勳。里中姻舊，俱無所爲計。坊奮然曰：‘……今管村有君臣之厄，承勳有父子之厄，徒以無朋友，使大倫且俱滅，吾當偕之行。’……至陝，承勳被羈留。坊獨入京告急於管村之季父石園，爲作書達故人。諸故人多坊之義，復助之，得金三千，卒事而歸。”

冬，馮雝延季野、孔尚任、王源、李塨共論學，温睿臨亦在座。李塨暢論顔元之學，衆皆篤服。

> 《恕谷後集》卷六《馮君傳》：“辛巳，李塨入都，君浮家都門。萬子斯同亟稱君學者，因相會。抵冬，君延萬子、孔氏子尚任、王子源及塨論學。塨饋以《大學辨業》。”

> 《恕谷先生年譜》：“馮敬南請先生及諸名士論學。先生曰：‘人受天地之中以生，必有仁義禮知之性。性見於行，則子臣弟友；行實以事，則禮樂兵農。子臣弟友之不可解者爲仁，有裁制爲義，辨是非爲知，其品節文則爲禮，鼓歌其禮則爲樂。兵，所以衞父兄君友者也；農，所以養父兄君友者也。苟失其仁、義、禮、知，不可以言子臣弟友矣，不可以言禮樂兵農矣，不盡子臣弟友，喪其仁義禮知矣，亦喪其禮樂兵農

矣。然使無禮樂兵農,亦安見所謂仁義禮知哉! 亦安盡子臣弟友之職哉! 三者由內而外,一物也。《周禮》教民,一曰"六德",有聖忠和,猶是四德而分其名也。一曰"六行",內有媚睦與恤,五倫所推及也。一曰"六藝",及於射御書數,又禮樂兵農之分件也:而統名之曰"三物"。魯論之文行忠信,文即禮樂兵農也;行則子臣弟友也;忠信,則仁義禮知也。《中庸》:"天命之性",仁義禮知也;"率性之道",子臣弟友也,"修道之教",禮樂兵農也。博文以此,約禮以此,若外此而別有逕途,則異端曲學,烏可訓哉!'敬南及季野、崑繩、鄭翼皆曰:'然,道誠在是矣。'"

按:《恕谷後集》卷六《馮君傳》:"馮君諱壅,字敬南,代州人。……戊辰,聯捷成進士。初補中書,已升梧州府同知。……特薦調補南寧同知。……庚辰,攝府印。……辛巳,李塨入都,君浮家都門,萬子斯同亟稱君學者,因相會。……乃甲申正月,甫三十八歲,遂卒矣。"馮氏精曆算、機械,所著有《諸分指掌》《測量方程》二小帙。又製有簡平儀、大銅黃道儀、小時日晷、銅矩度器、銅渾儀、皮水砲等。

1702 年(清康熙四十一年壬午)　六十五歲

正月二十四日,季野誕辰。溫睿臨、陳正心等釀金往壽。季野遜謝不遑,旋乃請用是金爲雕板其所著《歷代紀元彙考》之資。

○《歷代紀元彙考》卷首溫睿臨《序》:"壬午正月,先生誕辰,余與諸友釀金往壽,先生曰:'余不敢當也。雖然,諸君厚意不可却,余有《歷代紀元彙考》八卷,其以是爲剞劂資,子且爲我序其書。'時先生已患脚氣,余諾之而不暇爲。……讀先生之書,窺先生之學,知好古篤志之儒,雖困阨於今,其必有傳於後無疑也。"

○《歷代紀元彙考》卷首陳正心《序》：“四明與余君擊柝相聞，
鄉之人推經學者向以萬氏爲稱首。故予自兒時，即知季野
先生，但未獲從之遊，心竊嗛焉。……先生著述最富，余皆
受而讀焉。壬午春，以《歷代紀元彙考》八卷付之梓。”

四月初八日遽卒於王鴻緒館中。

○《碑傳集》卷一百三十一黃百家《萬季野先生斯同墓誌銘》：
“生於某年月、日，以康熙壬午四月初八日卒於京邸，年六
十五。”

○《石園文集》卷首劉坊《萬季野先生行狀》：“孰意戊寅京邸一
別，遂成千古耶？先生生平無他欣慕，惟讀書取友以爲終歲
課程。予謂其神旺氣鬱，天必留爲龜鑑，以惠我同人。乃勞
心過甚，精神耗竭，遂棄我先逝耶？……卒於康熙四十一年
四月初八日辰時京邸王司空儼齋明史館中。”

○《石園文集》卷首楊无咎《萬季野先生墓誌銘》：“然卒勤其業
以死，死之日爲壬午之四月，聞者莫不嗟嘆，群謚之曰‘貞文
先生’。”

按：方苞《梅徵君墓表》：“丙子之秋，余與季野別於京
師，即豫以誌銘屬余。及余北徙，而季野卒於浙東。過時乃
聞其喪，爲文將以歸其子姓。叩之鄉人，莫有知者。”方氏此
文未言卒年，然言卒於浙東，顯誤。又其所著《萬季野墓
表》，亦未明言卒年，然云：“戊戌夏六月，臥疾塞上，追思前
言，始表而誌之，距其歿蓋二十有一年矣。”則自戊戌康熙五
十七年上溯二十一年，爲戊寅康熙三十七年，是年春，季野
南返四明。以兩文合而推之，方苞殆以季野回鄞之年誤爲
卒年。

又按：錢大昕《萬先生斯同傳》言季野於“康熙壬午四月
卒，年六十”，亦誤。後，錢林之《文獻徵存錄》、阮元之《國朝
儒林文苑傳》、李元度之《國朝先正事略》及《清史稿》，俱言

季野卒年六十,實皆以訛傳訛。

季野所携書數十萬卷,爲錢名世囊括而去。所著《明史列傳》四百六十卷(一説五百卷)留於王鴻緒館中,後爲王氏删改而成《明史稿》。

- 《石園文集》卷首劉坊《萬季野先生行狀》:"遺書死後多爲輕薄者所竊。"

- 《方苞集》卷十二《萬季野墓表》:"及余歸逾年,而季野竟客死,無子弟在側,其史稿及群書遂不知所歸。……季野所撰《本紀》《列傳》凡四百六十卷,惟諸《志》未就,其書具存華亭王氏。"

- 《鮚埼亭集》卷二十八《萬貞文先生傳》:"《明史稿》五百卷,皆先生手定,雖其後不盡仍先生之舊,而要其底本,足以自爲一書者也。……先生在京邸,携書數十萬卷。及卒,旁無親屬,錢翰林名世以弟子故,衰絰爲喪主,取其書去,論者薄之。"

- 萬世標《明史原稿流散目録》:"其原稿皆在儼齋先生家。……在壬午年四月初八日,遺書盡爲亮工取去,無一好本寄回家者,都門士大夫皆知其事也。"

孔尚任時失職滯留京師,聞季野卒,有詩哭之。

- 《孔尚任詩文集》卷四《哭萬季野先生步杜工部哭李常侍韻前起後結俱用原句》:

一代風流盡,斯文隱慟深。登堂收卷帙,哭寢失聲音。烟草歸無路,風花落滿林。魂游多俠伴,冥贈不須金。

小飲春杯盡,誰知路永辭。講壇憂道日,病枕望鄉時。生死憐羈客,精靈愛輓詩。篋中遺稿在,不愧史臣詞。

馮雍聞季野卒,悲甚,邀同人十日一會季野之故廬。

- 《恕谷後集》卷六《馮君傳》:"萬子夙有講會。壬午卒,君乃邀同人十日一會其廬。"

　　王鴻緒經紀其喪，遣人扶柩歸家，其子世標迎之不遇，權厝於白雲莊墓舍祖塋側。

　　　○《歷代紀元彙考》卷首溫睿臨《序》："先生既客死，賴大司空經紀其喪，遣人護其柩歸家。"

　　　○《石園文集》卷首劉坊《萬季野先生行狀》："儼齋命人送柩還寧波，其孤世標迎之而不遇。今權厝於西郊祖塋側。"

　　　○《歷代紀元彙考》卷後萬經《紀元彙考識》："值大司空華亭夫子受總裁《明史》之命，延致於家。叔父之歿，夫子哀慟，久之，經紀殯殮，命價護喪南歸。經與孤標不獲一視飯含，星夜奔赴，至以先人身後事重累大人先生，罪奚可逭。"

　　秋，李塨至京，聞季野卒，爲之痛哭。

　　　○《恕谷先生年譜》："壬午，四十四歲。……陶陽秋試，請先生同入京。聞萬季野卒，往哭之，柩已行矣。"

　　劉坊聞季野卒，至鄞。子世標乞狀，因書《萬季野先生行狀》。

　　　○丘復《劉耄石先生年譜》："壬午，……是年，萬季野卒於京邸王司空儼齋明史館中。儼齋以其柩還寧波。先生已巳冬在京，與季野訂交。季野言：'先世五代勝國世動，故自己未以來廿年間隱忍史局，棄妻子兄弟不顧，誠欲有所冀也。未白之衷，惟君深知我，他日身後之狀，君其毋辭。'先生至明州，其孤世標乞狀，先生因舉所聞見筆之。"

　　冬，熊賜履進呈《明史稿》之《本紀》十七、《志》十四、《表》五。康熙覽之不悅，命交內閣細看。

六　譜後

1703 年（清康熙四十二年癸未）　季野卒後 1 年

《歷代紀元彙考》刊行。温睿臨、陳正心作序，稱其書簡而該，興廢成敗，瞭如指掌。

○ 温睿臨《歷代紀元彙考序》："此編起唐帝堯元載甲辰，訖明崇禎十七年甲申，四千年之間，以年爲經，以歷朝紀元爲緯，令人一展卷而曆數長短，年代久近，一統分割，禪繼正僞，瞭如指掌，亦史學之一斑也。昔之萃聚列代者，有《世紀通曆》《通要》《通譜》《通載》《通鑒》《帝統舉要》《曆稽古錄》《年代錄》《疑年錄》《甲子編年》《紀年》《世運錄》，總皆紀年之書，而浩衍繁多，閱者不能舉其數，行笈不能載其書，其簡而該者，無如此編。……先生嘉惠後學之深思，因校此編，爲之泫然流涕。……康熙癸未長夏吳興温睿臨撰。"

○ 陳正心《歷代紀元彙考序》："先生爲一代文獻之宗，雖無位於朝，而名聞海內。其他撰著，足以嘉惠後學者，尚待刊布天下，既無由而睹。獨是篇幸已告竣，上下四千年間，興廢成敗，莫不瞭如指掌，亦可以見先生之學爲有用，而其遺書之待於表章者爲不可緩也。已余自問寡陋，不足以發先生之光，聊因是編之成，而誌其得交於先生者如此。康熙癸未且月山陰陳正心頓首拜撰。"

○《歷代紀元彙考》卷後萬經《紀元彙考小識》："今年正月，經

造司空夫子門陳謝,因出《紀元彙編》板付經曰:此令叔書,
已刻兩種之一也。其《史表》板已附歸矣。又詣叔父執友温
子鄰翼訊之,具詳始末,兼囑經一言誌其後。……癸未立秋
日姪經百拜識。"

1704 年(清康熙四十三年甲申)　季野卒後 2 年

王士禎著書,稱季野貫穿史事,於明代典故,瞭如指
掌,可謂"通儒"。對季野之殁,甚表惋惜。

○ 王士禎《香祖筆記》卷一:"鄞處士萬斯同,字季野,與其兄斯
大,字充宗,同游黄太冲之門。充宗研精經學,而季野貫穿
史事,於明代三百年典故,如指諸掌。史館總裁諸公,聘入
京師,一切皆取衷焉。初,先伯祖太師公(諱象乾)列傳,汪
編修(琬)、倪檢討(粲),各有撰述。季野從《實錄》搜采十許
事補入,視二君爲詳。其所撰《宋季忠義錄》十二卷,一卷載
恭帝、端宗、末帝《本紀》,陳仲微《二王始末》二卷,迄末自江
萬里、文天祥而下,逮劉辰翁凡四百六人,皆向來紀載所未
備也。所著又有《南宋六陵遺事》一卷,《庚申君遺事》一卷,
《補歷代史表》六十卷,《歷代宰輔彙考》八卷,《廟制圖考》四
卷,《河渠考》十二卷,《崑崙河源考》二卷,《儒林宗派》八卷,
《群書疑辨》十二卷,《書學彙編》二十四卷,可謂通儒。壬午
四月,殁於京邸,甚可惜也。"

按:宋犖《香祖筆記序》:"阮亭王先生,今世之古人也。
……近又輯癸未迄甲申兩年筆記屬校訂爲序。"可知此書當
作於康熙四十二年和四十三年。惟據語氣,當作於四十
三年。

約清康熙四十餘年　季野卒後 3、4 年

黄百家作萬季野墓誌銘,稱譽季野之史學,感慨修史

之不易。

○《碑傳集》卷一百三十一黃百家《萬季野先生斯同墓誌銘》：
"嗟呼！修史之事，至明室而愈難矣，革除之失實，秘陽之醜
正，《要典》之逆言，思陵之墜簡，以至偽書流行，多不勝數，
是非通知三百年之首尾條貫於胸中者，未免爲公超之霧所
染，東西易問，惡能饗諂魂、發潛德於筆下乎？昔先遺獻嘗
怪某相之喪師誤國，而冬心詩惑於孤兒之詭說，頌其功勞。
近聞復有欲爲險心辣手亡國之某相頌功者，則更可怪矣。
語云：'國可滅，史不可滅。'柱下皇戒，原非布衣之事，先生
雖死，知當事者自能出定力以主持，必不至使後人有糾謬之
舉也。"

按：黃百家在墓誌銘中又謂："子二，世楷早卒；世標府
學生，娶董氏。女二，國子學生陳涵璋、謝家祚其婿也。"而
未言季野之孫，則墓誌銘當作於季野卒後數年間。

約清康熙四十餘年末、五十餘年初　季野卒後 7、8 年

溫睿臨《南疆逸史》成，是書昔受季野之屬托而著，所
取資料有自季野撰明末諸傳者。

○ 溫睿臨《南疆逸史·凡例》："其後錄得野史數十種，方欲咨
訪發凡起例，而萬子溘然先逝。《明史列傳》甫脫稿，尚未訂
正，念亡友惓惓之言，不忍違其雅意。閒居京邸，放廢無事，
薈蕞諸書，以銷永日，顏曰'南疆逸史'，非敢附名山之藏，亦
賢於博弈者云爾。……（明季之野史）共四十餘種，其間紀
載有詳略，年月有先後，是非有異同，毀譽有彼此，乃取萬子
季野明末諸傳及徐閣學《明季忠烈紀實》諸傳，合而訂之，正
其紕繆，刪其繁蕪，補其所缺，撰其未備，以成是編。"

按：此言"《明史列傳》甫脫稿"，而未言王鴻緒進呈《明
史列傳》事，可知溫書當作於季野卒後不遠。

1712 年(清康熙五十一年壬辰)　季野卒後 10 年

邵廷采《思復堂集》出版,其《寧波萬氏世傳》一節,述及季野,極稱其史才。

- ○ 邵廷采《思復堂集》卷三《寧波萬氏世傳》:"斯同,字季野,有史才,詔修《明史》,總裁令其以白衣領事。嘗補《二十一史・世表》五十四卷,朝士奇之。兄子言,字貞一,先在史館七年,出知五河。季野踵其事,父子一手,稿本粗定,儒林寶貴焉。"

　　按:謂"季野踵其事",則誤。

1714 年(清康熙五十三年甲午)　季野卒後 12 年

王鴻緒以刪改後之原季野《明史列傳稿》共二百〇五卷進呈。

- ○ 王鴻緒《橫雲山人集・進呈明史列傳稿疏》:"時公議臣玉書任志書,臣廷敬任本紀,臣任列傳,各專一類,然後會校。臣以食俸居京,比二臣得有餘暇,刪繁就簡,正謬訂訛,如是數年,彙分卷次。……自蒙恩歸田,欲圖報稱,稍盡臣職,因重理舊編,搜殘補闕,薈萃其全,復經五載,始得告竣。共大小列傳二百五卷。……謹繕寫列傳全稿,裝成六套,令臣子現任户部四川司員外郎臣王圖煒恭齎進呈御覽。復冀萬幾餘暇,特賜省觀,並宣付史館,以備參考。"
- ○《孟鄰堂集》卷二《再上明鑑綱目館總裁書》:"王公歸,重加編次,其分合有無,視萬、錢稿頗異。……蓋其書《紀》《表》不如《志》,《志》不如《傳》,弘、正前之《傳》不如嘉靖以後,此其大較也。最可議者,王公重編時,館客某刻薄無知,於有明黨案及公卿被劾者,不考其人之始終,不問其事之真僞,深文巧詆,羅織爲工,而名臣事蹟則妄加刪抹,往往有並其姓名不著者。蓋是非毀譽尚不足憑,不特《紀》《志》《表》

《傳》等自爲異同也。”

1718 年（清康熙五十七年戊戌）　季野卒後 16 年

方苞作《萬季野墓表》，獨闡明季野之史法。

○《方苞集》卷十二《萬季野墓表》：“戊戌夏六月，臥疾塞上，追思前言，始表而誌之，距其歿蓋二十有一年矣。季野行清而氣和，與人交，久而益可愛敬。其歿也，家人未嘗訃余。余每欲赴其家弔問而未得也。故於平生行迹，莫由叙例，而獨著其所闡明於史法者。”

按：戊戌爲康熙五十七年，方苞言距其歿二十有一年。苟如此，季野卒年將爲康熙三十六年，其說顯係記憶或計算之誤。

又按：方苞是文獨闡季野之史法，見本書康熙三十五年條。

是年，里人奉季野木主入鄞縣黌宮，學使汪瀰稱其精探理學，博擅史才。

○《濠梁萬氏宗譜内集》卷十一《崇祀録·清故處士季野萬先生》載學使汪瀰批語：“據詳，處士萬斯同，孝友性成，聰敏天賦，精探理學，契微義於洛閩；博擅史材，擬三長於班馬。褒譏手定，譽重公卿，著作篇多，不求聞達，士林欽仰，鄉黨追思。公請崇祀黌宮如詳，置主入祠，繳。”

1719 年（清康熙五十八年己亥）　季野卒後 17 年

冬，葬季野於鄞之奉化縣忠義鄉德星里尊湖嶴。墓碣鐫“鄞儒理學季野萬先生暨配莊氏傅氏墓”，内閣大學士王頊齡題字。旁柱聯鐫裘璉題“班馬三椽筆，乾坤一布衣”五言聯句。

○《奉化忠義鄉志》卷十七《塚墓》：“布衣鄞萬斯同墓，尊湖烏

陽觀山南麓,坐丑向未兼癸丁。墓碣鎸'鄞儒理學季野萬先
生暨配莊氏傅氏墓'十六字(原注:橫列八行,行二字),首鎸
'康熙五十八年己亥季冬月穀旦'十三字。末鎸'內閣大學
士王頊齡題'九字。兩旁柱聯鎸'班馬三椽筆,乾坤一布衣'
十字。末鎸'晚生裘璉敬題並書'八字。案季野萬先生以康
熙壬午夏卒於王尚書史局中,碣署己亥,已越十有七年。"

○《濠梁萬氏宗譜內集》卷八:"叔祖永八府君,……葬奉化縣
忠義鄉德星里尊湖崒地方。"

王鴻緒刻所著橫雲山人《明史稿》。

1720 年(約清康熙五十九年庚子)　季野卒後 19 年

楊无咎作《萬季野先生墓誌銘》,稱其講會可"備一王
之采擇";修史幾與先世武功爭烈;學術躬行蕺山秘旨;於
鄉里睦族敬賢,惇篤風義,爲時人所罕見。

○《石園文集》卷首楊无咎《萬季野先生墓誌銘》:"季野志在國
史,而其有功於後學,則講會之力爲多。……嗚呼! 世衰道
微,而能與諸文士原原本本,備一王之采擇,此其志微而顯
矣。……稱之者曰:'天生季野,關係有明一代人傑也。'
……此其博物洽聞,風動海內,不幾與先世武功爭烈哉! 而
惜其所遇之非時也。……季野學無不窺,而以山陰蕺山先
生爲宗主。履安先生出蕺山之門,而蕺山之高弟黃梨洲倡
明蕺山之學,季野復從之遊,因得盡聞蕺山秘旨,而躬行實
踐,非僅僅標榜爲名高也。壬寅,故第奪於帥弁,僦居丙舍,
饘粥不給,節省以濟同族。所入脯脩,宗黨中有喪葬老疾之
費,咸取資焉。祀田遭亂多所廢斥,祭祀恒不能支,創議興
復,子姓咸仰賴之。故人馮京第死於義旅,其子沒入不得
歸,初至燕京,爲釀錢贖之。而里人有張九林者,亦死於邸,
爲收含殮焉:其輯睦宗族,惇篤風義,皆此類也。"

按：《大清一統志》卷八十一《蘇州府·楊无咎》："明諸生，廷樞子，痛父罹難，杜門隱居歷八十年，覃思經學，多闡前人所未發。著有《覃經録》諸書。"

1723 年（清雍正元年癸卯）　季野卒後 21 年

王鴻緒以修補後之《明史稿》紀、志、表、傳全稿三百十卷進呈。

○《横雲山人集·進呈明史全稿疏》："計自簡任總裁，閱歷四十二年，或筆削乎舊文，或補綴其未備，或就正於明季之老儒，或咨訪於當代之博雅，要以恪遵敕旨，務出至公，不敢無據而作。今合訂《紀》《志》《表》《傳》共三百零十卷，謹録呈御覽。"

七月，清廷以王項齡、隆科多爲監修，張廷玉、徐元夢、朱軾、覺邏逢泰爲總裁，令慎選儒臣，訪山林績學之士，一同編輯《明史》。然舊時稿本不可復得，館中所存，惟累朝《實録》，而列傳亦十不存一二。

○《東華録》："（雍正元年），諭大學士等：……有明一代之史，屬經修纂，尚未成書。……朕思歲月愈久，考據愈難，目今去明季將及百年，幸簡編之紀載猶存，故老之傳聞未遠。應令文學大臣，董率其事，慎選儒臣，以任分修。再訪山林績學之士，忠厚淹通者，一同編輯。"

1725 年（清雍正三年乙巳）　季野卒後 23 年

季野子世標作《明史稿流散目録》。

○《建修萬季野先生祠墓紀念刊》附萬世標《明史稿流散目録》："先君子明史原稿家間所有者：《本紀》四本（原注：外缺泰昌、天啓、崇禎一本，陳澤州家中有）。后妃諸工列傳有。公主傳無。名臣列傳（原注：自韓林兒起至田爾耕止，全無。

陳實齋、許時庵、蔡瞻岷三家有鈔本)。內存萬曆中年以後
原稿四十本;啓、禎以後原稿半存。循吏傳無。儒林、文苑
傳有。忠義傳存兩卷,餘缺。孝義傳有。隱逸傳無。列女
傳有。方伎傳有。外戚傳無。佞倖奸臣傳有。流賊傳無。
土司傳無。外國傳稿半存。其原稿皆在儼齋先生家。至
《橫雲山人集》所刻史稿,止得十分之一,皆係錢亮功改本。
如后妃、諸王、外國諸傳不涉忌諱者,又仍先君原本。然中
堂進呈之史,又倩人改過,另是一冊。進呈在壬午年二月初
二日,先君卒於史館,在壬午年四月初八日。遺書盡爲亮功
取去,無一好本寄回家者,都門士大夫皆知其事也。雍正三
年乙巳七月,四明萬世標據實直書。"

　　按:澤州爲陳廷敬。陳實齋爲陳詵,海寧人,康熙舉人,
官至禮部尚書。許時庵爲許時霖,海寧人,康熙進士,亦官
至禮部尚書。蔡瞻岷,安徽桐城人,布衣。儼齋爲王鴻緒。
中堂指熊賜履。

1730 年(清雍正八年庚戌)　季野卒後 28 年

季野傳始列入寧波地方志。

○《雍正寧波府志》卷二十五《儒林傳》:"萬斯同,字季野,鄞
人,泰第八子。生有異質,挺然以聖賢自期,非禮弗動,過目
不忘。八齡在客座中,背誦揚子《法言》如倒峽。年十四,遍
讀父所藏書,覆如流。尤精經史。康熙五年,甬上有五經之
會,群疑一言立解。大司寇徐乾學聞其名,敦請編纂《喪禮》
諸書。十七年,會舉博學鴻儒,寧紹道許弘勳薦,固辭。明
年,開明史館,應監修大學士徐元文聘,欲薦,又力辭,乃以
布衣從事。元文罷,繼之者大學士張玉書、陳廷敬,大司農
王鴻緒皆延之纂成明史。斯同之在史館也,亦有講會,聽者
常數十百人。或詢以史事,則曰,某事在某書,某卷第幾頁,

第幾行,如其言閱之,無一爽。性不喜仕進,不樂榮利,見人
輒以讀書勵名節相劘切。斯同學於黃宗羲,從劉宗周《人
譜》入手,一以慎獨爲主,以聖賢爲必可至,以己心爲嚴師。
對家人如對賓客,處幽獨若處明廷,始於敦倫睦族,而推之
於仁民愛物。人無賢不肖,一以至誠待之,而人亦無忍欺之
者。尤好汲引後進,惟恐不及。生平因事納誨,達人之材,
成人之德,不可枚舉。學者尊之如泰山北斗,親之如光風霽
月。著經史學書,合三十種,詳《藝文志》。"

1736 年(清乾隆元年丙辰)　季野卒後 34 年

楊椿有《再上明鑑綱目館總裁書》,述《明史》纂修沿
革。並季野修史、王鴻緒刪改事。

　○《孟鄰堂集》卷二《再上明鑑綱目館總裁書》:"始萬君在時,
　　於徐公傳稿,合者分之,分者合之,無者增之,有者去之,錢
　　君俱詳注其故於目下。王公歸,重加編次,其分合有無視
　　萬、錢稿頗異。五十三年春進呈,……六十一年冬,王公閒
　　居在京,刪改徐公《本紀》,不浹旬而十六朝《本紀》悉具。雍
　　正元年六月進呈,共三百零十卷,此即史館所貯王公奉敕編
　　撰本是也。"

　　　按:《孟鄰堂集》,楊椿是年任事明史綱目館。

1739 年(清乾隆四年己未)　季野卒後 37 年

張廷玉等編定之《明史》凡三百三十二卷刊行。《明
史》係據王鴻緒《明史稿》改編而成。

　○張廷玉《上明史表》:"臣等奉敕纂修《明史》告竣,恭呈睿鑒。
　　……臣等於時奉敕充總裁官,率同纂修諸臣開館排緝。聚
　　官私之紀載,核新舊之見聞。籤帙雖多,牴牾互見。惟舊臣
　　王鴻緒之《史稿》,經名人三十載之用心,進在彤闈,頒來秘

閣，首尾略具，事實頗詳，……。乾隆四年七月二十五日。"

1745 年前後（約清乾隆十年左右）　季野卒後 40 餘年

全祖望作《萬貞文先生傳》，慨蕺山證人之緒不可復振，而甬上五百年文獻之傳亦復中絶。更正方苞撰《墓表》所言季野卒地之誤。對其於清廷態度之評價，尤深表不滿。

○《鮚埼亭集》卷二十八《萬貞文先生傳》："自先生之卒，蕺山證人之緒不可復振，而吾鄉五百餘年攻媿（按：指樓鑰）、厚齋（按：指王應麟）文獻之傳，亦復中絶，是則可爲太息者矣。……先生之《志》，姚人黄百家、閩人劉坊、吳人楊无咎皆爲之。黄《志》最核。其後方侍郎爲之《表》，則尤失考據。至謂先生卒於浙東（原注：斯言不見本《表》，而見《梅定九墓文》中）。則是侍郎身在京師，乃不知先生之卒於王尚書史局中，而曰'欲弔之而無由'，其言大可怪。侍郎生平於人之里居世系，多不留心，自以爲史遷、退之適傳皆如此，乃大疏忽處也。又謂先生與梅定九同時，而惜先生不如定九得邀日月之光以爲泯没，則尤大謬。先生辭徵者再，東海徐尚書亦具啓，欲令以翰林院纂修官領史局，而以死辭之。蓋先生欲以遺民自居，而即以任故國之史事報故國，較之遺山，其意相同，而所以潔其身者，則非遺山所及，況定九乎？侍郎自謂知先生，而爲此言，何其疏也（原注：先生嘗言，遺山入元，不能堅持苦節爲可惜）。"

全祖望論季野所著《明樂府》，稱其詩爲"學人之詩"，而兼有"詩人風格"。

○《續甬上耆舊詩》卷七十八《貞文先生萬斯同》："有詩人之詩，有文人之詩，有學人之詩。以安溪（按：指李光地）所舉三子而言，寧人則學人之詩之工者也；百詩則學人之詩之拙

者也；先生則實係學人之詩而兼有詩人風格。惜其所存皆
己未以前作。自入史館而後，詩皆散亡不可得也。"

　　按：全祖望此跋著作年不可考，今姑繫於此。

1773 年(清乾隆三十八年癸巳)　季野卒後 71 年

　　季野所著之《儒林宗派》由季野侄曾孫再刻於甬上。
周《序》稱此書博洽明晰，有功於培育人才，消除門户之見。

　○ 周永年《儒林宗派序》："先生斯編，則搜采更博，且纚析條
　　分，較若列眉，……於以窮經稽史，尊聞行知，人材之成，亦
　　不可比隆於漢宋哉！斯則先生纂集是書之意也夫。"

　　　　按：劉坊《萬季野先生行狀》："所著書數十種：《儒林宗
　　　　派》八卷，《廟制圖考》四卷，《讀禮通考》九十卷，爲徐司寇乾
　　　　學所纂刻於徐氏傳是樓中。"徐氏刻本未見。

1776 年(清乾隆四十一年丙申)　季野卒後 74 年

　　翁方綱作《寶蘇室小草》，其七古一章頌季野修史之
勤，以其不得翺翔東觀爲憾。

　○《復初齋詩集・寶蘇室小草》四："紀傳四百六十卷，淮陰劉
　　家録其半。史表史志用力殊，班昭劉昭孰一貫。徒令橫雲
　　題作集，體例依然無論贊。當年矻矻搜廢墜，想披《實録》爲
　　三歎。舊家文獻浩誰徵，平日稗官紛不算。千秋不少野史
　　亭，幾個無欺青竹汗？貯瓢班叙自奇古，索米丁儀非點竄。
　　不知初稿經幾削，今日烟煤況焦爛。依稀黜陟紀九邊，零落
　　章奏爭三案。傳聞更有《明通鑑》，恨不同兹勤手盥。《石經
　　考》存《石鼓》亡，彼書録者徒供翫。楷勢略似黎洲老，挑燈
　　況在華亭館。如此手腕繼南雷，不得翺翔上東觀。吾輩汗
　　顏何以報，日日虛糜大官粲。"

1782 年(清乾隆四十七年壬寅)　季野卒後 80 年

　　季野所著之《聲韻源流考》《歷代史表》《儒林宗派》《崑崙河源考》《明代河渠考》《廟制圖考》《石經考》《書學彙編》《歷代宰輔彙編》等九種,采入《四庫全書》或列入存目。《總目提要》作者對各書之解題,皆以考評,頗公允。

- 《四庫全書總目提要·小學類存目二·聲韻源流考》:"詳考聲韻之沿革,首列歷代韻書之可考者,次列歷代韻書之無考者,而采摭其序文凡例,目錄以存梗概。……而草創未終,略無端緒,匡廓粗具,挂漏宏多,……知爲雜鈔之本,不過儲著書之材,而尚未能著書。後人以其名重,遂錄傳之,故觸處罅漏如是也。"

- 《四庫全書總目提要·別史類·歷代史表五十三卷》:"是編以十七史自《後漢書》以下,惟《新唐書》有表,餘皆闕如,故名爲補撰。……使列朝掌故,端緒釐然,於史學殊爲有助。考自宋以前,唯《後漢書》有熊方所補年表,他如鄭樵《通志·年譜》,僅記一朝大事。……近人作十六國年表,亦多舛漏。其網羅繁富,類聚區分,均不及斯同此書之賅備。……然核其大體,則精密者居多,亦所謂過一而功十者矣。"

- 《四庫全書總目提要·傳紀類二·儒林宗派十六卷》:"自《伊洛淵源錄》出,《宋史》遂以道學、儒林分爲二傳,非惟文章之士,記誦之才,不得列之於儒,即自漢以來傳先聖之遺經者,亦幾幾乎不得列於儒。……明以來談道統者,揚己凌人,互相排軋,卒釀門户之禍,流毒無窮。斯同目擊其弊,因著此書,……其持論獨爲平允。惟其附錄一門,旁及老、莊、申、韓之流,未免矯枉過正。……至於朱陸二派,……四百年中,出此入彼,淵源有自,脉絡不誣,亦未可以朝代不同,不爲明其宗系。如斯之類,雖皆未免少疏,然較之《學統》《學案》諸書,則可謂滌除錮習,無畛域之見矣。"

○《四庫全書總目提要·地理類二·崑崙河源考一卷》："斯同此書,作於康熙之初,核以今日所目驗,亦尚不盡脗合。然時西域未通,尚未得其實據,而斯同穿穴古書,參稽同異,即能灼知張騫所說之不誣,而極論潘昂霄等之背弛驚亂。凡所指陳,俱不甚相遠,亦可謂工於考證,不汩沒於舊說者矣。"

○《四庫全書總目提要·地理類存目四·明代河渠考》："是書采取有明列朝實錄,……天啓四年以後,則雜取邸抄野史以足成之。視史志所載稍詳,然頗傷冗雜。斯同嘗預修《明史》,此本疑即其摘錄舊聞,備修志之用者,後人取其殘稿錄存之也。"

○《四庫全書總目提要·職官類存目·歷代宰輔彙考八卷》："是編取秦、漢以迄元、明宰輔,分職繫名,以便檢核。其於官制增損異同之處亦間附案語,頗爲簡明。"

○《四庫全書總目提要·政書類二·廟制圖考一卷》："是書統會經史,折衷廟制,……於是上溯秦、漢,下迄元、明,凡廟制沿革,悉爲之圖,以附於經圖之後而綴以說,其用功頗勤,其義例亦頗明晰。視明季本之書,較爲賅備,其中所論,則得失互陳,……雖大旨宗王黜鄭,固守一隅,然通貫古今,有條有理,不可謂非通經之學也。"

○《四庫全書總目提要·目錄類二·石經考一卷》："斯同是編,悉載顧炎武之說,又益以吳任臣……諸家之論,並及炎武所作金石文字記,亦間附以己見,雖不若杭世駿《石經考異》之詳辨,而視顧氏之書已爲較備。……要之,合三家之書,參互考證,其事乃備,固未可偏廢其一也。"

○《四庫全書總目提要·藝術類存目·書學彙編十卷》："是編錄歷代善書之人,上自蒼頡,下迄明季,共一千五十四人,……皆頗有考證。"

1787 年(約清乾隆五十二年丁未)　季野卒後 85 年

蔣學鏞撰《鄞志稿》,其卷十二《儒林傳》有《萬斯同傳》,言《讀禮通考》之外,又有《五禮通考》,亦爲季野所撰,而爲人所竊。

- ○《鄞志稿》卷十二《儒林傳下·萬斯同》:"按先生在京師,徐尚書乾學居憂,與之語喪禮,因纂《讀禮通考》,自《國郵》迄《家禮》九十卷,凡十四經之箋疏,廿一史之《志》《傳》,漢、唐、宋之文集、説部,采取無或遺者。又以其餘爲《喪禮辨疑》四卷,今借刻徐氏傳是樓中。尚書又請遍纂五禮,遂節略前書,復補其四,共二百餘卷,未及繕寫。先生卒,稿本留京師一故家。近時有檢得之者,其書多以片紙黏綴;或脱落失次,因重爲編葺,竟竄名己作。崑山所刻,人知出先生手,而《五禮通考》,人或未之知也,用附著之。"

1793 年(清乾隆五十八年癸丑)　季野卒後 91 年

阮葵生《茶餘客話》出版,其卷九有《萬斯同修明史》一節,稱譽季野"繫國史絕續之寄"。

- ○《茶餘客話》卷九《萬斯同修明史》:"季野踞高足床上坐,錢(指錢名世)就炕几前執筆,……而其間受託請移袞鉞,乘機損益點竄諸史官之傳紀,略無罅漏。史稿之成,雖經史官數十人之手,而萬與錢實尸之。噫!萬以煢煢一老,繫國史絕續之寄,洵非偶然。錢雖宵人,而其才亦曷可少哉!"

    按:據阮鍾埼《茶餘客話序》,此書初刻於乾隆五十八年癸丑。

1794 年(清乾隆五十九年甲寅)　季野卒後 92 年

李集《鶴徵錄》刊印,書中言李因篤竄抹季野《明史稿》事。

○ 李集《鶴徵錄》卷一：“李因篤，字天生，……先生精熟前明一代事蹟。……後横雲山人史稿成，欲先生正之，時老病在床褥，令二人捧稿朗誦於枕側，先生呼曰‘改’，即加竄易塗抹，半載而畢功。”

1799 年（清嘉慶四年己未）　季野卒後 97 年

錢大昕著《十駕齋養新録》，有《萬斯同〈石經考〉》條，評季野所論之失，謂《漢書》多處皆不云有“三體石經”，而季野仍沿《後漢書·儒林傳序》所謂“古文、篆、隸三體書法以相參校”一語，以翻趙明誠諸人考定之説，實仍范曄著文之失。

○ 錢大昕《十駕齋養新録》卷十三《萬斯同〈石經考〉》：“石經一字三字之分，紀載各殊。趙明誠、洪景伯諸人考定以一字者爲漢刻，三字者爲魏刻，既確不可易矣。季野執《後漢書·儒林傳序》爲古文、篆、隸三體書法以相參校一語，欲翻此案，謂蔚宗得於目睹，必不誣。甚矣，季野之惑也。蔚宗著書，在宋文帝之世，其時洛陽已非宋土，何由得石經而睹之？若云目睹在義熙、永初之間，則蔚宗未嘗官洛陽。……《靈帝紀》，《蔡邕》《張馴》《李巡》諸傳，俱不云有三體，唯《儒林傳序》有之。蓋蔚宗習聞太學有三體石經，誤認爲漢熹平所刻，遂增此語，後來又承蔚宗之誤，不能訂正。季野以史學自負，何亦憒憒若此！”

按：錢慶增《竹汀居士年譜續編》言錢大昕此書著於嘉慶四年。

1801 年（清嘉慶六年辛酉）　季野卒後 99 年

阮元《兩浙輶軒録》刊行，内有袁鈞節録之季野小傳，並季野詩兩首。

　　◦ 見阮元《兩浙輶軒録》卷七《萬斯同》。

1806 年(清嘉慶十一年丙寅)　季野卒後 104 年

　　錢大昕《潛研堂文集》梓成,其《萬先生(斯同)傳》,對季野甚稱頌,並録有季野非建文帝遜國出亡之説。

　　◦ 錢大昕《潛研堂文集》卷三十八《萬先生(斯同)傳》:"建文一朝無實録,野史因有遜國出亡之説,後人多信之。先生直斷之曰:'紫荆城無水關,無可出之理,鬼門亦無其地。《成祖實録》稱建文闔宫自焚,上望見宫中烟起,急遣中使往救,至已不及。中使出其尸於火中,還白上。所謂中使者,乃成祖之内監也,安肯以后尸誑其主。而清宫之日,中涓嬪御爲建文所屬意者,逐一毒拷,苟無自焚實據,豈肯不行大索之令耶?且建文登極二三年,削奪親藩,曾無寬假,以致燕王稱兵犯闕,逼迫自殞。即使出亡,亦是勢窮力盡,謂之遜國可乎?'由是建文之書法遂定。"

　　　　按:季野《明樂府》(即《樂府新辭》)原稿本有《火燒頭》一首,其建文出亡一事與錢大昕所説絶對相反,兹録此詩全文於下:

　　　　《明樂府·火燒頭》(原注:燕王稱兵犯闕,既入京,宫中火起,帝已潛身逸去。王問帝所在,或指他骨曰:"燒死矣。"王撫尸而哭曰:"火燒頭,何至是也!"):"高皇垂統建諸藩,欲貽子孫磐石安。豈知身没骨未冷,兵戈雲擾起燕山。嗣王好文不好武,上欲登下下咸五。燕兵已至齊魯郊,猶詔莫令殺叔父。不殺叔父誠爲仁,誰料天心不屬君。金川門開兵才入,乾清宫閟火已焚。火燒頭,真還假,當年火裏尸若真,異日遜荒胡爲此?乃知天心終有存,雖亡天下不亡身。頭白歸來帝城死,眼看仇人已易孫。君不見,高皇寄食蕭寺裏,前爲沙門後天子。又不見,嗣王行遯滇江濱,前爲天子後沙門。人間得失難俱數,得者何喜失何怒! 試看長陵千尺墳,寧似西山一抔土。"

　　按:季野《明樂府》稿藏於鄞徐時棟烟嶼樓。徐氏對此有評語:"吾家藏本,較此本(指季野八世從孫所藏《明樂府》稿)多刪節,余疑出先生手定。……然有一事當證明者,此本《刑囚手》《火燒頭》二首,余本皆無之。《火燒頭》咏建文出亡事,絕不作一疑詞,他日乃極論此事誣妄。《潛研集》中有先生傳,詳記其語。蓋先生少年以遜荒爲真,既師梨洲,梨洲力闢之,先生亦遂變其初說。然則此首爲先生手汰可知。事之有無,信不易定,欽定《明史》亦兩存其説。特先生一家言,不可使之兩歧也。故特識之,以解讀者之惑。"

1816 年(清嘉慶二十一年丙子)　季野卒後 114 年

《群書疑辨》初刻於甬上。浙江學使汪廷珍作序,評季野經學之得失,讚其不苟爲異同,無門户之習,有足資考證者。雖間有考之未詳,然皆持之有故,言之成理。

○ 汪廷珍《群書疑辨序》:"是書凡十二卷,前六卷論辨諸經,皆求其理之是,心之安,而不苟爲異同,一洗宋元儒者門户之習。雖其間有考之未詳者,有可備一義而未敢信爲必然者,有勇於自信而於古未有確證者,然皆持之有故,言之成理。……其第四卷雜論喪禮諸則,明先聖之制,砭流俗之失,酌古今之宜,洽情理之中,尤盡善可施用。七卷以下,考廟制、辨石鼓及古文隸書,崑崙河源,亦具有理致據依,足資考證。末二卷論史事,事核文直,推見至隱,其闡忠義、誅奸回,獨詳於宋元之際者。先生自以爲明之遺民,故不忘故國之意,……其於有明一代尤詳。……嗚呼! 觀於此書,可以知先生之志矣。……吾聞四明之學,遠有端緒,自攻媿、厚齋後五百年而有先生昆弟爲極盛。繼此則謝山之精博爲庶幾

焉。……誠由先生之書而從事於先生之學,則不獨四明文
獻之傳賴以不墜,即蕺山、南雷之緒且將有傳人焉,此則僕
所厚望也已。嘉慶丙子二月既望浙江督學使者山陽後學汪
廷珍。"

1823 年(清道光三年癸未)　季野卒後 121 年

阮元作《國史儒林傳》,附季野傳於兄斯大傳内。

○ 見阮元《國史儒林傳》卷下《萬斯大傳(兄斯選、弟斯同)》。

按:阮元《國史儒林傳序》載於《揅經室集》,據《自序》,
該書作於道光三年。

1826 年(清道光六年丙戌)　季野卒後 126 年

錢儀吉《碑傳集》刊行,列季野於經學類,共録黃百家
《墓誌銘》、全祖望及錢大昕之《傳》。

○ 見《碑傳集》卷一百三十一《經學上之中》。

同年,方東樹著《漢學商兑》,言季野闢宋儒爲析義未
精;其《儒林宗派》非《宋史》道學傳、儒林傳之分爲議之
過甚。

○ 方東樹《漢學商兑序》:"近世有爲漢學考證者,著書以闢宋
儒,攻朱子爲本,……而其人所以爲言之旨,亦有數等,若黃
震、萬斯同、顧亭林輩,自是目擊時敝,有所激,創爲救病之
論,而析義未精,言之失當。"

○ 方東樹《漢學商兑》上:"萬斯同撰《儒林宗派》,其旨以爲自
《伊雒淵源録》出,《宋史》遂分道學、儒林爲二傳,非惟文章
之士不得列於儒,即自漢以來傳聖人之遺經者亦不得列於
儒。講學者遞相標榜,務自尊大。明以來講道統者揚己凌
人,互相排軋,卒釀門户之禍。

按:朱子撰《伊雒淵源録》,本以考實前輩師友學行,不

没其真，以爲來者矜式。……至於元修《宋史》，本此書創立道學傳，非朱子所逆睹，乃世遂援此以爲罪朱子鐵案，豈非周内？……《宋史》本《伊雒淵源録》創立道學傳，正合周公之制，萬氏不知，而議之過矣。萬氏此書，意在持平，而實乃不平之甚。"

1832 年（清道光十二年壬辰）　季野卒後 130 年

章學誠《文史通義》始刻於河南，其《浙東學術》一節以黃宗羲、季野兄弟及全祖望之學術蠚然自成系統，並指出其學術特點。

○ 章學誠《文史通義內篇》五《浙東學術》："浙東之學，……多宗江西陸氏，而通經服古，絶不空言德性。……梨洲黃氏，出蕺山劉氏之門，而開萬氏兄弟經史之學，以至全祖望輩，尚存其意，宗陸而不悖於朱者也。……世推顧亭林氏爲開國儒宗，然自是浙西之學。不知同時有黃梨洲氏，出於浙東，雖與顧氏並峙，而上宗王、劉，下開二萬，較之顧氏源遠而流長矣。……浙東之學言性命者必究於史，此其所以卓也。……浙東之學，雖源流不異，而所遇不同，故其見於世者，陽明得之爲事功，蕺山得之爲節義，梨洲得之爲隱逸，萬氏兄弟得之爲經術史裁。授受雖出於一，而面目迥殊，以其各有事事故也。……或問事功氣節，果可與著述相提並論乎？曰：史學所以經世，固非空言著述也。"

1836 年（清道光十六年丙申）　季野卒後 134 年

姚範《援鶉堂筆記》刊行，記錢名世助季野修史事。

○ 姚範《援鶉堂筆記》卷四十三："往聞四明萬處士館於華亭王司農鴻緒家，撰《明史稿》。後目眵昏，不能自書，王乃客錢編修名世於家，伙助之。錢時在舉場，未遇，頗競竿牘，報謁

投刺無虛日,抵暮歸,食罷抵萬榻前。萬時臥病,口授顛末,
令書之。既就,王持稿藏去不留底本也。"

1845 年(清道光二十五年乙巳)　季野卒後 143 年

唐鑑《國朝學案小識》刊行,列季野於《經學學案》,附
於兄斯大後。

- 見唐鑑《國朝學案小識》卷十二《經學學案・萬充宗先生(弟
  季野附)》。

1858 年(清咸豐八年戊午)　季野卒後 156 年

錢林《文獻徵存録》刊行,其卷一有斯同傳,内容與前
人碑無多大出入,唯記有在徐元文賓館爲修史制條例事。

- 錢林《文獻徵存録》卷一《斯同》:"然元文重斯同,請主其家,
  每史官有纂撰,必伺斯同意乃敢下筆。其後建綱領,制條
  例,斟酌去取,讞正得失,悉付斯同典掌。"

1859 年(清咸豐九年己未)　季野卒後 157 年

屠宗伊所輯《屠氏先世見聞録》刊行,内論及季野之
《書學彙編》。

- 屠宗伊《屠氏先世見聞録》卷一:"萬季野(斯同)先生輯《書
  學彙編》,上自漢魏,下迄元明,號稱能書者無不備。載前明
  一代合五邑之産,吾郡得善書者僅三十人,而余家列其二,
  可喜也。"

1866 年(清同治五年丙寅)　季野卒後 164 年

李慈銘論季野所著之《群書疑辨》,言季野之經學深於
禮,好違鄭注,好闢《左傳》,至於極言《古文尚書》之真,力

駁毛《詩·小序》之謬,則近於猖狂無忌憚。又言季野史學
詳於明,論史有卓識,惟譏元之劉因,詆明之張居正,則考
之未審。

○ 李慈銘《越縵堂讀書記·群書疑辨》:"萬氏兄弟之學,頗喜
自出新意。……季野較爲篤實,其經學尤深於《禮》,其史學
尤詳於明。所作《歷代史表》已成絶詣。……《論喪禮》一
卷,酌古禮以正時俗凶禮之失,皆切實可行,不爲迂論。論
史兩卷,且有卓識,惟深譏元之劉因,痛詆明之張居正,則尚
考之未審。其論《禮》好違鄭注,論《春秋》好闢《左傳》,皆與
充宗相似。至於極言《古文尚書》之真,而詆《盤庚》《周誥》
爲不足存,力駁毛《詩·小序》之謬,而謂《二南》《國風》皆未
刪定,則近於猖狂無忌憚矣。……同治丙寅二月初一日。"

同年,李元度《國朝先正事略》脱稿,其卷三十二《經
學》有季野傳。

○ 見李元度《國朝先正事略》卷三十二《經學·萬先生斯同》。

按:李元度於該書《自序》中稱:同治五年三月,"稿甫
脱"而作序。

1868 年(清同治七年戊辰)　季野卒後 166 年

李慈銘論季野所著之《崑崙河源考》,言其好博辨而不
能深求古人文法。

○ 李慈銘《越縵堂讀書記·崑崙河源考》:"季野堅主崑崙,力
申漢説,……而又謂漢之崑崙,即古之崑崙,……其自相矛
盾,不可殫語。……季野好博辯而不能深求古人文法,故往
往疵謬。……同治戊辰十一月二十八日。"

1869 年(清同治八年己巳)　季野卒後 167 年

季野所著之《明樂府》初刻於甬上,徐時棟作序。

○ 徐時棟《新刻萬季野先生明樂府序》:"《樂府》固先生少作,不足以窺其底蘊。……吾家藏本較此本多删節,余疑出先生手定。乃鄞(按:指季野八世從孫)鄭重遺文,但依余本次序而不敢以節本付刻,亦孝子慈孫意也。然有一事當證明者,此本《刑囚手》《火燒頭》二首,余本皆無之。……至《刑囚手》一章,或以其廉而近酷,跡涉沽名,故删之耶? 是則未可懸揣者矣。"

清同治年間　季野卒後 160、170 年

奉化貢生謝崧,在蓴湖覓得季野墓於荒烟蔓草中,約友人歲時祭掃,欲置墓田而未果。

○ 《建修萬季野先生祠墓紀念刊》載應兆松《建修萬季野先生祠墓記》:"余幼時里居蓴湖,先君嘗携往烏陽觀山麓謁萬墓曰:'此鄞儒理學萬季野先生埋骨所也。……'稍長,嘗聞謝午峰師(按:指謝崧)爲萬墓嘆曰:'……墓在荒烟蔓草中,吾於同治間始得之,約友人吳文江可舟、劉紹琮雨棠,歲時祭掃,欲置產以持久,未果。'"

1878 年(清光緒四年戊寅)　季野卒後 176 年

魏源《古微堂集》由淮南書局雕印,有《書明史稿一》《書明史稿二》兩文。前者病《明史》人人立傳之弊,而《列傳》於明末諸臣又多疏略。後者述禮親王昭槤《嘯亭雜録》抨擊王鴻緒語,並引《明史稿》采夏允彝《幸存録》及明成祖復蘇松浮糧舊額事,指責王鴻緒增竄季野史稿之非。

○ 魏源《古微堂集·書明史稿一》:"嘗聞楊椿之言曰:《明史》成於國初遺老之手,而萬季野功尤多。……袁崇焕、左良玉、李自成傳,原稿皆二巨册,删述融汰,結構宏肅,遠在《宋》《元》諸史上。……然《宋史》以來,人人立傳之弊,仍不

能革,即如太祖功臣十八侯,人各一傳,或同一事而既見於此,復見於彼。……至於《外國傳》,……乃島不過數十里,人不過數百家,……動列《藩國》,何與共球? ……以此例之,則《列傳》可删去十分之三。……且《列傳》雖詳,而於明末諸臣尚多疏略:即黃得功、李定國二人,予所見野史,述其戰功事迹,數倍本傳,此略所不當略,與前之詳所不當詳,均失之焉。"

○《古微堂集·書明史稿二》:"嘗讀故禮親王《嘯亭雜錄》曰:'康熙中,王鴻緒、揆叙輩黨於禮親王而力陷故理邸,故其所撰《明史稿》於建文君臣指摘無完膚,而於永樂靖難諸臣每多恕辭。蓋心所陰蓄,不覺流於筆端。……'……或謂《明史稿》出萬季野名儒之手,其是非不應舛戾,折之曰:'《史稿》於《王之寀列傳》後附采夏允彝《幸存錄》數百言,以折衷東林、魏黨之曲直。夫《幸存錄》黃南雷詆爲"不幸存錄",又作《汰存錄》以駁之,……豈有季野爲南雷高弟,反采錄其言以入正史? 其爲王鴻緒之增竄無疑。'且明太祖平張士誠,惡蘇民爲士誠守城不下,命蘇、松田畝悉照私租起賦。……建文二年,降詔減免。……乃成祖篡立,仍復洪武舊額,至今流毒數百年未已。此事建文是而永樂非,比戶皆知。今《史稿》……即蘇松浮糧復額殃民之政,亦爲之諱。……鴻緒身爲吳人,豈有不知? 而曲筆深諱,若非禮親王誅心之論,烏能洞史臣之肺腑哉! 鴻緒身後,其子孫鏤板進呈,以板心雕《橫雲山人史稿》,遂礙頒發。攘善而不遂其攘,盜名而適阻其名,豈非天哉!"

1880 年(清光緒六年庚辰)　季野卒後 178 年

清禮親王昭槤《嘯亭雜錄》刊行,其《王鴻緒》及《明史稿》兩節,以對明惠帝與永樂之論述爲例,斥責王鴻緒心有所陰蓄，以成敗論人，殊非直筆。

　　○ 昭槤《嘯亭續録》卷三《王鴻緒》："王尚書鴻緒之左祖廉王，
　　　 余已詳載矣（見前卷）。近讀其《明史稿》，於永樂篡逆及姚
　　　 廣孝、茹瑺諸傳，每多恕辭，而於惠帝則指摘無完膚狀，蓋其
　　　 心有所陰蓄，不覺流露於書。"

　　○《嘯亭續録》卷三《明史稿》："向聞王橫雲《明史稿》，筆法精
　　　 善，有勝於館臣改録者。近日讀之，其大端與《明史》無甚出
　　　 入。其不及史館定者有數端焉：惠宗遜國事，本在疑似之
　　　 間，今王本力斷爲無，凡涉遜國之事，皆爲刪削，不及史館留
　　　 程濟一傳以存疑也。永樂以藩臣奪國，今古大變，王本於燕
　　　 多恕辭，是以成敗論人，殊非直筆。"

　　是年，陳康琪《郎潛紀聞初筆》出版，書中述及季野幼
時讀書及修史事。

　　○《郎潛紀聞初筆》卷十二："季野先生爲萬氏八龍之殿，少未
　　　 知名，父以爲癡，閉之空室中。窺架上書，有雜綴明代事者，
　　　 題曰《明史料》，凡數十大册，先抽讀之，數日而畢。伯兄斯
　　　 年察知之，驚曰：'名士近在吾家耶！'遽白諸父，爲易衣履，
　　　 使從餘姚黃太冲學，遂成名儒。"

　　○《郎潛紀聞》卷十二："《明史》稿本，實出吾鄉季野先生，而華
　　　 亭王氏攘之，承學之士，無不知其源委矣。……其會座則攝
　　　 衣登首席，岸然以賓師自居。故督師之嬙人方居要津，請先
　　　 生少寬假，先生兄不答。有運餉官遇賊，走死山谷，其孫懷
　　　 白金，請附《忠義傳》後，先生曰：'將陳壽我乎？'斥去之。後
　　　 先生兄子言，與修《明史》，獨成《崇禎長編》，故國輔相家子
　　　 弟，多以賄入京，求減其先人之罪，言峻拒曰：'若知吾季父
　　　 事乎？'其父子狷介如此。萬氏一門，經學、史才冠絶當代，
　　　 其操行之奇卓，亦復不媿古人，此則蕺山、南雷道學之緒餘，
　　　 不僅以文章藻耀振起門第者也。"

1891 年(清光緒十七年辛卯)　季野卒後 189 年

李桓《國朝耆獻類徵初編》增刊本印行,匯集阮元《國史儒林傳·斯同》、方苞《墓表》、全祖望及錢大昕《季野傳》,列季野於經學類,附於兄斯大後。

○ 見《國朝耆獻類徵初編》卷四百十三《經學一·萬斯大(附弟斯同)》。

1902 年(清光緒二十八年壬寅)　季野卒後 200 年

梁啓超撰《論中國學術思想變遷之大勢》,首提"浙東學派"一詞,言其源出自黃宗羲、季野,而邵廷采、全祖望、章學誠爲其巨子。

○ 梁啓超《飲冰室文集》第三册《論中國學術思想變遷之大勢》:"有浙東學派,……其源出於梨洲、季野而尊史。其巨子曰邵二雲(晉涵)、全謝山(祖望)、章實齋(學識)。二雲預修國史,……謝山於明末遺事,記載最詳,……南雷學統,此其一綫也。實齋爲《文史通義》,批郤導窾,雖劉子玄蔑以過也;其《校讎通義》,啓研究周秦學之端矣。"

1905 年(清光緒三十一年乙巳)　季野卒後 203 年

劉光漢所著之《全祖望傳》發表,言萬氏兄弟昌大浙東學派之學。

○《國粹學報》第 11 期載劉光漢《全祖望傳》:"浙東學派,承南雷黃氏之傳,雜治經史百家,不復執一廢百。鄞縣萬氏承之,學益昌大。若祖望之學,殆亦由萬氏而私淑南雷者歟?"

1907 年(清光緒三十三年丁未)　季野卒後 205 年

蕭穆《敬孚類稿》刊行,記季野《明史稿》原稿所在,並言王鴻緒與李清友善,王稿所言多回護閹黨。

　　○　蕭穆《敬孚類稿》卷九《記永樂大典（原注：附記王、萬二家
　　　　〈明史稿〉）》："余既與筱珊太史談論《永樂大典》原委,又以
　　　　前聞萬季野明史原稿尚在故鎮江府知府王可莊太守家,惜
　　　　不得借與王氏橫雲山人刊本校其同異。筱珊云：'誠然。蓋
　　　　王氏嘗與興化李清相友善,李所交多明季魏黨一流人物,
　　　　（原注：李爲閹黨李思誠之子）所言多回護閹,萬氏則無此
　　　　矣。'云云,記以俟考。"

同年,劉光漢所著之《論近世文學之變遷》發表,論季
野之文學爲"近代所罕覯"。

　　○　《國粹學報》第 26 期載劉光漢《論近世文學之變遷》："餘姚
　　　　黃氏,亦以文學著名……浙東學者多則之。季野、謝山,咸
　　　　屬良史,惟斐然成章,不知所裁,然浩瀚明圀,亦近代所罕
　　　　覯也。"

1912 年（民國元年壬子）　季野卒後 210 年

孫寰鏡所著《明遺民録》刊行,始列季野於明遺民
之列。

　　○　見孫寰鏡《明遺民録》卷三十九《萬斯同》。

1915 年（民國四年乙卯）　季野卒後 213 年

章炳麟所著《檢論》定稿,其卷四《清儒》篇論浙東之
學,所提人物與章學誠《文史通義·浙東學術》篇大體相
同,惟增添餘姚邵晉涵、會稽章學誠、定海黃式三、黃以周
父子四人。

　　○　章炳麟《檢論》卷四《清儒》："然自明末有浙東之學,萬斯大、
　　　　萬斯同兄弟,皆鄞人,師事餘姚黃宗羲,稱説《禮》經,雜陳漢
　　　　宋,而斯同獨尊史法。其後餘姚邵晉涵、鄞全祖望繼之,尤

善言明末遺事。會稽章學誠爲《文史》《校讎》諸通義，以復
歆、固之學，其卓約近《史通》。而説《禮》者羈縻不絶。定海
黄式三傳浙東學，始與皖南交通。其子以周作《禮書通故》，
三代制度大定。唯漸江上下諸學説，亦至是完集云。”

1918 年（民國七年戊午）　季野卒後 216 年

全祖望輯選之《續甬上耆舊詩》刊行，其卷七十八《貞
文先生萬斯同》收有季野《明樂府》等詩共一百六十首。全
氏言其詩係學人之詩而兼有詩人風格。

○《續甬上耆舊詩》卷七十八《貞文先生萬斯同》：“有詩人之
詩，有文人之詩，有學人之詩。……先生則實係學人之詩而
兼有詩人風格。”

1920 年（民國九年庚申）　季野卒後 218 年

梁啓超所作《清代學術概論》出版，是書論清代史學以
浙東爲盛，而言季野“最稱首出”。

○ 梁啓超《清代學術概論》：“大抵清代……其史學之祖當推宗
羲。……清代史學極盛於浙，鄞縣萬斯同最稱首出，斯同則
宗羲弟子也。唐以後之史，皆官家設局分修，斯同最非之。
……以獨力成《明史稿》，論者謂遷、固以後一人而已。……
黄宗羲、萬斯同以一代文獻自任，實爲史學嫡派。……自斯
同力言表、志之重要，自著《歷代史表》，此後表、志專書，可
觀者多。……自唐以後罕能以私人獨力著史，惟萬斯同之
《明史稿》最稱鉅製。”

1921 年（民國十年辛酉）　季野卒後 219 年

劉承幹爲《章氏遺書》作序，承章學誠之説，以浙東之
學與浙西之學並列。

○《章氏遺書》第一册《劉承幹序》:"我朝學派,開自亭林,……
然此皆浙西產也。當時浙東與亭林並世,則黃梨洲氏獨衍
蕺山之傳,下開二萬兄弟,再傳而得全謝山,三傳而得邵二
雲,而實齋先生實集其成焉。……辛酉重陽節吳興劉承幹
書於西湖留餘草堂。"

1923 年(民國十二年癸亥)　季野卒後 221 年

梁啓超所著《中國近三百年學術史》出版,言清代史學
黃宗羲、萬斯同、全祖望、章學誠鰲然自成一系統。介紹季
野史學,稱譽其研究精神。並言王鴻緒攘竊竄改季野史
稿,疑秦蕙田《五禮通考》亦偷自季野。又述清代禮學,當
萌芽於季野兄弟。

○ 梁啓超《中國近三百年學術史》第八講《清初史學之建
設──萬季野、全祖望》:"季野學固極博,然尤嗜文獻,最熟
明代掌故,自幼年即以著明史爲己任。……他極反對唐以
後史書設局分修的制度。……到潘力田、萬季野他們所做
的工作,便與前不同,他們覺得歷史其物,非建設在正確事
實的基礎之上,便連生命都没有了。……換一句話說,他們
的工作什有七八費在史料之搜集和鑑別。……但這種研究
精神,影響於前清一代史學界不少。……季野卒於京師,
……《明史稿》原本便落在王鴻緒手,……他得着這部書,便
攘爲己有,叫人謄鈔一份,每卷都題'王鴻緒著',而且板心
都印有'橫雲山人集'字樣,拿去進呈,自此萬稿便變成王稿
了。……最可恨者,他偷了季野的書,却把它改頭換面,顛
倒是非,叫我們摸不清楚那部分是真的,那部分是假的。
……又徐乾學的《讀禮通考》,全部由季野捉刀,秦蕙田的
《五禮通考》,恐怕多半也是偷季野的。……我們讀《歷代史
表》,可以看出季野的組織能力;讀《群書疑辨》,可以看出他

考證精神;讀《讀禮通考》,可以看出他學問之淵博和判斷力
之銳敏。除手創《明史》這件大事業不計外,專就這三部書
論,也可以推定季野在學術界的地位了。……浙東學風,從
梨洲、季野、謝山起以至於章實齋,蘁然自成一系統,而貢獻
最大者實在史學。"

○《中國近三百年學術史》第十五講《清代學者整理舊學之總
成績(三)》:"清代史學開拓於黃梨洲、萬季野,而昌明於章
實齋。……但梨洲、季野在草創時代,其方法不盡適用於後
輩。實齋才識絕倫,大聲不入里耳,故不爲時流宗尚,三君
之學不盛行於清代,清代史學界之耻也。……但吾以爲《明
史》長處,季野實尸其功;《明史》短處,季野不任其咎。季野
主要工作,在考證事實以求真是,……故《明史》叙事翔實,
不能不謂季野詒謀之善。……然《明史》能有相當價值,微
季野之力,固不及此也。"

○《中國近三百年學術史》第十三講《清代學者整理舊學之總
成績(一)》:"梨洲大弟子萬充宗、季野兄弟經學著述,關於
訓詁方面的甚少,而關於禮制方面的最多,禮學蓋萌芽於此
時了。"

同年,閔爾昌纂録《碑傳集補》,録有劉坊之《萬季野先
生行狀》,並列季野於"文學"類。

○見閔爾昌《碑傳集補》卷四十四載劉坊《萬季野先生行狀》。

按:閔爾昌於《行狀》後附言:"原列季野經學中,本集經
學一門,排印已竟,故入諸文學。"

同年,蕭一山《清代通史》出版,附斯大於斯同後,並簡
論斯同史學之重要見解及其貢獻。

○蕭一山《清代通史》卷上第三十二章《清初之經學・黃宗義
及清初之史學家・萬斯同(萬斯大附)》:"宗義門人最著者
曰萬斯同,清初之史學大家也。……乾隆初刊定《明史》,乃

依據王鴻緒稿本而增損之，鴻緒稿本實出諸斯同手者也。……我國官家分修史書之弊實如斯同所云：'猶招搖市人而與謀室中之事。'是以列朝正史，率襲前史之體例爲形式之組織，殊鮮獨到之創造，且割裂雜亂，無精審之系統也。斯同以明代遺民關懷祖國，出而身任覆校之責，欲以任故國之史報故國。……斯同知信史之難，故取材構造，力求精審，其所取史料，以《實錄》爲主，其所取方法，在論世知人；而以旁證與《實錄》參伍互證。所論頗多史學之重要見解，吾人所應注意者也。……斯同著《歷代史表》，稽考列朝掌故，端緒釐然，有功史學。又創《宦者侯表》《大事年表》二例，爲列史所無，亦其重要之貢獻也。"

1924 年（民國十三年甲子）　季野卒後 222 年

馮孟顓（貞群）有書與陳訓慈，備述季野《明史稿》及其他著作之存佚種種。

○ 馮孟顓《致陳訓慈書》："叔諒學兄足下：……萬季野傳梨洲史學，一生精力在《明史稿》，季野客死京邸，所纂群書往往散失。《明史稿》鈔本尚有存者，多屬鈔胥録本，非其手稿，（原注：吳興劉氏嘉業堂藏有刊傳稿，篋中有地理志稿，校橫雲史稿，無所異同。）惟松江圖書館館長雷君彥藏有殘本四册，云得自橫雲後人（原注：本有八册，半贈繆藝風矣。藝風云亡，藏書流出，不知歸誰氏？）有五色筆修改，句勒塗抹，損益甚衆。貞群於曩年客游松江，曾寓目焉，大體本之實録，兼采野史。繆藝風云，季野原稿藏鎮江知府王可莊家，……訪之閩中，其稿或可得也。季野著作自《明史稿》……十種通行外，他若《廟制圖考》……間有録入《四庫》，皆未之見。篋中藏有《簪纓盛事録》（原注：明代三世王尚書父子大學士、三世進士之類，有刻本。）《兩浙名賢録》《明季兩浙忠義考》《歷代河渠考》三卷(原注:《四庫》作《明史河渠考》十二卷,采明《實錄》中涉河渠者分年編次,頗傷冗雜,與橫雲史稿詳略懸殊。)《講經口授》(原注:兵制、廟制、律呂三類。)《歷代宰輔彙考》(原注:《四庫》作八卷,刻本未見,此係手稿,有二十三種表。)六種,爲其信筆札記、編次未整理之作。季野別有《明通鑑》一書,據《萬氏家譜》,云已散失。……弟馮貞群。"

1927 年(民國十六年丁卯) 季野卒後 225 年

趙爾巽等撰《清史稿》印刷峻工,其《列傳》二百七十一有《萬斯同》。

○ 見趙爾巽等撰《清史稿》卷四百八十四《文苑一》。

1928 年(民國十七年戊辰) 季野卒後 226 年

馬太玄所著之《萬斯同之生平及其著述》發表,述萬氏之家庭及季野之生平,其結論對季野著作有不盡然者。

○《國立中山大學語言歷史學研究所週刊》第 3 集第 28 期載馬太玄《萬斯同之生平及其著述》:"斯同著述,精者匪尟,亦有不盡然者。如《明樂府》與其《明史》……之思想,即非一致。……又如《漢魏石經考》,據宋范曄《後漢書·儒林傳》、拓拔魏楊衒之《洛陽伽藍記》,以'三字石經爲漢立';《石鼓文考》,據金馬定國之言,以'石鼓爲西魏所建',均顯然差謬。"

同年,《清史列傳》刊行,列季野於《儒林》,附於兄斯大傳後。

○ 見《清史列傳》卷六十八《儒林傳下一》。

1929 年（民國十八年己巳）　季野卒後 227 年

周予同所著之《第四期之前夜——向青年們公開着的一封信》發表，首提"浙東史學派"之名，以嚴種族之別及尊崇歷史爲其兩大特點。

○《一般》雜誌第 6 卷第 1 號載天行《第四期之前夜——向青年們公開着的一封信》："但同時他（按：指章炳麟）受浙東史學派的影響，兼祧了章學誠、全祖望、萬斯同、黃宗羲一派的學統。他是經古文學家，而同時是史學家。原來，經古文學發展到清末，已經有和浙東史學派混合之可能。……浙東史學派有兩個特點：其一，是嚴種族之別，以異族入主中原，爲漢族奇恥；其二，是尊崇歷史，以歷史與民族的興亡有密切的關係。黃宗羲、萬斯同輩努力於宋、明末葉掌故的搜輯，都不過想憑藉史實以引起後死者的奮發。"

1931 年（民國二十年辛未）　季野卒後 229 年

陳訓慈作《清代浙東之史學》，論浙東學術之淵源、系統與其特色。述黃宗羲、萬斯大、萬斯同、全祖望、章學誠、邵晉涵諸人之史學，並及黃式三、黃以周父子經史之學。於季野及兄斯大經史之學各有專節。於季野之史學，則論述其四大特識。

○ 南京史學會編《史學雜誌》第 2 卷第 6 期載陳訓慈《清代浙東之史學》，共分十節，目次爲："一、浙東史學之淵源；二、清代浙東史學之系統；三、黃梨洲之史學；四、萬季野與《明史》；五、萬氏考禮之學；六、全謝山文獻之學；七、章實齋之論史與方志學；八、邵二雲之史學；九、定海黃氏父子對古史之貢獻；十、浙東史學之特色。"其四《萬季野與〈明史〉》云："季野既精熟《明史》，於治史尤卓然多特識，……一曰史事之徵實；……二曰史料之審別；……三曰明圖表之重要；

……四曰貴專家之著述。……凡此數端，不過粗引粹言，而季野於史學之特識，已大略可睹矣。"

同年，黃雲眉所著之《明史編纂考略》發表，謂季野抱遺山之志，在史館以賓師自居，下筆不徇情。不居纂修之名，隱操總裁之權。抨擊王鴻緒史德敗壞已極，然其所改季野之稿，未必無可取者。

○《金陵學報》第 1 卷第 2 期載黃雲眉《明史編纂考略》："斯同……蓋抱遺山之志，而欲以修故國之史報故國者。元文亦深相倚重。……斯同以賓師自居，下筆不徇情。……，惟斯同以一生所學，鞠躬其事，歷二十餘年，不居纂修之名，隱操總裁之柄。……斯同固受徐氏、王氏之專委者，當發凡起例時，其大部分必爲斯同所主張，而館臣意見之貢獻，亦可想其泰半取決於斯同。……鴻緒欲盜一己之名，不惜舉專家之著述而一一竄亂之，抹殺之，史德之敗壞，可謂已極！……平心而論，四百六十卷之稿，未必一無可議，鴻緒所改，未必一無可取，即禮親王昭槤《嘯亭續録》及陶澍、魏源等之攻擊《明史稿》……亦不能全爲鴻緒罪，……。"

河南周氏攜其所稱季野《明史稿》至南京，由沙孟海居間，爲寧波朱鼐卿氏購得。

○ 無名氏《明史稿》（又稱《明史列傳稿》稿本）後朱鼐卿《記》："萬季野先生《明史列傳稿》十二冊，凡文二百四十有八，篇中有二三人合傳者，得二百五十有二人，益以附傳一百三十有四人，都三百八十有六人。……1934 年周氏攜至金陵，謂河南革命遺族，亟需撫恤，其價高懸，無人問鼎。沙邨（按：即沙孟海）書來，稱楚弓楚得，當歸甬上。余非鄞人，走告伏跗、蝸寄，則皆固拒。函電交馳，不絕於道，屬有天幸，逳於余篋，……偶有奪佚，終不失爲《明史稿》著述第一善本。"

按：朱氏所憶年代有誤，應爲 1931 年。

同年，柳詒徵作《明史稿校録》，論其所見《明史稿》稿本之真僞。

○《江蘇省國立圖書館第四年刊》載柳詒徵《明史稿校録》："鄭君鶴聲持視教育部發閲中州某君齎呈之萬季野《明史稿》十二册，屬余定其然否。余熟復之，信爲康熙中明史館纂修諸公手筆，不敢遽斷爲萬先生書。……萬氏遺稿，相傳淮陰劉氏得其半，近人謂存閩人王氏許。……南潯劉氏嘉業樓有副本，聞與橫雲稿無大出入。朱君逖先在廠甸購得數十册，無題識，詫爲季野原本，余未之見。此稿所恃爲萬書左證者：一、一册簽題□□野明史稿原本；二、是册封面有題記一段云：……，某君題其後云：此頁係季野長子萬焜所書。……至硃筆修改，均季野先生手筆也；三、翁覃溪題七古一章：……；四、丁小疋跋云：……；五、各册首頁多有'季野'朱文長方小印，……。余意簽題及小印，胥可僞爲。萬焜所題，既未署名，何從知其確爲季野之子所書？此五事中，確可依據者，止覃溪一詩。……若筆迹之不似翁書，印章亦似仿造。……翁、丁之跋雖僞，無損於萬書之爲真也。然原書十二册中，有一册確有主名（按：指署名徐潮）。……從使朱批出萬手，其墨筆原稿，必係史館他人之作，非萬氏所爲也。"

是年底，馮孟顒有書與黃雲眉，述季野《明史稿》事。

按：此書見黃雲眉《明史編纂考略》附録一。所述與《致陳訓慈書》大體相同，其微有不同者爲："章太炎言《明史稿》流傳頗衆，吾見數本，多寫官鈔者，略無修改，不得稱稿也。……中州某所獻《明史稿》，陳叔諒曾見告，決非萬氏原本也。十二月十五日。"

1932 年（民國二十一年壬申）　季野卒後 230 年

何炳松《浙東學派溯源》出版，言黃宗羲以後，浙東史學分寧波萬斯同、全祖望及紹興邵廷采、章學誠兩大史學系統。

　○ 何炳松《浙東學派溯源》："故劉宗周在吾國史學史上之地位實與程頤同爲由經入史之開山。其門人黃宗羲承其衣鉢而加以發揮，遂蔚成清代寧波萬斯同、全祖望及紹興邵廷采、章學誠等之兩大史學系：前者有學術史之創作，後者有新通史之主張。"

1933 年（民國二十二年癸酉）　季野卒後 231 年

張壽鏞所編《四明叢書》第一集刻印告成，該集收入季野《石經考》，張氏先爲撰序。

　○ 張壽鏞編《四明叢書》第一集《石經考·序》："清初考石經者三家：曰顧亭林，曰萬季野，曰杭堇浦。……季野既采亭林之説，又益以吳任臣、席益、范成大、吾邱衍、董逌諸家之論，間附以己見。……季野則於唐宋石經引據特詳，有爲堇浦所不及者。"

　　　按：《四明叢書》出版年代，據馮貞群《四明叢書輯刊記暨書目·編輯四明叢書記聞》，以下不一一注出。

同年，李晉華所著之《明史纂修考》發表，謂王鴻緒《明史稿》竊之於纂修各官，定北平圖書館所藏《四明萬季野先生明史稿》三百十三卷本爲季野史稿。該文前有顧頡剛之《序》，後有謝國楨之《跋》，皆言王稿攘竊於萬稿。

　○《燕京學報》民國 22 年 12 月載李晉華《明史纂修考》三《纂修中之三時期》："王鴻緒……其進《明史稿疏》云：'……'其所云云，直將全稿冒爲己有矣。不特纂修諸臣慘淡經營之成績歸於烏有，即斯同二十餘年不辭勞瘁、提要鈎玄之苦心,亦幾枉費矣。"

○《明史纂修考》七《明史因襲成文之例證》:"則余近在北平圖
書館見到《四明萬季野先生明史稿》一部,……此書卷首有
方苞《萬季野墓表》一篇,……疑此書即方氏所鈔存者。
……此書僅有《紀》《傳》而無《志》《表》,與方氏所稱'諸志未
就'之語尚合,其爲《萬氏史稿》可無疑也。"

○《明史纂修考·顧序》:"王氏既以己見紛更當日館臣全稿,
毀譽隨其愛惡,是非自多譸張,而其任意割裂,使《紀》《志》
《表》《傳》自爲異同,尤爲一大缺點。……顧頡剛"

○《明史纂修考·明史纂修考跋》:"顧季野纂修《明史》,一生
精力所繫,經王鴻緒氏攘竊之後,萬氏原稿乃湮没無聞。"

1934 年(民國二十三年甲戌)　季野卒後 232 年

鄞縣楊菊庭(貽誠)訪獲季野兄弟昔年所居之白雲莊
丙舍故址及兄斯昌、斯選、子世標之墓。

○陳訓慈《甬上重建萬氏白雲莊及追祀鄉賢記》(二)《白雲莊
舊址與萬氏遺墓之訪獲》:"萬氏先賢之墓,分在各地者(原
注:如充宗先生墓在杭州,季野先生墓在奉化蓴湖鄨)尚多
爲世知,顧爲梨洲先生所盛稱理學名儒之萬公擇先生(斯
選)塚墓竟埋没無聞,吾鄉徵文考獻之士,常引爲憾事。而
不意鄞人楊菊庭先生(貽誠)竟於去歲(按:指二十三年春)
訪古西郊時得之。同時又訪得子燬先生之墓,而依此探索,
復得斷定白雲莊之所在。……又有季野先生子子建公(名
世標,歲貢生)塚,墓門較完整。"

同年,《四明叢書》第二集出版,該集收有季野所著之
《宋季忠義録》。

○見張壽鏞編〈四明叢書〉第二集《宋季忠義録》。

1935 年（民國二十四年乙亥）　季野卒後 233 年

《四明叢書》第三集出版，內收季野所著之《儒林宗派》，有張壽鏞序。

○ 張壽鏞編《四明叢書》第三集《儒林宗派‧序》："萬氏季野《儒林宗派》十六卷，上斷自《春秋》，迄於明季，以孔子爲宗，詳其承傳，著其流別，顧乃旁及老、莊、申、韓，論者病之。不知《學案》《宗傳》諸書之失，正在此。"

錢穆《國學概論》出版，其第九章《清代考證學》，論季野自《明史》外，尤長於古禮。

○ 錢穆《國學概論》下第九章《清代考證學》："季野不喜言心性，乃遁而窮經，……其學自《明史》而外，尤長於古禮，……一旦聞恕谷之説，即以窮經考禮爲性命根源，宜乎其訴合而無間也。……時惟亭林倡'經學即理學'之語，乃若與季野、恕谷之説合。"

同年，鄞縣文獻委員會修復萬氏白雲莊遺址，並組南雷社。

○《浙江圖書館館刊》第 4 卷第 3 期載陳訓慈《甬上重建萬氏白雲莊與修建萬墓之經過》："修墓之役，始意限於萬公擇先生墓道，繼乃擴爲重建久湮之白雲莊，且兼及修建萬子熾先生之墓。……修建工程，鄞文獻委員會主其事。……二十三年冬初興工，……迄二十四年六月，大體完成。"

同年，《二十五史刊行月報》登載《萬斯同傳略》。

○ 見開明書店編印《二十五史刊行月報》第 5 期。

十月，陳訓慈《題萬季野先生與范筆山書後》發表，論季野一生志事之所寄，在於整輯有明一代史事，表曝理亂得失之道，以待後賢之繼起。

○《浙江省立圖書館館刊》第 4 卷第 5 期載陳訓慈《題萬季野先生與范筆山書後》："是書爲自道其'人所不知'之'生平素

志’，誠爲欲闡述先生思想與人格者所不能遺。首段述有志
治明代之史，博覽前著，未能滿意。最後得列朝《實錄》以爲
因事質人，足爲國史之衷據。……次述其欲以《實錄》爲依
據，輔以他書，仿《通鑑》以成一代明史。……綜觀是文雖僅
約千言，然於先生一生志事之所寄，治學功力之遷變，與其
考索有明一代史事中對於著作得失之評衡，皆足窺見者，
……歸而覆閱諸家傳志，復讀劉龥石撰之《行狀》，而後知先
生隱痛之深，其奮志於明史者蓋在此。……夫先生之志果
何在？非以整輯有明一代史事，表曝理亂得失之道以待後
賢之繼起乎？……二十四年十月鄉後學陳訓慈謹記。”

1936 年（民國二十五年丙子）　季野卒後 234 年

四月《四明叢書》第四集出版，該集收有季野所著之
《歷代紀元彙考》及《石園文集》，張壽鏞各爲撰序。

　　○ 張壽鏞編《四明叢書》第四集《歷代紀元彙考·序》：“萬季野
　　　先生著《歷代紀元彙考》，始唐帝堯元載甲辰，迄明崇禎十七
　　　年甲申，凡五卷，以年爲經，以歷朝紀元爲緯，考史者一覽，
　　　瞭如指掌。……民國二十五年二月，後學張壽鏞。”

　　○《四明叢書》第四集《石園文集·序》：“季野先生以史學名
　　　世，顧求其詩古文辭則不易得。客冬，馮君孟顓忽從邑中文
　　　獻會得先生遺稿二冊，出《群書疑辨》校讀，錄入已過半。
　　　……先生治學，以經史爲先，詩古文辭早歲爲之，已工，後乃
　　　薄其空疏無裨世用，置不爲。……故余嘗謂先生學雖博，名
　　　雖高，而志不見於當世。……且其經學雖深而掩於史，詩古
　　　文雖工而掩於經。”

時奉化鄉賢有修建季野祠墓之舉，沈昌佑因作《萬季
野先生遺著目錄彙志》，對季野著作采列者有三十有七目
之多。

○ 見《修建萬季野先生祠墓紀念刊》載沈昌佑《萬季野先生遺
著目錄彙志》。

五月，受寧波修復白雲莊的影響，奉化鄉賢應兆松發
起修建奉化蓴湖噐季野祠墓，其募款多得寧波旅滬同鄉會
之資助，於是月庀材動工，於年底落成。

同月，王煥鑣所著之《萬季野先生繫年要錄》發表。

○ 見《史地雜誌》第 1 卷第 2 期。

七月，蔡冠洛《清代七百名人傳》出版，列季野於《樸
學》類名人中。

○ 見蔡冠洛《清代七百名人傳·樸學·萬斯同》。

同月，張須所著之《萬季野與明史》發表。該文以諸家
碑傳爲經，綜合黃宗羲、李塨、方苞、全祖望、姚範、蕭孚等
人之論述，備言修史之本末、其史法與所修史稿總數及遺
稿所歸。

○《東方雜誌》第 33 卷第 14 號載張須《萬季野與明史》："季野
幼時之不馴與喜讀史籍，酷似劉知幾。……長而問學於餘
姚黃宗羲，遂傳其史學。……然季野學無常師，實多自得之
詣。……其尤得力者，在明列朝《實錄》。……其生平持論，
大抵以《實錄》裁他書之異聞，以他書證《實錄》所未悉。
……故雖博取而有所折中。其後參與史局，於建文書法，即
憑《成祖實錄》以爲推求之資，然又非專據《實錄》。……大
抵修史之要，全在事實，事實既具，則尚折中。建文書法之
論，在季野爲碎金，然與梨洲之與史局商論之言，其精核固
無以異也。……大抵自康熙已未初開史館，至庚午元文南
還，此十二年間，季野意興最發舒，當事者亦最禮重。……
大抵當張玉書、陳廷敬總裁時，季野居江南會館。……及康
熙三十三年八月起，王鴻緒總裁《明史》，……季野復主其
家，……是時，季野意氣已不如前矣。……又徐元文領史局

時,所發之議論,亦多即季野之議論。……其在京邸二十餘年,所以裁成後學,尤推'講會',蓋以修史餘力爲之,而從遊最盛。……觀諸家所載,季野與萬言、黃百家、方苞諸人之語,大約淹貫爲長,而文筆則遜,……故小家散記,或謂嘗委陶元淳以文事,……或謂晚年之稿,皆錢名世所爲。……至季野史稿,究成幾許?……至全、方兩家所云,似當以望溪之言爲近核。蓋方氏明言《本紀》《列傳》兩類,……五百卷之説,可以舉大數而言,今曰四百六十,必有據也。且萬世標所列,亦不越《紀》《傳》兩類,可以知其核矣。惟劉坊《行狀》中所列季野著作,又有《明史表》十三卷,……今按《明史》中之《表》,正十三卷,……季野所未作者,《志》一種而已。……至於《史稿》,則方氏既云'不知所歸',其篇末又云:'其書具存華亭王氏,淮陰劉永禎録之過半而未全。'……劉永禎手鈔《史稿》三百卷,亦具載《山陽縣志》。……又可知今通行之《橫雲山人明史稿》,乃取材於萬而屬稿於錢,此皆研究萬氏史學之貴重史料也。"

是年,施廷鏞從大連圖書館抄得《先府君集原稿》贈陳訓慈。

　○ 見陳訓慈藏《先府君集原稿》。其第二頁有施廷鏞手筆"是書從大連圖書館鈔本録,敬贈陳叔諒先生惠存,弟施廷鏞(二十五年一月)"二十九字。所録共三十三篇,其不見於《石園文集》《群書辨疑》者僅《贈高廢翁先生序》一篇。

1937 年(民國二十六年丁丑)　季野卒後 235 年

四月一日,季野祠墓在奉化蓴湖罍落成,舉行升主及謁墓典禮。

　○《修建萬季野先生祠墓紀念刊》載張傳保《建修萬季野先生祠墓記》:"今春息影家園,夢卿君來告,謂祠事告成,詹於四月一日舉行升座謁墓禮，以傳保之始終其事也。"

　　　按：是《紀念刊》有《公祭萬季野先生墓前攝影（民國二
十六年 4 月 1 日）》照片。

五月，《修建萬季野先生祠墓紀念刊》印行，蔣介石作
《弁言》，陳訓正、顧頡剛、張壽鏞、孟森、馮貞群、陳訓慈、應
兆松、吳崌等三十九人作文；陳漢章、王世杰、朱家驊等六
人作頌詞；葉恭綽、楊敏曾等作詩。其詩文有借發揚季野
民族精神以寄國難日亟之感者。

- ○《建修萬季野先生祠墓紀念刊·建修萬季野先生祠墓捐款
  啟》："國難於今日，亟非提倡民族意識一致禦侮，將無以救
  亡而圖存，此不屈仕滿清之史家萬先生所以可稱也。"
- ○《建修萬季野先生祠墓紀念刊》載陳訓正《萬季野先生墓堂
  之碑》："烏虖！此先朝大儒鄞萬季野先生之墓堂也。我武
  不揚，斯文遂墜，慘慘神州，淪於胡化。……過其地者爲之
  嘆息，景其人者所由興感也。"
- ○《建修萬季野先生祠墓紀念刊》載吳崌《建修萬季野先生祠
  墓記》："祠墓建修，已告厥成，豈僅國人得瞻先生之祠墓、仰
  先生之氣節而已哉！將使我中華民族奮然振起，共救國難，
  以固國土，是亦先生遺教之賜也。"
- ○《建修萬季野先生祠墓紀念刊》載顧頡剛文（無題）："四明萬
  季野先生，……痛故國之淪亡，寄孤懷於筆削，……至堅貞
  潔身之操，所以振民族之精神、留乾坤之正氣者，非徒託空
  言之史家所得比擬。"
- ○《建修萬季野先生祠墓紀念刊》載葉恭綽詩："故國青山尚有
  村，遺民心事不堪論。……"

是月，王煥鑣撰《萬季野先生年譜》上半部（季野卒前
三十二年），爲該譜之前編。

- ○ 見《浙大季刊》第 1 期載王煥鑣《萬季野先生年譜》。

七月，孟森《萬季野先生明史稿辨誣》、陳訓慈《萬季野先生修墓建祠落成題壁》及有關季野祠墓落成文字十篇，相繼載於浙大《史地雜誌》第 2 期。

　　按：孟森之文，係辨正清國史館《清史列傳·儒林·萬斯同》所述建文遜國之書法，言其說實出自錢大昕《萬先生傳》及王鴻緒之《明史稿》，而非出自季野之筆。

是年，錢穆《中國近三百年學術史》出版。書中論及浙東史學之傳授、特點及與吳皖漢學家之不同，並上溯於南宋朱陸之異及清初浙東浙西之異。

○ 錢穆《中國近三百年學術史》第二章《黃梨洲》：“故余謂晚近世浙學，基址立自陽明，垣牆擴於梨洲，而成室則自實齋，合三人而觀，庶可以得其全也。……然季野《明史》之學，實受於梨洲，此其治史注意於當身現代之史，異於後之言史多偏於研古者一也；二曰注意於文獻人物之史，……異於後之言史多偏於考訂者又一也。此種重現代尊文獻之精神，一傳爲萬季野，再傳爲全謝山，又傳爲邵二雲、章實齋，浙東史學，遂皎然與吳、皖漢學家以考證治古史者並峙焉。”

○ 錢穆《中國近三百年學術史》第七章《李穆堂》：“世第謂謝山上承南雷、二萬，下啓二雲、實齋，爲浙東史學大柱。”

○ 錢穆《中國近三百年學術史》第九章《章實齋》：“實齋與東原論學異同，溯而上之，即浙東學派與浙西學派之異同：其在清初，則爲亭林與梨洲；其在南宋，即朱陸之異同也。”

1939 年（民國二十八年己卯）　季野卒後 237 年

徐世昌所編《清儒學案》出版，其卷三十五有《先生萬斯同傳》。

　　按：該書之《傳》，其内容采自《清史列傳》，全祖望、錢大昕、錢林之《傳》及方苞《墓誌銘》；所收之文，則録自錢林之《文獻徵存録》。

1940 年（民國二十九年庚辰）　季野卒後 238 年

《四明叢書》第七集出版，内收季野《補歷代史表》
一書。

　　○ 見《四明叢書》第七集。

1944 年（民國三十三年甲申）　季野卒後 242 年

金毓黻《中國史學史》出版，其第九章《清代史學之成
就》述浙東史學以及季野經史之學。

　　○ 金毓黻《中國史學史》第九章《清代史學之成就》：“或以章學
　　　誠生於浙東，於《文史通義》中著有《浙東學派》一篇，因謂史
　　　學爲浙東所獨擅，此似是而非之論也。……萬斯同固親承
　　　黃氏之教矣，全祖望私淑黃氏，續其未竟之《學案》，亦不愧
　　　爲黃氏嫡派，至於章（學誠）、邵（晉涵）二氏，……非與黃、全
　　　諸氏有何因緣，謂爲壤地相接，聞風興起則可，謂具有家法，
　　　互相傳受則不可。……次於黃宗羲者，則萬斯同也。……
　　　方苞述萬氏之言云：‘……。’此即萬氏治史之梗概也。尋其
　　　意旨有三：一、貴徵實；……二、以實録爲本；……三、史之初
　　　稿貴詳。……萬氏又長於《禮》，……或以全祖望有徐乾學
　　　更請季野編成《五禮》之書二百餘卷之語，遂謂秦蕙田《五禮
　　　通考》由攘竊萬氏之作而成，無徵不信，厚誣古人，吾不敢妄
　　　爲附和。”

是年，柴德賡所著之《萬斯同之生卒年》發表，言方苞
記季野卒年之誤有四。

　　○《天津益世報》新第 28 期《人文周刊》載柴德賡《萬斯同之生
　　　卒年》：“季野生卒年之歧互，始於方望溪。……望溪此文，
　　　不獨年月多誤，文理亦殊欠通順。……錢竹汀《潛研堂文

集》卷三八《萬先生斯同傳》,……唯謂康熙壬午四月卒,年
六十,……可謂一誤再誤矣。……後之作者,多循此誤,如
阮元《國史儒林文苑傳》、錢林《文獻徵存錄》、李元度《先正
事略》,下至《清史稿》,皆云季野卒年六十……最可怪者,近
出《清儒學案》三十五,有萬季野小傳,……不意竟云卒年六
十四,……乃《學案》獨有之誤也。"

1947 年(民國三十六年丁亥)　季野卒後 245 年

侯外廬所著《近代中國思想學説史》出版,其第二編專
述漢學,稱季野爲"十八世紀漢學前驅者"。

　　○ 侯外廬《近代中國思想學説史》第二編第十章《十八世紀中
國社會和專門漢學的形成》第二節《十八世紀漢學的前驅
者》:"黄宗羲的弟子萬斯大,字充宗;萬斯同,字季野,世稱
'二萬'。……而斯同對於史料整理的態度,則對後來章學
誠的文史學有顯著的影響。……斯同對於歷史學的論斷是
有一定價值的。他在這方面實上承黄氏的史學傳統,而下
開章氏《文史通義》之端緒。"

1948 年(民國三十七年戊子)　季野卒後 246 年

《四明叢書》第八集出版,内收季野之《廟制圖考》。

　　　　按:《四明叢書》第八集至是年始出版,時張壽鏞已卒,由
馮貞群撰總序。是書原有民國三十一年張壽鏞所撰之序。

1956 年(丙申)　季野卒後 254 年

杜維運《萬季野之史學》發表,盛讚季野之史學,謂季
野治史有注意近代當代之史及注意文獻人物之史兩大
特色。

　　○ 台灣《中國學術史論集》(二)載杜維運《萬季野之史學》:"顧

浙東史學，風氣雖倡自梨洲，而燦爛輝煌之者，則爲梨洲高弟鄞縣萬季野氏。……明史難理，盡人而知，而《明史》於官修諸史中最稱完善焉，則季野之力也。……清初之有季野，不可謂非史學界之奇光異彩也。……季野之治史也，其特色有二：一曰注意近代當世之史。……以布衣參史局，耗畢生歲月，以撰寫身前一代之史者，古今來季野一人而已。影響所及，全謝山於乾隆考據學極盛時代，尚汲汲表章鼎革諸老，與當時言史多偏於研古者迥異，……此浙東史學之爲不可及也。二曰注意文獻人物之史。……季野之重文獻、尊人物如是，至全謝山、邵二雲、章實齋，而此種精神勿衰，與吳、皖漢學家以考證治古史者，判然而兩途焉。……顧季野以獨力創垂《明史》，一代文獻賴以不墜，其眞爲乾嘉以後史學家所應汗顏者哉！……季野以爲史學非事信而言文，則不足傳之久遠，而事之信尤難，故對於史料之搜集，務爲廣泛；鑑別與批評，力求嚴格。……以‘論其世，知其人’批評史料，鑑別史料，實道前儒所未道，亦史學研究之客觀方法。……季野極力反對唐以後設局分修之修史制度……《明史》較其他官修諸史爲精善；即因《明史》分纂各稿，皆曾經如何‘擇其材之宜與事之習’之季野悉心核定也。……以遊歷與所讀書證驗，此可證季野實證之客觀精神，以之而鑑別批評史料，自精審卓絕。又梨洲治學，有門戶之見，季野則絲毫無之，……則鑑別批評史料，必能客觀也。……大史學家，曠世而不可遇，吾國史學界，吾罕能見如季野對史學如是其勤奮者也，吾罕能見如季野對史學如是其維護者也，吾亦罕能見如季野對史學如是其忠誠者也。”

1961 年（辛丑）　季野卒後 259 年

吳晗《史學家萬斯同》發表。

○ 見《北京晚報》11 月 22 日。

1964 年（甲辰）　　季野卒後 262 年

謝國楨《增訂晚明史籍考》出版，其卷一《通記——有明一代史乘》論列北京圖書館藏《明史》四百十六卷本、《明史稿》三百十三卷本、海鹽朱氏藏《明史稿列傳》殘本之是否出自季野手稿。

○ 謝國楨《增訂晚明史籍考》卷一《通記——有明一代史乘》："《明史》四百十六卷（原注：北京圖書館藏鈔本）……與《明史》多有出入之處。……此書説者謂爲萬季野原作，其是否固不可知，或者康熙時初修四百一十六卷本也。"

"《明史稿》三百十三卷（原注：北京圖書館舊藏鈔本）……朱希祖舊鈔本《萬斯同明史稿》跋云：'北平圖書館購得福建王仁堪可莊所藏萬季野先生《明史稿》三百十三卷。……'據此則圖書館所購本確係出於王可莊家，惟係乾隆時鈔本，……而非原本無疑。余舊購得康熙鈔本《萬季野先生明史稿列傳》一百七十九卷殘本，與此尚多異同，兩本對校，館本改竄之跡甚多，恐尚非全由萬稿出也。……按：萬季野《明史稿》，當時傳録者頗繁，由後人僞托者亦復不少……近見朱鄧卿氏藏舊鈔本《明史稿》八册……每卷有'季野'朱文印，文中間有塗改，當爲季野手稿。"

"《明史稿列傳》殘本存八册（原注：海鹽朱氏舊藏鈔本）……均爲南明諸臣傳記，……其爲明人著述可知，然確否爲季野原稿，則未敢定耳。"

十月，日本小野和子《關於清初的講經會》（《清初の講經會について》）發表，高度評價季野經世之學，謂季野以生民之苦難認作自己之苦難；以生民之解放認作自己之解放，並提倡治學問應致力於實踐。

○ 日本《東方學報》京都第 36 册(昭和三十九年十月)載小野
和子《關於清初的講經會》三《萬氏的學問·萬斯同》:"爲拯
救民衆於水火之中,他深情地呼籲應從事於經世之學。民
衆的苦難,就是他們的苦難。異民族王朝所帶來的精神屈
辱和壓迫,達到中國歷史上前所未有的高度,而經濟上則掙
扎在生活的最低層。……他們兄弟居住在西皋墓莊,……
過着極其潦倒窮困的生活,所以民衆的苦難,就是他們的苦
難;民衆的解放,也就是他們的解放。……萬斯同既把民衆
的苦難當作自己苦難來接受,所以他竭力強調,應把理論和
學問,致力於實踐,在實踐中以檢驗,並指導實踐。"

1972 年(壬子)　　季野卒後 270 年

程發軔著《國學概論》,其《清代考證學》一章,論季野
之《周正辨》。

○ 程發軔《國學概論》下第十一章《清代考證學》第九節《清代
名儒六·季野萬斯同》:"《周正辨》。……唯我國古代曆法
之測算,多以子月朔旦冬至爲起算之端,周正建子,以冬至
爲歲首,合於曆算也。……我國文化發祥地,則在北緯三十
度至四十度間之中原地區,宜行夏時,以立春爲歲首,與《禮
記·月令》篇合。……至周正以建子爲歲首,即以冬至爲孟
春之月,其春夏秋冬四季,均順此改定,所謂'改月不改時,
乃用夏時冠周月之説',殆繆誤也。"

1980 年(庚申)　　季野卒後 278 年

蔣雄武《萬斯同》一文發表。

○ 見台灣《古今談》1980 年第 8 期載蔣雄武《萬斯同》。
　　按:蔣雄武之文分:一、前言;二、萬斯同之家世;三、萬
斯同之基礎教育;四、偉大志願與高超人格;五、參與修纂

《明史稿》；六、萬斯同之史識；七、萬斯同《明史稿》被攘奪之
經過；八、萬斯同之著作及對學術之貢獻，共八目。

1981 年（辛酉）　季野卒後 279 年

　　曹光明《萬季野的史學背景》發表，謂季野之史學受明
清之際時代學風及浙東地區優良環境之影響，並吸取友人
學術精粹融匯貫通之，而萬氏之家學亦爲其史學打下深厚
之基礎。

　　○ 台北《書目季刊》1981 年 15 卷第 3 期載《萬季野的史學背
　　　景》："一、小引。萬季野的生卒跨越了明清兩代，……所以
　　　明清交替時學術風氣的轉變對季野的影響甚大。……清朝
　　　的政治手腕和清初社會的風氣，使得學術中篤實致用的部
　　　分得到了發展。萬季野生當於這個轉變的時代，這些轉變
　　　的痕迹都可以或多或少地在他的身上顯現。……二、萬季
　　　野和黄梨洲——浙東史學的繼承。……黄梨洲在清代，是
　　　浙東史學的發軔，萬季野可算是一個承先啓後的關鍵人物。
　　　……保存史料，表彰忠節是浙東史學的特質。……萬季野
　　　既爲黄氏之嫡傳，於此也就更努力不懈。……萬季野入京
　　　修史，固然有以史報其家先祖之意，但是有很大部分的原動
　　　力是來自黄梨洲的。……三、萬季野的友人。……分析萬
　　　季野的史學，其中却包羅萬有，這裏面固然有他自己的創
　　　見，却也有吸取友人學術的精萃，融匯貫通而成。……萬季
　　　野結交的師友輩多半是明代遺民故老，……受此輩影響，萬
　　　氏因此非常重視氣節。……四、萬季野的家學。……萬季
　　　野出生在一個好的家庭，……萬氏傳至季野之父萬泰更成
　　　爲文壇領袖。……總而言之，環境對於萬季野實在是非常
　　　優厚。……故能孕育出萬季野這一位優秀的史學家。清代
　　　浙東史學派自黄梨洲啓其端緒後，得以發揚光大，實因萬季

野故也。"

1982 年（壬戌）　季野卒後 280 年

曹光明《萬季野的史學》發表，評論季野史學中的經世
思想，史體的主張，史學方法的主張，《明史》的修撰。

○ 台灣《國立編譯館館刊》1982 年第 11 卷第 2 期載曹光明《萬
季野的史學》："壹、史學中的經世思想。在清初學術界，經
世思想普遍存在，……因此在季野的思想領域裏，經世思想
佔最崇高的地位。……對季野來説，就是精研古今經國之
大猷，典章法制，斟酌確當，……其經世思想之充沛旺盛，實
足與其師黃梨洲《明夷待訪録序》先後輝映。……貳、史體
的主張。……各種史學體裁中，季野最重表。……季野論
正史修撰的體例，……約而言之，可分數方面，首先爲附傳
的寫作。……附傳之外，亦可替前朝獨立獨行而不存正史
者補傳。……而失節叛國者，季野以爲，亦應立傳以爲後世
鑑戒。……爲帝王諱乃是史臣認爲必然的職責，而季野却
力斥其非，以爲事實剛相反。……季野對於地區性的乘志，
也非常重視。……還有一種體例是季野所特別重視的，可
以以《儒林宗派》爲例，……此書體例的重要在於其中寓有
排除門户之旨。……最後一種爲季野所力倡的體例是以詩
補史。……叁、史學方法的主張。季野的史學篤實精確，乃
因其方法精到。其史學方法之基礎在於資料的搜集。……
季野重視史料，有其決斷去取的標準，……明言緯書之不可
信，……他如《明實録》也因總裁之趨炎附勢，多有失實之
處。因爲史著的淆誤，季野除引各種史書參證，更且實地考
察以爲輔助。……季野既以搜羅保存史料爲己任，發而爲
文，亦重詳盡而輕簡略。……季野研究歷史重視資料文獻，
乃因其史學重實據故也。……總而言之，其立論必有根據

可考,言之成理,始著爲文字。若遇史料文獻不足以記某人物,就只能詳録其史料,本之以作傳,或存而期於後世,切不可鑿空而構。……對歷代的修史制度,季野認爲唐朝創立的設局分修制最差。……‘事信而言文’就是季野治史最高目的。設局修史不能達此境界,故其頗表不滿。……在此季野又提出另一今史學研究的重要原則——知人論世。因爲史家必須明瞭歷史人物所處的環境,才能正確地評價這位人物的功與過。季野以爲客觀的精神運用在治史的時候,又可分數方面來看。其一是史家不當以成敗論英雄。……其二則評價歷史人物不能因其地位或稱譽而有所褊袒。……其三則是不能爲國諱惡。……其四是不以古今爲考訂史實之準則而擇其善者以從之。……其五是事物之輕重不能倒置。……其六也是最重要的一項就是治史者不能以一己之私以觀史。……最後一點至爲重要的,是季野治史亦重視西學,期以西學補中學之不足。……肆、《明史》的修撰。……而其修《明史》的動機實寓有保存一代史料以遺後世而以史報先朝先祖之深意。……季野修史主要擔任覆核之職,實則總裁之責亦泰半由其承擔,……《明史》表志既出季野之手,而其紀傳亦經季野核定,故其成著,季野居功至大。……綜其所本標準有四:其一曰表彰忠義。……其二是保持客觀,不置褒貶。……其三則是‘知其世而論其人’。……季野史學植根於證據,故其四爲重史料。……”

1983 年(癸亥)　季野卒後 281 年

倉修良、魏得良合著之《中國古代史學史簡編》出版,其第四章《清代浙東之史學·萬斯同在史學上的貢獻》述季野治史之經歷及其史學思想。

　○ 倉修良、魏得良《中國古代史學史簡編》第四章《清代浙東之史學》三《萬斯同在史學上的貢獻・萬斯同的史學思想》：
"萬斯同的史學思想，最爲突出的一點是主張研究歷史必須
注意'經世致用'。……從中我們可以看到，他自早年立志
於史學研究之後，就已經樹立了比較明確的目的性，因此，
'經世致用'的思想可以説是貫徹於始終的。另外，萬斯同
在史學研究中還很强調貴專家之著述。……在史書編寫的
内容上，與其老師一樣，萬斯同也很强調尊重歷史的真實，
反對'好惡因心'，……在史書編纂的體例上，萬斯同十分强
調發揮圖表的作用。"

同年，曹光明《萬季野史學中的辨僞方法》發表，謂辨
僞爲季野史學之重要部分，分析其辨僞方法，始可明其史
學中之真意。

○ 台北《國立編譯館館刊》1983 年第 12 卷第 1 期載曹光明《萬
季野史學中的辨僞方法》："壹、小引……萬季野史學的基礎
便是根植於詳實的史料。其著作中亦以考辨的作品佔多
數。……季野治史主張'事信而言文'，故辨僞爲其史學的
重要部分。季野的辨僞工作以參互引證史料爲主，而輔之
以事理人情的揣度，故其結論多有根據。……對於史料不
足者，也不妄加評斷。或有疑，或明列所因襲之處，或詳列
矛盾之資料，其治史實具有高度科學客觀之精神，而分析季
野辨僞之方法，始可明其史學中的真意。貳、辨僞方法及其
例證。一、以律曆證……二、以律曆運用之稱謂證……三、
以廟制證……四、以帝系證……五、以文爲證……六、以文
章證……七、以時代先後證……八、以史實證……九、以製
器手工精粗證……十、以古蹟之新舊證……十一、以古代地
域之遠近證……十二、以字體發展之先後證……十三、以官
位證……十四、以文辭證……十五、以詩體證……十六、以
文義證……十七、以稱謂證……十八、以文句之比喻證……

十九、以聖人之言行證……二十、以時代之風尚證……二十
一、以情理證……"

同年，黃愛平所著之《明史稿本考略》發表，對其所見
聞之各種《明史》稿本作簡要叙述及考證，認《明史》四百十
六卷本係季野核定稿本，而《明史紀傳》三百十三卷本爲萬
氏史稿鈔本。

　○《文獻》第 18 輯載黃愛平《〈明史〉稿本考略》："筆者就所見
　　所聞的各種《明史》稿本，……作簡要的叙述和考證。……
　　二、《明史》四百十六卷，北京圖書館藏舊鈔本，……但筆者
　　曾將鈔本與其他《明史》稿本勘校，仍可確認爲，此鈔本係萬
　　斯同核定的稿本。……鈔本當爲萬斯同修改稿。三、《明史
　　紀傳》三百十三卷，北京圖書館藏舊鈔本。……筆者曾將鈔
　　本與萬稿和王稿進行比較，發現鈔本許多地方與萬稿相同，
　　而與王稿迥異。……可見鈔本當係斯同史稿……鈔本當在
　　萬稿之前。……鈔本可能是萬稿編定以前流傳出去的紀傳
　　部分史稿。……鈔本字迹出自多人，其中一些紀傳係據通
　　行本《明史》鈔補，但全書紙張墨色完全相同，顯係同時而
　　成，故鈔本當在乾隆四年《明史》刊行以後，根據流傳出去的
　　紀傳部分史稿鈔寫而成。"

1984 年（甲子）　季野卒後 282 年

黃愛平所著《王鴻緒與明史纂修》發表，對王氏"竄改"
"攘竊"季野《明史稿》之説，提出質疑。

　○《史學史研究》1984 年第 1 期載黃愛平《王鴻緒與明史纂
　　修》："歷來人們對王鴻緒在《明史》纂修中的作用，不但不予
　　肯定，反而多所指責。……這些指責並不符合歷史事實。
　　第一、關於王鴻緒'竄改'史稿的問題，……但總的看來，並
　　非愈改愈下，而是愈改愈好。……第二、關於王鴻緒'攘竊'

的問題,……其實,並非無可辨駁:一、王鴻緒進呈奏疏的署名問題。在我國封建社會裏,官修之書多以監修總裁署名進呈。……再者,萬斯同以布衣身份參與史事,……王鴻緒在上疏中自然不能提他名字。……二、張廷玉《進明史表》中'名人'問題,……雍正時期最得總裁信任的纂修官汪由敦,曾代總裁草擬《進明史札子》,其中説到:'當初開館時,蒙世宗憲皇帝發下原任尚書臣王鴻緒所纂《明史》三百一十卷,……蓋出鴻博諸名人之手,用三十餘年之功。'張廷玉《進明史表》即據此修改而成。可見,'名人'實泛指當時參加《明史》纂修的諸學者,而並非指萬斯同一人。……再者,王鴻緒在進呈奏疏中,也並没有抹煞集體修書的成績。……四、王氏敬慎堂以'橫雲山人'的名義刊刻史稿問題。……王鴻緒進呈稿也並未署'橫雲山人史稿'之名。……王鴻緒把自己多次修改過的史稿署'橫雲山人集'之名加以刊行,也是無可非議的。……綜上所述,可以得出結論,王鴻緒在《明史》纂修過程中,……他却實實在在花了很大的功夫,做出了一定的貢獻,確爲僅次於萬斯同之後的第二人。"

黄愛平又著《萬斯同與明史纂修》,條析季野在史館之工作及成就,並述史館衆多纂修總裁之貢獻,言《明史》爲集體智慧之結晶,兼考《明史稿》《明史列傳》《明史紀傳》與季野之關係。

○《史學集刊》1984 年第 3 期載黄愛平《萬斯同與〈明史〉纂修》:"在《明史》的編撰過程中,萬斯同擔任着實際上的總裁工作。……要而言之,萬斯同在史館主要做了以下幾項工作:一、製定凡例。……二、擬定傳目。……三、修改史稿。……萬斯同改定的史稿,也有很多長處。在體例上,能够因時而異,根據明代社會的特點,進行變通和創新。……在編排上,萬稿則注意以事繫人,既記載了人物的活動,又反映了史事的概況。……對史事、人物的記叙和評論,萬稿也比較客觀翔實。……但是《明史》畢竟是集體之作,……衆多的纂修總裁也付出了辛勤的勞動,做出了一定的貢獻。……首先,《明史》纂修的凡例,是博采衆説製定的。……其次,《明史》的各篇底稿,是由纂修各官分別撰成的。……再次,史稿的審核修改,也凝聚着衆人的心血,……而萬斯同則是其中的佼佼者。"

同年,方祖猷所著之《萬斯同史學淺論》發表,論季野史學産生之時代背景、史學觀點、史法及其在史學上之地位與貢獻。

　○《史學史研究》1984 年第 4 期載方祖猷《萬斯同史學淺論》:"萬斯同的史學思想,與明末清初的時代背景,他的家庭出身和個人遭遇是分不開的。……'天崩地解'時代,使斯同……急劇下降爲一個普通老百姓,……他把反清的民族思想與救民於水火的抱負聯繫了起來。……斯同史學的産生還與明清時期資本主義的萌芽有一定的關係。……萬斯同的歷史觀點,主要是下列幾點:一、闡揚民族思想,……二、反對封建專制,……三、人民性,……關於萬斯同的史法,……提出了'事信而言文"的原則,其主要精神有下列五點:必須博搜史料而以實録爲指歸,……必須發揮中國歷史上優秀的'直筆'精神,……還必須要有史識;……反對官局修史,……提倡'言文'。……萬斯同在歷史編纂學上的貢獻,主要有兩點。一是……編撰史表工作;二是……他改革了方志的撰寫方法。……萬斯同的史學,其後爲全祖望和章學誠所繼承。……黃宗羲、萬斯同所開創的'漢儒博物考古之功'的方法,對以後的乾嘉史學亦有一定的影響。"

同年,戴逸主編《簡明清史》(第二册)出版,稱季野與閻若璩、胡渭、毛奇齡等同爲清代漢學的先鋒。其思想和學術的特點在於反滿意識漸趨於泯滅，然尚繼承清初思想家強調讀書，反對空談的學風。

○ 戴逸《簡明清史》（第二册）第十一章第二節《漢學的盛行・向漢學演變》："閻若璩、胡渭、毛奇齡、陳啓源、姚際恒、萬斯同、顧祖禹等人是清代漢學的先鋒，是由清初思想過渡到十八世紀漢學的中間站。他們的思想和學術有如下特點：一、他們與清初的進步思想家不同，反滿意識漸趨泯滅。……萬斯同接受尚書徐元文的聘請，參加明史館，但仍自署'布衣萬斯同'。他們的著作中絲毫沒有反清抗清的痕迹。二、他們大體繼承了清初思想家強調讀書、反對空談的學風……萬斯同博通諸史，尤熟於明代掌故，自洪武至天啓實録，皆能暗誦。"

是年，於"文革"期間遭嚴重破壞之奉化蓴湖罍季野之墓，由奉化縣文物管理部門修復。

1985 年（乙丑）　季野卒後 283 年

楊向奎《清儒學案新編》第一卷出版，其《石園學案》評季野經史之學，抑其史識而揚其史德。

○ 楊向奎編《清儒學案新編》第一卷(5)《萬斯同〈石園學案〉》："季野則以爲史之有表，所以通紀傳之窮，……但體裁内容究竟簡單，無法窮歷史事實的原委，不究史實原委則治史以經世的想法，未免落空。……他所謂經世之學，是求之於'典章法制'，大多見於史籍中。……以歷史上的制度施之於今，豈非倒退！而季野謂之'師古'，……其實'古'只能鑑，不能借用。季野不具經世才，徒具經世志，亦只能借用。但季野究屬有爲治史者，尚勝於無爲治史。……萬季野並没有跳出封建社會史學家的樊籬，……但謂當時之士風與朝政有關，不爲無見，不得以萬季野的史論完全爲封建保守。但他決不是一位開明的歷史家，他沒有政治上的遠見。……以此我們認爲季野之評張居正没有從大處着眼，缺乏史識，即使站在當時説，他也是不具卓識的歷史家。……季野雖然没有大張旗鼓地反擊理學，但在他的學術思想中理學的束縛較少，實事求是的精神貫串在他的史學著作内。……因爲他要考索古今制度，所以寫出一些考據文章，……開乾嘉學派的先聲。……萬斯同的考據文章，同樣不很成功。……他們不具備一個考據學者應有的條件。……他實在是缺乏史識的記誦學者。萬季野尚有《石鼓文辨》，……説明季野對於中國古史及古文字學所知甚少。……我們不能苛求於萬季野，他是一位淵博的歷史學家，他是一位可信的歷史編纂家，……他也不是一個拘守章句之儒，他心懷大志要經邦濟世，而心地光明磊落，不爲名來，不爲利往，猶具明末諸老遺風。"

　　同年，陳清泉等編《中國史學家評傳》出版，内收楊向奎《萬斯同》及閻清、葛增福合著之《王鴻緒》二文。前者即《清儒學案新編·石園學案》之評傳部分；後者進一步論證王鴻緒《明史稿》非攘竊於季野，並舉王稿勝於萬稿之處。

　○ 陳清泉等編《中國史學家評傳》（中）載閻清、葛增福《王鴻緒》："即流傳至今的《橫雲山人史稿》，……是否是王鴻緒篡奪了萬斯同的《明史稿》？……其實，這恐是誤解。首先，王鴻緒在康熙五十三年進呈《明史稿》全稿奏疏中説：'……'經考查，此疏表基本屬實，並無攘竊之嫌。……至於王鴻緒死後其子孫在雍正年間，鏤板刊刻，並書名《橫雲山人史稿》，……而這並非王氏本人。……其次，萬斯同是否親手編寫《明史》？……如果把集體分工編撰的史稿，經他手定就説是萬氏'撰稿'，就等於否定明史館衆史臣的勞動成果。……作爲明史館總裁官奉命持《列傳》稿去，並不是竊奪别人的史稿，而是職責範圍的事。……現查北京各書館所藏二種萬斯同《明史》抄本，……始發現四百十六卷本中，……與王稿避諱‘胤’字相同，……而三百十三卷本中，則無此避諱，……就是經萬斯同手定《明史稿》的殘本，……同時還可以看出王刪潤之優劣。一、萬、王二稿《太祖本紀》舉例，王稿除保留了萬稿的基本史實外，刪去編造的神話，……實是刪蕪見真。……二、萬、王稿《建文帝本紀》舉例，王稿在記述建文帝允炆死於宮火，與萬稿基本相同，但稍詳其説。……三、萬、王二稿《王守仁傳》舉例，……由此看來，王稿雖奉程朱爲正宗，貶抑王守仁之心學，但其意在力求真實。……其中可貴之處，在於刪去了萬稿……的主觀論斷。……至於前人指斥王稿在萬斯同死後肆意曲筆《王守仁傳》之説是不客觀的，……同時澄清了前人所持的，即所謂王稿把萬稿簒爲己有，而且改得面目全非的偏見。”

十二月，謝國楨《江浙訪書記》出版，其《寧波天一閣文物保存所藏書〈明史稿〉》一節，論王鴻緒《明史稿》不提季野修書事；至於朱鄷卿氏所藏書《明史稿》，則未敢斷定爲季野之真跡。

　　○ 謝國楨《江浙訪書記》七《寧波天一閣文物保存所藏書·〈明史稿〉》：“我認爲王鴻緒不提起萬季野修書的功勞是不對的。其實明清兩代大官僚修書的習慣多半是不提起幫助修書人的姓名的。……再者當時的情況，萬季野以明末遺老自居，也不願意署名，不署著者的姓名正是季野的本志，也許是合乎他的默契的。……要明瞭《明史》的本來面貌到底怎麽樣，就應特別注意到萬季野的《明史稿》，因之當時所流傳或托名爲萬季野《明史稿》而流傳的舊鈔本很多。……我覺得最可靠的就是北京圖書館所收藏的清王仁堪所藏《明史稿》三百十三卷本，確係乾隆時傳萬氏舊本。……我這次

在天一閣所見蕭山朱鄮卿所藏《明史稿》八厚册，……與《明
史》卷目頗有不同，或係季野爲王鴻緒編《明史稿》的底本。
……實則此書係内閣大庫或明史館遞次修《明史》的底本，
若説是真萬季野之稿本，則未敢斷定。"

1986 年（丙寅）　季野卒後 284 年

張孟倫《中國史學史》出版，稱譽季野史識、史德及
史法。

○ 張孟倫《中國史學史》（下）第七編第二章《清修〈明史〉‧康
熙時代的纂修〈明史〉》："萬氏的史識，置之盤根錯節的問題
之上，則更是顯得格外卓越的。……再則，'能具史識者，必
知史德'，……而萬氏則正是一位德性堅定、心地光明，而有
底於粹的偉大史家。"

○ 《中國史學史》（下）第七編第三章《清初諸大名家的史學‧
萬斯同》："（萬斯同）僅以布衣之士的名義參與編纂，這因他
是一位有民族氣節的偉大學者。……萬氏撰修〈明史〉之必
須指出的：第一、不入史局，而就館於總裁的住所。……第
二、以實録爲指歸，考互他書以資佐證。……撰修史書，實
録既是必不可缺的主要材料，却又是不可完全相信的，也就
只有采輯實録以外的私史，與之參互考證，辨是別非，存真
去僞，才可修成事增於前，文省於舊的新史。"

同年，牟小東所著之《〈明史稿〉舊案重提》發表，其所
論共三點：對王鴻緒由指責到否定；《明史稿》與《明史》的
關係；萬斯同自有手稿。

○ 《文史知識》1986 年第 11 期載牟小東《〈明史稿〉舊案重
提》："'對王鴻緒由指責到否定'……雖然以上所説都認爲
王鴻緒《明史稿》出自萬斯同的原稿，但是共同的毛病是隱
約其詞，……上述任何斷語如果別無他證，就很難以此作爲

定論。'《明史稿》與《明史》的關係'……《明史》是根據王鴻
緒的《明史稿》修訂而成的,王鴻緒草創於前,張廷玉等潤色
於後,相得益彰。……後來有人評論王鴻緒不應獨擅其成。
……王鴻緒以退修的官員,單獨擔任這一艱巨任務,修史事
賴以不墜,他的功績是不可磨滅的。不過,他把史館的舊稿
拿來編寫成私人的著作,則不無可議的。'萬斯同自有手
稿'……萬世標明確指出:'《橫雲山人集》所刻史稿,止得十
分之一,皆係錢亮功改本。'這就十分清楚地表明王鴻緒的
《明史稿》並非攘竊萬斯同的史稿。"

同年,白壽彝《中國史學史》第 1 冊出版,其《清代學術
和乾嘉考據》一節,引章炳麟之說,稱季野治史有民族思
想,與考據家不同。

○ 白壽彝《中國史學史》第 1 冊《清代學術和乾嘉考據》:"關於
浙東史學,章炳麟說:'自明末有浙東之學……。'萬斯同、全
祖望對《明史》的工作,其興趣在於保存明代文獻,他們也還
有清初學者那樣的民族思想。他們的工作是跟考據家的古
籍考訂不同的。"

同年,陳訓慈所著之《劬堂師從游脞記》發表,其《劬師
對〈明史〉修訂一部分之意見》一節,重申柳翼謀所定今藏
寧波天一閣之《明史稿》非季野真跡。

○ 《柳翼謀先生紀念文集》載陳訓慈《劬堂師從游脞記》六《劬
師對〈明史〉修訂一部分之意見》:"1931 年,有河南人某君
出先人所藏《明史》稿本十二冊至南京求售,自稱萬氏改稿
本。……當時教育部總審處(時余同硯鄭鶴聲兄任事部處)
將原書送國學圖書館劬師(按:柳翼謀號劬堂)審定真偽。
師既以其朱墨爛然,無論真偽,終為纂修過程中所留之一難
得稿本。……而詳審其題詞者之語氣與年月,就疑其所據
以為萬氏稿本者詳加校辨,論定其為康熙中期史館纂修諸

公手筆,而不能斷爲萬先生書,……查校推斷,抽繭剝蕉,勝似老吏斷獄,此抄稿本之非萬氏《明史》早年未定稿遂决。……其事據當年在館曾躬與其事之王駕吾兄見告:師初見時,對其出自萬氏即有所疑;但認爲原書墨沈舊,殊色改文似出名手;又知主當時教育部者難出重值以歸公,乃即集同事能好書者,……在二日内各謄抄一册,約十二人即旦夕可成,師亦自抄一本,且爲之總校,並録存已塗去字句,更用別色以謄改文。……"

1988 年(戊辰)　季野卒後 286 年

三月,寧波文化研究會於白雲莊萬氏故居舉行"萬斯同三百五十周年誕辰紀念會"。

○ 見《寧波文化研究會簡報》1988 年 5 月 1 日。

同年,許殿才《萬斯同和他的史學》發表。

○ 見《西南師範大學學報》1988 年第 4 期。

> 按:許氏之文,主要爲兩點:一、萬斯同的生平及著述;二、萬斯同史學淺析。其第二點,又分爲:甲、民族精神的闡發;乙、對史學經世作用的認識;丙、强調史表的作用;丁、注重史書的寫實性。

十二月,桂心儀《四方聲價歸明水,一代賢奸托布衣——著名史家萬斯同傳略》發表。

○ 見《寧波師範學院學報》1988 年第 4 期。

陳訓慈、方祖猷合著之《萬斯同年譜簡編》發表。

○ 見《香港中文大學中國文化研究所學報》1988 年第 19 卷。

1989 年(己巳)　季野卒後 287 年

六月,沙孟海有書致方祖猷,認爲天一閣藏《明史稿》爲季野真跡。

○ 沙孟海《致方祖猷書》：“手書並照片三種敬悉。天一閣照來
　的《明史稿》一張最爲萬氏代表作，不會假的。尊意尺牘與
　壽詩是早年作，我也如此看法。《明史稿》我全看過，其中有
　萬氏親稿，有別人謄録經萬氏朱墨筆修改，有完全是別人稿
　子（有一册記得署名徐潮），總之，極爲名貴。柳翼老曾細
　讀，並且由龍幡里圖書館全文抄出，有些在該館館刊發表
　過。他對我曾詳論，並未全部否認。”

七　季野著作考

　　萬季野爲清初著名學者黃宗羲所創甬上證人書院之高弟。甬上證人書院亦稱講經會或五經會，爲清初研究經學最早之團體，季野在其間復致力於史學。迨康熙十八年至京修史，修史之餘，亦舉講座，於史學之外仍續治經學，故季野於有清一代，以經學、史學齊名，至近代學者，多惟推稱其史學。綜其一生，經史著作幾於等身，惜季野家境貧困，客死京師時身旁又無親人，其遺稿與藏書多爲他人竊取，遺著流散難以究詰。所幸季野兩次南還，其文稿曾携歸交其子世標，故自清末以來，季野遺稿在甬上屢有發現。伏跗室主人馮貞群先生曾著意收藏，頗有佳本；張壽鏞先生輯刻《四明叢書》，多所刊入，兩先生於保存季野遺著之功甚鉅。至於季野名著《明史稿》，今北京圖書館所藏兩種舊鈔本，皆非真迹；寧波天一閣藏原朱鄲卿氏購自河南周某之《明史稿》稿本十二册，諸家評論不一，真僞難定，尚待考證。

　　季野所著，康熙四十一年逝世時，劉坊作《萬季野先生行狀》，稱二十二種。次年，温睿臨作《歷代紀元彙考序》，稱十六種。又次年，王士禎作《香祖筆記》，僅舉十一種。至於黃百家《萬季野先生斯同墓誌銘》，稱二十種。其後，萬經續修《濠梁萬氏宗譜》，稱二十二種。雍正八年所修《寧波府志》，稱三十種。乾隆十年前後，全祖望作《萬貞文先生傳》，僅舉十一種。乾隆五十二年，蔣學鏞作《鄞志稿·萬斯同》，稱十四種。嘉慶十一年，錢大昕梓《潛研堂文集》，其《萬斯同傳》稱十六種。而近人陳訓正等纂成之《鄞縣通志·藝文·清縣人所撰書目表》列作三十四種。民國二十五年，甬上人士修建在奉化忠義鄉之萬季野先生墓祠落成，編印紀念册，奉化沈昌佑君以馮貞群先生之指助，撰有《萬季野先生遺著目録彙誌》載入，此爲考證季野著作目之專文，列季野著述至三十七種，然所考甚簡，間多舛漏。兹者季野年譜已完稿，吾人決重撰《季野著作考》附於其後。因馮氏伏跗室及朱氏別宥齋舊藏而後已歸公之萬著及有關地方文獻諸書，今多存天一閣，查核摘録，皆以在甬爲便。故沈目經訓慈先生補正若干點以後，對萬氏遺著考一文，交余詳考重撰。乃檢覽各家傳志，參酌分合，得遺著三十四種。更參考《四庫全書總目提要》等書，及已有刊本或若干稿本之原書，考其卷數、撰時、版本、內容及名家評介，各繫説明，以成本篇。惟筆者見聞所限，所述猶不免遺誤，希方家予以指正。

《讀禮通考》

始作於康熙十七年，時在江蘇崑山，爲徐乾學母喪撰《喪禮》，約康熙二十年前後在京修史時期完成。《萬氏宗譜》、劉坊《行狀》、蔣學鏞《傳》作九十卷。全祖望《傳》作一百六十卷，《四庫全書總目提要》作一百二十卷。

是書始以徐乾學之名刻於康熙三十五年徐氏傳是樓。時徐氏已卒，其子樹穀於《序》中云："先大夫《讀禮通考》，草創於康熙丁巳，……時復與朱太史竹垞及萬季野、顧伊人、閻百詩諸君子商榷短長。"全祖望在《傳》中云："及崑山徐侍郎乾學居憂，先生與之語喪禮，侍郎因請先生纂《讀禮通考》一書。"兩相印證，可知此書原爲康熙十六年徐氏居喪崑山時草創，然力有未逮，乃邀季野撰纂。季野獨力成九十卷。徐氏於康熙二十九年歸里，又請顧湄、朱彝尊、閻若璩等續補訂定，擴而爲一百二十卷或一百六十卷。故《四庫總目提要》稱："歸田後又加訂定，積十餘年，三易稿而後成。"嚴格説來，此書之作，以季野之力爲多，然並非全爲季野之作。

所謂"讀禮"，所讀之禮實皆爲喪禮，其書考證喪期、喪服、喪儀

節、葬考、喪具、變禮、喪制、廟制，有表有圖，極爲詳備。《四庫總目
提要》稱："古今言喪禮者，蓋莫備於是焉。"

此書《四庫全書》著録，然具以徐乾學名。僅有康熙三十五年
徐氏家刊本。

《讀禮附論》

作於康熙二十二年，一卷。據陸隴其《陸清獻公日記》卷八康
熙癸亥（二十二年）八月二十日條："萬季野又以所著《讀禮通考附
論》來閱。"知是書爲《讀禮通考》作後之附論。朱彝尊《經義考》及
《雍正浙江通志》俱列入。

此書未見。

《喪禮辨疑》

在京修史初期所作。全祖望《傳》謂季野爲徐乾學撰《讀禮通
考》，"又以其餘爲《喪禮辨疑》四卷"。蔣學鏞《傳》亦作四卷。

此書未見。

《講經口授》

鈔本一卷。康熙三十七年季野歸里省親，爲原證人書院學友
子弟講學時所記。

此稿前列講會日期及内容："□月□日第一會，講田賦；三月十
九日第二會，再講田賦；三月二十九日第三會，復講田賦；四月初九
日第四會，講兵制；四月十九日第五會，講兵制；四月二十九日第六
會，講兵制；六月二十九日第十一集，講宮廟祭祀；七月初八日第十
二集，講廟祀；七月二十四日第十四集，講律吕。"中缺第七、八、九、
十、十三會記録。

季野於是年春返甬，同年秋復北上，此書所録恰爲春秋兩季之
間。據張錫瑮《贈萬季野先生北上四十韻》："首論賦役法，……次
論古兵制，……繼乃選舉條，……終乃禮與樂。……律吕通曆法，
……明史及東林，約略傾端緒。"據此，現存本所闕諸會，殆講選舉、
曆法、明史及東林歟？兩相對校，其日期及内容大略相符。

　　然此稿卷首有馮貞群先生手寫跋云：“是書則爲溫氏所記。”季野在京舉講座，紀録者爲溫睿臨，至此次南還，溫氏未來，可肯定此“口授”不録於京師，馮跋所記有誤。又《光緒鄞縣志》云：“是書蓋季野門弟子録其會講時口授之語，或證人社友朋所録，非完帙也。”稱證人友朋所録，亦誤。

　　所可疑者，是書講兵制，後有“本朝各省有鎮守，滿洲兵都統一人，副都統二人，……共十三處，雍正年山東青州亦設”句。季野卒於康熙四十一年，何來雍正？可見此段必爲以後所增，則此鈔本決非臨場聽講時所記，而爲證人子弟在後來整理時所加。

　　此稿無刻本。馮貞群舊藏原鈔本現藏浙江圖書館。

《廟制圖考》

　　按季野兄斯大於康熙十九年前著《儀禮商》一書，其附録有《廟寢圖》，並與應撝謙往復通書辨難，而未述及季野此書，則此書當作於康熙十九年後，爲北京修史時期作。《四庫總目提要》作一卷，他書皆作四卷。

　　此書前有季野《題詞》，謂：“宗廟之制，衆説紛然，帝王制禮，亦因之有同異，自非折衷群言，曷由歸於一是。綜其大概，約有數端，太廟居北，昭穆分列，以次而南者，孫毓之説也；太廟居中，群廟並列，無分上下者，賈公彦之説也；周制七廟，並數文武世室者，韋元成、鄭康成之説也；周制七廟，不數文武世室者，劉歆、王肅之説也。彼皆引經證傳，各有依據，而王、鄭兩家，尤爲衆説之鵠。……欲昭盛代之規模，必復元公之制作，采《王制》七廟之文，參劉氏三宗之説，會而通之。”於是季野綜貫經史，折衷廟制，上溯秦漢，下迄元明，凡廟制沿革，皆爲之圖，以附於經後，綴以己説而作是書。《四庫總目提要》又謂此書“援徵精確，爲前人所未發矣。雖大旨宗王黜鄭，固守一隅，然通貫古今，有條有理，不可謂非通經之學也”。此論甚確。

　　是書《四庫全書》著録。康熙中有傳是樓刊本，後有辨志堂刊

本，宜興吳氏藏有舊抄本。張壽鏞先生以抄本與辨志堂本相校，刊
入《四明叢書》第八集。

《廟制折衷》

京師修史初期作，二卷。據全祖望《傳》，季野爲徐乾學撰《讀
禮通考》，又以其餘爲《喪禮辨疑》及《廟制折衷》二卷。

此書未見。

《石經考》

京師修史時期作。温睿臨《序》、《萬氏宗譜》、錢大昕《傳》作二
卷；《四庫總目提要》及《雍正浙江通志》作一卷。

是書匯集歷代論石經諸文及石經殘碑文共四十餘篇。《四庫
總目提要》謂此書“悉采（顧）炎武之説，又益以吳任臣、席益、范成
大、吾衍、董逌諸家之論，並及炎武所作《金石文字記》，亦間附以己
見”。清初治石經者，於季野之前有顧炎武，之後有杭世駿。季野
此書較顧氏完備而不及杭氏《石經考異》之詳辨，然亦有爲杭氏不
及者。《四庫總目提要》以爲可合顧、萬、杭三家之書，參互考證，有
益於研究。唯錢大昕《十駕齋養新録·萬斯同石經考》篇，批評季
野承范曄《後漢書》之誤，主古、篆、隸三字者爲漢刻，以“憒憒”一詞
貶之。季野與顧炎武於有清石經之學，同有創始之功，錢氏攻其一
點，不及其餘，似屬苛論。

此書《四庫全書》著録。有懷花庵刊本、省吾堂刊本、《昭代叢
書》本。《四明叢書》收入第一集。

《周正彙考》

作於京師修史時期。諸書皆作八卷。據沈昌佑撰遺書目録中
本目，謂：“馮貞群謂此書有刻本。”然今未見。

《聲韻源流考》

約作於京師修史後期。一卷。據馮辰《李恕谷先生年譜》，康
熙四十年十月，季野與李塨曾論及聲韻，“先生（李塨）曰：‘古無四
聲，有之，始齊周顒；古惟分宮商五均，不分平上四聲。’季野憮然

曰：‘吾何以未考也，將歸檢之。’”可知此書爲季野歿前一年草創之作。故《四庫總目提要》論此書：“蓋欲詳考聲韻之沿革，首列歷代韻書之可考者，次列歷代韻書之無考者，而采摭其序文凡例、目録以存梗概。上起魏李登《聲類》，下迄國朝顧炎武、毛奇齡、邵長蘅之書，無不采録。而草創未終，略無端緒，匡廓粗具，挂漏宏多，……知爲雜鈔之本，不過儲著書之材，而尚未能著書。”可爲的論。

此書《四庫全書》存目。今不見。

《明通鑑》

劉坊《行狀》云：“《明通鑑》若干卷，散失。”《萬氏宗譜》亦言散失。然上海圖書館今藏有題爲“清四明萬斯同著”之清初抄本《明通鑑》三册，首頁下有“汪琬之印”及“苕文”兩章。第三册後有潘承弼之《跋》，云：“舊藏萬季野《明通鑑》殘本十一册，余既跋而存之。辛巳，傭書合衆圖書館，爲館中録一副本。葉丈揆初假讀並加《跋》語爲證：‘此書本諸《實録》，徵引宏富，剪裁有法，在有明之季，熟讀一代《實録》及各種野史，能以公平嚴正之筆而出之者，舍季野莫屬云云。’……癸甲之際，經歷動盪，奔走衣食，不遑贍給，不得已斥藏籍若干易米，而此書遂付離筵。……此殘本三册，頃於無意中覯諸吴肆，紙墨裝璜，與舊藏悉同。存孝宗弘治十二年至十八年，書面題字爲三十六到三十八册，與舊藏本雖未銜接，差足補遺於十一。書友以舊鈔，且爲汪苕文先生印記，不肯廉讓，索五十元，慨然應之。”此外，前中央大學教授丁山，亦曾發現此書四册。丁氏在《致友人論小學書》中謂：“三十四年冬，弟回蘇州，在書攤上發現清初鈔本《明通鑑》四册，上有‘汪琬’‘苕文’二章，極精。購歸讀之，覺其紀事詳贍，文章典肆，非大作家不能及到（原注：汪琬當不能到），多方參證，訪之友朋，始定爲季野先生未刊之稿，喜可知也。”

按：汪琬，字苕文，號堯峰，又號鈍翁，蘇州人。據陳廷敬《汪先生琬墓誌銘》：“明年（康熙十八年），詔試，授翰林院編修，與修《明史》。先生既以道德文章爲己任，由是有側目之者，益思歸故山。

在史館六十日，撰史稿百七十五篇，杜門稱疾者一年，以病免而歸。"（《碑傳集》卷四十五）則汪琬在史館僅二個月而已，於百七十五篇史稿外，復欲著此巨著，當不可能。季野早年曾有《寄范筆山書》，謂欲"一仿《通鑑》之體，以備一代之大觀"，此書殆欲竟其此志耳。然此稿定爲季野之作，尚少確然不移之佐證。既爲季野之作，其抄本又何以落入汪氏之手？且"汪琬之印"及"苕文"兩章，其真偽亦難定，凡此，皆須進一步考證之。

《明史稿》

劉坊《行狀》《萬氏宗譜》、蔣學鏞《傳》皆稱《明史列傳》三百卷。方苞《萬季野墓表》稱本紀、列傳共四百六十卷。《鄞縣通志》稱《明史稿》四百六十卷。全祖望《傳》則稱《明史稿》五百卷。全氏之言，殆舉其大數而言。

此書係季野積二十餘年精力之作。其在京修史，實係布衣而任總裁之職，故是書之成，既極複雜，而今之所存，又頗難考。有他人所作而經季野修定者，有季野親作者，有季野口述錢名世筆錄者，有爲錢氏所篡改者，有季野審定由熊賜履進呈者，有王鴻緒刪削者。而所抄之本，既有史館抄本，亦有私人抄本；有抄於史稿未竟者，亦有抄於已成時者，更有輾轉互抄者：如此種種，致使現今所存之本，詳略分合，各不相同，孰爲抄本，孰爲稿本，亦難遽定。

今人黃愛平《明史稿本考略》考證，現藏北京圖書館之《明史》四百十六卷抄本，爲季野核定稿；該館另藏之《明史紀傳》三百十三卷抄本，大體抄自萬稿編定前流傳於外之紀傳部分，其不足者據乾隆四年刊行後之《明史》補之。然此兩種皆非季野手稿。

今寧波天一閣藏有原朱鄞卿（名鼎煦）購自河南周某之《明史列傳稿》（一名《明史稿》），十二册，凡《列傳》二百四十有八篇，計傳主三百八十有六人，朱墨爛然，繩削增損，顯係稿本。馮貞群先生分纂《鄞縣通志·文獻志·藝文（二）》之《現代本縣公私藏書紀事》中列朱鄞卿別宥齋一目下，著錄其主要善本，謂有"萬斯同明史列

傳稿本十二册",肯定其爲季野手迹之稿本。史學家丹徒柳翼謀先
生詳加考證,以爲難定爲萬氏手稿,説見《明史稿校録》一文,謝國
楨先生《增訂晚明史籍考》曾認爲當係季野手稿;然其所作《江浙訪
書記》,又稱未敢斷定真爲萬氏原稿。當代著名書法家沙孟海先生
曾以此稿與《昭代名人尺牘》所載之季野手迹相校,以爲大多爲萬
氏親筆,少數爲他人謄録經萬氏修改者。故諸家之説,亦分歧而
不一。

《歷代史表》

此書之作,始於康熙五年季野讀書於寧波海會寺時,康熙十五
年前初具規模。入京修史後,復賡續成完書。早期稱《補歷代史
表》,後削"補"字,張壽鏞先生刻《四明叢書》,復增"補"字。

季野著作,以此書卷數爲最複雜多異;劉坊《行狀》作已刻五十
三卷,未刻若干卷。《萬氏宗譜》《四庫總目提要》亦作五十三卷。
温睿臨《序》、黃宗羲、朱彝尊爲是書所作《序》及王士禎《筆記》作六
十卷。全祖望、蔣學鏞《傳》作六十四卷。《浙江書録》作五十六卷。
《鄞縣通志》作五十九卷。

張壽鏞先生刻《四明叢書》,爲是書作《序》,於是書卷數,考證
頗詳。張氏云:"壽鏞未見五十六卷本,清《四庫》所收五十三卷本,
非完書也。……考廣雅本五十三卷以前,悉依初刻本。自五十四
卷起至五十九卷止,增吳將相大臣年表、南唐將相大臣年表、南漢
將相大臣年表、蜀將相大臣年表、後蜀將相大臣年表、北漢將相大
臣年表,凡六卷,與李(文胤)、黃(宗羲)、朱(彝尊)三《序》,僅少一
卷,似若完書矣。今先生遺稿之藏於伏跗室主人馮孟顒者,更有前
漢將相大臣年表、唐功臣世表、唐將相大臣年表、唐邊鎮年表、邊鎮
十道節度使年表、諸蕃君長世表、宦官封爵表、附武氏諸王表、吳越
將相大臣年表、將相州鎮年表、宋大臣年表、遼諸帝統系圖、遼大臣
年表、金諸帝系統圖、金將相大臣年表、衍慶宮功臣(不列表,叙其
人),皆廣雅本所未刊者也。……而清《四庫》謂其南唐、南漢、北

漢、閩、蜀不當獨闕者，閩以外固未嘗闕也。"張氏又以爲黃、朱之《序》作六十卷者，"意其中如唐宋諸表或先成之，未可知也"。此見甚是。

此書上自後漢，下迄宋金，自正史《本紀》《志》《傳》以外，參考《唐六典》《通典》《通志》《通鑑》《册府元龜》及諸家雜史，網羅繁富，端緒鑿然。朱彝尊稱"攬萬里於尺寸之內，羅百世於方册之間"，黃宗羲譽爲"不朽之盛事，有助於後學"，評價頗高。

是書有留香閣本、廣雅書局本、《四明叢書》本。寧波伏跗室原藏有此書稿本，僅二十八卷，今不見。

《明史表》

作於京師修史時期。劉坊《行狀》、蔣學鏞《傳》及《鄞縣通志》作十三卷。後張廷玉修定《明史》，采季野此表以入。

此書未曾單獨刊行。

《歷代紀元彙考》

作於京師修史後期。劉坊《行狀》、《萬氏宗譜》、《鄞縣通志》作八卷。全祖望、蔣學鏞、錢大昕之《傳》作四卷。《抱經樓書目》作五卷。

此書上始唐堯元載，下迄明崇禎十七年甲申。溫睿臨《序》稱此編"以年爲經，以歷朝紀元爲緯，令人一展卷而曆數長短，年代久近，一統分割，禪繼正僞，瞭如指掌"。因而譽其在所有紀年之書中爲最"簡而該"，洵可爲治史者之良好參考書。

此書有抱經樓刻本。光緒間奉化孫鏘與定海李哲濬同爲校補後有重刻本。張壽鏞輯刻《四明叢書》，收入第三集，計八卷，仍收李刊之續編爲附錄。惟以李刊本正續相連，未合體例，因以正編還萬氏之舊，而以續編別作一卷，附後以示區別。

《歷代宰輔彙考》

作於京師修史時期。八卷。

《四庫總目提要》云："是編取秦漢以迄元明宰輔，分職繫名，以便檢核。其於官制增損異同之處,亦間附案語,頗爲簡明。然不著拜罷年月,視諸史表例,頗爲簡略。"《浙江書錄》云:"秦、漢、三國爲一卷,晉、南朝爲一卷,魏、齊、周、隋爲一卷,唐及五代爲一卷,宋、金、元、明各一卷,皆具列其姓氏,而於沿革大端,尤爲明晰。"

此書《四庫全書》存目。北京圖書館藏有鈔本。

《明歷朝宰輔彙考》

作於京師修史時期。八卷。

《鄞縣通志》云:"此似將前書(《歷代宰輔彙考》)中有明一代之宰輔,別出單行者也。"此書未有刻本,原稿未見。

《宋季忠義錄》

作於京師修史後期。諸書皆作十六卷,惟王士禎《筆記》作十二卷。

此書據《宋史》以及各省、府、州、縣志及野史,廣爲搜輯而成。所錄有恭帝等《本紀》四篇,列傳自江萬里、文天祥等以下凡六百七十一人,爲草創之稿,未經釐定。其附錄載有季野按語:"宋社既移,四方稱兵者蜂起,大都宋之遺民不忘故主,欲噓既燼之灰,非弄兵潢池者比也。所謂周之頑民,即商之義士乎?"此蓋季野欲寄故國之思而編是書之意。

此書張壽鏞先生刊入《四明叢書》第二集,係據家藏手稿本細爲編次,重訂目錄,計十六卷,並補輯《督府忠義傳》及《忠義死事年月表》兩篇爲一卷。原藏稿本今不見。

《南宋六陵遺事》

作於京師修史後期。又稱《六陵遺事》,諸書皆作一卷,惟全祖望、蔣學鏞《傳》作二卷。

所謂南宋六陵,指葬於浙江紹興攢宮山(原名寶山)之高宗永思陵、孝宗永阜陵、光宗永崇陵、寧宗永茂陵、理宗永穆陵、度宗永紹陵。元世祖至元十四年,番僧楊璉真珈爲江南總督,發六陵,盜竊隨葬珠寶金銀,骸骨遍地。南宋遺民王英孫、林德暘、鄭樸翁、唐珏、羅銑等收集殘骨,共瘞於蘭亭山南天章寺前,一陵一穴,植冬青六樹以識。遺民謝翱作《冬青樹引》以咏其事,人稱冬青六義士。然冬青義士初僅知林、唐二人,後張孟兼、黃宗羲認爲應增王、鄭、謝三人。季野裒集諸家之説,以爲應有羅銑,合而爲六人。

温睿臨《南宋六陵遺事序》云,季野之輯是編,“非徒核其事也,亦欲使後之人思夫天崩地坼之時,猶有赤手犯虎穴以自靖於萬難中者,勿徒熟視禍敗,輒諉曰天運而不之省也。是則先生覺世之意也夫”。温氏是言,深得季野作此書之旨。

此書有清道光《昭代叢書》本;又有乾隆間萬福鈔本。寧波書賈林集虛(藜照廬主人)曾藏有此書一卷,今不見。

《庚申君遺事》

作於京師修史後期。一卷。

庚申君即元亡國之君順帝。據野史,南宋末年恭帝趙㬎降元,年幼,封瀛國公。後出居沙漠,生一子。元明帝其時爲周王,過其地,取爲己子,取名妥懽帖睦爾,後即繼寧宗爲帝。王源《庚申君遺事序》云:“萬子季野輯《庚申君遺事》一卷,據《元史》虞集之詔明宗‘妥懽非己子’之言,證以權衡、余應、袁忠徹、黃溥、程敏政諸人論説,則妥懽固確爲瀛國公之子。即邁來迪甫爲周王所納,即生妥懽,與生妥懽而後爲周王所納,説有不同,要爲趙氏之子無疑。《宋遺民録序》謂其事之卓卓乎可以信後世,而下慰遺民不忘宋之心者,則篁墩(程敏政)之志,即萬子之志也。”季野輯是書蓋有深意焉。

是書有《昭代叢書》本。乾隆間有抄本,寧波林集虛曾收藏,今不見。

《明季兩浙忠義考》

是書抄本於杭州府仁和縣條下載吳任臣等人,下注:“以上諸人皆已故。”按吳氏卒於康熙二十八年,則是書之輯成,當在京師修史後期。諸家之書皆未著録,惟沈昌佑據馮氏伏跗室藏寫本,列入遺著目録中,作一卷。

是書僅録人名、字、號、籍貫,經歷極簡,偶有數字評語,每條至多不出六十字,少則十餘字,當爲季野擬著書之提綱。書中收明清之際浙江各府州縣死於閹黨、農民軍或抗清等各類人士一百二十九名。然亦收有極少數存世之遺民。其寧波府下收有林時對等五人,下注:"以上現在。"則收已卒未卒者總一百三十四名。所可異者,吳任臣既非死於前明國事,入清後舉博學鴻詞,授檢討,卒於官,何"忠義"之有? 注謂"宜祀鄉賢",殆意謂非"忠義"尚可作爲"鄉賢"而祀之耳。

是書僅有抄本,原藏於寧波盧氏敬遺軒,後歸馮氏伏跗室。

《兩浙名賢録》

是書亦僅有抄本,與上《明季兩浙忠義考》合訂一册。體例相同,皆屬著書之提綱。諸家未著録,僅見於沈昌佑之遺著目中。當亦輯於京師修史後期。

是書輯有明一代浙江各府縣名人共五百一十四名。所述更略,有一人條下録其兄弟、子孫者;更有一府下僅列人名者。忠奸兼收,惟忠奸有別,譽之者書以"清操絶俗""理學名儒"等;貶之者則僅録其姓名,各府歸於一類。書以"皆匪人""皆奸邪小人"等。

抄本卷面有"半角山房王氏珍藏"印。今與前書並存寧波伏跗室。

《儒林宗派》

按《恕谷後集·萬季野小傳》,約康熙十二年,季野往見潘平格,受其師黃宗羲嚴厲批評;季野謝以此後"不談學,專窮經史"。則是書當作於該年前。《四庫總目提要》作十六卷,稱世所傳尚有十二卷本,他書皆作八卷。

此書屬史表體裁,上斷自春秋,下迄明末,以孔子爲宗,諸儒授受源流,各以時代爲次,其上無師承,後無弟子者,則別附著之,旁及老、莊、申、韓,二千年儒學師傳,本末條貫,一覽瞭然。《四庫總目提要》讚其"持論平允""無畛域之見",然又謂其附録旁及老、莊、申、韓,未免矯枉過直。馬叙倫先生爲是書作《後序》,甚非其説,言劉向、劉歆父子以六藝冠九流,季野"猶拾班《志》之成規,通向、歆之遺意",其言甚是。《四庫總目提要》作者尚不免於門户之失。此書爲清初浙東學派四大學術史著作之一(其他三書爲黄宗羲《明儒學案》,黄宗羲、全祖望之《宋元學案》,董允瑫之《遵道集》,後者已佚),以其"簡而該",至今仍有其重要之參考價值。

此書《四庫全書》著録。有辨志堂刊本、浙江官書局刊本。尚有周氏水西書屋藏抄本,屠用錫過藏、王梓材增注抄本,後者今藏寧波市圖書館。《四明叢書(第三集)》係據周氏抄本參校王氏增注抄本刻成。

《崑崙河源考》

據季野京師修史時友人林佶爲是書所作《序》,當作於康熙三十九年前。劉坊《行狀》、王士禎《筆記》、温睿臨《序》、《萬氏宗譜》作二卷。全祖望《傳》作四卷,《四庫總目提要》《鄞縣通志》作一卷。

是書折衷《禹貢》《山海經》《爾雅》《淮南子》《水經》《史記》《漢書》《後漢書》《晉書》《新唐書》《元史》及《徐霞客遊記》、潘昂霄《河源記》諸書,而主漢張騫河出鹽澤,即今羅布泊之説,極論元潘昂霄謂河出星宿海之非。所考河源,雖與實際不盡相符,然引證之博、論辨之精,《四庫總目提要》嘆爲"工於考證"。林佶於《序》中稱季野"留心經世之學,於前代治河、開塞、修防之策,犁然有會於心",因作此書,"俾世之談治河者,言流而不昧於源",則此書之作,當非僅僅穿穴古書而已。

是書《四庫》著録。有指海、借月山房刊本、澤古齋刊本。

《明代河渠考》

作於京師修史時期。又稱《河渠考》,十二卷。馮貞群先生《致陳訓慈書》中謂馮氏伏跗室藏有"《歷代河渠考》三卷,《四庫》作《明史河渠考》"。采《明實録》中涉河渠者,分年編次,頗傷冗雜,與横雲

《史稿》詳略懸殊”。馮貞群《伏跗室藏書目》中列此目，有馮氏手書“蓋季野修明史時隨手鈔集者”十二字，則所稱《歷代河渠考》者，當爲《明代河渠考》。沈昌佑之遺著目録別列一種，實誤。

《四庫總目提要》云：“是書采取有明列朝《實録》，凡事之涉於河渠者，悉按年編次。天啓四年以後，則雜取邸鈔、野史以足成之。視史志所載稍詳，然頗傷冗雜。考斯同嘗預修明史，此本疑即其摘録舊聞，備修志之用者，後人取其殘稿録存之也。又兩江總督所采進，亦有此書，題曰《明實録河渠考》，所載止於萬曆四十八年，知當時隨筆鈔録，本未成書，後來傳寫其稿者，各據所見之本，故多寡互異，併書名亦小不同矣。”

此書《四庫》存目，無刊本。伏跗室原藏三卷，今不見。

《明史地理志稿》

作於京師修史時期。無卷數。

《伏跗室藏書目》載“明史地理志稿（無卷數），萬斯同，寫本，四册”並有“貞一吾父存寧可食吾肉，吾亡寧可發吾椁”“子子孫孫永無鬻，熟此值可供饘粥”等二印，殆書經萬言過藏。然此稿今不見。沈昌佑遺著目録有《天下志地》一卷，云：“伏跗室藏稿本，此稿爲明史地理志所本，異同不多。”然此稿本已不載於《伏跗室藏書目》，今亦不見，此兩稿本實爲一種。

《康熙寧波府志》

作於康熙十二年。三十卷。寧波府知府邱業主修，季野與其兄斯選、友人趙時齎任分纂。李文胤《杲堂文鈔》卷一《歷代史表序》及《杲堂文續鈔》卷三《董天鑑先生傳》皆云：“適季野修吾鄉郡乘”，“吾友萬季野撰郡志”；則此郡志之修纂，殆以季野之力爲多。

邱業於《序》中云：“設局於公署，並諸生夙夜編輯，凡三閱月而書成。”是書雖成於倉卒，然以後李廷璣主修、左臣黃等纂之《康熙寧波府志》；曹秉仁修、萬經等纂之《雍正寧波府志》，皆以此書爲本。曹秉仁《雍正寧波府志序》云：“郡志爲一方文獻所關，自前明張大司馬纂修後，雖經國朝邱、李二郡守之續修，皆未成書。”則此書亦未完。

此書無刊本。《乾隆鄞縣志》云：“此書未及刊行，其鈔本郡中藏書家有之。”二十世紀六十年代前，此抄本寧波私家仍藏有，“文革”後已不傳。

《難難》

劉坊《行狀》云：“《難難》一卷，散失。”則是書康熙年間已佚，其内容已無考。

《書學彙編》

作於京師修史時期。劉坊《行狀》、《萬氏宗譜》、王士禎《筆記》作二十四卷。温睿臨《序》、錢大昕《傳》作二十二卷。《四庫總目提要》《鄞縣通志》作十卷。

《四庫總目提要》云：“是編録歷代善書之人，上自蒼頡，下訖明季，共一千五十四人，……皆頗有考證。”《浙江書録》云：“以時代編次古今書家，人繫以傳，詳其本末，其書爲正史所載與所佚者，悉分别著之。”

是書《四庫》存目。馮氏伏跗室藏有抄存殘本十卷，今存。鄞人孫翔熊藏有抄本十卷，今不見。

《石園詩文集》

亦作《石園文集》，是書多作於甬上證人書院就學時期，著於京師修史時期者極少。劉坊《行狀》、《萬氏宗譜》作八卷。全祖望《傳》作《文集》八卷。温睿臨《序》、錢大昕《傳》作二十卷。沈昌佑《遺著目録彙誌》云，馮貞群先生謂是書二十卷，疑爲《石園藏稿》八卷與《群書疑辨》十二卷之彙合本。此説似可信。《鄞縣通志·文獻志·清縣人著述表》亦作二十卷，當亦本此。

馮氏述此書之所自來云：“二十二年冬，鄞縣八區文獻分會移送縣資料來城，覽其目録，有先生遺稿寫本二册，發而視之，不分卷第，書根號《石園藏稿》，首列劉氏《行狀》，刻版五葉，版心題‘季野先生集'，魚尾下刻卷八，目後有男世標子建校梓一行，蓋子建歲貢編次之本，欲刻未果者。乃發篋出《群書疑辨》校讀，采入過半，未刻者惟《卦變考》《書》《序》《記》《傳》等十六篇耳。復以《續甬上耆舊詩》校之，未著錄者僅詩五章，而其爲此本遺者凡六章。爰爲寫入目，注補字以資區別。其中塗乙，朱墨爛然，確出先生之筆，字句增損，與刻本頗有異同。評者爲上杭劉氏、謝山全氏，可寶也。張君伯頌擬刻入《四明叢書》，乃竭一日力爲分卷八，署曰《石園文集》。"

　　沈昌佑《遺著目錄彙誌》另列有"《萬季野遺編》三卷"一目，謂"先生子子建世標編定"，而未言書此《遺編》之所據，似即指上述之《石園藏稿》。又 1936 年施廷鏞從大連圖書館抄得封面題《先府君集原稿》之萬集，凡文三十三篇，其不見於《石園文集》《群集疑辨》者，僅《贈高廢翁先生序》一篇。

　　是書僅有《四明叢書》第四集本。《先府君集原稿》藏大連圖書館。清華大學圖書館及陳訓慈藏有抄本。《石園藏稿》今不見。

《群書疑辨》

　　作於京師修史時期。十二卷。

　　嘉慶二十一年，浙江學使汪廷珍爲是書作序云："是書凡十二卷，前六卷，論辨諸經，皆求其理之是，心之安，而不苟爲異同，一洗宋元儒者門戶之習。……其第四卷雜論喪禮諸則，明先聖之制，砭流俗之失，酌古今之宜，洽情理之中，尤盡善可施用。七卷以下，考廟制，辨石鼓及古文、隸書，崑崙河源，亦具有理致據依，足資考證。末二卷論史事，事核文直，推見至隱。其闡忠義，誅奸回，獨詳於宋元之際者，先生自以爲明之遺民，故不忘故國之意，時寄於尚論之中。……其於有明一代尤詳。"

　　是書之文，亦散見於他書。《石園文集》尤多，如卷一之《卦變說》，卷六之《諦說》，卷八論石鼓文、石經、隸書等十一篇，卷九《書唐玄宗改古文尚書爲今文詔後》等四篇，卷十二之二十八篇，除《讀倪文毅傳》《書張居正傳後》二篇外,《石園文集》皆録。其卷十辨崑崙河源十三篇,亦自見《崑崙河源考》一書。其卷七之論廟制,見於《廟制圖考》,卷十一之《書林唐二義士傳後》《書林唐二義士詩後》等見於《南宋六陵遺事》,其《書庚申君遺事後》《再書庚申君遺事後》並見於《庚申君遺事》。

是書有嘉慶丙子鄞刻本。鄞人林集虛藏本有黄式三批校,今不見。馮貞群曾謂張溥季藏有周世緒抄本,與刻本大有異同,張伯岸(之銘)曾向其校録一本,但抄本今亦不見。

《明樂府》

作於甬上證人書院就學時期。又稱《新樂府》或《樂府新辭》。僅劉坊《行狀》及《萬氏宗譜》著目,作二卷。

此書於徐時棟、李鄴嗣、陸嘉淑《序》後,有季野《自序》云:“昔之擬樂府者,率用漢魏古題,獨唐白少傅取本朝事爲題而名之曰《新樂府》,蓋新題體□,非漢魏遺制也。余讀而愛之,因采明室軼事爲題,而係之以詩,不過五七言長短句,非有音節可被之管絃也。今而直名爲樂府,則與漢魏遺制不類,欲不名爲樂府,又非余效法白傅之意,故循襲其舊,亦名之曰《新樂府》云。”全書取有明三百年間朝事及士大夫品目,片言隻句,撮而爲題,共六十六首,每首有小序。其友陸嘉淑《序》云:“季野身在草莽,不敢竊遷、固、荀、袁之指,鋪張叙次,托諸樂府之遺,知其意有在焉。”陸嘉淑以爲季野之意,在於洗發史書之隱微,推辨史事之得失,“頌群后之謨烈,而一時名臣偉德,亦得因以附見。間有感慨嘆息,繁霜離黍之痛,推其所自,以比於左徒之怨”。陸氏似深知季野作是書之遺意。然季野之作,繁霜離黍之痛固有之,而頌群后之謨烈則並無之。其《李太師》《高牆錮》諸篇,抨擊太祖、成祖之殘暴;其《昭德公》《青祠相》《獻白蓮》《九千歲》諸篇,諷切武宗、世宗、神宗、熹宗之昏庸,蓋季野意存諷刺,亦以示明亡之教訓而已,故是書爲研究季野史學思想之一重要著作。

是書同治間季野八世從孫萬乃鄰有藏本,烟嶼樓主人徐時棟出其家藏本與之校勘,徐本少《刑囚手》《火燒頭》兩首,因補之以付雕。此兩種藏本今已佚。除同治間鄞陳魚門刻本外,諸篇又刊入於全祖望《續甬上耆舊詩》卷七十八《貞文先生萬斯同》内。

《簪纓盛事録》

著作年代不詳。諸家傳志皆未著録。馮貞群《致陳訓慈書》云:"篋中藏有《簪纓盛事録》(明代三世五尚書、父子大學士、三世進士之類)。"係表揚先德仕顯之作。有鄞陳氏《拜楳山房几上書》刻本。

《萬季野先生四明講義》

此即萬斯同康熙三十七年自京回甬爲原甬上講經會會員子弟開講經史講座的又一本紀録本。但與《講經口授》不同,首先,它記載下講座時的基本情况,如主持講會者爲萬斯同子萬世標。萬世標在抄本前有《題辭》一文,説:"是會月凡三舉,始於三月初九日,止於七月廿九日入京纂修《明史》卒業。每講先君子令高聲者誦《白鹿洞學規》。"且參加講會必須"登記",即"簽名"。《白鹿洞學規》爲南宋理學家朱熹爲了授徒講學,在江西永康創立白鹿洞書院制定的《學規》。而且每次講會都有專人記録,會後由萬世標親自校録,由他四個兒子參加訂正,孫子錦章則負責"正字"。因此《四明講義》的内容相當詳細。《講經口授》估計爲參加講席者個人的筆録,内容較簡略。不過《四明講義》僅有手録開始的田賦、兵制、選舉前三集,《講經口授》無選舉,但有宫廟祭祀及律吕,相當完整。兩書所缺者爲張錫瓓詩上所説的"明史""東林"兩集。估計在雍正時掀起文字獄而删。

《石園藏稿》附《石園殘稿》

《石園藏稿》,抄本,共四十一篇。然其中十七篇後成殘本,稱《石園殘稿》。此抄本原藏同治間甬上學者徐時棟家。徐時棟有文述及《藏稿》被殘的經過:

"余舊有《石園藏稿》一巨册……,字亦極端好。惟每篇換頁抄寫,凡遇屬尾頁僅數行,餘紙尚多,此卷爲無賴小兒擷去,得時極爲惋惜,重加裝訂,俟補足之。今則遭劫失去,並斷尾者亦不可見矣。"

其所説"遭劫",指咸豐十一年太平天國軍攻克寧波的戰役,在戰亂中遺失了。幸而這本遭劫遺失的《石園藏稿》及其《殘稿》,連同徐時棟所藏另一本巨册的《石園存稿》,今藏於中國科學院文獻情報中心,在劫中得以保存起來。

《石園藏稿》中有《送宣城梅耦長南還序》《送劉黿石還上杭序》《大學辯業序》《應嘼先塋記》《王中齋先生八旬壽序》《送沈公厚南還序》等六篇,以及《石園殘稿》中的《海外遺集後序》《送梅定九南還序》《逸老堂記》三篇,也收於《石園文集》。

《萬季野先生〈經世粹言〉要編》

萬世標輯。

此書僅上下兩卷,似是萬斯同子萬世標編輯好而尚未完成之書。因爲卷二開卷即有《萬季野先生經世粹言要編》書名一行,後有"男世標類次 孫人傑、人英、人敵、人瑞校字"一段。然後有一段萬世標所寫編此書的原因:"世標曰:觀於此,古大人所爲明德新民止至善盡之矣。然欲新民,必先自新;欲踐其行,必先致知其爲經學注解、摘抉訛謬載於經學諸書,而海内學者未之見也。不肖爲撮其要語著於編。"這三段關於書名、摘編校字人員及編輯此書的原因,按例應置於卷一之前,今卻置於卷二之首,這是前所未見不應有的重大錯誤。萬世標也不可能對先父著作如此編輯。

筆者認爲發生這種常識性的低級錯誤,只有一種可能解釋,即萬世標抄寫好現在所稱的卷二部分以及現在所稱的卷一部分,後因某種原因被擱置起來。萬世標及其子過世後,此抄本被發現,抄錄成書,將置於上者稱"上卷",下者稱下卷,遂造成上下顛倒之訛。

清乾隆年間,杭州學者杭世駿的《續禮記集説》卷首"姓氏"篇有“國朝萬氏斯同，字季野，鄞人，著《經世粹言》，然此書從未見”。
可知在乾隆年間，此书尚未发现。

萬世標稱其編輯此書書名爲“經世粹言”，其所説不差。全祖
望曾稱黃宗羲開創的浙東學派在經學上的特點是“經術所以經世”
（全祖望《鮚埼亭集》卷十一《梨洲先生神道碑文》）。同治年間浙江
學使汪廷珍説萬斯同的《禮》學“明先聖之制，砭流俗之失，酌古今
之宜，洽情理之中，尤盡善可施用”，光緒年間，著名文史學者李慈
銘認爲萬斯同論喪禮，“酌古禮以正時俗凶禮之失，皆切實可行”
（見拙著《萬斯同評傳》第 90 頁至 91 頁）。

然萬斯同主要的經世之作是史學而非經學。萬世標稱其書名
为“經世粹言”，但無一句述及史學，有使此書名實不完全相符
之失。

季野遺著之有爭論者爲《五禮通考》。蔣學鏞《鄞志稿》卷十二
《儒林傳》下《萬斯同》條云：“尚書（徐乾學）又請遍纂五禮，遂節略
前書，復補其四，共二百餘卷。未及繕寫，先生卒，稿本留京師一故
家。近時有檢得之者，其書多以片紙黏綴；或脱落失次，因重爲編
茸，竟竄名己作。崑山（徐乾學）所刻，人知出先生手，而《五禮通
考》，人或未之知也，因附著之。”蔣氏首提此一公案。後梁啓超於
《中國近三百年學術史》更明言所謂“檢得者”爲秦蕙田。梁氏云：
“中間的一部是秦味經（蕙田）的《五禮通考》二百六十二卷。這書
爲續補《讀禮通考》而作，我很疑心有一大部分也出萬季野手，但未
得確證，不敢斷言。”按季野爲徐乾學撰《讀禮通考》，所撰僅喪禮
（凶禮），而未及吉、軍、賓、嘉四禮。其後遍撰五禮，實有此可能。
季野卒，遺書多爲錢名世所攘，或有散落，然確否爲秦蕙田竄竊，則
無實據。故金毓黻撰《中國史學史》，對此不以爲然，謂無徵不信，
有“厚誣古人”之語。

又蕭穆《敬孚類稿》謂季野侄萬言有《明鑑舉要》一書五十卷，
季野曾重爲參訂。蕭氏於清末曾見此書手稿於上海書肆，稿後有

杭世駿手跋，謂萬言歸里後，"窮年鍵戶編纂《明鑑舉要》一書，其卒也未及校讎。應徵士潛齋先生（撝謙）參補校閱，歷時二年而全書始畢。其後季野重爲參訂。及九沙先生經歸自貴陽學使任，復於是書缺者補之，繁者芟之，乃成有明一代之信史，惜乎力無能刊也。書中潛齋用硃筆，季野用墨筆，其黃筆乃九沙也。九沙之子承天以是書歸余，欲資有力者梓行於世，因述其顛末如此。乾隆戊寅冬菫浦記。"此杭氏手跋極爲可疑，萬言卒於康熙四十四年，而應撝謙（潛齋）卒於康熙二十八年，季野卒於康熙四十一年，皆較萬言早卒，豈有已卒之人爲未卒之人"參補校閱""重爲參訂"其著作乎？故季野重訂《明鑑舉要》，實屬子虛。

季野著作，在近人梁啓超遺著中曾發生多列一種之錯誤。《南疆逸史》一書爲溫睿臨由季野之勸而撰著，係紀傳體南明史，原只抄本流傳。道光間，李瑤就《逸史》二十卷抄本補輯，改稱《南疆繹史勘本》，共五十六卷，已改用清代年號，改"逸"字爲"繹"，係表示尋繹諸史而成之意。清末，書賈爲牟利，竟有所謂"國光書局"出版之萬斯同《南疆逸史》，筆者曾在奉化中正圖書館發現此書。而梁氏著《中國近三百年學術史》之《明史之述作》中，謂"有萬季野之《南疆逸史》，有溫睿臨之《南疆繹史》"，渠既未閱原書，又未深考，不明兩書原先本爲一書，又誤溫著爲萬著，茲順爲更正之。

又溫睿臨於《南疆逸史·凡例》中謂其搜集南明逸史共四十餘種，"其間記載有詳略，年月有先後，是非有異同，毀譽有彼此，乃取萬季野明末諸傳及徐閣學明季忠烈紀實諸傳，合而訂之"，此"明末諸傳"，是否指季野於史館所修《明史列傳》之南明部分，抑或另有一種，則不得而知，尚待考證。

沈昌佑曾有另冊自補其《遺著目錄彙誌》，謂季野著有《璇璣圖》一卷，狀如迴文詩，朱鄰卿藏。按《璇璣圖》係清中葉宜興萬樹《璇璣碎錦》迴文詩之附圖，共六十餘幅，全與季野無涉，沈昌佑誤題以季野之名。季野一生，博覽勤著，豈有閑事爲此文字遊戲耶？

此外，季野有《守高贈言序》一文，收於《守高贈言序》一書內，

爲慈溪鄭氏二老閣刊本。康熙乙亥三十四年，季野好友鄭梁自京
出任廣東高州府知府，季野與温睿臨等人各作序贈别。又《四明儒
林董氏宗譜》卷十二亦收有季野之《董氏五先生世傳》一文，五先生
指董琳，其子鑰，從弟鏊，鏊從孫樾及樾姪光宏，五人皆爲季野甬上
證人書院友人董在中、允瑶、道權之祖上，此文下題"四明布衣萬斯
同季野撰"。《宗譜》卷十四尚有季野《悼董在中》一詩，《昭代名人
尺牘》卷十一及上海圖書館藏有季野《致董道權書》及《又致董道權
書》。上述季野著作之吉光片羽，極爲珍貴，他書皆未録，宜爲補入
《石園詩文集》。

附錄一：陳訓慈、沙孟海有關手稿

一、陳訓慈先生手稿

《萬斯同年譜》序

序　言

明季政乱俗敝，一般士子俱知讲章，沉溺于制举，稀有通经服古，致力实学者。理学则王门弟子之末弊，又多流入于禅。然大师宿儒，点即主明清之间崛起南北，如顾黄王颜，俱以通博知名。一时学术思想颇称活跃。颜曰斋以复六艺古学，独标习行自成风气外，黄顾王三大儒皆以明之遗民，深宗国之思，论学俱以经世致用为旨归。黄梨洲学宗王刘，蕺山偈慎独之旨，明亡身殉。梨洲历经艰屯，及至匡复已无望，退而著述讲学，为清代浙东史学之开山。弟子济济，其以史学著名者，翚推万季野斯同。

四明万氏为明代之世勋，自始祖斌之佐明太祖征伐身殉，始受封，子钟，以讨倭与靖难战死功，受宁波卫指挥佥事世袭之封，自是始为鄞人。是后累代武功，有"四忠三节一义"之称。传至履安公泰，始弃萌代戈矛之传，以文史气节领袖东南数十年，与黄梨洲为道义交。履安有子八人，季野其季，受父命与诸先及兄子言并从梨洲受业。梨洲一生讲学所至，在石门，在海昌（海宁），在会稽，在宁波，而独谓"甬上多才，皆光明俊伟之士，足为吾薪火之寄。"又自谓"平生师友，皆在甬上。""十年以来西谓鲁弟之士，必在甬上。"盖明末甬上学风颓歇，梨洲弟子陈葵献等十余人，始创讲经之会，讨论经史以振起之。梨洲至甬主讲，学风尤彬彬称盛；以后散而之四方，其尤为梨洲所称者十余人，万氏居其四，以为名理则万公择（斯选），穷经则万充宗（斯大），文学则万贞一（言），而首称万季野之史学，以为此皆"卓然有以自见者"。李杲堂（邺嗣）亦盛称履安婿子六人，与长孙贞一皆令器，以为"粹然有得，造次儒者，吾不如公择；事古而信，笃志不纷，吾不如充宗；足以文章名世，居然大家，吾不如贞一；至若学通古今，无所不辨，则吾不如季野。"（见《李杲堂先生文集》—〈送万季野授经会稽序〉浙江古籍版，450页）季野之受师门器许与前辈推重类如此。

《二十四史》中，史汉以降，惟明史颇受士林推重。明史虽属官修，成于众手；然自开局修史，梨洲既已辞清廷之荐聘。季野虽义不仕清，但以史馆总裁徐元文之力荐，得梨洲之同意，不署衔不受俸，与贠一同参史局。馆元文私邸，任诸分纂稿荟复审之责。总裁一席，后继者徐乾学、张玉书、陈廷敬，以至王鸿绪，莫不延致其家，敬礼有加。季野复审写定之明史稿(五百卷)，身后为鸿绪攘窃，其后乾隆初张廷玉即以此稿增损而上之，刊定今本明史。明史之见称，实多季野之功，此皆士林所习知。梨洲之言曰："明亡，朝廷之任史事者甚众，顾独藉一草野之万季野以成之，不亦可慨也夫！"故语季野史学之造诣，首在明史。(本谱之作，循谱主一生经历分为若干时期，而以"北京修史时期"，分为前后二期。于此期季野之著作行事，与其兄弟师友之往还存亡，尤力求考定其年月时间，备载其事实而不遽遗。)

　　季野博学强识，读书如决海堤；六经百氏之书，无不淹贯。于史学则对历朝典章制度，兵刑田赋诸大政，参稽其详。博而返约，尤善

识近三百年之文献。取明实录为主，而辅以私
史志乘，期成一代之信史。盖处明清之交，身
经世变，自以明之世臣，矢上报国恩之忠，後
以当时大儒之学风，与父师之教，乃特富于经
世致用与反清之民族思想。其专志明史之由来
。余尝于曩岁《石园藏稿》遗文之发现时，李
其中〈寄范笔山光阳书〉，（及〈与兄子贞一书〉）
之陈说。记之以备传慈之所引述，聊论其志事
。兹不赘述。要之，季野目击当世学风之积敝
，早年致力诗古文辞词。旋即辈而攻"经国有
用之学"，以备世用；（及鼎迁社改）。则以有明
一代政事尚元成书，其君臣之施为得失，学士
大夫之风尚源流，必须及时纲罗，以继先代之
功德，而资后人之凭据。（其对契友刘坊自谓
"学凡三变"即如此）天诱其衷，自明史开馆
，得历任史臣之信重，积先后廿余年之力，基
本上完成一代之纪传，此不但大儒之宿愿得偿
，实吾国史与文化之幸事。万季野之审纂明史
，其主要以实录为指归，且如参至旁证，如善用
图表。自皆其史识史法之所表见。甚近世章太

炎之论清儒，于季野乃仅称其礼[说]与史法。章氏之言曰："自明末有浙东学，万斯大、斯同皆鄞人，师事余姚黄宗羲。称说礼经，杂陈汉宋，而斯同独尊史法。……"（见《检论》）夫明清[之降]以来之浙东史学，经世精神与民族思想，实为最重要之一特色。季野史学有义法而首重史识；充宗之学固特重礼经。季野则"读礼通考"一书未足为其代表著作，会同汉宋，不持门户，与浙东大师所共有。季野兄弟亦非"杂陈"而无伦次者。本谱附录"季野著述考"，条列其已列者与散佚者。其[所著]如《两浙忠义考》《宋季忠义录》等书，皆极枣表章[彰]明遗民忠义之伟事，有激发后来民族思想之[贡献功]。章氏于清学着查考抃之学自无不可。若于季野[诬纰]其史法，而遗其学术上征存明一代[及]史事，及其经世与民族思想之大，则未免举此失彼之偏矣。

　季野既殁于京师，其契友上杭刘[螯]石坊为作〈行状〉，备引其自述先世之武功德业。至其父之领袖文坛，并自述其为学与从事明史之志事。其后先后为撰传志者，有黄百家之〈万

季野先生墓志铭〉，钱大昕之〈万先生斯同传
〉。及杨烨（无咎）为重作之〈墓志铭〉方苞
撰〈万先生墓表〉。其先有李塨之〈万季野小
传〉，皆详其学问与德行。最后则邑人全祖望
本诸文有所补苴。且辨正方表谓其卒于浙东芦
疏误。为作〈万贞文先生传〉。（按钱传言其
卒年六十亦误，又如钱林〈文献征存录〉中传文
多雷同。清史儒林传更疏略）传志诸作，
于季野一生行事概可考见。然其世学师承，父
师之教，朋侪之交往切劘，以及其著述之先后
存佚。未能综窥其全。是则未有一完整系年之
谱，学者不免引为缺憾。

　　民国初年，鄞人马太玄（马衡弟）撰〈万
季野之生平与著述〉一文（见于北京国学月刊列）。
自云将另为季野撰年谱，未见成文。余在甬上
，常观书冯氏伏跗阁，向主人孟颙先生请教明
清间浙东之学。间得见其所藏万氏史表及《天下
志地淆书》。（后亦见自河南故家流出之明史稿
抄稿本于朱氏别省阁。令藏天一阁）当时同研
友人南通王驾吾（焕镳）方治书国学图书馆，

有〈万履安年谱〉之撰辑,〈后载于该馆第九年刊〉意甚题之。抗日战争前一年,驾吾应浙江大学之聘,余亦在杭州,值守波修建左奉化之季野先生祠墓落成,遂相约去甬参与,顺道至冯先生家观书。返杭前后,驾兄以诸友之意,取其先读书所记万氏遗事。始着手订季野年谱,成稿及半,即在〈浙江大学季刊〉发表其前编;(写至1670年季野三十三岁时止)未及续成而战事作。浙大西迁,此刊发行甚少,资料亦亡失。仅以《万季野先生繫年要錄》为题,略次其一生要事,载浙大《史地杂志》(一卷二期,1937年)。解放以后,余在杭浙省文物管理委员会及浙江博物馆任职。驾吾仍都讲杭大。课馀研治诸子甚勤。因知余素好四明万氏之学,遂勉我重订萬谱,完而未成,渠未竟之功。乃随时读书摘录。于前编加订补,逡巡多年而未成。至1981年得洪乡友方君祖猷,时君适亦致力萬氏之史学。拟订季野年谱,正有同心,因相约浏览有关群籍,合作重订此谱。时光荏苒,至1988年夏大体定稿。以有待增補，一面与香港中文大学商订出版事宜，一面先曾節取其本文之要綱，成〈萬斯同年谱简编〉交中大《中國文化研究所学报》（第十九卷）先刊。为季野诞生三百五十年纪念。今年复加校改補充，就《谱后》各条尤多所增益，今始完稿口是谱按一般之体例，每年以主次为条序，各次以其所引书名篇名。于旧记有疑者考定之，其他杂多引志乘。余以先后所摘写资料恣寄甬，编排考索。则多方君佐之，后又互为審校。谱前〈前言〉，包括季野传志，与其学术思想，〈世传〉记其先世历代事迹。正文之后，又循近人作谱通例，就季野身后有关谱主之要事，著作之印布，及研究季野之述作，有所见闻者，皆循年月述为〈谱后〉。以备参证。末附〈季野著述略考〉。编写之中，多得浙江图书馆、宁波天一阁、宁波市图书馆、杭州大学、宁波大学等单位及诸友好之助力。并在此谨致谢忱。其以浅学所限，实力又未遑遠求外地异书。以致既有挂漏，懼多件误，希海内外读者不吝指正。1989年十一月陈训慈谨识。

致静明同學函

静明同学足下，许久未通音讯，遥想近佳后

公私迪吉为颂。兹启者托者，宁波天一阁现藏之
〔原公家未收之内容宁波东未知道〕

「明史稿」，当年师主盍山馆时曾钞副一本（但载有师著

三「明史稿校录」五元「两董国书馆
〔采访出文献之九蓉别传〕　　　　　第一〕

此文亦文考录曾计议时，将国故罗刹代为复印，是为著与宁波大学

一任中有何作学善　方祖猷同志合谋，努力争与谱合作为附录，

今方老师时以去现作进一步言论入研究，而时江国书馆归期到记为

若者建证易建　试探及搬去昔美而不忍接受重为夏印（全天一阁

藏原不别已当作第此史稿缮不赐诸国得见方信〕科技　是上某国多年考

同志（如做之退休者之志出批学者为移托）代为移托将国图事专手刊内天利徵康全史吵印附

复印一传（亚依伊取苋讽讽送）运寄 宁波大学为藏　详见 方同志代，经 鼓去二纪 傳安　陈训慈 甬

　　　六月十三日

二、沙孟海先生手稿

萬季野《明史稿》題記

之都，兩廡宋通，楷體上大下小，有時偶帶草法，緣草隨筆多出入不依留情必不違簡筆、

俗体倒改為隸，隸寫字古拙，失稿其字兵實家部，皆同然，凡隸何容主筆帶草出稿何為遊

何字不可意，凡腹懷作探求稿運作迁，猶作会後離席通倒，上大下小，別情為民有此法，金為見

亭林段氏黎洲麦民先進皆名為是，全稿三百四十餘萬，雜要由細後，僅致大概，已引可

禮記前九冊出推著李氏年事諸多執起，柳先生九原而發証之，

柳先生授錄列舉此稿宜之鴻緒眾某稿及通形本以某互校核指出與同得失四七

專攻心卓識，勞問具裁，有助於來研究實調此稿宜全文黔即出版必廣流傳而飼丞

陸房稿舊有，為事溪誌丁小足坡，皆傳述頒站栽後初齋集安人稿錄排宿子書初

書校錄南陵及別宵矞老先裝對出刊玄，

　　先民治方祖獻兩見含著萬斯同年譜既成，徵出版詞及典籍爰就鄙見畧仿書壽

歲文章天下公器，願与天下後世大雅君子共參正之。

　　　　　　　一九八九年十二月沙孟海題記年九十

致顧廷龍函

浙江省博物館

起潛先生尊右：

寧波大學中國文化研究中心方祖猷兄等一段時間與陸林森兄（訓慈）合著《馮幵同年譜》已在香港印刷中。現在方兄繼續搜研馮氏生平著色，撰寫《馮幵大壽慶同祥錄》工作很起勁。春和承費紐檢示馮氏父子遺札，彌足珍貴，擬請一閱已承攝影給他。後者方兄來滬趨謁，對馮氏之學有關問題，敬請面賜指示！其馮氏父子札，仍盼俟請攝影交給，藉以充實資料，不勝感幸！

此頌敬禮：

沙孟海 '87. 4. 15

地　址：　杭州市外西湖25号　　　电话：　24268

附録二：增訂資料

一、萬履安年譜序[①]

陳訓慈

丁丑，倭人入侵前一年之某月，甬人士重修萬季野先生墓成。友人南通王君駕吾聞而欣然，偕余自杭同赴奉化蓴湖墓與公祭。時王君方繼《萬户部編年》之後，續譜《季野系年》。稿及半，翌春刊於《浙大學報》。比寇逼杭垣，余負文瀾閣歷年積藏書，奔走嚴州、金、處間；君則自天目山（浙大分校）徑奔建德，藏杭垣書悉舍去。亂平，吾二人分自川、黔返浙，相對追話舊日文酒商榷之盛，則《季野年譜》稿後部分已佚，而余原欲爲《萬氏著述考》搜集之劄記斷片庋、篋中者，亦被館友棄失於龍泉山中。理董舊藏，依戀浙東學人之傳譜，猶有君在南京訂書目時爲户部公所輯年譜單册在，亦多前人之所未及也。重讀一過，憮然爲記舊事如此。

一九四八年六月，陳叔諒於杭州刀茅巷寓

注釋：

①按：萬履安，名泰，萬斯同父，清初著名遺民，黃宗羲生死之交。此爲王焕鑣《明遺民萬履安先生年譜》刊登後，訓慈先生在其刊物前親筆所寫的《序》。

二、明遺民萬履安先生年譜

王焕鑣

【題解】萬履安名泰,明末鄞之名士領袖,與復社相呼應。其子萬斯同、其友黄宗羲,及友輩裔孫全祖望俱有聲於後世。明亡以後,魯王監國舟山,萬泰及其友人與義軍潛通聲氣。其爲清吏所捕逮者則傾身營救,死事者則撫育其遺孤。事甚隱秘,後世已不能詳。作者除取材於黄、全文集外,復廣徵《萬氏世譜家傳》以及浙省地方文獻人所不經見之書,寫成此譜。蓋作者在江蘇國學圖書館,得見杭州丁氏八千卷樓及其他諸家藏書中有關資料,深爲感奮而篤力爲之。作者同學陳叔諒跋此譜云"亦多前人之所未及"。譜中所載萬泰與友人脱黄宗炎於臨刑之際,救張肯堂遺孫出鄞縣獄中,事類傳奇而文盡實録。又載萬泰友人林時耀撫育烈士華夏遺孤成人,爲之婚嫁,始哭而告之曰:"汝父死,吾捧頭舐血而殮之;汝母(殉)死,吾躬市櫬木焉;吾亦不料得自全以全汝也……汝爲王裒,毋爲嵇紹。"寥寥數語,誠所謂"忠義動君子""古道見顏色"者。此類佚史俱可概見明遺民之風烈云。

先生姓萬氏,名泰,字履安,晚自號晦庵。

始祖國珍,先定遠人,從明太祖起兵,賜名斌,北征戰歿,贈明威將軍。

(《萬氏宗譜·世傳》)謙一府君,義五八府君子也。初諱國珍,字文質,生而頎長,美鬚戟戟,志向奇偉,不修小節,有文武才。自少雅尚詩書,工於騎射。值元政不綱,群雄俶擾,生民不安其居。嘆曰："大丈夫安能碌碌視世之溺乎！"乃集義旅，保障鄉曲。時明太祖龍飛起義，至正癸巳，首率所部歸之。充萬戶，賜名斌，從帥府費公入滁城，下和陽，搗儀真，咸先登著績，授顯武將軍，副千戶。守禦滁州，剿平民寇，擒僞官姜萬戶。復從都督顧公定濠及泗。洪武建元戊申，賜誥襃美，備敘勞績，授武略將軍。是年從取建寧諸道，有功，賞賚加等。仍從費公北向，克復中原，屢斬首上功，調永平衛副千戶。三年，賜誥世襲，遂從夷廣寧，生擒僞同僉八都兒等。五年，復從宣武劉公進征沙漠，大戰於阿魯渾河。橫槊馳突，奮不顧身，乘勝深入，力戰而歿。太祖聞而憫焉，誥贈明威將軍指揮僉事。初，府君守滁迎母丁孺人以養。母卒，即葬於滁城南麻塘湖之原。至是子鍾匍匐迎府君柩，祔葬於丁孺人之墓。生於元至治壬戌七月初一日，卒於洪武壬子六月二十六日，享年五十有一。嗚呼！是不可謂之爲臣死忠者乎！是不可謂之鞠躬盡瘁死而後已者乎！萬氏一門忠節，蓋自府君啓之矣。

斌子鍾，世襲寧波衛指揮，遂爲寧波人。遜國之難，死之。

（《世傳》）和一府君諱鍾，字榮禄，謙一府君子也，生十六歲而孤。痛父歿於王事，克自激昂，駑學，攻騎射，尊賢下士，講論不輟。其於韜略，尤究心焉。洪武九年，襲父爵。次年，賜誥授武毅將軍、龍驤衛副千戶。十一年秋，征松州。十四年夏，攻施州蓉美等洞。十六年冬，討吉安泰和諸叛寇。皆奮勇出奇，布張皇威，所至咸著勞績。十七年夏，始奉上命，將兵寧波，駕戈船捕倭。尋調守禦定海，再調昌國衛。二十年春，隨衛移置東門。門當東南巨浸，實邊高麗、日本，諸島夷或貢或叛不可測。府君至則贊修城垣，固樓櫓，利戰艦，蓄銳待應，隱然爲控制海道之重鎮焉。二十五年，授新誥，贈父明威將軍指揮僉事，以著其死事之節。二十八年，以勞詔赴京，超授寧波衛指揮僉事，子孫世襲，賜第宅寧波府學之東，因家焉。母董，妻陳俱進恭人。建文元年，太宗靖難師起，拒戰於順天府大興縣之花園，死之。府君之生也，以幼失怙恃，追慕終身，顏其所居曰永思，縉紳先生咸爲詩歌以美之。其於四時祭享，必豐必潔，悲愴感慕，如將見焉。……生於元至正丁酉閏九月十四日，卒於建文己卯十一月五日，享年四十有三。孫全奉冠劍葬於鄞之桃源鄉應嶴大嶺山。嘉靖丁亥秋，其世孫表請於督學憲臣，崇祀寧波府學名宦祠焉。

鍾子武嗣，從征交趾，又死之。

（《世傳》）仁一府君諱武，字世忠，……建文二年襲先職，……其爲官以清謹聞。永樂初，台州黃巖有寇竊發，闔檄往，一鼓而賊就擒。地方無分毫擾，居民德之。……永樂五年，以事謫戍廣西，從黔國公征交趾，過洞庭，道衡永，經南寧，入交趾，駐永州。……六年十二月，進兵交趾之檀舍江。晝夜不遑解甲。兼之瘴癘襲人，雖疾猶強起，誦唐人詩曰："裹瘡猶出戰，況吾疾未至是邪！"竟力戰而死。距生於洪武丙寅七月七日，僅得年二十有三。……崇祀寧波府學之名宦祠，時嘉靖丁亥秋也。

武弟文嗣，倭入寇，敗之。後溺海死。

（《世傳》）仁二府君諱文，字世學，和一府君次子，……以弟襲兄爵。其爲官廉明而有威，兵民敬服。永樂丁酉，倭夷入寇。率舟師出海迎敵，戰於蓮花洋，斬首若干級，餘多就擒。總帥嘉其功，留守桃渚海口。明年戊戌六月二十四日夜，有雙炬如懸燈炯炯見於海口烟霧中，衆驚以爲寇至。府君進舟，發強弩射之，落其一炬，蓋龍目也。隨而颶風大作，波浪洶湧拍天，舟覆而溺焉。……距生於洪武丁丑七月六日，享年二十有二。

文子全。

（《世傳》）厚一府君,仁二府君子也。諱全,字惟一,號竹窩。……父歿王事,越五月而生。朝廷給禄優養者十五年。襲父職。（斯大按:府君永樂十六年戊戌生,宣德七年壬子襲職時方年十五耳,舊譜作十六年,今改正。）……天順甲申,……是年六月十四日終於正寢。距生於永樂戊戌十一月十五日,享年四十有七。

（《浙江通志·人物傳》）萬全字惟一,鄞人,射龍將軍文之遺腹子。年十六,襲指揮職。事母吳以色養。念祖考皆死王事,祖姓以下世著苦節,乃繪"四忠三節圖"。正統間,常從大帥討平閩括,又三率戈船禦寇海上,得邊帥禮。有《竹窩稿》若干卷。子禧,孫椿,皆稱名將,爲世所推重云。

（《浙江通志·列女傳》）萬義姑名義顥,鄞人,指揮武之妹,文之姊。繼母曹氏早寡,武及文相繼死王事,武妻陳氏無子,文妻吳氏五越月而生遺腹子名全。姑痛宗祀單微,遂與諸娎共保孤兒,矢志不嫁,以處女終,世稱義姑云。曹氏及陳氏、吳氏皆守志無玷,俱以壽終。

　全子禧。

（《世傳》）宗一府君諱禧,字天祥,別號蘭牕,厚一府君適長子也。八歲失恃,與妹俱藉祖姑祖心（按:祖心,義顥字。）撫養成立。天順甲申襲父職,成化改元,率所部防夷海門健跳。庚寅,回衛管,操任軍政,兼督造軍器,皆嚴而有法。尋視衛篆,知軍伍弊於科擾,一切以清慎從事,上下安焉。巡撫憲臣嘉之,特令出守定海關。蓋關專門控制島夷,防衛内地,而番舶交錯,趨利者所必争之要津也。非才而勇,智而廉,有不勝其任,府君處之裕如也。壬寅,守備健陽先聲所及,軍民歡呼,若孺子之仰慈母,蓋安於其舊政也。時譽方將大用之,而府君以疾不起矣。時弘治庚戌二月二十四日,上距其生正統丙辰十一月十日,享年五十有五。附葬應嚳先塋。

（李文胤《甬上耆舊詩·萬禧傳》）禧字天祥，別號蘭窗，少孤，爲祖姑祖心所養。長襲職爲將，嚴而有法。開府知其才，使出守定海關。任以重地，時方大用之，會卒。公嘗有家訓十則，里中傳爲名言。又於便面題詩戒子，意謂世事不可以一時得失遂生休戚，誠有道之言也。

禧子椿，皆襲世職，有名。

（《世傳》）正一府君諱椿，字有年，宗一府君適子也。府君雖生將門，自其先世皆績文學，而大父厚一府君尤博而攻。故庭訓所傳，服勤無少懈。兵家書乃其恒業，而經史之學尤究厥心。取所謂戒慎淑慎之義，以慎庵自號，而自省焉。天性冲澹，與物無忤，衣服飲食未嘗有所擇於其間，視世之豪貴詫裘馬甘熊蹯者，深以爲恥。所入俸資推被同宗，而於叔父祺敬愛猶其父。廉於取與，未嘗以植産厚薄概於中。外家王氏業鉅而乏嗣，裂而歸諸二壻。府君獨謝却之。權門要途，反縮蹙而避。横逆之來，汪然弗較。其練兵干城，嚴而法，勇而克濟，夫學之於兵民無兩事。嘗受命督水利於鄞塘諸鄉。其固坊庸，時瀦泄，咸得其宜。見者識其才之達焉。考蘭窗公既卒，區其燕居之室曰"感蘭"，作《感蘭詩》。晚更號曰友葵，皆以著所志也。所著有《品咏雜稿》若干卷、《和柳塘排節宮詞》一卷。卒於正德甲戌八月二十四日，距生成化庚寅七月九日，享年四十有五。葬杭州西溪安樂山。

椿子表，字民望，是爲先生曾祖。正德庚辰武科，授浙江把總，歷官都督同知，總漕運，屢禦倭寇，爲一時名將。博覽群籍，究心理學，與王龍溪、羅念庵相切劘，學者稱爲鹿園先生。

（《鄞縣志·人物傳》）萬表，字民望，椿之子。世爲寧波指揮僉事。（王畿撰行狀）生有異相，玉色方頤，額有二文，風神炯炯。相者奇之，曰："異日當名高天下。"年十七，襲父職。慷

慨多大節，不事家人業。晝習騎射，（○案行狀：射法得同官指
揮遥黑漢之傳，黑漢先胡人，以胡射名於中國。君師而學焉，
盡得其術。）夜燒燭讀書。慕諸葛武侯爲人，書"寧靜澹泊"四
字於座右。（焦竑撰墓志）上官委理軍政，輒治。正德十四年
中武鄉試第一。（聞志）明年，會試中式。（墓志○案《分省人
物考》《明儒學案》，亦作正德十五年。《明史稿》作嘉靖初，
誤。）對策論任將曰："將係於相，天下未嘗無將，特患無相耳。"
主者欲置第一，以所言多忤時，改十八。（《甬上耆舊傳》）是年
秋視衛篆，冬授浙江把總。十六年，署都指揮僉事督運。（《行
狀》）洞察利弊，剔伏舉遺，無纖巨咸當。（陸鈇《贈表視浙闈
序》）通州久雨潦漭，官途運車，日不能進數里，且有陷覆之患。
表乃經度地形，請於戶、兵二部，言通州西首有裏路，直抵東直
門，路頗平夷，惟五里屯車路口二處淤泥，挑庀修墊，不過用千
夫之力，三月可辦；待有餘力，撥軍修墊大王莊等處，以達朝陽
門。兩路並進，運糧始無滯。從之，遂爲遠利。（《行狀》）嘗至
淮，見饑民載道。不俟奏報，輒發所運米振之，全活無算。
（《餘杭縣志》）嘉靖四年，晉浙江掌印都指揮，鎮守中官爲其親
故請託，拒之。八年，遷南京大教場坐營。有把總恃魏國公之
勢，作威虐衆，痛懲之無所忌。十一年冬，升漕運參將。十五
年，推南京錦衣衛僉書。二十二年，擢廣東副總兵，以病乞歸。
二十五年，起爲左軍都督漕運總兵。禁賭博遊食之徒，咸使務
本，開荒蕪之地以給之，民皆樂業焉。（《行狀》）廷議紛紛議復
海運。表言：在昔海運，歲溺不止十萬，載米之舟，借船之卒，
統卒之官，皆所不免。今人策海運輒主邱濬之説，非達於事者
也。（《明史·食貨志》○案《分省人物考》：表言海運雖極險
遠，第浙中海船於遠番皆能通之。松江與太倉通，泰州有沙
船，准安有海雕船，嘗由海至山東蓬萊貿易，離天津不遠。若
以松江太倉近海歲糧與雇直，量運三四萬石，使海運漸諳，爲
事變之備，亦一策也。又案《明儒學案》：表議三路漕運以備不

虞。置倉衛輝，每年以十分之二撥中都運船，兌鳳陽各府糧米，由汴梁達武陽，陸路七十里，輸於衛輝，由衛河以達於京。松江通泰俱有沙船，淮安有海船，時常由海至山東轉貿，宜以南京各總缺船衛分坐，兌松江太倉糧米，歲運四五萬石，達於天津，以留海運舊路。於是並漕河而爲三。據是，表未嘗不意在海運，與《明史》所載互異。）遷南京中軍都督府僉書，引疾乞休。（《嘉靖志》）表督漕久，國計紐贏，河溝通塞，靡不曉暢。二洪水涸，漕舟並阻，議者謂黃河改流，表著論折之。（《明史稿》）又有議渦河可鑿陽武以通衛河者，表復力言其不可。他若論輕齎，論本折通融。（《耆舊傳》）議開河北山東一帶荒田，重農薄賦，爲漸減歲漕之地。（《明史稿》）及奏處異常水害漂流糧米諸奏議，前後凡數十萬言，俱係國本至論。（《耆舊傳》又言：原立法初意，天下運船萬艘，每艘軍旗十餘人，共計十萬餘人，每年轇奏京師。苟其不廢操練，不缺甲仗，是京營之外，歲有勤王師十萬彈壓邊陲。人共奇其言。（《明儒學案》）三十二年，倭寇亂，表散家財募死士，奮欲死之。（《錢塘縣志》）始表請病歸，常居武林，喜從方外遊。念國家承平日久，士不識戰，惟少林釋徒最喜格鬭，可備緩急用，因盡與相結納。（《耆舊傳》）至是年夏四月，有倭四十二人，自海鹽屯赭山。（《海甯縣志》）巡撫王忬方巡海上，布政使游居敬請表任其事。乃選僧爲兵，得二百人。召埤杭州衛指揮同知吳懋宣將之（《行狀》○案《海甯縣志》：指揮陳善道以民兵助戰死，善道亦表埤。考《龍溪集‧萬表行狀》：埤二：吳懋宣、吳師道。無陳善道也，志誤。）偕少林釋孤舟統以出。僧兵薄賊營縱火，前擊之，賊敗。（《耆舊傳》）懋宣獨乘勝窮追，爲所殪。賊亦隨遁，省城獲安。（《行狀》）賊襲太倉，操江蔡克廉駐蘇，走金幣至杭，聘取僧兵。（《彙書》）當事不肯發，表別募月空等十八僧往，且屬克廉以書聘少林釋天員爲將，當可破賊。天員報曰："此非山僧事，但須爲知己一出。"遂集所教僧八十餘人、蛇山十人、併月空爲一軍,各精治兵械,與賊遇於翁家港。諸僧俱錦笔毛持杖,口含澱藍。及見賊,各誦佛號,伏地,即盡卸其衣,以藍塗面及四體,奮起前擊。賊初遙望諸僧狀貌,衣爛爛,已大疑之。及自地上躍起,俱贏鬼前搏,大驚以爲有神。而僧結陳使兵器相間,先用長矛衝前,隨夾以弩矢,下持鉤鎗掣其足。仆則以杖掊之,刀割其首。賊遂大敗。餘走嘉興之白沙灘,追及盡殺之。自倭深入,我兵望風,未嘗敢與鬬。至是始知賊可殺,士氣爲一奮。俱用表所結客也。(《耆舊傳》)三十三年春,復起表爲南京都督僉書。(《行狀》)道經蘇州與倭遇婁門楊涇橋,率所募及少林僧,躬冒矢石,挫賊鋒,身中流矢,不爲止。(《明應謚名臣備考録》)義兒一人(○案《行狀》作二人)戰歿。至南都下血數斗,即具陳固守京畿之策,上大司馬。(《耆舊傳》)復遺書於子曰:"我家世以力戰報國,我獨持文墨議論,不任兵。晚年增一箭痕,不亦美乎?"(《明良録》)時賊據七團八團爲巢,官軍數不利。表言於巡撫周玳曰:"賊據内地久,民不得田。逋日積而徵調不已,相率爲盜,是驅之助賊也。宜蠲逋弛力,懸賞格以招之。且下募兵令,土著之饟與客兵等,則人人樂歸。得士千,即損賊千也。"議行,歸者浸衆。内地稍甦。(《明史稿》)因作《海寇議》,所爲籌畫甚具。(《人物考》)賊方蜂屯諸島,而歙人汪直者,以驍雄魁其曹。表策其疎鹵,可誘而縛也。薦鄞人蔣洲、張惟遠使爲間。(《續藏書》)當事逡巡未果。其後胡宗憲竟使洲誘直至浙,斬以徇,東南遂晏然。(《耆舊傳》)一時謂爲奇功,不知皆表本謀也。(《明良録》)表策夷情,洞如指掌。而論北狄,尤人所未發。(《續藏書》)嘗曰:古夷狄侵中國,未有中國人不爲之用而能突入者。自屯田、鹽法壞,邊儲不充,而叛亡日衆。凡叛亡之卒,彼皆厚遇之。與婦生子,給以牛馬孳息,心無變反,而後用爲嚮導。故地理之迂近,兵力之强弱,將帥之勇怯,事勢之難易,皆得預知之。而諸邊饑餒者,且相繼以亡,是則深可憂耳。其持論探本類如此。

(《備考録》)詔復以表提督漕運。值倭犯鹽城，漕撫鄭曉欲調兵守廟灣。表曰："賊必赴雲梯關，若守廟灣，則緩急無及矣。"後娥果趨雲梯，見有備乃去。三十四年秋，病劇乞歸。未幾，再推爲浙直海防總兵官。言者謂表病久不堪任事，始得旨歸。明年正月一日而卒，年五十九。(《行狀》)是夕大星殞於庭，光射數十丈云。(《墓志》)表，將家子，通經術，熟先朝典故。與羅洪先、唐順之、王畿、錢德洪善。(《明史稿》)談説理學，(《明史稿》)號爲儒將。(《四庫提要》)性篤孝。早歲喪父，孺慕不已。母疾，輒廢餐寢。比卒，哀痛逾節，屢絕屢甦。家人或勸之，表曰："母死何以身爲？"自奉寒約，如窭人子。(《嘉靖志》)好爲德於鄉。如建橋賑饑，不可指數。(《續藏書》)歷官四十年，家無餘財。(《備考録》)所著書甚夥。(《明史稿》)爲文直寫胸臆。(《人物考》)詩有韋孟風味，屈指古今，不易得也。(《耆舊傳》)晚號鹿園居士。(《明詩綜》)學者稱爲鹿園先生。(黃宗羲撰《萬邦孚神道碑》)墓在城東歐家山。(《錢唐志》)

　　(全祖望《續甬上耆舊詩・萬泰傳》)萬氏於余家爲世好，同居市心橋之新街。鹿園先生開府歸，先司空公方以計車北行，賦詩餞別。司空官學士，以不肯草元，左遷南都。鹿園臥病中，聞而喜曰："此真詞臣也。"時部使者方爲鹿園樹二坊。其東曰錦衣里，其西曰都督街。鹿園令改其東坊曰學士里，以讓先司空公。司空聞而驚曰："鵲巢鳩居，吾弗堪也。"固辭之。鹿園不可。兩家互讓，遂並兩坊皆虛之。至今新街兩坊有雙闕而無題字。薦紳先生因呼爲崇讓里。及先宗伯公在林下，又與瑞巖都督同詩社。

先生祖達甫，字仲章，號純齋，廣東督理海防參將。

　　(《鄞縣志・人物傳》)萬達甫，字仲章，表之子。(聞志)少有異稟，與兄謙甫讀書溪橋之上，每盡卷，輒投諸溪流。及覆誦，不失一字。稍長，補諸生。(《甬上耆舊傳》)以文名。(黃宗羲撰《萬邦孚神道碑》）表使從羅洪先、王畿、錢德洪諸人遊。
（《耆舊傳》）造詣純篤。（聞志）復受業於唐順之，傳其詩學。
（《耆舊傳》）已棄諸生，襲職。歷官福建都閫、（聞志）廣東督理
海防參將。（黃宗羲撰《萬泰墓誌》）時趙志皋自翰林出爲外
台，講道於浮邱寺。同官俱莫敢往，惟達甫獨造講席辨難，交
甚驩。會有蛋賊剽海上，當事冀張其勢報首功。達甫毅然曰：
“若輩鼠竊，遣一校縛致麾下耳，何煩出兵。”當事怫然。達甫
遂解組歸里。後海上出師，所殺鹵多無辜，人始嘆服。達甫既
歸，讀書湖上西溪墓舍，一時名士如焦竑、馮夢禎、屠隆共推爲
社長，常談詩相往來。然未嘗一日忘國，每接邸信，視令下便
否爲憂喜，動於顏色。自礦稅議起，中貴人叫囂四出。達甫語
子邦孚曰：“天下從此多事矣！顧中外久弛兵，汝曹身爲將，詰
戎待變，是其職也。”未幾而賊起，卒年七十三。達甫性至孝，
居父母喪，（《耆舊傳》）哀毀逾節，三年不飲酒食肉，不入內室。
（聞志）父有遺妾，事之如母。事庶兄謙甫如父，待親族俱有
恩。非祭祀賓客，不傷一物命。即僮僕，未嘗詈爲奴。叱咤不
及犬馬。生平於文史外無所嗜好，口不言財，即衡量會稽，俱
所不解。歷官二十年，薄田僅足給粥。（《耆舊傳》）著有文集。
（《四庫提要》）

配黃氏。

（萬邦孚《黃恭人行略》）先妣諱淑貞，鄞禮部侍郎致齋黃
公宗明孫女，別駕整庵公元忠之女也。性純篤，事先大父大母
至孝，處伯母和而讓。諸凡必候伯母先而後繼之，未嘗自用
也。未分居時，凡伯氏伯母所欲者，惟其取之無較心。族叔貧
甚，則授之以居，處之得所，而延師訓讀，卒爲杭府庠名士。先
大父捐館，先考迎養先大母於淮之公署。朝夕承顏笑，奉甘
旨，病則躬湯藥，虔祈禱。及卒而值空乏，則脫簪珥以完殯，事
務從厚，與先大父同。與先考周旋數十年，無疾言遽色。事先

考惟謹，待奴僕威不過嚴，恩不過濫。其訓邦孚之誦讀也，雖窘甚，必自延師，勉強爲供膳計；而防範曲盡，市井子弟毋容一混附於門牆。以故邦孚年逾半百，凡博弈遊戲諸事，一無所知。主家務儉約，不過華靡。然於祭祀賓客，則又未嘗不豐潔焉。至於日用常行之事，内外交際之間，至周且備，無一可爲人議者。先考一生無内顧憂，得以潛心理學，洞徹玄旨者，恃有先妣在也。生於嘉靖己丑八月十三日，卒於萬曆辛巳五月初八日，享年五十三。封恭人，與先考合葬於杭之安樂山。

　先生父邦孚，字汝永，號瑞巖，鎮守福建總兵，官左軍都督僉事。

　　（《鄞縣志・人物傳》）萬邦孚，字汝永，號瑞巖，（《甬上耆舊傳》）達甫之子。弱冠爲諸生。（閩志）才兼文武，（《明詩綜》）不專守一經。已襲指揮，（《耆舊傳》）視衛篆，（曹志）轉浙西督運把總。（黃宗羲撰神道碑）潔己持法，威惠並施。（閩志）以軍法部署漕卒，歲漕數萬石，如期而畢。（神道碑）凡三領漕，爲浙中諸道最。擢山東都司僉書。（曹志）萬曆中，統班軍番上。值三殿災，率三千人（○案《神道碑》作五千人）入救。詔毀五鳳樓，保承運庫。（《明史稿》附《萬表傳》）邦孚曰："撤殿廡足以救庫，火政撤小屋塗大屋，五鳳樓國家象魏，宜塗不宜撤。（《神道碑》）請併力衛庫。"乃令軍士各持溼絮被覆屋，運水灌之，樓得並存。（《耆舊傳》）二十六年，征倭師敗，朝議從海道援之。授邦孚遊擊將軍，以南京龍江營水師守鴨綠江。大兵屯朝鮮，邦孚轉餉遼陽，給食不乏。新敗之後，走死者載道，邦孚既殮骨埋之，設厲壇以祀，夢十三人稱王將軍卒，乞食。明日，裨將王元周至中道覆一舟，其溺死如夢之數。論功遷杭嘉湖參將，改温處。（《神道碑》）閩盜詐稱商人入浙地，殺掠揚帆而去，莫可詰。邦孚請分閩浙海界，商舶皆不得越境。閩商入浙則乘浙舟，浙商入閩亦如之。遂著爲令。（《耆舊

傳》)以副總兵守江北,建牙通州。煮鹽之區,盜販出沒。計縛
渠魁,私鹺斂跡。(聞志)升左軍都督府僉事,鎮福建,一稟戚
繼光遺法。(《神道碑》)滌除苛細,出入減騶從,厚恤士伍。春
秋防汛,悉裁諸例金。設烽燧以稽勤惰。時出不意,覈其虛
實。與撫軍簡將材,請託不行,皆得其人。(曹志)有外島舟失
風被獲,當事欲駢誅報首功。邦孚持不可,曰:"借風濤之力以
膏吾刃,吾不忍爲也。"所獲三十五人盡釋之。(《耆舊傳》)島
夷皆感去。明年,(《神道碑》)聞有营求其地者,遂引疾歸里。
居十九年,築數椽,糲食,日與鄉里諸公觴咏爲樂。(《耆舊
傳》)崇禎元年卒,(《神道碑》)年七十五。(《耆舊傳》)弟邦寧
(○案曹志作從弟)字惟咸,能詩文,(聞志)善書法。(曹志)恒
與雅士名僧遊,品亦超然出塵。(聞志)邦孚子泰,別有傳。

前母張氏。

　　(萬斯大撰《祖妣張氏世傳》)祖妣贈恭人張氏,光禄少卿
石鯉公子瑤弟子璋之女,年二十歸府君。善事舅姑,方純齋公
宦遊,節操冰蘗,一無所取。恭人隨之任所,嘗脫簪珥充奉無
吝。姑愛長女,及于歸陸氏坐窭無以爲奩具,陸氏至有怨言。
府君欲以所僦居址與之,商之恭人。恭人曰:"寧我二人無棲
身所,勿致大人之鬱鬱也。"即捐契與之。府君嗣職之初,家業
中微,饘粥不繼。恭人身甘淡泊,奉舅惟謹,勿使失意。而天
奪其年,竟以不永。生於嘉靖丙辰五月十有六日,卒於萬曆己
丑正月三日,享年三十有四。合葬西皋府君墓。恭人生女一,
適范鴻。

母陳氏。

　　(先生撰《恭人陳氏行述》)先母姓陳氏,外祖陳公爲侍御
公玨之後。家世耕讀,以慷慨好義聞於鄉里。母幼稟至性,莊
重簡樸。飲食言笑,皆有恒度。宗黨稱爲淑令。外祖奇愛之,
擇配惟謹。先君遭前母張夫人之變,請爲繼室,及笄而歸先

君。時先君方視衛篆，家居赤貧。性不問米鹽，奉先大父蕭然獨居，門户衰替。外應賓客，内給僮僕，室中纖悉，倚辦於母。母拮据艱難，或日不再食，不言良苦。大父夙奉西方之教，寄托高遠。先君鞅掌之餘，相開以顔，實賴吾母，至里黨親故遊處過從，歲時伏臘悉嘗燕饗，雖在蕭儉，不失門風。

（萬斯大撰《祖妣陳氏世傳》）府君入衛都城，始舉子泰於京邸。時以胤嗣未廣，爲置側室晏氏，撫愛如同氣。張恭人遺一女，已生二女，側出二女，恩養無間。一室之中，不知有先後嫡庶也。

明神宗萬曆二十六年戊戌，先生一歲。

是年二月十三日，先生生於京邸。

（萬斯大撰世傳）考昌一府君諱泰，字履安，晚號悔庵，瑞巖公適子也。初瑞巖公年逾四十未有子，時任山東都閫，督踐更士入衛。與陳恭人禱於岱神，期年生府君於京邸。

（高斗魁撰行狀）先生生而魁梧奇偉，面白如玉，目熠然有光。初瑞巖公無子，禱於嶽神，肖其像，歸奉之。先生生，貌頗類所肖者。瑞巖公喜曰：“是兒異日必能大振吾宗。”隨歷任所。

（黄宗羲撰墓誌銘）總戎公禱於東嶽像設而祀之，先生生而類夫像設者，因以爲名。

是年瑞巖公以游擊將軍禦倭，駐軍鴨綠。

（《世傳》）戊戌春，倭薄釜山，朝鮮告急，出舟師應援。先是所遣兩樓船將軍皆稱病免官。中樞就近遷補，列疏謂舟師當統以南帥，目前老成持重無如閫臣某者，擢游擊將軍。屬以南京龍江營水兵，剋日督發。時子泰生十餘日，家人聞命，相顧失色。府君獨夷然曰：“吾家世受國恩，誼不敢辭難也。”拜命即行。舟師不習海道，屢迷失險絶，濱死而濟。奉督府檄，駐守鴨綠,游兵往來爲餉饋除道。所居在窮荒絶島,部卒多烏合,乃置軍正以飭紀律。吊死問疾,與士卒同飲食,親睦如家人父子,不知身在絲戍矣。客兵雲集,死亡相繼,暴尸原野,主將皆莫爲收卹。因創漏澤園,設厲壇,主以土僧,使歲時招魂以祭。

萬曆二十七年己亥,先生二歲。

是年瑞巖公班師回,擢分守杭嘉湖參將,旋改溫處參將。定浙船不入閩、閩船不入浙之例。

（《世傳》）明年東事平,班師。拜白金文綺之賜,擢分守杭嘉湖參將。未幾,改授溫處參將。溫州爲兩浙外藩,地當險要。府君甫受事,輒駕艅艎,身歷扼塞。增斥堠,嚴邏堞,環海千里,勢如率然。海多流寇,皆駕閩船,混處關市,教人攫金揚帆而去,官司不能詰。府君建議,以爲“今日之寇,勢成養癰,其漸必潰。夫浙閩接壤,而海禁未設,奸民竄處。縱守望四布,亦安得執經商之舟,名之爲賊?請自今爲令,浙閩畫界而守,凡商各止於境。”關吏譏之,易船而入,越者以寇論,則拔本塞源之策也,當事韙之。至今海上有浙船不入閩、閩船不入浙之令。實當年前箸云。

萬曆二十八年庚子,先生三歲。

是年瑞巖公在溫州。

（《七歌》）我生之初在帝城,吾父秉鉞方東征。呱呱弗子迄三載,歸來摩頂錫嘉名。常自教兒手一卷,授書先授《春秋傳》。十葉家聲藩本朝,豈知自我始貧賤。嗚呼二歌兮愁如結,勞勞析薪負荷絶。

萬曆二十九年辛丑，先生四歲。

是年瑞巖公仍在溫州。

萬曆三十年壬寅，先生五歲。

（《世傳》）自幼天姿穎異，孝友性成，侍考姚側，訓言輒記。

是年瑞巖公仍在溫州。二月，次妹生。

（萬斯大《壽董姑七十序》）先考及諸姑凡六人，姑於諸姑中居第四。姑之生值王父瑞巖公參戎於溫之磐石。時曾王父純齋公猶在也。

（萬經撰《祖姑董孺人紀略》）董孺人，陳恭人次女。生於萬曆三十年壬寅二月二日。時瑞巖公方參戎溫處，榮戟門庭，處安履順。

萬曆三十一年癸卯，先生六歲。

是年九月純齋公卒於溫州官舍。

（李誌《純齋萬公行狀》）余少時讀萬鹿園所著《灼艾》諸集，殆古稱説詩書、敦禮樂者與！蓋嘗慕之，恨不得一見。而幸遇其孫邦孚君於齊闈。好武能文，真伏波之璘也。與余相得甚，一日語余曰：“公業知吾王父，亦知吾父乎？”爲述其尊公生平甚悉。邇拜參戎之命，鎮甌括。迎養尊公，告終於邸。走書屬余爲之狀……邦孚君升溫處參將。公不欲與俱，曰：“吾方卸塵緣，期出世，何樂覲爾虛華世界乎？”邦孚君念公老矣，不忍曠定省，而走千里外。請之再三，迺強如磐石公署，即修一靜室，奉觀音大士像，日焚香誦《金剛經》，夜則對大士坐蒲團，靜悟本性，間諷咏《詩經》及讀《四書》。蓋取有益於心身性情，非徒枯寂於禪也者。嘗揭一聯於柱曰：“身入兒童鬪草社，心如上古結繩時。”座右箴銘，纚纚皆見道之言。且戒其子勿以塵務經心，忘顧諟於斯。昔聞得道須慧業文人，於公尤信然

哉！顧其心未嘗一日忘朝廷。從邸報中聞一嫩令，喜形顏色，
不則悒悒若芒刺在胸臆間。近中貴人叫囂四出，公語邦孚君
曰："天下從此多事矣！民不堪魚肉，變且叵測。如承平弛武
備何？職在衛國者，曷早爲之計，毋泄泄也。"迨疾且革，奄然
藥裹之秋，猶作詩寄所親，篇篇有驚人語。武林黃翼庵公應奎
故嚴重公，近從副憲懸車卜築，以書請指授。公答之累牘，視
羅景綸所敘山靜日長之景，不啻過之，其精神不亂如此。東坡
謂淵明出妙語於纊息之時，周益公語劉靜春子澄澄其慮，答以
無慮可澄。此皆胸中了死生，毫無芥蒂，豈易及哉！卒之前三
日，夢食松葉、松果殊香旨，胸次爽然，覺命取而嘗之，曰："此
仙家食也，吾將褰裳三山去矣。"又命取《詩經》及《四書》把玩
三四，曰："此吾終身所受用，今得正而斃者恃此耳。"前一日，
招坐關禪僧誦《金剛經》，靜而聽之。僧及暮辭歸，公止之曰：
"我今宵尚欲聽經，毋離左右。"僧即坐榻前誦不輟。至漏盡，東
方明，而公逝矣。是爲萬曆癸卯年九月二十日卯時，距生嘉靖辛
卯年十二月二十二日子時，享年七十有三。男一，即邦孚。

萬曆三十二年甲辰，先生七歲。

是年瑞巖公擢副總兵。分守江北，建牙通州。

　　（《世傳》）甲辰，擢副總兵，分守江北，建牙通州。通人軍
民雜處，鹽禁甚厲，而黠盜橫行，郡縣莫可誰何。府君授材官
方略，伏健卒商舶中，殲渠魁者二，盜爲斂跡。先是部卒困於
虜使，鶉結鵠立，狀同寒乞。乃爲之拊循者萬方，裁不急之官，
節無名之費。錢穀時給，誓不以苞苴自汙。每按行部曲，必延
訪病苦，以爲便益，休養生聚，三年而有餼騰之氣。

萬曆三十三年乙巳，先生八歲。

是年瑞巖公仍在通州。

萬曆三十四年丙午,先生九歲。

是年瑞巖公仍在通州。

萬曆三十五年丁未,先生十歲。

(《世傳》)稍長,讀書淹貫,爲文不沾沾小家。語默作止,迥異凡流。

是年瑞巖公在通考滿。

(《世傳》)滿考當代,軍民有謀爲畏壘之祠者,然非府君意也。適改築州城,盡發道旁義塚。府君車騎過之,見髑髏山積,躊躇惻然。思爲之所,至是授意主者,入所釀祠金,益以橐中三十緡,買田樹塚。身部帳下兒,盡掩遺骼,人情感動。有題其楔棹云:“昔日綠莎橫白骨,今朝黃壤戴青天。”一時口碑如此。

萬曆三十六年戊申,先生十一歲。

是年瑞巖公以總兵官鎮福建。

(《世傳》)戊申,廷推左軍都督府都督僉事,充總兵官,鎮守福建。去之日,州人罷市而哭,相與擁馬首不得前。府君爲之泣數行下,通州傳爲盛事。

萬曆三十七年己酉,先生十二歲。

是年瑞巖公領閩鎮。

(《世傳》)己酉春,領閩鎮。滌除煩苛,與之更始。號令約束,一禀戚少保之遺,曰:“此邦之典型,吾守而勿失足矣。”佩服儒素,出入簡驍從。公餘退食,鈐閣之下寂無人聲。獨勤撫恤,絕侵漁,以身爲將吏先。故事:春秋汛防,必遣材官捧檄,周視海道,名爲督汛,歸而奉其例金,府君一切除之。特設烽籌,以稽偵候之戍,而嚴繩其缺伍者。坐而考成,賞罰明信。

務持大體，不爲纖瑟。與大中丞搜簡將材，略同武科之制。入
彀者授之材官，以儲千夫長之選。需次而用，請託屏息。有島
夷浮海失風，覆舟登岸，爲邏卒所得，一軍譁然，以爲奇貨。府
君詳視其衣裝，一笑頷之，但爲文布告同事，而絕不言將吏功。
當事者欲張皇其事，僇諸夷，上首功於朝。府君力持不可，曰：
"此波臣巇嚼之餘，身鮮兵革。況婦女嬰兒，非暴客所恃。束
手就縛者，寧有死法邪？"時有私來問狀者，府君指天誓曰："吾
不言將吏功，正慮今日殺人媚人不敢爲也。"所獲三十五人卒
遣之國，聞者莫不歡服。鎮閩期年，有欲取而代者，嗾言路糾
之。府君即戒家人爲歸計，爲乞休草，屬中丞蘭溪徐公上之，
中丞持不可。復屬之直指會稽陸公，直指持之益力，遂抗疏以
請。上下其奏，大司馬蕭公覆請曰："鎮臣某，人言忽至，心迹
有難自明，憂畏相仍，志意終難展布，宜聽回籍調理，以爲武臣
知止知足之勸。"因得溫旨予告以歸。家居屏絕營慕，翛然杜
門，與鄉先生爲林泉之社，花晨月夕，過從讌集以爲樂。

萬曆三十八年庚戌，先生十三歲。

　　是年瑞巖公仍在閩。

萬曆三十九年辛亥，先生十四歲。

　　是年始隨瑞巖公歸鄞，從父教，始折節讀書。

　　　　《行狀》年十四歸鄞。瑞巖公教之曰："吾見世爵之家，
　　蔑詩書而嗜功利，一再傳遂致傾覆，士大夫恒慢侮之。吾前人
　　皆詩書出身，故能不負朝廷，代致通顯，以取重當世。汝庶幾
　　守此勿失，吾願畢矣。"先生遂折節讀書。

萬曆四十年壬子，先生十五歲。

萬曆四十一年癸丑,先生十六歲。

萬曆四十二年甲寅,先生十七歲。

萬曆四十三年乙卯,先生十八歲。

萬曆四十四年丙辰,先生十九歲。

是年補郡弟子員。

（《世傳》）年十九,受知於學憲周公延光。補郡庠生,聲名蔚起。

（《行狀》）年十九,補郡弟子員,試輒冠諸生。於是瑞巖公更喜曰:"足以慰吾心矣!"

與同邑陸符從學劉宗周。（《鄞縣志》）

案:全祖望《子劉子祠堂配享碑》有萬泰,無陸符。

（李文胤撰墓碣銘）少補郡諸生,與里中陸文虎交,同研席,不間寒暑。兩人並以風格自高,善激揚士類,有盛名。即三吳諸君,亦逡循出此兩人下。

娶夫人聞氏。

（萬斯大《先妣行述》）妣聞氏,庠生諱好懿公女,塚宰莊簡公諱淵之玄孫女也。幼儀女工,及事舅姑,相吾考,與夫理家主饋,一切婦道,靡不中法。……先妣之初歸也。先大父遺帑尚殷。先考性疏曠,詩書之外,惟事交游,生涯置不理。先妣力爲主持,井井不紊。

萬曆四十五年丁巳,先生二十歲。

是年長子斯年生。

（萬言《先母周孺人傳》）先母姓周氏,諱嗣英,字日完。祖諱應治,湖廣按察司副使。考諱元孚,光禄寺大官署署丞。世居鄞之新莊，憲副始遷城西月湖。故吾母生於月湖里第焉。萬曆丁巳，先曾祖解閩鎮歸，與憲副公爲詩酒社日久。先母以是歲六月十二生，吾父以是月二十五日生。兩家生男女同月。社中人争置酒賀，因相與約爲婚姻。

萬曆四十六年戊午，先生二十一歲。

萬曆四十七年己未，先生二十二歲。

是年次妹與董應稷成婚。（據萬斯大《壽董姑七十序》）

（萬經《祖姑董孺人紀略》）長擇同里董君應稷爲壻。董爲鄞世家，恭人以愛女故，令就姻焉。故孺人雖爲董氏婦，未嘗一日離萬氏也。

光宗泰昌元年庚申，先生二十三歲。

熹宗天啓元年辛酉，先生二十四歲。

是年次子斯程生。

（《世傳》）斯程，昌一府君次子。生於前明天啓辛酉。

天啓二年壬戌，先生二十五歲。

是年三子斯禎生。

（《世傳》）斯禎，昌一府君第三子。生於前明天啓壬戌。

天啓三年癸亥，先生二十六歲。

是年應縣試及科，爲邑庠生。

（《世傳》）天啓癸亥，孫公昌裔録科居第四，遂廩於庠。

瑞巖公疾。

（《世傳》）後遘肝脾之疾，親醫藥者六年，竟以此不起。

天啓四年甲子，先生二十七歲。

天啓五年乙丑，先生二十八歲。

是年四子斯昌生。

（《世傳》）永四府君諱斯昌，字子熾。昌一府君第四子。生於前明天啓乙丑十一月。

天啓六年丙寅，先生二十九歲。

是年科試第一。與陸符輩揚清激濁，毅然以名節自持。

（《世傳》）丙寅科試第一，樊公良樞所識也。時雖爲子衿乎，而海内道義之士，數四明人物，必曰萬陸。蓋吾寧自蛟門秉鈞之後，風氣敗壞，沿流莫解。馴至啓朝，權璫焰張，紳士瀾狂，波靡益不可救。獨府君與陸文虎符毅然持之。雖宵小橫吻，而有志者亦遂稍知名節，皆視兩人爲的。以故二人之名重天下。

（黄宗羲撰墓誌銘）予束髮出游，於浙河東所兄事者兩人，曰陸文虎、萬履安。兩人皆好奇，胸懷洞達。埃壒漚泊之慮，一切不入。焚香掃地，辨識書畫古奇器物。所至鸞翔冰峙。世間鬼瑣解果之士，文虎直叱之若狗。履安稍和易，然自一揖以外，絶不交談。其人多惶恐退去。葛袍布被，郵筒束帛，皆修飾合度。嘗見一名士，作答此兩人者，極其矜慎。予偶問之，曰："吾聞文虎、履安，一簽題亦有講究。恐倉卒裁答，爲其所陋耳。"其標致如此。詩壇文社，三吳與浙河東相閉隔，而三吳諸老先生皆欲得此兩人爲重。浙河東風氣漸開，實由此兩人。

（《行狀》）先生性篤於友朋。與同邑陸文虎相友善，讀書西皋，出入必偕。文虎貌亦魁傑，善談論。同輩或相習笑語，兩人至則皆歛聲息不敢發。時瑞焰方熾，鄉里縉紳多附之者。先生與文虎極口詆之，恥不與交。四明僻處海濱，聞見固陋，前輩鮮知崇尚氣節。支派相承，沿習莫解。海內砥礪名行之士，視四明爲異域而不之齒。先生慨然思一雪其恥，以移易人心爲已責。與慈溪劉瑞當、姚江黃太冲先生兄弟激揚風節，扶掖後進，孑孑乎其如恐不勝也。於是四明有志之士能知端所趨向，而不盡流於纖靡猥鄙者，先生之力也。

（李文胤《續騷堂集序》）自東漢諸君始以品目相重。所稱爲名士，並極標榜。至其後惟謂諸葛君可稱名士，甚矣名之難副也。啓禎之間，江左復尚標榜，以名士相推。浙東則悔庵萬先生首稱模楷。吾黨數輩，亦得依以揚聲，間出其所作詩古文辭，與三吳名士爭長，一時傳布。

（黃宗羲《董次公墓志銘》）公諱守諭，字次公，漢孝子黯之裔，由慈溪徙鄞。啓禎間文社盛行，甬中知名者，公與陸符文虎、萬泰履安三人。而公之議論務不欲與人同，故雖與文虎、履安同里相好，其意見時有出入。海內望之者亦知三公之俱爲正人。然文虎、履安則牽連而舉，公則孤行。

天啓七年丁卯，先生三十歲。

莊烈帝崇禎元年戊辰，先生三十一歲。

是年四月，丁瑞巖公憂。

（《世傳》）投閒者十九年，後遭肝脾之疾，親醫藥者六年，竟以此不起。當神廟盛時，海內方櫜弓臥鼓。武臣逸居無事，率蠅營朝貴，僅當一隊之寄。而貨充於家，士嗟於伍矣。府君稟祖父之教，儉樸忠厚，終始如一日。愛敬文士，禮接下僚。溪谷菲，惟恐不及。下至健兒伍伯，未嘗妄施鞭笞。故與士大夫游處無閒，所轄將士欣然有投懷之樂。流輩或以爲迂，或以爲懦，然不以彼易此也。自爲諸生，迄登大帥。終身蔬布，無膏粱紈綺之奉。至急人之難，多傾儲以應。少時僦屋而居，長妹于歸，純齋公貧不辦奩具。府君捐所居，售值百餘金，盡以爲贈。別僦數椽奉父居之，上雨旁風，了無愠色。次妹寡而貧，命子迎養於家。嘗買一山，形家指爲吉兆。伯考凝齋府君卒於官，即與營葬。曾一僦居伯考故宅，解鎮歸，即焚其券，不以告人。末年卜生壙於西皋。左營祠院，命子讀書其中，督責無少借。每風日晴美，扁舟角巾，嘯咏竟日，頗稱適意云。仕宦所入，僅守俸餼，未嘗私一暮金。又不善治生，婚嫁之餘，囊無遺金。歿之日，一篋蕭然，獨遺書藥裹而已。晚年多病，喜閱方書。素精於陰陽及堪輿家言，多所裒録，積之盈笥。手著《筮吉指南》《通書纂要》《日家指掌》行於世。病中述曆書三種藏於家。生於嘉靖甲寅三月二十二日，卒於崇禎戊辰四月二十八日。享年七十有五。葬鄞西管家岸。

（高斗樞《都督瑞巖萬公傳》）余自孝廉時，於鄉先達中，見瑞巖萬公，恂恂篤行君子也。既而聆其議論，則條晰古今得失，不啻指掌。始知公負經世才而未殫於用者。而公子履安，則已燁然庠序間，擅鳳毛之譽矣。迨余釋褐，浮沉粉署，隨拮据巖疆二十年。而值世變，歸作青門種瓜人。而公棄世已久，履安先已登賢書，再上公車。至是將砥梅真逢慶之操，見余歔歔慷慨，共相敦勉，爲莫逆交。居無何，履安又卒。而公孫斯大持履安所爲公行述請余傳。且曰："此先人志也。……"公諱邦孚，字汝永，瑞巖其別號也。幼侍鹿園翁，習見往來諸名公風采，故志負卓犖而氣歸於温粹。弱冠爲諸生，讀書南屏山中。不但爲博士家言也。久之棄子衿，襲世爵。又十年視篆且領漕。時漕事大壞，帥既以漕爲利藪，而諸卒鼠竊，遂不可禦。迨抵都，率以不中額獲重譴，公自守潔清。而嚴飭諸卒伍，皆兢兢奉法。又憫長途苦瘁，時捐俸贍卒伍之不給於食者。先後三領漕，皆爲浙中諸道最。當事交薦公賢，擢山東都司僉書。率踐更入衛，值三殿災，公領三千人隨大司馬入救。忽中官傳旨亟毀五鳳樓，保承運庫。公謂："樓乃萬國觀瞻，不可遽毀，請併力衛帑。"乃使三千人各執濕絮被覆甍桷間，帑乃獲全，而樓亦無恙，公之力也。……外史氏曰："余觀萬公敭歷諸職，壹意靖獻，如督漕、剔盜、恤士、詰戎，綽有古名將風。使逢搶攘之世，提三尺劍馳驅朔南，勳名必有足紀者。遭世昇平固，未究於用也。然使昇平時文武諸臣盡飭躬砥節如萬公，又何至暗啓亂萌，貽宗社無疆之戚哉！

崇禎二年己巳，先生三十二歲。

是年五子斯選生。

（《世傳》）斯選字公擇，昌一府君第五子。生於前明崇禎己巳五月十九日。

崇禎三年庚午，先生三十三歲。

崇禎四年辛未，先生三十四歲。

崇禎五年壬申，先生三十五歲。

是年始與黃宗羲訂交。

（黃宗羲《祭萬悔庵文》）余之交先生與文虎，蓋在壬申之歲也。當是時，東林、復社爭相依附。

崇禎六年癸酉，先生三十六歲。

是年六子斯大生。

（萬經撰《世傳》）府君天姿純粹，又夙稟庭訓，幼時輒以名教自任。……生於崇禎六年癸酉六月六日，行六，娶先母陸氏。王父字之曰充宗。嘗自謂古人字多通用，因自號"五鹿充宗",取其解經折角也。

　祝黄宗羲母壽。

　　（黄宗羲《思舊録》）萬泰字履安,余之交猶文虎也。癸酉,
老母四旬,與文虎刻沈崑銅壽啓,至期來祝。

崇禎七年甲戌,先生三十七歲。

崇禎八年乙亥,先生三十八歲。

崇禎九年丙子,先生三十九歲。

　是年鄉試中式,交游日盛。

　　（《世傳》）崇禎丙子科,爲胡公世安（主考官,號菊潭,四川
井研人）、李公拯（同考官,號穉端,福建晉江人）所賞,中第五
十五名。

　　（萬斯大《先妣行述》）先考丙子告捷,聲名益起,四方賢豪
畢至。賞奇問字,户外屨滿。每客聚,先妣立具酒肴。遇匱
乏,即脱簪典衣,必致豐備。

　　（《行狀》）年四十,始舉崇禎丙子鄉試,蔚然爲名士。考官
色喜,以得一人而榜重也。自此交游日盛,一時三吴諸大老無
不以識先生爲幸。有過四明者,必首造先生之門。然可否甚
嚴,而鄉黨矜己浮薄之輩,率多忌之者矣。

　時黨中浙人,不與東林相通。先生拉陸符、董守諭、董
德偁輩應之。浙東風氣由是漸開。

　　（《續甬上耆舊詩・萬户部傳》）以崇禎丙子貢試禮曹。時
黨部正分浙人,不與東林相通。先生首拉陸丈文虎應之。江
左稱爲陸萬。

　　（又）吾鄉爲黨論所厄,不與東林聲息相接。四先生者出
（董守諭次公、陸符文虎、萬泰履安、董德偁天鑑稱東林四先

生），夾輔慈水二馮（馮元颺、元飆）而聯絡之，有疏導之功焉。其師傳或宗蕺山，或宗石齋，皆正學也。次公先生之亢直，文虎之駿爽，天鑑之孝友，履安之風騷，惜乎遭逢喪亂，不竟其施。而文虎尤爲短折，遺文零落。

（又《董守諭傳》）字次公，學者稱爲長嘯先生。……少與嘉定婁唐諸子善，受業石齋先生之門。天性亢直，不肯苟與人同，大類石齋。其爲詩古文詞，排傲邊幅之外，亦類石齋。天啓甲子舉人，七上公車不第，而學日進，名日盛。是時吾鄉四孝廉並與東林枹鼓相應，然文虎、履安道最廣，天鑑稍介，而諤諤巖巖，無出先生之上者。

（又《黃宗羲傳》）宗羲字太冲，學者稱梨洲先生，餘姚人也。忠端公尊素長子。……少從忠端公學於甬上。其時忠端授徒董氏，即天鑑先生家。已而慈水二馮，合浙東才彥與復社應。二馮之子弟：芾皇、道濟、元箸、次牧、躋仲，劉瑞當、姜顒愚；鄞則董次公、陸文虎、萬履安、天鑑兄弟三人；姚江則先生兄弟也。先生與文虎、履安尤相善，共豫蕺山證人之席。

（又）黃忠端公有五子，其受業蕺山劉忠正公之門者三：伯子即梨洲先生；其仲即所謂鷗鷞先生者也；叔子曰石田先生。梨洲學最巨，鷗鷞稍好奇，而石田尤狷，天下以三黃稱之。

（又《徐家麟傳》）徐戶部家麟字石安，一字蒼郊。其先本慈溪人，徙鄞，崇禎癸未進士。………是時江浙社會極盛，蒲蕭之役有舉必豫者，甬上首推董次公、陸文虎、董天鑑、萬履安四公。其相繼起者，則華嘿農王石雁林荔堂，而户部亦豫焉。皆盛以氣節自任。

（黃宗羲《劉瑞當先生墓誌銘》）崇禎間，吳中倡爲復社，以網羅天下之士。高才宿學，多出其間。主之者張受先、張天如，東浙馮留仙、鄞仙與之枹鼓相應。皆喜容接後進，標榜聲價，人士奔走輻輳其門。蓬華小生苟能分句讀習字義者，挾行卷西棹婁江，東放慈水，則其名成矣。其間模楷之人，文章足以追古作,議論足以衛名教,裁量人物,譏刺得失。執政聞而意忌之,以爲東林之似續也。當是時,慈水才彥霧會,姜頤愚、劉瑞當、馮玄度、馮正則、馮簟溪諸子莫不爲物望所歸,而又引旁近縣以自助。甬上則陸文虎、萬履安,姚江則余兄弟晦木、澤望。蓋無月無四方之客,亦無會不諸子相徵逐也。嗚呼盛矣!……瑞當諱應期,亦字遂當,世爲慈溪人。

是年,七子斯備生。

崇禎十年丁丑,先生四十歲。

是年赴京會試,館宗人煒家。罷歸,與李文胤定交。當在是年左右。

（李文胤撰墓碣銘）丙子先生舉於鄉。先生有宗人曰煒,尚瑞安長公主,主賢而都尉雅折節喜士。先生既至長安,則館其家。都尉爲先生盛帷帳共具。出從車騎,使游諸老先生間,名益籍甚。憶余初客西泠,先生亦自長安還,因得通刺。望見先生風貌,高談如雲。座上衣冠輻輳。余時年最少,客嶺外久,無所見聞,初不知里中有奇偉如此人也。然先生嘗對策者三,俱罷歸。

秋,在南京,與南方諸名士作《留都防亂揭》,逐閹孽阮大鋮。

（《明史·馬士英傳》）流寇偪皖,大鋮避居南京,頗招納遊俠,爲談兵説劍,覬以邊才召。無錫顧杲、吳縣楊廷樞、蕪湖沈士柱、餘姚黄宗羲、鄞縣萬泰等皆復社中名士,方聚講南京,惡大鋮甚,作《留都防亂揭》逐之。大鋮懼,乃閉門謝客。

（全祖望《黄梨洲神道碑》）方奄黨之錮也,東林桴鼓復盛。慈溪馮都御史元颺兄弟,浙東領袖也。月旦之評,待公而定。而逾時中官復用事,於是逆案中人,彈冠共冀然灰。在廷諸臣或薦霍維華,或薦呂純如,或請復涿州冠帶。陽羨出山,已特起馬士英爲鳳督，以爲援阮大鋮之漸。即東林中人如常熟，亦以退閒日久，思相附和。獨南中太學諸生居然以東都清議自持，出而扼之。乃以大鋮觀望南中，作《南都防亂揭》。宜興陳公子貞慧、寧國沈徵君壽民、貴池吳秀才應箕、蕪湖沈上舍士柱共議，以東林子弟推無錫顧端文公之孫杲居首，天啓被難諸家推公居首，其餘以次列名。大鋮恨之刺骨，戊寅秋七月事也。薦紳則金壇周儀部鑣實主之。説者謂莊烈帝十七年中，善政莫大於堅持逆案之定力，而太學清議亦足以寒奸人之膽，使人主聞之，其防閑愈固，則是揭之功不爲不鉅。

孫言生。

（《世傳》）昭一府君諱言，字貞一，號管村。永一府君長子，生於前明崇禎丁丑七月初六日。

崇禎十一年戊寅，先生四十一歲。

是年八子斯同生。

《世傳》云：永八府君諱斯同，字季野，昌一府君第八子。生於明崇禎戊寅正月二十四日。（先生生八子，惟七子斯備生年未詳，俟考。）

崇禎十二年己卯，先生四十二歲。

崇禎十三年庚辰，先生四十三歲。

是年入京會試不第。（《世傳》）

崇禎十四年辛巳，先生四十四歲。

是年下薦舉令，學使以先生應。不就，讓陸符。

（《康熙浙江通志·儒林傳》）時下薦舉令，學使者許豸以泰應。堅辭，推陸符。案全祖望《續甬上耆舊詩·陸符傳》云：

文虎辛巳以保舉入太學，即此事。

崇禎十五年壬午，先生四十五歲。

崇禎十六年癸未，先生四十六歲。

入京會試不第。

（《世傳》）歷丁丑、庚辰、癸未，凡三試不第。然往返所經，名公大僚郊迎授館者踵相接也。居鄉，凡宦游至鄞者，必首造焉。而府君黑白較然，未嘗概納。

崇禎末年，時與浙中名士會於湖上。

（林時躍《徐掞青負薪集序》）余弱冠與掞青定交。當崇禎季年，吾鄉社事大振。凡有蒲蕭之役，吾兩人皆在焉。時尊宿耆英，締交最廣，掞青以沈博絕麗之才，雄視一時。國門懸書，資糧藝苑。蕺山之堂，婁東之席，文章氣誼，執耳詞壇。每浙中名士會於湖上，甬上惟掞青與萬履安及予得與焉。

祝黄宗羲母五十。

（《思舊録》）癸未又來。

崇禎十七年清世祖順治元年甲申，先生四十七歲。

是年三月，李闖圍京師，崇禎帝自縊，清兵入關。五月，先生聞國變，抱母痛哭。趣海道盧若騰討闖賊，盧不能用。

（《世傳》）甲申國變。慟哭不欲生，以母在未敢死。

（《恭人陳氏行述》）甲申五月，倉皇聞國變。泰抱母痛哭，母亦哭。自是憂患相兼，慘焉不歡。母之神氣日就衰落矣。

（《行狀》）甲申國變報聞，痛哭流涕。趣海道盧君若騰舉兵討闖賊。詞甚剴切，盧弗能用。

五月壬寅，福王由崧立於南京，改次年爲弘光元年。

閹孽用事，案前防變揭欲盡殺南方名士。先生自都下歸。

　　（李文胤撰墓碣銘）甲申之難作，南都定策，奸人執魁柄，
諸大臣相繼去位。初，閹孽有居南都者，其人權譎工辟，倪伺
國家有變，南方諸名士憂之，因作《留都防變揭》以遏其謀。
萬、陸俱列焉，閹孽銜之至骨。至是既起用事，逐諸大臣。方
案前揭欲盡殺南方名士，刊章下捕。余時與先生俱客都下，聞
其事，各變服潛出都門，事未發而南都遂失，先生杜跡里門。

福王弘光元年順治二年乙酉，先生四十八歲。

　　是年夏五月，清兵下太平，福王被執。閏六月，唐王聿
鍵立於福州。錢肅樂起鄞，奉魯王以海監國紹興。

　　授先生戶部主事。督饋餉，固辭不獲。乃以角巾視
事，雖不受職，而量才輸糧，以濟義師。

　　（《恭人陳氏行述》）乙酉仲夏，江東師起。當事以餉饋需
人，僉議泰以戶曹從事。母聞之曰：“取餉如吮血。今悍將驕
兵，勢同虎虎。爾能吮鄉人之血以餉虎口乎？不能，慎無以身
試也。”泰周旋饋餉間，調火水之情，弭鄉曲之謗，艱難曲折，險
阻備嘗，而不敢濫當一命，則母一言啓之矣。

　　（《世傳》）浙東師起，吾寧首事爲刑部錢公肅樂（丙子同
籍）言於監師，授府君戶部主事。督饋餉，固辭不獲。角巾視
事，終不受職。量貧富，權緩急，激以忠義。民盡樂輸，兵皆
宿飽。

　　（《行狀》）乙酉六月，南江既失，浙東師起。某藩監師，刑
部錢公肅樂起寧波，題授戶部主事，督餉，先生辭不受。曰：
“我何功而遽邀此命乎！”先是定海總兵王之仁兵萬有奇，而錢
公不滿三千，之仁索餉，錢公議以正賦與之。而鄉兵盡派之民
間，屬先生主其事。先生曰：“是蓋欲困我矣！”辭不能得。於
是角巾視事，問錢公兵籍，匿不與，而飛騎催索無虛日。蓋錢

公幕中同事者,皆向時忌先生者也。後同事者以他事敗,錢公始悟。先生衝冒暑熱,多方徵調,應無常時,而民不以爲怨。要本於至公之心,而才又足以充之,故終不足以困先生也。嗟乎!以先生之才,早爲國家用,必能引天下同類之士,變化人心,移易風俗,治平可期也。亦何至淪胥以亡如今日哉!

(墓誌銘)東江師起,士人皆乘時獵取名位。以户部主事授先生,先生獨不受。方王二帥專正供,分別諸公之召募者以爲鄉兵,令取餉勸分。司餉者兵民交怨。其在寧波,則先生獨任之。

(墓碣銘)江干師起,文虎出爲行人,先生亦授户部主事,兼日講官。先生獨辭不受。

(《續甬上耆舊詩·谷文光傳》)谷通政文光,字電飛,一字耐庵。……奉王監國入越,累官通改使司。……疏薦同里賢者如董德偁、萬泰皆被召用。

錢肅樂之起事,降臣謝三賓貽書王之仁,欲殺肅樂邀功。之仁不可,反縛三賓,欲殺之。先生與有連,爲緩頰,三賓得不死,傾陷正人義士尤亟,先生終身悔之。

(《續甬上耆舊詩·萬泰傳》)先生畢生悔恨,自以爲合六州鐵不鑄一錯者,則別有在,而世之人罕知之。先生與降臣夫己氏之子舊爲婚。乙酉六月,錢忠介公起事,先生羽翼其間,夫己氏深惡之。貽書王之仁,令殺忠介以邀功,之仁不可。既與忠介會,叱夫己氏而縛之,令行刑。夫己氏自分死矣,時先生亦在座,夫己氏之家人求救於先生甚哀。先生稍心動,乃言於忠介曰:"王大將軍是舉誠壯,但以鎮帥而殺薦紳,公獨不防其漸乎?曷少寬之!"忠介亦心動,遂與之仁議,令輸餉自贖。不料其一脱不可制也。於是反覆兩朝之間。

(全祖望《錢忠介公第二神道碑》)世祖章皇帝定鼎二年,五月,江南内附。六月,浙江内附。閏月,明故刑部員外郎錢公肅樂起兵於鄞。……故總兵王之仁在定海，已納款，得貝勒令，仍舊任。鄞之故太僕謝三賓家富偶國，方束裝擬見貝勒。害公所爲，乃貽書之仁，謂：“瀺瀺泄泄，出自庸妄六狂生（董志寧、王家勤、張夢錫、華夏、陸宇燝、毛聚奎），而一稱紳和之。將軍以所部來斬此七人，事即定矣，某當以千金爲壽。”公時年未四十，故有稱紳之稱。會公亦遣客倪懋熹（一作遣志寧等）以書告之仁，勸其來歸。之仁兩答書，約以十五日至鄞，而密語懋熹，令具燕犒。三賓不知也，方以爲殺公在旦夕。屆期，之仁至城東，請諸鄉老大會於演武場。坐定，之仁出三賓書於靴中，對衆朗誦。三賓遽起，欲奪其書，之仁變色，因問公曰：“是當殺以祭纛否？”語未畢，長刀夾三賓而下。三賓哀號跪階下，請輸萬金以充餉，乃釋之。……公以是月十八日奉箋迎請魯王監國。二十八日再奉箋勸進。

南江失守，盡室避地五鄉。（萬言《先母周孺人傳》）（五鄉，今稱“五鄉碶”，在鄞西門外。）

唐王隆武二年魯王元年順治三年丙戌，先生四十九歲。

是年春海師橫決。先生奉母寄居光溪全氏。（全祖望，鄞西郊桓溪人，其父顔其所居曰“光溪別業”。）五月晦，海師潰。六月四日，夫人聞氏卒。殯殮畢，復避奉化之榆林。（剡曲山中）

（《魯紀年》）正月己酉朔，上在紹興。二月，張國柱掠餘姚，其部曲張邦寧掠慈溪。總兵陳梧敗於檇李，渡海掠餘姚之鄉聚。六月丙子，朔浙河，兵潰，上發紹興。

（《恭人陳氏行述》）丙戌之春，海師橫決，公然爲盜賊之行，郡中無寧宇，乃奉母寄居光溪。五月之晦，海師潰報聞，人情震恐，通國出走。婦聞氏病疫歿於旅舍，時六月初四日也。荒村無送死具。大旱五月不雨，不通舟楫。輿尸五十里，斂於西皋。虆土方畢，徒步夜走溪上。詰朝逃之剡曲山中。夜宿江干，暴客旁睨。中宵大雨如注。泰徬徨徹旦，母亦驚疑不寐。三晝夜而抵山居。再閱月，泰之第四子婦又死。母益忽忽不樂，所居在萬山中，風景淒涼。河山寄慨，憂從中來，不言而神傷，戚戚經年，未嘗啓齒而笑。

（《世傳》）丙戌六月，江東敗。聞孺人卒。踉蹌就殯西皋。即奉陳恭人避之榆林。

（《剡曲雜詩》）經年辛苦避攙槍，何事匆匆忽悼亡。望斷霸陵良寂寞，夢回炊臼太郎當。西皋原上三更月，剡曲山間一夜霜。偕隱無緣空擇木，寄愁泉路已茫茫。

（《續甬上耆舊詩・萬戶部傳》）先生則與宗伯仲子非堂先生爲性命交。丙戌之夏，挈眷避余家光溪別業。孺人聞氏卒於溪上，乃入榆林。……先贈公兄弟於萬氏兄弟最篤。管村、九沙、西郭，世世弗絕，蓋已百年矣。

（萬斯大《先妣行述》）先妣棄世時，斯大年十四，懵然不曉吾母之詳。既而聞於先考與大母之言，而後知吾母之賢之不勝述也。嗟乎先妣之死，正江干失守之日。衆情洶洶，闔城竄徙。吾家先數月故避地光溪全氏。時復儗遜奉化之榆林，方束裝而吾母逝。赤日之下用肩輿暴行五十里，抵西皋就殯。殯畢，即入榆林。一切喪禮廢不舉。嗚呼痛哉！天崩地陷，人盡無生。疾痛死亡，予家獨慘。斯大時方癙，不能匍匐。惟是攀輿一慟，與吾母死別。前數日，斯大偕弟妹笑語母前，母喜曰：「汝諸兄已成人，汝輩再數年，吾得安矣。」次日疾作，遽罹大故。嗚呼痛哉！……生予兄弟八人，爲予家未有之盛。

（又）外大母丁氏爲都御史諱繼嗣公之女。自外大父亡，家事中落，先妣迎養於家。及卒，先考爲之斂葬。至今予兄弟猶春秋致祭，皆先妣志也。先考女兄弟五人。長適范，范卒家貧，先妣迎養惟謹。次適陳，幼適聞，俱貧。夫婦相繼死。先妣理其後事，撫其遺孤。男爲擇師，女爲擇配。當是時食指不下數百。內奉高堂之養，外供賓客之燕好。且子女漸成，婚娶往來，百費俱舉。加以旱蝗疊告，歲比不登，家計坐是日耗。先姚終歲焦勞，不遑朝夕。方期吾考受爵登朝，子女稍有成立，少酬素志，而天乎不吊，大事去矣！吾姚逝矣！嗚呼痛哉！先姚之賢之德，足以享遐齡，而不及中壽；足以使爲女爲婦爲妻爲母者之矜式，而天奪其年；俾斯大兄弟煢煢無恃，今茲諸婦不獲親邁其範也。言念及此，不知涕之無從矣。吾姚歸萬門三十年，生我之劬勞，與凡治家之勤苦，萬倍尋常，不可使之湮沒無考也。用是核實書之，以志吾終天之恨，以垂示後人。生於萬曆己亥七月十二日，卒於順治丙戌六月四日，享年四十有八。合葬先府君墓。

（萬言《先姚周孺人傳》）明年六月，先祖母歿於旅舍。是日報東江兵潰，又盡室避之奉化榆林。於是吾母年甫三十，轉徙顛頓，家道喪失，曩時諸僮僕多逸去者，而吾祖吾父時復往來城市。榆林去郡中百三十里，家中食指尚二十餘人，樵蘇不繼，多從民家借米而炊。吾母以長婦持門戶，薪水春籨之事，皆躬親之。一病七月，幾死者數次。

自是服道士服，隱居不出。

（錢林《文獻徵存錄》）入本朝，服道士服，隱處不出。文行爲天下模楷。

秋八月辛丑，清兵下汀州。唐王聿鍵被執，送福州殺之。冬十月壬午，桂王由榔監國於肇慶。丁酉，魯王發舟山。

陸符卒，先生爲含斂。

（《行狀》）丙戌，海事潰決，遁跡榆林山中。六月，遭內喪。時文虎隱於白巖，相去數里。先生以爲無可出之義，庶幾老友望衡對宇，共林泉之樂，以終天年。而文虎又於八月病死。先生哭之甚哀，手爲含殮。

案黃宗羲《陸文虎墓誌》：符卒於丙戌十月初十日，年五十。《行狀》作八月，疑誤。

（《哭陸文虎詩》）庭户尚蕭寂，我來哭人琴。聞君示疾時，忍死欲招尋。及其大期至，嘿然遂如瘖。豈無兒女恨，終是道人心。痛切憑君棺，凄涼撫君衾。以此生死意，感彼雍門琴。不知幽泉間，寥落誰知音。

符既卒。先生漠然無所嚮，獨時時往來祝橋、河渚。

（《世傳》）文虎既死，向所交游，或邊膺顯秩。府君獨不與通，獨時往來於竹橋（黄太冲先生兄弟住處）、河渚（鄒孝直先生住處），謀挈兩兒，終老西溪，弗果。四方同志時以書箋問答，詩詞感慨離憂。所居寒松齋，二三友朋，香茗坐對，嘯咏忘饑。

（黄宗羲《祭萬悔庵文》）予所居僻遠城市，亦不乏四方之客。喪亂之後，其跡如掃。瑞當嘗曰：“文虎云亡，百里之内，自履安而外，誰復窺黄氏之藩籬者。”晚潮落日，孤篷入港，雖里媼蔑兒，亦知其爲先生訪余兄弟之舟也。

更與里中李文胤、徐鳳垣、高斗權、斗魁爲忘年交。

（李文胤撰墓碣銘）文虎殁後，先生更與里中徐霜皋、高辰四、旦中及余爲忘年交，共數晨夕。先生末年，作詩善法韋柳，日與數子相酬答。而先生所心折者爲姚江黄梨洲先生。時單舟造祝橋數日而返。一時失職之人及諸耆舊，俱視先生爲斗極，趨集其門。

（《續甬上耆舊詩·高斗權傳》）高隱君斗權字辰四，學者稱爲廢翁先生。丙丁之際，先生年未三十，以諸生方盛有聲，而忽棄之。先生於都御史爲仲弟，而其年尚亞於從子武部，互相師友。戊子，都御史父子俱蒙難，先生與弟旦中傾家救之。……遍募俠客求解華檢討之厄，然卒不能得。……乃經紀其喪。而由是從事於故國無已。其事秘，莫能盡傳。遂以此破其家。壬寅，武部又被逮。旦中爲料理獄事，而先生視其家。

晚年壁立瓶罄，緼袍敝服，怡如也。

（又《高斗魁傳》）高隱君斗魁字旦中，學者稱爲鼓峰先生。少有才，……以國難棄諸生。萬戶部履安曰："自吾友陸文虎之亡，甬上奄奄，乃復得之旦中。"先生負用世才，雖因喪亂自放，然不肯袖手。是時江上諸遺民日有患難，先生爲之奔走，多所全活，論者以爲有賈偉節之風。……鬚長如戟，談笑足傾一座，江湖呼爲高髯。蓋先生本以王謝家兒，遭逢陽九，思爲韓康之肥遯，而心熱技癢，遂成劇李一流，固非風塵中人所能識也。……庚戌，得年四十有七。病卒。

（又《徐鳳垣傳》）徐明經鳳垣，字掖青，學者稱爲霜皋先生，大理卿時進從子也。鶴山七子，華檢討與王評事殉節，其餘多蕉萃以死，而林評事（時躍）與先生並稱碩果。先生才地清雋，少爲諸生有盛名。東江之役，毁家輸餉。錢忠介公薦之，以明經參幕府。已而事去，苦節自矢。……雲間張子服子退、沈東生哲生，清苑梁公狄與兄仲木、黄岡萬允康、閩人林蒿庵、山陰戴南枝、宣城浮屠玕在先後至海上，皆訂同心……晚與林評事、高武部共輯《甬東正氣録》，搜輯梓里忠節諸公文字。……雅通岐黄之術，不下高鼓峰，而未嘗輕爲人治病。門下之屨常滿。其卒成者碩者，萬徵君季野也。有別業枕大江，忍饑僵臥其中。卒年七十有一。

（李文胤《高辰四[斗權]五十序》）萬履安先生末年始與余輩五人爲忘年交，五人者徐掖青稍長，其次高辰四，余又次之，余以下爲高旦中、沈哲先。五君過從每不避風雨率聚萬氏草堂。履安先生立主席，五君常列坐。余左右視各二人，其坐介兩高之間。……此五君俱以文章風節自重。歲寒相見，各極標持。

（黄宗羲《李佩于墓誌銘》）君姓李氏，諱振玘，字佩于，號樛仙，明之鄞縣人。……十餘年以來余過甬上，君從高玄若、萬履安指畫天啓、崇禎間事，慷慨興亡，怒罵涕泣，交發並至。

……遂亦鬱鬱而死。蓋癸卯十一月某日也。年五十有一。

（墓誌銘）自文虎死後，先生始爲詩。文虎之詩以才，先生之詩以情，皆有可傳。

（黃宗羲撰《詩序》）泰始未嘗作詩。遭亂以來，鷩離弔往。所至之地，必拾其遺事，表其逸民。

（邵廷采《寧波萬氏世傳》）自丙戌謝棄文字，凡廟堂著作，坊瓦摹勒，一不以寓目。

十一月甲辰，唐王聿鐄監國於廣州。丁未即位，改明年爲紹武元年。庚申，桂王立於肇慶，改明年爲永曆元年。

丙寅，魯王次中左所。

（《魯紀年》）十一月丙寅，上次中左所（即廈門）。時鄭芝龍方降北，令彩執上以降。彩不可，而以南彝貌類上者服上冠服，居舟中。謂守者曰：“苟事急，則縊死以示之。”北人挾芝龍去，乃已。芝龍之子鄭森，思文帝賜姓名曰朱成功，不肯隨父，復建義旗於海上，而以中左所爲營。然亦不欲奉上，改明年爲隆武三年。於是鄭彩奉上改次長垣，改明年爲魯監國二年，海上遂有二朔。

陽至後五日，以李長蘅畫，爲劉應期作供。

（黃宗羲《劉瑞當墓誌銘》）未幾而南北橫潰，聲實陸沉，交遊事息。返顧閭里，則岢愚、元度以疾死，留仙、鄰仙以憂死，文虎以刺死，箳溪以兵死。所在情契，鯨鯢相望。瑞當之風波亦爲里中指名，即場屋放言，悲歌流涕，亦不可復得。乃爲潔供疏，告於嘗所往來者，求法書、名畫、古器、奇花，勉强差排，悴然不知有生之樂。發爲詩文，僻思拙句，絶似圭峰積久所得。嗚呼！何其衰也！於是一歲之中，東走訪履安，西走訪余兄弟，必且再三潦倒，以洩其耿耿之未下。

（《續騷堂詩集》）題云：劉瑞堂薙發入山，爲潔供疏傳之同人。予以李長蘅畫作供,而系之以詩。詩云:……我已入山爲老樵,有兒皆使歸農圃。生平此興復不淺,今已嘐嘐委塵土。因君發篋忽大笑,笑我長物何呰窳。蕭條獨有李生畫,開看扶疏兩松樹。落落枝柯想歲寒,筆墨烟雲相媚嫵。懸君空山之丈室,依然爾我雙踽踽。此中謖謖聞高風,絶勝鄰廚聽粥鼓。聊當送米續晨炊,憑君飽玩充羞脯。

（附董德偁詩）題云:爲劉去古潔供疏作。此時丙戌陽至後五日也。詩云:几上有物産漢中,青紫斑斑可潔供。蹲則威如驚峒虎,突若仰止望層峰。案有鄭侯未央硯,旁列李子之長松。朝斯夕斯真座右,與兹同心爲三友。何妨織履作生涯,興來種得門前柳。唾壺不叩亦長鳴,時或呼朋酤斗酒。世路有險隨有夷,惠者自惠蹠自蹠。不煩説法問生公,解予憂心成點額。

案《續甬上耆舊詩・董德偁傳》云:(天鑑)先生父子兄弟俱酒人,無日不以酒召客。偶一日無客,則兄弟父子爲長夜飲。亂後縱酒益甚,遂以此相繼夭其天年。萬戶部履安嘗作《示酒人》詩以規之。先生答以偈曰:"我友口苦,酒人質魯。逢車涎流,舉杯首俯。不有此君,爲儒則腐。爲儒莫腐,我師杜父。"履安爲之一笑。是先生與德偁兄弟游好甚密。德偁第六弟德偕,第七弟德仕,志節皆相埒。丙戌後,以不能死節,兄弟深自刻責,遂怏怏縱酒。德仕最狷介,先卒。德偕豪放,日從事於故國之音塵。

是年詩有《嘉定沈一韓浮海避難,與余携手入剡,經月西歸。留詩言別,答和》三首、《瑞當過從西皋有感》一首(瑞當以哭文虎,來時有子之喪)、《對酒》一首、《丙戌除夕》四首。

魯王監國二年桂王永曆元年順治四年丁亥,先生五十歲。

是年十月,丁母憂,書物復蕩於兵火。

　　（《恭人陳氏行述》）丁亥仲冬，一旦曉起畏寒，微似病瘧。泰時以饑驅入城市，家人來告。方謀醫藥，忽聞大故。驚悼踉蹌，伏尸而哭。詢之子女云，無所患苦，惟上燈時言寒甚。籍火而寢，甫就枕，喉聞格格有聲。子孫環侍，瞪目直視，口不能言，奄然逝矣。嗚呼痛哉！嗚呼痛哉！瞪目直視，豈非待兒而瞑乎？待兒而兒不至，是母之目終不瞑也。嗚呼痛哉！泰束髮讀書，年且及艾。母之望之，豈至於此。乃澌然空山之中，生無以爲養，死無以爲禮。傷哉貧也！泰即不類，亦何忍使吾母蹙蹙而至於此！黯汝無聞，負荷弗克。母之死，泰實爲之。靦顔視息，罪與天通矣！母生於隆慶己巳正月十七日，卒於順治丁亥十月初三日，享年七十有九。即以十一月廿四日合葬於先君之墓。

　　（《世傳》）逾年恭人卒，府君痛不得視瞑，慟既絶。扶柩歸葬西皋，絶口不言世事。

　　（《行狀》）次年十月，陳太恭人病篤。先生入城市藥。報至，太恭人若有待不瞑者。芒屨夜發，及門而絶矣！先生恨不得視太恭人終，哀毁逾甚，幾至滅性。歸葬西皋，而先生遂病。

　　（《墓誌銘》）已又喪其太夫人。榆林之書卷青氈，蕩於兵火。

　　（《墓碣銘》）遭太夫人之喪，倉皇卒事。凡先世祭器、遺書，一時蕩毁。

先生遂病困。

　　（高斗魁撰《行狀》）余之得交於先生，在丁亥年。時先生病甚，余每日候於床側。先生爲余言交友之益。如黄太冲所當北面者也。後携余謁黄先生於西園。歸舟問曰：“余言如何？”蓋黄先生亦屬意於余，先生爲之色喜也。余與先生比屋而居，寒夜雪月，相對語老松孤梅之下。或過余桐齋，風雨凄其，燒燭至夜盡。流連感慨愴然而別，率以爲常。

（黃宗羲《高旦中墓誌銘》）啟禎間甬上人倫之望，歸於吾友陸文虎、萬履安。文虎已亡，履安隻輪孤翼，引後來之秀以自助，而得旦中。旦中有志讀書，履安語以讀書之法：“當取道姚江，子交姚江而後知吾言之不誣耳。”姚江者，指吾兄弟而言也。

是年詩有《丁亥元旦》四首、《答和陳義扶寄懷西皋》絕句十首、《西皋秋夕》六首、《亂後初至河渚見鄒孝直、劉雪符、金夢萓，悲喜交集即事感懷，用夢萓韻》四首、《聞張秀初、江道闇棄家入道，悵焉感慕各訊以詩》二首（第一首注云，秀初湖南讀書處，顏曰夙夜齋。甲申之變，即率妻子躬耕皋亭山中。第二首注云，道闇結廬橫山，題爲蜻庵。生平善病，有前白鶴山樵之夢。）、《短歌感興》詩二十首、《亂後還西皋》一首、《徐石客聞宵虹家於雪竇，屢有過從之約，詩以代柬》一首、《示酒人》一首（說見前）、《偶讀劉義詩，戲效其古體》十首、《緱城道中》一首、《送緱城居停主人》一首、《陳蕊亭吏部來游甬上，其祖中齋公曾倅吾郡，里人誦述遺愛，僕亦與焉》一首、《丁亥六月錢塘江上阻風漫述》一首。

魯王監國三年永曆二年順治五年戊子，先生五十一歲。

是年廬墓西皋，病瘏未愈。

（《曉起詩》）晨昏依丙舍，淒切展空幃。萱草當階苗，慈烏傍母飛。淚隨清露落，魂與曉雲歸。生孝何如死，安豐未可譏。

（《西皋雜感》）序云：戊子之春，子居墓廬。几席淒涼，草木荒落。顧瞻丘墓，盡然傷心。嗚呼！天方酷虐，人盡仳儸。睹此茫茫，能無永嘆！作雜感詩。

（《病中口號》）當年奉母山中住，一病五日恨終天。今朝憶母還同病，此恨應齎到九泉。

（又）亂世難遭是病死，病裏求生屬大愚。可笑兒童不解事，強求枕畔説醫書。

（沈心石《溉鬵集·寄萬履安病瘧》詩）寒暑迭爲歲，歲亂集一身。原與寄天時，弗勞君怒嗔。瘧鬼能玩世，病魔壓災辰。裹足風塵途，閉門藥石親。昔與秋爲期，經冬今又春。歲月病中過，有信成其仁。二序相與戰，寒往暑自均。天道好往復，危坐悟環循。陰雨悲斯世，展轉困未伸。誰令沴戾消，驅除良在人。奚待夜闌句，旭光方向晨。

春，甬上有五君子之難。

（黃宗羲《舟山興廢》）（丁亥）十二月，（黃斌卿）攻寧波不克。甬諸生華夏、屠獻宸、楊文琦、楊文瓚、董德欽、王家勤使人走舟山，約斌卿入爲内應，斌卿諾之。夏等又約義旅之在沿海者王翊，其帛書爲偵者所得。鄉紳謝三賓又訐夏等以實之，夏等入獄，而島師始至。斌卿固無攻城掠地之力，徒望内應之成功，己享其利耳。樓船泊桃花渡，仰視城上絕無動静。北人以大礮擊之即退。當事詰夏之同謀者，夏慷慨而對曰：“此事更有何人，無已則太祖高皇帝、崇禎先帝耳。”當事曰：“然則汝帛書所謂布置已定者何耶！”夏曰：“直爲大言鼓動人心。”當事利三賓之財，亦誣以同謀，令夏引之。夏曰：“若謝三賓者，齷齪鄙夫。建義之事，胡可假之。”三賓在旁，搏顙以謝。夏等皆論死。華夏妻陸氏、屠獻宸妻朱氏、楊文琦妻朱氏、楊文瓚妻張氏皆自縊死。

（《續甬上耆舊詩·董志寧傳》）江師岐再逾年，而有五君子之禍。是時浙地盡歸版圖，祇舟山石浦未下。殘明遺老，稍稍於浙東山中結寨拒命。而李公長祥、王公翊兩軍爲主盟。公與華王諸公計，以王公軍下寧波，而己翻城應之。因聯李公軍以下紹興，馮公京第聞之，請以舟山之軍來會。刻日部署已定，復爲謝氏所諜知，發其事。四出搜捕，五君子皆死。公獨逃之舟山得脱。

先生以計出高斗樞、李榋父子於獄。榋死，以其喪歸。

（李文胤撰墓碣銘）文虎復死，先生哭於野慟，意忽忽自失。瘧鬼來侵，形神枯廢。適郡中有大獄，高中丞先儀部爲之魁。余輩同繫者數十人。先生在病中蹶然起曰："吾不一行，大禍不解。豈可使賈偉節笑人？"因芒鞵間道渡西泠，而先儀部已畢命。從人倉卒，尸臥地不收。先生立爲營衣被棺木，以至飯含之物無不具。而高中丞與余輩竟藉先生力，得破械出。

（李文胤《祭萬悔庵文》）憶戊子春，先儀部械至虎林，余亦在銀鐺中。先生芒鞵走數百里赴其難。先公已畢命客舍，僕夫倉黄無所請，臥地未收。會先生至，爲主辦，凡附於棺者無不備具。余以是感先生不能忘，私謂先生長余二十餘年，他日儻後死，必有以報先生。

（李文胤《續騷堂集序》）且先生功在吾黨，固不獨其詩文也。當亥子間，吾鄉高大中丞與先儀部並遭大難。余輩亦身纏橿杻，幾至覆巢。幸先生傾身救之得免。先公竟畢命虎林。先生麻鞋夜走五百里，買木衣尸，得載其骨歸。余破械甫一日，與先生抱頭哭江上，感動路人。

（《續甬上耆舊詩・萬泰傳》）先生雅負作用，不徒以風節見。戊子五君子之難，高都御史斗樞父子、李儀部榋父子皆蒙難。先生與大將之記室有舊，以奇計出之。儀部死，先生以其喪歸。

（徐鳳垣《負薪集・夏日同悔庵、杲堂山行，爲儀部公卜葬地詩》）仲夏天尚寒，旁午猶春衣。山行不覺遠，因此忘其歸。攀蘿躋斗巘，下見南湖磯。漁者相怡悦，性本能忘機。忽領松際言，此地良足依。開窗面廣畝，古徑侵松扉。再上及茅堂，

益知與世違。渚田抽芊葉,靈雨吐菰肥。以我二三徒,登眺跡
亦希。迴風吹洞壑,黃鳥掠人飛。蒼蒼紫葛垂,麋鹿遊翠微。
墓田應爲吉,遥接海門暉。

　　(《續甬上耆舊詩・李橒傳》)順治丁亥,吾鄉有五君子之
禍。其時故家遺老,蓋多豫其謀者。及爲降紳夫已氏所告,五
君子被繫。降紳謂其客曰:"盈城士大夫讎我矣,當一網盡
之。"於是復使其客上變。次年人日,按名捕百餘人。而鄞故
都御史高公斗樞、故儀部李公橒爲之渠,大訊於杭。然里中諸
義士尚多,相與捐數萬金救之,其難得解。方事之殷,同獄思
留身以有爲者,不能不爲遜辭以對簿。獨高、李二公誓死,默
不出一語。既得出,高公嘆曰:"幸脫虎口之中,非始願所及
也。"論者亦謂當此大厄,强項不屈,而卒得不死,以爲大慶。
而李公曰:"吾前此不欲隕黑阱中耳,今得見白日而死,可矣。"
於是閉氣絕粒,數日卒。死之日,家人問遺言,張目不答。高
公嘆曰:"吾愧之也夫!"時戊子二月十七日也,得年六十有二。

　　橒字宗海,一字韋庵,鄞人,崇禎丁丑進士。公之死也,有
子文胤亦因蛟關馬櫪,六十餘日不相聞。有女文玉已媋居,傾
家爲父。而前御史禾人曹溶方在杭,爲助斂事,同里萬泰以其
喪歸。及文胤得脱,而公柩至矣。是秋文胤再下府獄,竟得不
死。其後風節甚高,浙東所稱爲杲堂先生者也。

先生以五君子之禍由謝三賓,自憤援手之失,因號
悔庵。

　　(《續甬上耆舊詩・萬泰傳》)至戊子而(夫已氏)盡殺諸義
士以成其惡。先生彈指出血,自憤援手之失。而遺民故老亦
不無爲責備之詞者。故先生自戊子以後,更字悔庵。林都御
史繭庵嘗曰:"履安大節無可疵。其初爲姻眷緩頰,亦人情之
常。及其晚節之披猖,出於意外,而履安以此中宵侘傺,至於
無地可容,則亦足以自雪矣。"先生身後諸公所作狀志皆諱此

事。予以爲正不足諱,乃特著之,以見先生之心迹焉。

（全祖望《題續騷堂集後》）履安在復社中,甬上四孝廉之一也。丙戌後文虎早逝,時有七孝廉皆謝公車,而次公節最高,履安、天鑑次之,即四孝廉之三也。履安與謝氏婚。乙酉之役,諸公欲殺謝氏,履安救之。及戊子,諸公反爲謝氏所殺。履安力不能止,遂以此大不理於口,然履安亦甚自悔,故以悔名庵,其後同志始稍原之。林太常繭庵貽書董隱君曉山,言《春秋》責備賢者固當,然不可没其補過之心,可謂平情之論。適予選甬上耆舊詩,特爲著其事,此固不必諱也。

是春,詩有《戊子季春朔日,信宿河渚,明日將返剡溪之棹,留別孝直、雪符》一首。

夏,劉應期卒,有《哭瑞當詩》八首。

（《哭瑞當詩》）其一云:"翳然林木下,是我西皋廬。昔年君始來,寒月坐前除。今年再叩門,偪仄唯欷歔。爲我著紀游,其文儻發抒。上言多電勉,下言長相於。嗟乎墨未乾,忽作古人書。（瑞當有《訪西皋記》）

（黄宗羲《劉瑞當墓誌銘》）戊子夏,瑞當挾其季子、一平頭奴刺小航浮江而上,颶風失楫,隨波蕩譎而至余家。未幾適甬,越月而以訪黄太冲、萬履安兩記來,余頗怪之。瑞當之往來多矣,獨記此何與? 再越月訃至。始知其記之爲永訣也。

六月,錢肅樂卒。

徐鳳垣、聞霄虹過訪西皋。

（徐鳳垣《負薪集·次韻悔庵先生過從詩》）序云:戊子夏,同霄虹以扁舟訪悔庵於西皋。時有過從之作,久而未見。

（徐掖青《聞霄虹過從西皋有感漫述》）我生託命在窮谷,未便爲僧已不俗。土室泥封抵活埋,草深一丈彌天綠。徐子躬稼東湖濱,聞郎餓走雪山麓。歷落嶔崎見性情,道氣文心在眉目。（下略）

秋，高斗權以詩來柬。

（高斗權《寒碧亭集·戊子秋仲柬萬農部履安》）萬子真雋才，立談能解禍。爲國留老臣，其功更以大。高齋有寒松，故國之喬木。一卷且續《騷》，芳馨出空谷。

是年詩有《宿西方庵》一首、《鄒孝直屬題慵隱詩爲其尊人仲錫先生》一首、《曉起》四首、《陸夢明至西皋書壁》二首、《贈桐城方子留》一首、《昔日篇呈武林卓方水》一首。

序云：方水交文虎與予二十餘年。今來甬上，文虎死矣。予亦奄奄如泉下人，相將過陸氏故居，撫其遺孤，泫然出涕。爰述短歌，以當慟哭云。

《和董次公自哭詩》四首、《和秦汝翼寄懷》五首、《過周唯一山寮》四首（唯一爲粵令，其治在曹溪）、《題高旦中道影》一首、《贈陳山民》一首、《秋望詩》八首。

序云：戢身草土，忽焉暮秋。當志士傷心之時，況棘人在疚之日。痛逝者之不作，嘆我生之徒存。哭泣之餘，偶近筆墨，爰述八章，以寄一慟。

《夢遊西園呈黃太冲、晦木、澤望》一首。

詩云：吁嗟古道不可作，夢寐其人或見之。自從天下走名譽，讀書種子懸如絲。生平論交有黃氏，豈曰友之惟吾師。每來坐臥西園下，左右圖史兼尊彝。正氣堂中拜遺直，枵然一室張四維。風冥雨晦天地閉，斯文未墜當在茲。三年饑走荒山中，艱難契闊長別離。夜來孤枕臥獨月，交睫怳惚來江湄。嗟吁大地遍雲霧，踽踽投足罹凶危。良交次第就割没，悠悠里聚同群麋。憶昔先皇誅大憝，昭宣臣節旌孤兒。反覆於今二十年，國事已去家聲墮。姚江三子靜如女，涉歷寒鍔猶嶔崎。文章氣節剩一綫，天或有意此愁遺。我交三子在性命，久不相見無相疑。自傷骨肉半零落，獨留友道相支持。如何耿耿乎生言，託在一枕徒吁嘻。且向夢中還説夢，矯首青天自賦詩。

《蘇眉聲至自嘉定，劇談往事，喟焉傷心。賦此爲贈，兼柬義扶》一首。

詩云：昔我游嶅中，神理澹孤吹。晨夕友素心，人文揖古誼。宗盟推上谷（侯廣成先生），黃陳分座位（黃蘊生、陳義扶）。蘇子最静穆，道義稱昆季。我得從之游，把臂笑相視。以君冰雪姿，滌我風塵氣。莊莊無苟容，落落成深致。北闕偕上書，南天各垂翅。悠悠六七年，天涯紛涕泗。君涉吳江深，我入越山邃。愁觀白日静，坐老蒼天瘁，足音空谷來，相看總顦頹。深語不終歡，乍見還疑寐。蹙頞話侯黃（乙酉之難，廣成先生死，兩子幾道雲俱争殉，皆遇害。蘊生偕其弟偉恭同日死，逾年侯雍瞻亦死），一語一揮泪。豫讓國士心，杵臼男兒事（眉聲撫蘊生遺孤）。緣君見古人，始識彝倫字。深深此日譚，脉脉當年意。乃知澄懷人，絕去榮觀智。明夷大道存，後死斯文寄。南陽田可耕，商山芝可餌。況當强仕年，隱學求其志。努力酬君親，正氣還天地。有如死可生，當使生不愧。契闊與艱難，此理無失墜。爲我語平園，蕭條且高寄。

《王水功亟稱博融禪師，因招游香岱。予神交博融，而夢游香岱久矣，爲和原韻，以訂後期》三首、《方水就訪西皋答和》二首、《西皋雜感》十首。

魯王監國四年永曆三年順治六年己丑，先生五十二歲。

是年七月壬戌，魯王次建跳所。閩地盡陷。（引《因明山寨言》，己丑）

先生病瘧未痊。

（黃宗羲撰墓誌銘）憶晦冥之際，余過甬上。文虎新死，先生病瘧。剪燭相對，凄惋欲斷。是日先生之瘧爲之不發。十年以來，歲必相過再三。每一會合，破涕收泪，竟不知其身在困頓無聊之中也。

　　（又《思舊録》）己丑，余至甬上。時履安喪失家道，抱瘧未痊。相對秉燭，瘧不復發。

　　還故居。

　　（《續秋望詩序》）戊子之歲，廬墓西皋，曾賦《秋望》。詩成而瘧作，經年不除。今還故居，又颯然秋矣。束身頹垣破壁之下，淒風侵人，落葉在地。枵然之宮，兼有寒色。言念往昔，惻然興懷。既勤瞻望之思，亦致怨望之感。深情所至，副在短篇，作續《秋望》詩。

　　渡錢塘，與徐鳳垣、徐蘭生、汪魏美（汪渢，字魏美，新安人）、江道闇、劉雪符輩日過從唱和。（萬季野《石園集》卷一述舊詩）

　　（徐鳳垣《次韻悔庵先生過從詩序》）己丑秋，悔庵問渡錢唐，出篋中舊稿相示。感悵往事，次韻酬答。舟輿之暇，以代勞歌。

　　（又《寄悔庵萬先生》）六月十日君初發，扁舟去載姚江月。八月十日君有書，斷橋答篝醉鱘魚。湖光慘澹今猶昔，堤上垂楊半踣折。何年簫鼓咽中流，幾行歌吹聲嗔咽。我咋夢對西陵花，岸上芙蓉夾冰涯。彼時君亦踞高石，身隨開士具袈裟。紛紛城郭多車馬，街巷闐呼人不下。鄂王祠廟水悠然，烟蘿幛子秋如畫。市南市北走風塵，河渚寒流灑角巾，早暮孤山尋野鶴，頓驚清唳落芳蘋。汪子移舠徐子來，與君揮手上西台。不知曾念甬江客，節杖臨秋哭草萊。蘆花庵裏雪影白，月用禪師塔岑寂。石壁何曾留古胎，金輪照世一曇開。願君灑盡西台血，還上東台望於越。（徐子蘭生、汪子魏美，月用則江道闇也。）

　　溯江上釣臺，問謝皋羽痛哭處。登臨憑弔，有逝將安適之嘆。（《續騷堂集》自序）

　　董德仕卒。哭之以詩。

（《續甬上耆舊詩·董德仕傳》）董隱君德仕，字晉公，一字介子，同知應圭子也。兄弟七人，其第五即徵君天鑑，其第六即筆公。徵君頗中和，而筆公近乎狂，隱君則近乎狷。丙戌之夏，隱君慷慨無生之心，投水者數矣，以救得免。怏怏祈死，自題其栗主曰："故茂才董君生於萬曆某年某月某日，卒於崇禎甲申後二年某月某日。"蓋甬上內附之時也。隱君兄弟三人，皆好義勤施於人，而不有其德。己丑，竟以縱酒卒。……嘗醉後訪萬履安於西臯，中流渡船覆水，以救而甦。嘆曰："何不從巫咸之所居。"蓋自題像後三年而卒。所著有《南軒集》。

是年詩有《旅嘆》十首、《遇仁庵和尚於靈隱志喜》二首、《用前寄懷韻》（秀初，道號仁庵）、《寄懷同社諸子用旦中韻》二首、《泛湖同徐蘭生、劉雪符》一首、《旅夜》二首、《讀晦木寄懷詩，悵焉傷懷和韻酬答》一首、《西湖泛月同雪符、蘭生》一首、《送月用禪師入塔》一首、《孝直笥中有小硯大僅如掌，理製精好，予乞得之，酬以短句》一首、《富春道中》一首、《桐江雜興》八首、《桐君山》一首、《聽雨》一首、《祠山》一首、《釣臺》一首、《釣臺有感謝臯羽遺事》一首、《乞硯》一首。

序云：蘭生有端硯，鐵筆手自勒銘，頗爲珍惜。憐予同好，持贈石交。作《乞硯》詩。

《至日》一首、《寶華洲》一首、《贈與然禪師》一首。

序云：師本名孫氏，名自修。爲天啓甲子應天鄉薦，筮仕粵令。國變後棄家祝髮，參訪名山。予遇之於仁庵坐上。心契古佛而作是詩。

《桐江遇檇李高公路，傾蓋訂交，爲予作雲山小景，意殊繾綣，賦詩留別》一首、《哭董晉公》六首、《王忠烈公詩》一首。

序云:公諱章,別號芳洲,直隸武進人。令吾鄞七年,入爲
御史。甲申之變,公奉命巡城,城陷,賊迫公降,公大罵不屈,
遂遇害。越宿家人收公尸於城頭,屹然危坐,顔色如生。贈都
御史,諡忠烈。

魯王監國五年永曆四年順治七年庚寅,先生五十三歲。

是年正月乙卯,魯王在舟山。馮京第爲其降將所殺。

公車徵不就。

　　(《行狀》)偃臥床席者三年,貧困不能自給,了無戚容。與
人談惟砥礪名節,勿妄進退而已。是年公車徵,自陳病廢之
狀,不就,遂杜門不見賓客。暇則扁舟訪黃先生於剡曲山中。
渡江入西溪,掃鹿園公墓。過橫山草堂,吊江道闇故宅,訪尋
一二老友,死者已過半矣。先生益多惻惻可感之態。凡山川
城郭花鳥蟲魚賓朋離合,非昔時晤對者,一皆係之於詩。所爲
詩本於真樸大雅。同輩論宗體格,先生獨任其性情。晚年詩
益工,絕類蘇子瞻、陳后山,然不以示人。

黃宗炎被繫,且就戮。先生以計脱之。

　　(黃宗羲撰墓誌銘)先生一病三年,炊烟屢絕,形廢心死。
然友人高中丞在獄,余弟晦木犯難,猶能以奇計出之。

　　(又《思舊錄》)庚寅,晦木爲馮躋仲連染,而固山之記室與
履安有舊,由是得免。

　　(墓碣銘)未幾,復以奇計救姚江黃晦木,得不死。當是
時,傳先生義聲,人爲震動。

　　(李文胤《續騷堂詩集序》)姚江黃晦木復被繫,至甬上,罪
且不測。先生聞出奇計,事竟得解。當此時也,萬先生義聲震
天下。夫人平居把臂相論交。卒有小患難,夜半叩門,能爲一
出手援之,已不可及。況惡浪彌天,弱泥没地,負僵尸於虎穴,
奪生命於歐刀,非徒不能救人,並將自陷。此時親朋塞户,行

道倉皇。而先生裹劍獨行,聲淚並發。直渡易水,自謂能還。即使忌名者百口相讒。然且縱蛇漢水,釋狼中山,曾不自悔,此真古人所難。試讀晦木《援阱》之章,旦中《感述》之什,及余《七歌》《秋懷》所紀事,未有不流涕闌干,搤捥而起,嘆先生爲無慚名士者也。

（《續甬上耆舊詩·萬泰傳》）庚寅馮、王之難,姚江黃監軍宗炎已赴市,先生又以奇計出之。然日益忽忽不自得,嘗嘆曰:"此心耿耿,安得一把茅焚之成灰耶?"

（全祖望《黃宗炎神道碑》）黃宗炎字晦木,一字立溪。……參馮侍郎京第軍事,奔走諸寨間。庚寅,侍郎軍殲,先生亦被縛。侍郎之嫂,先生妻母也,匿於其家,又迹得之,待死牢户中。伯子東至鄞,謀以計活之。故人馮道濟、尚書鄞仙子也,慨然獨任其責。高旦中等爲畫策,而方僧木欲挺身爲請之幕府。道濟曰:"姑徐之,是無死法。"及行刑之日,傍晚始出,潛載死囚隨之。既至法場,忽滅火。暗中有突出負先生去者,不知何許人也。及火至,以囚代之。冥行十里始息肩。忽入一室,則萬户部履安白雲莊,負之者即户部子斯程（一作斯年）也。鄞之諸遺民畢至,爲先生解縛,置酒慰驚魂。先生陶然而醉。隔岸聞弦管聲,棹小舟往聽之。尋自取而調之,曰:"《廣陵散》幸無恙哉!"

宗炎嘗以先生爲死友。

（《黃宗炎神道碑》）晦木性極癖,雖伯子時有不滿其意者。嘗曰:"束髮交賢豪長者,不爲不多。下及屠狗之徒,亦或瀝心血示。雖然,但有陸文虎、萬履安二人爲知我耳。"

（黃宗炎《山棲集·死友詩序》）大江以南,公卿大夫知名之士,略見其梗概,間及屠户博徒,亦與之瀝血出肺肝相示。是上極九天,下極九岡矣! 終無若文虎、履安之知我者。士重知己,豈以死生異哉! 呼之爲死友,懷以詩。詩云:"詩文小技亦難知，昔我詩文豈足奇。竹馬篠鞭童子戲，魯魚帝虎老生疑。白頭有恨終難示，黃土無情反係思。若使兩公今尚在，相從辨論定移時。"

自序《續騷堂集》。

序云:嘗聞之言詩者曰，詩必根於三百篇，參伍之以屈、宋、漢魏六朝三唐，兼備體格，自成家言，而後可名詩人。杜少陵之言詩亦必曰:"讀書破萬卷。"詩若是其難言之也。僕何人斯，敢涉斯義。雖然，詩者性情之事。今人讀古人詩，如見古人，見之於性情也。僕於詩未遊其樊，而性情則吾所自有。蓋嘗論之，詩有殊途，義惟一致。歡娛愁苦，意不相兼。要皆本之天懷，副在音韻。升歌廟堂，唫咏泉石，惟此雅道揚榷，真氣孤行，然受其言足以風當時而傳後世。若夫掇拾菁華，矜詡巉刻，雖宮商畢赴，而指義無歸。一字千金，究爲敝帚。至於逢人投贈，到處留題;稱觴上壽，全同巫祝之辭，達官貴人，多識交游之字。此昔人所謂庸音雜體，各各爲容。揆之大雅，風斯下矣! 僕不敏，少與陸文虎爲舉業之學。文虎早以詩古文詞名世，而降才爾殊，僕心慕悅之，未能學也。乙丙以來，憂患相仍，崎嶇逃死。哭妻於矛頭刃底，藁土未乾，彼蒼降割。傷哉貧也，恨與天終。草土餘生，苟全視息。三年蹤跡，往來西皋剡曲間。文虎亦以憂瘁死。人倫凋喪，家室漂搖。晨風暮雨，呼天搶地之餘，時把《離騷》一卷，向水邊林下，低徊而讀之，不知涕之無從也。痛卹沈憂，荒忽煩亂，出無以爲歡，入無以爲語。有懷耿耿，不平思鳴，始有意於學詩，而已老矣。悲從中來，疾疢交作。經年病痁，奄如泉下。荊扉書扃，望突無烟。而負俗之性，動每得謗。沙蝨射影，邑犬吠聲，辟俗如仇，仰天而嘆，僕不意離亂難遭至此極也。所賴筆硯僅存，血心未死，披帷時來素心，抵掌不忘吾道。傷離嘆逝，餼苦送窮，每以癭憂，寓諸韻語。嘗西渡錢塘，掃先人墓田。輒溯江上釣臺，同謝皋羽痛哭處。烟水空濛，有逝將安適之嘆。登臨憑弔，觸緒生情。凡此筆墨所濡，無非愁嘆之事。誠不知三百篇而下，屈、宋、漢魏六朝三唐之詩何如也！而性情所托，若春蠑秋蟬，戛然而鳴，率意任心，無關體格，惟與二三子倡和酬答。當其侘傺，意色俱飛，悚然而骨立，愴然而心痛。悲哉！言之，聲淚迸出。不顧鬼神之臨而斧鑕之伏也。此僕之所爲詩也。客曰：“斷木爲棋，梡革爲鞠，莫不有法，而況於詩？子未夢見古人，而言詩可乎？”僕應之曰：“吾未知古人而知古人之性情。”讀《匪風・下泉》而知爲忠臣，讀《蓼莪》《陟岵》而知爲孝子。此三百篇之性情，而即屈、宋、漢魏六朝三唐以迄今人之性情也。我生不辰，禍及膚髮。《六經》之阨，慘於秦灰。仰視蒼天，不見白日。使古人當之，其悲憤潢淒，狂歌慟哭，當不似今人含垢忍恥，伊優澳涩而已。僕顧瞻前修，驚怵心骨，粥粥乎以其咨嗟嘆息之聲而名之爲詩。夫咨嗟嘆息之聲而以爲詩也，僕何足以知詩。然而性情則已存矣。是集始於丙戌，終於庚寅，刪艾之餘，存詩三百十首，手錄一過，存之筒中，不敢示人。

是年詩有《七歌》。

序云：僕本奇窮，兼之善病，子居戚戚，無以爲歡。俯仰之間，皆成感嘆。偶讀杜陵《同谷》七歌，悲憤相攖，愁懷迸集。率爾命筆，情見乎辭。

《三月十九日》一首。

詩云：“三月今當十九日，普天聲淚憤盈時。一卮醑已非王土，七載人猶是漢思。國士未聞酬豫讓，南冠惟見泣鍾儀。滄溟萬里頻回首，慘淡春風咽子規。”“年年此日泪潸然，今日今年更可憐。帝子不歸猶望狩，欃槍未隕尚經天。青萍但有沉沉氣，赤伏徒聞嚁嚁傳。我欲排雲問閶闔。人同大耻幾時湔。”

《寄懷旦中兼束太冲》一首、《贈別舊令馬静庵》一首、
《贈黄澤望》一首、《雙桐生空井》一首、《鶴嘆》一首、《夜坐
湖南蘭若聞城樓鼓角聲》一首、《三宿西園留別黄長公》一
首、《杜鵑行》一首、《得仁庵和尚書》一首、《寄晦木》六首、
《避地剡中，盡携藏書以行。兵燹侵尋，無復存者。掩關枯
坐，悵然傷之。因用古人亡書久似憶良朋之句爲韻，聊抒
憤嘆，以寄鬱陶云爾》七首、《秋夜雜詩》三十首。

序云：又當秋夜，哀怨日增。枕邊燈下，多寄嘅之句。李
子鄴嗣示以《秋懷》三十首，讀之心傷，泫然流泪。嗟夫！人情
則爾，天道何之！兀坐冥游，一涕一笑，皆成夢囈。僕無李子
之奇禍，而憂勞過之。因廣其意，作雜詩如其數，竊比同患，不
敢示人。

《黄鵠吟》一首。

序云：庚寅七月初四日，黄晦木祝髮入山，貽書相告。僕
讀之凄然不怡者累日。噫吁！天下士零落盡矣。黄子後死，
蓋有待也。今即未死，而託之方外。噫吁！黄子之心，我知之
矣。戚戚予懷，能無眷然？爲作《黄鵠吟》以傷之。不敢以讚
嘆作佛事也。

魯王監國六年永曆五年順治八年辛卯，先生五十四歲。

是年秋，燕人梁以樟至鄞，約同志六七人，與之倡和。
其音凄絶。（《續甬上舊詩》）

（李文胤《梁公狄先生游草序》）余輩少從里中悔庵萬先生
游。先生當世所宗，雖亂後坐客常滿。余每過悔庵，見客入，
輒隱壁間觀之。客退，悔庵謂余輩曰："頃客某某，俱素著名
字。"余唯唯，然未嘗因悔庵而請交。竊謂天下第一流，當更有
人。久之而後，燕人梁公狄先生自維揚至。先生瘠立嶔崎，遥
客萬里。方初至吾鄉，客於梵舍。兀然坐一藜榻。有客造户，

謁入不延。里中薦紳某聞先生至，即置酒迎先生。先生强一過，見席中客有非類，即命人取水洗兩目良久，立上車去。其風格若此，而顧與悔庵交甚深。悔庵喜謂余輩曰："吾今爲諸君得友矣。諸君意常欲交天下士，若吾梁先生，真其人也。幸勿失之。"余因修刺同悔庵一過梁先生。先生病中，擁布被與余輩定交於茗粥之間，各出其文章交讀，欣賞移日。既別去，余謂悔庵曰："海内竟有一梁先生，非悔庵奚從識之。"先生亦曰："我生四十年，得一鄞嗣。"其相合甚驩至此。因有《明州倡和》詩已漸成帙。先生特命悔庵書之。而此《游草》一卷，則別取授余者，妙理俱具牋次中，不待再叙。

（李文胤《杲堂文鈔自序》）同里萬履安先生宿擅人倫之目，與余輩爲忘年交。雖亂後客常四座。余意竊從履安所，觀四方名賢諸著舊，久之履安謂余曰："有燕人梁公狄先生在此。其人詩家宿老，且風格甚高。"余因與履安、霜皋同過其客舍，梁先生方病臥，擁布被與余輩定交茗藥之間，出所著《陶庵集》及它《游草》使余輩讀之。……及從履安先生所，得交姚江黄梨洲先生。後萬先生諸子及其孫貞一俱在黄先生門。每從祝橋來，携示黄先生近所構序記銘狀之作。

（《續甬上耆舊詩·梁以樟傳》）字公狄，一字櫤厓（一作生），學者稱爲顳林先生，順天清苑人也。居大興。郾撫都御史夢澤子。崇禎庚辰進士，知商邱縣。尚未浹歲，竭力守城，城陷自刎。夫人張氏登樓焚死。公在亂尸中不殊，難民救之得蘇。以失事下獄，對簿。頸中創痕斑斑如雪。甲申，南走至淮。閣部史公疏題職方郎中，贊畫軍事。以《金陵方略並防淮芻議》上廟堂，不報，即史公亦是之而不見用也。公見四鎮跋扈，遂棄官隱寶應之葭湖。兄以柟，字仲木，明經，倜儻有經世才。兄弟互相師友，偕隱淮上，力耕葭湖之田以自給。丁亥，仲木來鄞，與諸豪傑遊。歸謂公曰："甬上多志士，可往從焉。"公乃以庚寅至鄞，大喜。高都御史斗樞、董户部守諭、萬户部泰、林都御史時對，日相往還唱和。

案：梁以樟詩自謂："辛卯秋過明山，留三年而去。"謝山是傳謂以庚寅至鄞，疑誤。

仲秋，梁以樟、李文胤、徐鳳垣諸名士集先生家之寒松齋。

（李文胤《短歌行爲履安作》）序云：辛卯仲秋，同諸公集寒松齋。夜半酒闌，履安出其所藏先世萬戶部公告身二通，俱高皇帝爲吳王時所賜。劄尾御押甚奇，稍下有徐中山小押。並腰懸木符一面，以黄綾裹之，俱三百年物也。外別一軸，則所圖列世像。自萬戶公至其先大將軍止。履安並爲述開國時四忠三節一義事甚悉。余輩閱罷肅然，各爲詩以紀所見，而公狄先生倡之。詩云："四忠三節一義堂，扶風萬氏幾瓣香。百世勳門歷可數，名臣高士別一譜。悔庵名姓天下知，江南童叟讀文詞。角巾今已投大海，泪盡惟懸雙目在。手植名山得不圮，力挽天池逆流水。冰心爾我更誰同，霜臯先生二三子。此時白晝掩柴荆，寒廬蕭蕭松濤鳴。不料秋天聞剥啄，入門有客先慟哭。哭闌始辨是梁公，芒鞵踽踔訪江東。吾識梁公嘆奇絕，天北天南氣潛結。知君門第舊勳臣，停卮特問傳家物。干戈不蝕火不焚，捧出滿堂俱變色。尺木腰符螭鶴文，梁公跪讀呼小臣。赤帝尚頒漢王璽，吳公手判賜告身。鐵畫已驚真主氣，傍押淮興翼帥字。古綾裹劄鵝子黄，萬戶圖形列班次。夜深欻若閃朱旗，咫尺漸聞劍佩至。百靈繞屋不敢行，階前草木盡有聲。嗟夫悔庵吾語子，世受天恩孰能似。西臯墓側一草堂，哭謝高皇正在此。悲夫！更呼大荸遥問南，跪向鍾山瀝酒三。臨卭四七火復熾，悔庵不作老高士。摩挲此日豁雙睛，槐里君家世兩京。

九月，瀛洲破，大學士張肯堂死之。

（《魯紀年》）正月上在舟山。九月丙子城陷，大學士張肯堂蟒衣南面，視其妾周氏、方氏、姜氏、璧姐，子婦沈氏、孫女茂漪皆縊死,然後題詩自縊。吳鍾巒、朱永佑、李向中、鄭遵儉、董志寧、朱養時、林瑛、江用楫、董玄、李開國、朱萬年、顧珍、顧宗堯、蘇兆人、劉世勳、張名揚、戴仲明、王朝相、劉朝定、顧明楫、林世英皆死之。

(《續甬上耆舊詩》)辛卯九月二日中夜,公狄等坐高都御史齋中,盼滃洲水戰信。侵曉報至,各慟哭,絕而復甦。

冬十月,肯堂孫茂滋繫寧波獄。先生與陸宇燝輩救之。

(《續甬上耆舊詩·宋龍傳》)字子猶,一字菊齋,南直隸大倉州崇明人。……張閣部肯堂客之,使爲其孫茂滋授經。……辛卯,先生將投水,以閣部一門盡殲,獨留茂滋出走,思全之。乃奔跳絕島中,重跰達吾鄞。則陸春明輩方謀救茂滋,遂共成之。

張茂滋(《餘生錄》)辛卯九月二日,先祖畢志滃城,城破被屠,滋獲免。……聞里中有搜捕遺孽聲。……十月初旬,械禁寧波獄。……自念死此必矣。……忽而卒傳呼張公子。滋怪卒何忽公子稱。縋出窖,見一人面黃而齒微缺者,一修面微鬚而面有麻點者,云陸姓,周明字。此則予弟春明也。滋茫然。周明曰:自兵至滃,遍詢死難諸公,首得鯢淵先生(張肯堂號)。昨道中值有跛者乞食,云欲致獄中,怪問之,知先生有孫在此,因賂卒一問。滋泣曰:“此僕人孫繼也。”因思窖中懸筐爲孫繼來。春明曰:“今後饔飧惟我餽。”遂出楹餉滋。箸未列,四旁鳩形者奔集,手爪膩漆,鷹攫狼搏,刻無遺。殘粒下地,弱者猶俯拾相爭。春明曰:“似此非任之出獄不可。”而府幕高公以閱囚至,見問所由,則矍焉道故。公乃先祖令滃時首拔士也。即欷歔推解,嚴飭獄卒去強橫者。自是免窖與押,且致飲食。而宋師子猶偕僕人孫繼,咸得見焉。十一月初旬,傳有僧乞門。滋曰:“必無凡也。”門啓,不識滋矣,識滋聲。抱持痛絕。無凡曰:“初謂子解會城也。往返數四,以至於今。”滋曰:“師今居何地?"曰："自請葬後(謂葬肯堂)，督師疑余居海外，移置天童矣。子形容爾爾，安可久居此。"滋因與言春明意，且言："滋宜隨祖與母死，安可復以此累人?"翌日，聞春明請之當事，不得。再日，聞無凡請之當事，不得。以合山行衆請之，不得。以身代禁，亦不得。春明又合董次公、年伯祖萬履安、董天鑑、北都蕭伯闇諸先生合請之，迄終不得。於是無凡市豚蹄斗酒入祀獄神，因一醉卒葦，爲長繫計。春明入，毅然曰："此足不履公庭久矣，今不得出子，天下何復可爲?"次日，無凡入，額手曰："幸也。閩中劉孝廉(鳳翥)來訪當事，春明以子告。"彼慷慨謂："厥祖有惠政於閩，況殉國死，是予責也。"即奮袂入官署。而春明直以四十餘口爲質，當事始色動。命察春明左右鄰。左右鄰覆曰："陸某係故大理寺正卿子，居城南隅月湖西，有門第田業，素謹厚誦讀，與兄弟子姓皆諸生。是實。"當事頷之。役且至矣。已而役以滋赴廳事前，當事者怒目呼春明曰："吾知子有家，今以滋與子。子無以家爲試。"滋遂得脫獄，至春明湖西宅。寒雨霏雪，爲十二月十一日云。

　　(林時對《廬山集》)華亭張公肯堂以御史中丞開府八閩，同石齋黃公擁立思文，進塚宰。天興敗，避入瀻洲。辛卯七月城破，公豫作亭名雪交，爲閤家盡節處。致命詞："寄語後來青史筆，衣冠兩字莫輕删。"聞生性道，以三大甕瘞張氏一門二十七人骸骨於瀻洲。惟幼孫爲帳下督所匿，渡海歸松云。

吳鍾巒死瀻洲之難。先生購得其遺稿，摩挲故紙，手傳抄之。

　　(《墓誌銘》)先生既無心於當世，廟堂著作坊瓦摸勒，凡士林之所矜貴者，一不以寓目。有傳吳霞舟先生遺稿自海外者，用故名紙書之，半葉千言，漫漶漏奪。先生摩娑細視，手鈔件繫，遂爲完書。間或出游，則多與失職之人聚於野店僧寮。聞一奇士，咨嗟而樂道之。

（《明史·張肯堂傳》）吳鍾巒，字巒稚，武進人，崇禎七年
進士。……魯王起兵，以鍾巒爲禮部尚書，往來普陀山中。大
清兵至寧波。鍾巒慷慨謂人曰：“昔仲達死璫禍，吾以諸生不
得死。君常死賊難，吾以遠臣不得從死。今其時矣！”乃急渡
海入昌國衛之孔廟。積薪左廡下，抱孔子木主自焚死。

　冬，李文胤有呈先生詩。

（李文胤《青霜篇呈萬子五首》）序云：辛期冬，郡中孝廉俱
北上。時萬子方單舟姚江，訪太冲兄弟。悵然仰止，形諸紙
墨。同公狄先生。

魯王監國七年永曆六年順治九年壬辰，先生五十五歲。

　是年，魯王在中左所，尋居金門。

（《魯紀年》）定西侯張名振、大學士沈宸荃、兵部左侍郎張
煌言扈上至中左所，尋居金門。沈宸荃艤舟南日山，遭風失
維，不知所之。

魯王監國八年永曆七年順治十年癸巳，先生五十六歲。

　是年三月，魯王自去監國號。

（《魯紀年》）上在金門。三月自去監國號。丁酉上在南
澳。（後遭風溺於海。）

　寒食過王玉書。

（王玉書《非時吟》）題云：癸巳寒食，萬履安、陸周明過齋，
時豆香桃艷，麥箭菜釵，紛然以郁，獨步徘徊，年來荒冢，錢楮
偏反，悵然傷心。詩云：“黃釵青箭滿田園，春事抛多好在村。
笑實未珠難狀馬，奇花似錦不成源。攫拏此日錢輪鬼，憤懣誰
魂風暗門，日落荒園空古色，二三栖結到誰言。”

案：王玉書，字水功，一字仙笈。學者稱爲無界先生。

　萬日吉至鄞，先生與爲刎頸交。已而日吉之白門，與

楊崑之難。先生作詩痛之。

《續甬上耆舊詩・萬曰吉傳》）萬僉事曰吉，字允康，湖廣黃岡人也，崇禎庚辰進士，知崑山縣。公爲人傲兀。縣多逋賦，皆巨室所抗庇。僉事具疏請賜專敕得劾治，廟堂笑之。已而卒投劾去。乙酉，起爲憲司，分巡建寧。事敗，遍遊江左。以求事會，嫚罵不諱。癸巳至鄞，高都御史元若、林都御史繭庵、萬户部履安、林評事荔堂、高武部隱學與爲刎頸之交。已而欲之白下。同人爲筮之，不吉，請無往。公不可，竟去。遂與於楊崑之難，痛詈而死。

揚州浮屠德宗者，異僧也。嘗至吾甬上，蓋爲瀹洲而來，最與僉事善。癸巳，有士人訪之，與之曲盡情好。所言皆義俠，德宗信之，不知其爲巡按也。俄而捕德宗，榜掠甚酷，抵死不承。時巡按聞有楊崑者，以滇中敕存問舊臣七人，故興此獄，已而獲崑。七人者，曰前吏部侍郎會稽章公正宸，曰前分巡寧紹台道辰溪余公鯤翔，曰前分守安蘆監軍道瀘溪楊公卓然，其次即公，其次曰前吏部郎會稽陶公履卓，曰前兵部郎館陶耿公章先，曰前烏程令山陽朱公日昇。時惟章公久行遯，不知所止，陶公家居。餘五人皆寓白下，爲人所告，並死之。……陶公後至，楊崑對言從未識面，得免禍。

（又《李鄴嗣傳》）癸巳，黃岡萬僉事允康來吾鄉。及別，先生餞之。座客爲僉事筮《易》，得暌之三，“輿曳、牛掣、人天且劓”，皆大駭。先生因固請僉事且潛身甬上。僉事不可。行至吳中，楊崑之變作。先生終身痛之。

（《續騷堂集》）有《萬允康別後蒙難，詩以訊之》三首。

梁以樟還寶應。

（梁公狄詩）題云：辛卯秋，過明山，憩寶雲刹，無學上人以蘭若榻我。愛其玄心澹峙，穆穆神遠，遂度三秋。瀕行留贈，以訂異日三山雲鶴之緣。

（《續甬上耆舊詩·梁以樟傳》）公在鄞首尾三年，有《八子唱和集》，萬户部嘗手書之。以癸巳還寶應。

（又《沈士穎傳》）沈士穎，字喆先，一字心石，諸生。丙戌後棄之，時年二十四。先生負揜天之才，遭逢陽九。故國故君之念，不能自遣，放浪詩酒。燕人梁職方公狄來鄞，唱和八子，先生其最少也。

（又）梁氏《鷦林》之集，首萬履安，次林荔堂，次徐霜皋，次高辰四，次李鄰嗣，次高旦中，次即心石。履安嘗手書唱和詩成一卷，今不可得。

祝黄母六十壽。

（黄宗羲《祭萬悔庵文》）吾老母癸酉四旬，癸未五旬，先生與文虎皆如期而至。癸巳六旬，先生揭揭度阡陌間。坐定，出所作《正氣堂壽讌序》讀之。傷文虎之不偕，不覺失聲而哭。先生又去，三十年登堂拜母之客，一朝盡矣。

（《思舊録》）癸巳老母六旬，文虎已故，履安踽踽獨行。出其《正氣堂壽序》讀之，不覺失聲而哭。

十二月，四子斯昌卒。

（《斯昌世傳》）少負奇氣，勇力過人。當兵燹時，避地鄉村，獨持短戈，往來捍衛。里人群謂不愧名將家子。年二十九，齎志以歿。生於前明天啓乙丑十一月，卒於順治癸巳十二月。娶趙氏，無出，以兄子善爲後。合葬鄞西管家岸。

爲林岳隆賦《復明詩》。

（《續甬上耆舊詩·林岳隆傳》）西明山人林岳隆字視公，一字叔覬，……山人於乙亥盲其右目，又十九年爲癸巳，忽愈。同人爲之賦《復明詩》。

（林岳隆《答履安贈目明詩》）銀海重明睨天碧，門掩蒿萊少履迹。空庭無事課兒童，坐看芭蕉影移石。忽然佳氣滿簷前，天半雲霞爛錦箋。故人投我新詩句，擬就淮南叢桂篇。慷慨論心空宇宙,開緘光燭三天宿。淡水之交語最真,曠懷今日稱希遘。白首龍鐘我合休,戀兹雞肋自堪羞。華年正宜服政日,如何亦作山林遊。憤衰惜我還雙照,我能閉户安蓬篠。衰朽硜硜何足道,敢云有志西崦效?讀罷瑤章神氣揚,爲將濁世掃粃糠。四目尚存聊用晦,相逢鼓枻咏滄浪。

是年,詩有《獨坐》五首。

林時躍《朋鶴草堂集》、高斗魁《冬青閣集》均有《獨坐次萬履安韻》。

永曆八年順治十一年甲午,先生五十七歲。

是年過武林,作《報先寺募作後殿小引》。

略云:武林出錢唐門,經古宕村而西,有報先寺焉。……嘉靖戊戌,曾祖鹿園府君手披榛莽,倡緣興復。寺之東偏有檀越祠,祀先公像。香火不替,以至於今。泰往來武林,必拜祠下。寺中耆舊皆能言先公時事,歷三十餘年。亂離以來,不到山門良久。今年甲午再過之,則荒烟蔓草中,惟大雄古殿巋然獨存。其後五楹,奉西方接引像者,梁壞棟橈。金碧莊嚴,摧殘風雨,無復昔時規模矣。寺僧爰謀興復於泰。泰曰:"此吾先公之志也。雖運當末劫,兵燹侵尋,然佛心悲憫,隨處寄託。此世界中豈無宰官居士、善男信女、樂道好施者?顧諸上人之功行何如耳。"

遺書訓諸子(萬氏家譜有寓杭州寄家書)。

冬,爲黄宗羲經營嫁女事。

(《思舊録》)甲午冬,余嫁第三女於朱氏,入寓寒松齋。履安使其子任勞,余受成而已。

永曆九年順治十二年乙未,先生五十八歲。

是年冬,客西陵,子斯選侍行。

（黄宗羲《祭萬履安先生文》）先生以乙未十一月二十日別我。

（李文胤《祭萬悔庵文》）方乙未冬，先生有西陵之役。吾黨數人，皆置酒贈先生行。先生曰："吾鬱鬱欲爲漫游，歸無期。第苦契闊諸君耳。"自後先生常往來客三吳間，聞問不絶。

（又《伏枕屢日因念履安先生未歸》）幾朝酒伴謝東鄰，高枕難安茗粥身。一夜寒燈同梵客，百年肺疾老詩人。籬枯竹葉猶欺雪，巷死梅花不到春。只念吳江處士權，空庭瑟瑟閉松鱗。

（又《除夕簡同學諸子兼懷履安先生》）經年老眼觸黄塵，閉户猶蒙處士巾。自執桃弧驅惡鬼，先陳柏酒降新神。故交漸見鬚眉改，秃穎重回氣象新。惟有吳門終歲客，登臺應望故園春。

（又《懷履安先生客吳中作》）英雄到處自藏名，歲晚關河念獨行。鵠髮重爲吳市客，燕歌應值運期生。三江刁斗來書隔，五夜蛟龍去夢明。汝上胥臺定回首，鼓吹山口未移兵。

（萬斯大《跋康衢遺唱》）憶乙未年，兄公擇侍先考於吳門。殘臘歸，相語曰：暇與鷗鴣遨滸墅，矚道旁舊碑，乃高王父《修楓橋路記》也。

永曆十年順治十三年丙申，先生五十九歲。

是年夏，客粤東。

（《世傳》）丙申夏，客粤東。

（高斗魁撰行狀）丙申客居西湖。有故人之粤官者，偕先生以行。

（又）初先生行時，作書別予。予勸先生勿行。先生復書曰："欲藉此一探羅浮之勝，且生平譚研，終是意爲高下，未若親往一叩山靈耳。"

（李文胤《祭萬悔庵文》）至丙申夏，先生以書遙謝曰："吾已治粵行，別當滿歲。"吾黨各黯然，念先生垂老作五千里外客，欲作書止先生。度不及，先生竟行。先生客粵中久，道阻且遠，得寸緘如見顏色。

（朱彝尊《羊城客舍同萬泰嚴煒陳子升薛始亨醉賦》）客舍所居堂，勝侶時相求。興來携手一展眺，怳如孫楚之酒樓。樓頭取酒恣歡謔，遠勝十千宴平樂。海寺鐘聲風未聞，江城帆影樽前落。夕陽飄忽晴滿林，須臾急雨來庭陰。蠻天五月不知暑，座客相看寒已深。我本蘆中人，易下新亭泪。莫辭魯酒薄，拼作高陽醉。出亦復苦愁，入亦復苦愁。黃河之清不可俟，何用長懷千載憂。陳拾遺，嚴夫子，羅浮四明兩道士。意氣寧從杯酒生，文章本是千秋事。況今生涯羈旅中，時危得不悲途窮。丈夫三十不自立，一身飄泊隨秋蓬。雖未白頭成老翁。當前有酒且痛飲，明朝歧路仍西東。

是年，詩有《孤兒行》贈林時躍。

（《續甬上耆舊詩·林時躍傳》）字霞擧，學者稱爲荔堂先生。都御史時對之兄也。……華、王之難作（語在順治五年），先生始入城，竭力救之，不能得。且有盡室徙燕之信。華夫人將投繯，以其一子一女託先生，女即王公婦也。是時勢方洶洶，仇家必欲使諸忠無完卵而後已。多爲先生危之，顧先生處之泰然。又十年，始爲之婚，哭而告之曰："汝固本朝忠節之後也。汝父死，吾捧頭舐血而殮之。汝母死，吾躬市櫬木焉。吾亦不料得自全以全汝也。今幸矣！汝有室，汝妹亦有家矣。汝爲王裒，莫爲嵇紹，是則吾所望於汝者也。"於是高都御史斗樞爲賦《孤兒行》以紀之，諸遺民皆和焉。

永曆十一年順治十四年丁酉，先生六十歲。

是年，客粵東。

（黃宗羲《三月十四日夜夢萬履安及亡友陸文虎、馮躋仲》）月落楓林飛鬼車，音容忽見是非耶。簟溪有骨隨流水，環堵無人泣稑花。剛得寒松留歲暮，又驅飢火逐天涯。存亡此夜來相聚，病榻蕭然兩鬢華。（簟溪躋仲，尸拋江上；環堵文虎，一妾已死；寒松履安，則在嶺南。）

（李文胤《念履安久客廣州日望歸信》）短褐懷君萬里行，登高黯黯暮烟生。千戈垂老淹工部，山水經年放步兵。青瘴乍通雙雁路，金風遥散五羊城。幾時把手重江上，鳴鏑南驅正未平。

有書訓子。

（《訓子書一》）兒輩在家，自相師友，最是好事。古書五經而外，宜歸本於八大家。至於《通鑑》，尤不可不看。讀書人不知古今，與聾瞶等耳。會考立社，但須集同志十許人，以《四書》爲面會，以經爲窗會。聞汝等聚集多人，如同鬧市，此無益有損，萬萬不宜。只杜門靜坐，時取同心之言，以相賞益。讀書在是，做人亦在是。以文會友，以友輔仁。所謂友者，非徒以其文而已也。吾老而貧，以饑寒遺汝輩，甚愧爲人父。然古人有云："相諭以道，相開以顏。豈不貧乏，勿忘饑寒。"此言父子之間貧而相安者也。遠在天末，所望汝等刻苦勉勵，不墮家聲，慰我老懷耳。

（《訓子書二》）六兒婚期果定否？倘已贅入陸門，還須歸家讀書。人生惟贅婿最難做，須加倍謹慎謙和，無令人傲慢也。七兒在李家相安否？雖較之諸兄稍爲得所，然天資不濟，學力宜勤，萬萬不可偷安自棄。八兒有志，吾亦甚憐之，在家讀書，當與諸兄相砥礪，但要虛心平氣，方有長進。統孫仍在周家讀書否？祖父遠出，母氏早亡，孤貧已到萬分極處。凡事須刻苦勉勵，無爲人所侮也。（二書俱寓粵東五羊城寄）

十月六日，歸舟至湖口。病卒。

（《世傳》）明年二月值生辰，過海幢，與金道隱（名堡，丙子同籍。祝髮爲僧，名今釋）詶答甚樂，及秋來歸，同舟有毛泲者，疫且劇，舟人皆欲委之。府君謝舟人，弗累汝也。親其藥餌，時其起臥。毛愈而府君病，抵湖口不起。實丁酉十月六日也。……遺裝惟端溪研數片，黄熟香數函。是年十二月二十八日，斯大兄弟匍匐迎柩，歸葬於應罍山先塋之左。

　（《行狀》）其卒也，舟次南安。疫行，一同年友病。先生時候其寒熱，調藥以進。有止之者，先生嘆曰："吾不忍其死於道路也。"孰意病者賴先生以活，而先生不救矣。……携子石研數片、黄熟香二函以歸，皆極精美，未之見者。作《香説》《研説》二紙，甚詳盡。……《粤草》六十首，有《寄旦中》詩曰："愁心欲寄桐齋客，怕折江梅十月花。"黄子晦木以爲此其兆矣。先生性好潔，衣裳楚楚，對客莊坐終日，無倦容。見敝衣垢履，引而去之。應酬紛至，隨幾展答。作書數百行，未嘗屬稿，意無不足之處。不喜出游，兀然一室，焚香展卷，正襟而坐。聞朋友急難，雖冒風雪，躬行泥淖中弗顧也。如出予伯子於獄中，奪晦木於鋒刃，皆以死力得之，此其最著者也。晦木嘗嘆先生精神相貌何止百歲，乃竟不然。嗚呼惜哉。

　（又）娶聞氏，蚤先生十二年卒，殯於西皋。至是合葬西山祖墓之側，乃先生向所自卜者也。子八人：斯年、斯程、斯禎、斯昌、斯選、斯大、斯備、斯同。女一人，適謝爲兆。孫男：世統、世培、世澤、世懋、世德，孫女三人。詩文合若干卷。及葬，斯年將求黄先生銘其墓。而以狀屬余……嗚呼！回憶昔日知交，先生不以予後於他人。今先生亡矣！余何賴哉！余何賴哉！以狀屬余，余何敢辭。

　（《墓誌銘》）逮夫粤返，舟出九江，天風簸蕩，一童侍側。先生疾革，喟然曰："此行得水坑石數片、娘子香數瓣，未及把玩，遽爾緣絶。此爲悵事耳。"夫家室萬里，諸子寒餓，先生之言不出於彼，先生之好奇乃至是耶！……方其盛時，交游滿地。事有不可言，風波銷鑠且盡。先生間行過之。荒臺天末，徬徨而不能去。先生即好奇乎，而抑鬱憔悴已見之於容髮矣！蓋先生本用世之才，售答俄頃，懸然夭得。置之寂寞，非其所長。而乃忍人之所不能忍！斯真可謂之好奇者也。

（又）銘曰：崇禎之初，名士鬱起，浙河而東，惟陸萬子。長鋏切雲，高馳方軌。塵世突梯，逢之心死。大冶火烈，汞飛鉛徙。陸子剛折，萬子孤美，京洛車馬，煌煌流水。子獨不然，蹩躄霜履。越臺風清，商山芝紫。千年旦暮，以其有此。

（《墓碣銘》）論者謂丙戌以後，先生不赴公車，歲寒之節，以是重先生。而余獨謂未然。夫出處至大，凡讀書麤知大義者，皆能辨之。況萬氏勳門十世，先生模楷爲一世所宗。豈至易其素守？余故曰：“斯未足爲先生重。獨是先生負經世之才，三上公車不第。南都未失，先生喟然負經世之策，而復使匿影銷聲，幾不免閹孽之手。鵠髮江湖，羈魂漂泊，斯足爲先生惜。然自兩都繼覆，剖符子孫，淪失草莽，幾不可復問。而先生有丈夫子八人，恂恂孝謹，多能傳先生學。雖貧無一區一壥，而七業並興。所見開國世家人文熾盛，未有逾萬氏者。斯又足爲先生慰耳。”……先生歸匶，即葬祖隴之側。山中人曰：“異時先生嘗立墓旁大樹下，手指畫地形，謂其法可葬。”此語家人俱不知，及封鬣，即先生所指處也。

（又）銘曰：南方品目，首推萬陸。不畏强禦，陸如仲舉。天下和雍，君爲林宗。陸嘗一出，鳳衰見翮。惟君保身，龍隱其鱗。初始之咸，義熙之潛。於義斯得，喟彼邦國。西山有原，萬氏遺阡。招魂三世，冠劍所瘞。蜀筍氣寒，翁仲毅顏。先生歸骨，爾祖之側。悲風颯來，靈旗夜迴。岸谷後改，斯銘常在。

（《康熙鄞縣志》）著《寒松齋詩稿》，藏於家。

（李文胤《祭萬悔庵文》）丁酉春，先生書來。曰：“吾將歸。末春初夏，當與諸君執手。”余輩大喜，豫爲詩待先生。及期，

先生不歸。先生第七子，余婿也。余日使造市卜且筮。客有
自羊城來，余往問，亦云見先生久辦裝。及遲之仲冬，而先生
訃至矣。痛哉！痛哉！余爲惝怳不自信者屢日。……先生雖
在嶺南闊然數千里，然與余輩音問時通，每遇一舊人，則遠告
我；訪一古跡，則遠告我；他如得一奇石，品一異香，亦遠告我。
況先生客體無恙，常報故人。曾不見尺牘豫傳近苦某疾，而敢
謂先生死耶？且吾黨定誼，非若今世齎刺相造請，譽言滿座，
論交在齒牙間者也。凡出處語默以至間關饑渴，聚散生死，靡
不動息相關。古人所謂交魂送抱，吾黨實有之。今明月在天，
蛟龍在水，曾不見先生玄冕垂纓，夜示死日，而敢謂先生死耶？
然傳先生訃者有地矣，日月有期矣！余一哭先生。既登先生
之堂，見斬然在哭泣之位者，先生諸子也，爲再哭先生。已出
西皋，見有素輀遥遥而至，即先生之匶也。始重哭先生。然則
先生果死矣！痛矣乎！痛矣乎！昔夫子既没，門人事夫子衣
冠琴書，敬不衰，不敢言其亡也。吳季子還過徐君，遺千金之
劍於墓樹，惟信其生也！古人篤於師友，在死生之際若此。今
先生既喪，吾黨數人力能藏先生之遺文，傳先生之遺行，恤先
生之遺嗣。而先生所望吾黨不在此。蓋自先生喪後，此數人
者恐日散而吾道益衰矣！惟各堅始卒，無忘平生之言。念所
奉教於先生者若何，將終其身不敢死先生焉。庶異日魂魄相
見不愧耳。嗟夫！青瘴黄塵，別我萬里。玄壚白日，別我萬
年。先生其果死耶？垂筆猥咽，痛何言哉！

　　（黄宗羲《祭萬悔庵文》）嗟乎！十年以來，余之風波禍患，
苦無已時。然一歲之間，非先生過我，則我過先生，必且再三。
一雪其心之所其痛。竹燈木榻，即啖野葛之味，亦足樂也。自
先生出門，余死一兒一孫兩媳，刊章名捕，幾陷穴胸焚巢之禍。
我謂旦中，悔庵粤中將至，必有名香佳硯出而相玩，吾二三年
間所歷之苦，縷覼於前，泫然纍欷相對，庶幾可以忘矣。豈知
風波之民，即此一日之纍欷相對者，天亦不欲以假之乎！……

先生以乙未十一月二十日別我，聞訃亦在是日。余之別文虎也，乙酉十月十日，其聞訃也丙戌十月十日。豈數之偶合歟？亦吾二三兄弟至情之所感召乎？去年四月，夢先生與文虎、躋仲過我，因作詩紀之，遂爲懸讖。則不可不謂感召之所至也。嗟乎！先生名思陵孝廉，二十又二年。饑寒流落，關係晦明，夫復何憾？而先生曾謂人曰："吾一入長安，則祝橋、剡中之路，豈可復過。"先生之不以祝橋、剡中易長安者，則欲與吾兄弟共此飢寒流落。斯言歷然，寧可銷磨。皇天后土，既屬無情，後死之痛，顧影彌深。先生其必悽愴於我詞也夫！

（朱彝尊《曝書亭集・舟次彭澤悼萬孝廉泰》）涕泪千秋在，田園萬事非。悲風彭澤柳，宿草首陽薇。但有青蠅吊，虛傳白鶴歸。秣陵書不遠，何處觀音徽。

（李文胤《呆堂集・雜哭詩》）序云：其第二章哭吾萬悔庵先生也。予哭先生文曰"未見冕垂緌，夜示死日"，至今年十月初五夜，始夢先生，面稍鮺，髭長，余把先生手哭。次日即先生死期也。誰謂無冥感哉！詩云：契闊終年信，纔驚徙履來。知君某日死，見我哭時哀。月黯西州策，天空北海罍。平生輕萬里，辛苦夜臺歸。

（又《又哭履安先生二首》）老上西樵客泪新，青林黯黮獨歸魂。百年高履封遺骨，五夜垂緌哭故人。古柳仍深處士館，片雲長閉草堂門。平生許劍言猶在，自老方干舊隱村。

南國香蘭不復生，人間難死是高名。嗚呼表墓長留字，慟哭登臺未絕聲。寒起千楓飄白髮，悲摩一鳥下蒼冥。論交此日誰無恙，舊笛音中天地冰。

（高斗魁《冬青閣集・悔庵先生大祥志哭》）吾當危病難堪日，正值先生死再期。霜打秋墳不得掃，泪枯瘠骨可能支。夢魂或嘆途逾闊，哀樂寧知道自持。扶杖寒松尋一拜，開門黃葉遶階墀。（其一）嘗於十月共登山，霜露兩番臥此間。世路風波死不恨，吾儕貧苦孰相關。一生性命惟朋友，百代身名自閔顔。病裏思君傷益甚，夢回恍惚或同還。

（又《題寒松齋》）先生一去竟何之，白晝苔封壁上詩。笑語當年長對友，徘徊此日更同誰。半窗菊蕊方舒瓣，十月梅花又弄枝。豈是浪遊淹歲月，漫題八月寄相思。（按履安先生寄旦中詩，有"怕折江梅十月花"句，旦中嘗以是爲詩讖。）知君魂夢是西皐，我試招魂屋上號。到面淒其松際雨，隨風委落壁頭蒿。形容不見新歸客，齋榜空懸舊續騷。今世何人堪共語，孤單轉覺此心忉。

（李文胤《續騷堂集序》）及遭亂以來，諸君歲寒相見，俯仰河山，各著文章，高論忠義。既而嗟壯年之冉冉，若長夜之漫漫，漸失初誠，致乖末節。此人平日文章，遂若有鬼神默襦其筆，烟消灰滅，無復可傳。即此人内惡夙心，亦不願以高論忠義之言，復欺天下。時尚有赤石逾堅，蒼宮不改，仍闕永初之年，終謝地皇之臘。浙河以東，惟姚江黄先生及吾里數人，而益以萬先生爲之宗。嗟夫！先生斯可謂名士矣。……夫詩文之道，上關君父，下關友朋。然則先生此集，匪特鬼神默助其筆，埋山沉井，終使必傳。亦先生自吐夙心，樂以高論忠義之言，正告吾黨者矣。

（朱彝尊《静志居詩話》）孝廉鉤黨顧廚，士林圭臬。兵後以經史分授諸子，各名一家。其最著者，斯大充宗、斯同季野也。詩多清商變徵之音。《羊城旅懷》等作，見者十手傳鈔。其云"廣柳車中容季布，湘江澤畔問巫陽。"舟經彭澤，竟客死舟中。識者以爲讖云。

（錢林《文獻徵存録》）泰少獨建立文學，書法絶斐亹，五七言詩尤善。生於明季，世積亂離，故其所爲詩，雅好慷慨。子斯年、斯程、斯禎、斯昌、斯選、斯大、斯備、斯同多知名於世。同縣李鄴嗣杲堂嘗論之云："粹然有得，造次儒者，吾不如公擇；嗜古而信，篤志不紛，吾不如充宗；足以文章名世，居然大家，吾不如貞一；至如學通古今，無所不辨，則吾不如季野。"公擇，斯備也；充宗，斯大也；貞一，斯年子言也；季野，斯同也。

（《續甬上耆舊詩》）萬戶部八子，並負才，當時有高陽里之目。而第五以下四人尤勝，曰白雲五先生斯選，曰褐夫六先生斯大，曰又庵七先生斯備，曰石園八先生斯同。杲堂嘗曰：粹然有得，造次儒者，吾不如萬五；嗜古而信，篤志不紛，吾不如萬六；學通古今，無所不辨，吾不如萬八。而萬七雖爲余婿，其詩律之工，吾且出其下。可謂盛矣。

（《世傳》）永一府君諱斯年，昌一府君長子。

（《世傳》）永二府君諱斯程，昌一府君次子，娶董氏，子一：世德，無嗣。府君恪守庭訓，介潔自持。嘗隱居西山桃源鄉賣藥，人以韓康伯目之。生於前明天啓辛酉，卒於康熙辛亥，享年五十有一。合葬應嶴山。

（又）永三府君諱斯禎（字正符），昌一府君第三子。讀書甘貧，充郡庠生。不應舉，以訓蒙終老。娶黃氏，無出。生於前明天啓壬戌，卒於康熙丁醜，享年七十有六。合葬應嶴山。

（又）永四府君諱斯昌，字子燨，昌一府君第四子。少負奇氣，勇力過人。當兵燹時，避地鄉村，猶持短戈往來捍衛。里人群謂不愧名將家子。年二十九齎志以歿。生於前明天啓乙醜十一月，卒於順治癸巳十二月。娶趙氏，無出，以兄子善爲後。合葬鄞西管家岸。

（又）永五府君諱斯選，字公擇，昌一府君第五子。讀書有間，不求聞達。娶董氏，無出，以兄子世祺爲後。生於明崇禎己巳五月十九日，卒於康熙甲戌八月初十日，享年六十有六。合葬鄞西管家岸。

（又）永六府君諱斯大，字充宗，昌一府君第六子，娶陸氏。

（又）永七府君諱斯備，字允誠，昌一府君第七子。娶李氏，繼俞氏、夏氏，子世臣。府君工於詩，所著有《深省堂詩集》。

（又）永八府君諱斯同，字季野，昌一府君第八子。娶莊

氏，繼傅氏，子一世標。生於前明崇禎戊寅正月二十四日，卒
於康熙壬午四月初八日，享年六十五歲。府君著述甚富，詳載
誌傳。葬奉化縣忠義鄉德星里尊湖嶴地方。

　充宗、季野兩先生另有譜，其事實不入此編。焕鑣
附識。

附錄三：萬氏墓址的發現和建修

一、西郊訪萬氏白雲莊遺址及白雲先生塋墓記

楊貽誠

　　四明理學，自宋慶曆五先生、淳熙四君子後，寂焉無聞。至清初，梨洲黃氏來甬上，申明蕺山之學，假萬履安白雲莊爲證人之會。於是履安（泰）遣其子公擇（斯選）、充宗（斯大）、季野（斯同）就之問學，而學風又盛，當時稱高弟者十有人，而充宗、季野著述最富，後世宗仰。顧梨洲則獨稱公擇爲畏友，比之黃叔度、吳康齋，以爲蕺山之流風餘韻，北漸而不墜，賴公擇之立身不苟；謝山全氏稱其辨析明理，皆自實踐，體認精密，所得大醇（見黃梨洲萬子公擇墓誌銘及全謝山《續甬上耆舊詩傳》）。是公擇所詣，固已由蕺山而上溯象山，爲吾甬淳熙陸學之嗣響焉。《光緒鄞縣志》古蹟篇記白雲莊，僅錄謝山《甬上證人書院記》，謂其地在城西管村，爲萬氏之別業，而冢墓篇則未載公擇之墓，竊引爲憾事。特於暇日艤舟往覓之，舟由西郊接官亭渡河，至後管漕，土人導之至萬家莊。其地與接官亭僅隔一帶水，東爲前管漕，合稱曰管江沿。蓋即管家岸之轉音，而亦即管村也（見下所引《萬氏宗譜》語及季野詩，萬言號管村以此）。所謂萬家莊者，爲堂三楹面南，直對大門，東西各列屋三，大門上題"萬氏原祠"四字，堂左懸嘉一府君建祠記，爲清乾隆己巳十四世冢孫婦傅氏所立，別無碑碣；祠西數十武，有大墓，亦面南，其南臨水植石坊一，上題"都督萬公貞藏"，即當日履安之父嘉一府君瑞巖居士（邦孚）自營之壙也（見《萬氏宗譜》）。介都督墓道與萬氏原祠間，而在原祠右側者，有小墓一，亦面南，其前立小碣，長不滿五尺，

闊僅尺許，四周蔓草没脛，諦視之，有字二行，曰：理學名家白雲萬
五先生之墓。蓋履安有子八，公擇行五，學者稱爲白雲先生（見《萬
氏宗譜》及全謝山《續甬上耆舊詩傳》）。萬氏式微，其墓竟成荒冢，
不久將淪爲兔窟，可慨也已！白雲先生之墓既得，而白雲莊則杳無
所見，遍詢村人，僉云：此原祠即萬家莊，未聞别有白雲莊者，悵然
而返。既而問之萬氏子姓，亦復茫然。萬季野西皋移居詩曰：江城
三里外，即是白雲莊。徐綺城《四明談助》載：甬上證人書院，在西
成橋之南，地名管村。爰考之萬充宗所輯《萬氏宗譜先塋録》載：鄞
西管家岸嘉一府君墓，左建原祠，祀謙一府君（墓在滁州）、正一府
君、茂一府君、盛二府君（墓在杭州），原祠北置墓舍，西向，前後二
進。考謙一府君斌爲萬氏始祖，正一府君椿、茂一府君表、盛二府
君達甫，則爲瑞巖曾祖、祖、若父。瑞巖因先代冢墓不在甬上，特建
此祠以奉祀焉。管家岸在西城橋南，距城三里許，則此墓舍所指爲
白雲莊，其地必與都督墓道相屬，而非即原祠可知，否則以奉祀遠
祖之祠而爲自營生壙之墓舍，有是理乎？於是復渡河往訪之，遍歷
全村，仍無所得。偶見原祠後牆外向北二丈許，有方田一邱，中蒔
蔬，旁多古柏，與常田殊，東臨河曲可繫舟，詢之土人，云：此田甚
瘠，父老相傳掘地寸許即得巨石，縱橫密布，具有條理，乃去之而種
植焉。余視其田之廣袤，適可容屋二進，若建屋西向，則直對都督
壙穴之左方。然則此方田之本爲屋基，而此屋基之必爲瑞巖自建
墓舍之白雲莊也無疑。至今土人誤呼原祠曰萬家莊，更可證白雲
莊即在此方田，與原祠毗連，日久傾圮，而莊之名僅存，祠之名反隱
没而無聞也。當明之亡也，梨洲、晦木兄弟，率家丁迎監國，而立世忠
營並奔走諸寨間，參與軍事，事敗而晦木被執，行刑之夜，法場火倏
滅，昏黑中有以死囚代之，而突出負晦木去者，冥行十里，遽入一室，
則履安白雲莊也，負之者，履安子斯程也（見全謝山《鷓鴣先生神道
表》）。則此蕞爾墓舍，不特爲清初浙東理學之先河，而亦有明忠義之
氣之所寄矣！梨洲之言曰：平生師友皆在甬上。誦斯言也，白雲莊之
遺址與白雲先生之塋墓，更足資後世景仰於無窮也！於是乎記。

二、白雲莊舊址與萬氏遺墓之訪獲

陳訓慈

梨洲之講學甬上，嘗假地萬氏之白雲莊，地在鄞西管村，爲萬氏之別業。顧甬上證人書院之名，未甚知名，謝山全氏所撰記，亦僅言在管村，余多稱頌梨洲學說之語，而未嘗道及院之規則，殆在乾隆時其事亦荒湮不可得詳，而莊舍或亦廢馳。

全謝山《甬上證人書院記》（《鮚埼亭集外編》卷十六）：“證人書院一席，蕺山先生越中所開講也。吾鄉何以亦有之？蓋梨洲先生以蕺山之徒，申其師說。其在吾鄉，從遊者日就講，因亦以證人名之。書院在城西之管村，萬氏之別業也。”（此下全文，皆述梨洲先生之學說與身世影響。）

徐綺城《四明談助》：“甬上證人書院在西成橋之南，地名管村。”

萬氏群從濟濟，但其後多遷徙分散，其留鄞者不甚昌，白雲莊日久亦遂無人知者。《光緒鄞縣志》古跡篇，記白雲莊在城西管村，初未嘗考明其今址。惟備錄全氏之《甬上證人書院記》，以彰此莊講學之舊事而已。今鄞縣西郊有管江沿村，距西門約四里，證之舊紀，殆相符合（管江沿殆即管家岸之轉音，村臨河，故曰岸曰沿也）。其地與接官亭相去僅一衣帶水，有萬氏舊祠一，土人稱之曰萬家莊，莊之南則有華表巍峨之古塚，是爲履安先生之父瑞巖公墓。而曾爲講學勝地；所謂白雲莊者，則杳無所知，訪古者嘗遍詢之村人，復以質之萬氏後裔，皆未知別有所謂白雲莊也。

萬氏原祠之非即白雲莊，察其堂構，考之舊紀而可信。蓋村之所稱之萬家莊，實爲一家祠，爲堂三楹，門上磚甃“萬氏原祠”四字，堂左有嘉一府君建祠記（下題“清乾隆己巳十四世塚孫婦傅氏所立”）。嘉一府君即瑞巖公（名邦孚）官福建總兵左軍都督府都督僉事，以敗倭功封驃騎將軍者。晚年自營生壙於管村，上題“都督萬公貞藏”。以先世父祖之墓皆不在本鄉，爰建此祠以奉祀之。復爲維護新塋，別建墓莊。

《萬氏宗譜先塋録》（萬充宗輯）：“鄞西管家岸嘉一府君墓，左建原祠，祀謙一府君（名斌，字文質，從太祖征死，墓在滁州）、正一府君（名椿，瑞巖之曾祖）、茂一府君（名表，瑞巖之祖）、盛二府君（名達甫，瑞巖之父）。原祠北置墓舍，西向前後二進。”

今此墓與祠在西城橋南，距城約三四里。而萬季野詩所稱白雲莊亦正在城外三里（萬季野《西皋移居詩》有云：“江城三里外，即是白雲莊。”）。祠與莊既應爲別宇而非一，其地又當相近：而今土人亦無知白雲莊者，則必原在此所謂萬家莊之附近，而屋宇已圮没不可考耳。

萬氏先賢之墓，分在各地者（如充宗先生墓在杭州，季野先生墓在奉化蓴湖嶴）尚多爲世知；顧爲梨洲先生所盛稱理學名儒之萬公擇先生（斯選）塚墓竟埋没無聞，吾鄉徵文考獻之士，常引爲憾事。而不意鄞人楊菊庭先生（貽誠）竟於二十三年春訪古西郊時得之，後又訪得子燫先生之墓。而依此探索，復得斷定白雲莊之所在，建議於鄞文獻會而重建之。荒塚復彰，名跡重著，不可謂非吾鄉近歲表揚文獻之一盛事也。

楊君之訪得公擇先生墓，並考信萬氏白雲莊之遺址，嘗爲文詳紀之。其敘發見墓道之經過云：“……暇日艤舟往覓之。舟由西郊接官亭渡河，至後管漕，村人導之至萬家莊。（中述所見萬氏原祠與都督萬瑞巖公墓之情形，從略）……介都督墓道與萬氏原祠間，而在原祠右側者，有小墓一，亦面南；其前立小碣，長不滿五尺，闊僅尺許，四圍蔓草没脛，諦視之：有字二行，曰理學名家白雲萬五先生之墓（案楊先生告余，初在荒草中見一碣端，出土僅一尺，撥草而視之得“理”“萬”二字，猶不甚明，爬土掘出，始大驚喜云）。蓋履安有子八，公擇行五，學者稱爲白雲先生。萬氏式微，其墓竟成荒塚，不久將淪爲兔窟，可慨也已。"（楊君撰《西郊訪白雲莊遺址及白雲先生塋墓記》，曾載《國風》四卷六號）。公擇先生墓東，有子熾先生（名斯昌）墓，爲後來訪獲，故此記中未之及（見後）。

楊先生既得發見遺墓，益思考索白雲莊之所在。顧如前所述，村人僅目原祠曰萬家莊，而無有知更有白雲莊者。楊君亦以爲都督既造生壙而建祖祠，決不至以奉祀遠祖之祠，同時作爲自營生壙之墓舍；且《先塋録》有原祠北置墓舍云云（引見上），則白雲莊必此墓舍之名，而與原祠毗近。乃再度訪尋，而得牆外類似屋基之方田，考定白雲莊之遺址焉。

"……於是復渡河往訪之，遍歷全村，仍無所得。偶見原祠後牆外向北二丈許，有方田一邱。中蒔蔬，旁多古柏，與常田殊。東臨河曲，可系舟：詢之土人，云：此田甚瘠，父老相傳，掘地寸許，即得巨石，縱橫密佈，具有條理，乃去之而種植焉。余視其田之廣袤，適可容屋二進，若建屋西向，則直對都督壙穴之左方，然則此方田之本爲屋基，而此屋基之必爲瑞巖自建墓舍之白雲莊也無疑。至今土人誤呼原祠曰萬家莊，更可證白雲莊即在此方田，與原祠連，日久傾圮，而莊之名僅存，祠之名反隱没而無聞也。"（引同上文）楊君既有此奇獲，輒以告友人之關心古跡文獻者。於時鄞文獻委員會方有事於修建範氏天一閣之役，鄞人士正樂聞揚幽闡微之業，楊君亦會員之一，爰建議先修萬白雲先生之墓。

鄞縣文獻委員會二十三年四月十八日第五次常會紀録："楊委員菊庭提議《西郊管江沿理學名儒萬白雲先生斯選塋墓荒蕪本會應否設法修理案》，議決：由各委員捐款修理，推楊菊庭、陳如馨、馮孟顓三委員負責辦理之。"

其時以天一閣修建需費孔鉅，懼屢次醵款之未易，故僅言修墓而未遑籌建莊。六月間，寧區行政督察專員趙申之君（名次勝）募得款千金，且於修復舊跡甚願助成，於是文獻會遂決以建莊與修墓同時並舉，發啓向文獻會各委員及甬籍旅外聞人籌募。

是年十二月中旬,楊君又偕馮陳二君約鄞縣長陳冠靈君（寶麟）同往謁墓,且商修建之方,復於白雲先生墓左近發見一荒塚,掘泥搜碣剔視,則橫刻"孝先永四府君墓"七字赫然在,蓋履安先生第四子斯昌字子熾,永行四,雖不著於學,而慷慨好義,有名將家風者之埋骨處也。因決於修白雲先生墓時同時重修,以慰先靈。而萬都督瑞巖公墓右,又有季野先生子子建公（名世標,歲貢生,纂輯季野公遺書,厥功甚偉）塚,墓門較完整,歲時祭掃未廢。文獻會亦將於修成二墓後,略事修葺云。

三、建修萬季野先生祠墓記

應兆松

余幼時里居蕣湖,先君嘗携往烏陽觀山麓,謁萬墓曰："此鄞儒理學萬季野先生埋骨所也,宜崇拜之。"稍長,嘗聞謝午峰師爲萬墓嘆曰："萬先生諱斯同,字季野,鄞管家岸人。其家有四忠、三節、一義。父泰,開明州學派之先聲。先生生當明季鼎革之世,時餘姚黄宗羲講學四明,痛故國之淪胥,憫夷狄之交迫,力以經史實學陶淑後進,隱隱焉,以民族主義相倡導。先生秉承遺教,入清不仕,以布衣修《明史》,垂萬世之典型。故翰林裘璉題其墓有'班馬三椽筆,乾坤一布衣'之語,蓋實錄也。墓在荒烟蔓草中,吾於同治間始得之,約友人吳文江可舟、劉紹琮雨棠歲時祭掃,欲置產以持久,未果。時引以爲憾。"此余耳熟能詳者也。嗣余留日返國,汲汲於政、教、農、商之事,終歲在外,久不至烏陽觀山。惟謝氏自午峰師後迄今,仍歲時祭掃。去年余客甬上,多與鄉之人士相接遘,知鄞南雷社有修復萬氏白雲莊之舉。會中央亦表章鄉賢,乃深有慕於萬先生之爲人,回思數十年前,吾父、吾師殷殷敬慕先生之意,亟欲爲之修墓以承先志。於是走告鄞文獻委員會馮孟顒、楊菊庭諸君，僉贊俞之。而鄉友朱君守梅、陳君南章，則謂修墓並宜建祠以昭隆重。鄞張咏霓、張申之諸公，亦慫惠甚力。文獻會乃責余爲主辦，於是推莊翁崧甫爲率，從事募集捐款，鳩工建築，不一載幸告厥成。初萬墓以年久失修之故，榛莽蕪穢，幾不可辨識。乃就墓之四圍，擴地數丈，設祭壇、陳祭桌，栽植花木，築墓道數十丈，建立坊表（有國民政府林主席、蔣委員長等題字）。先生志潔而行清，其墓之境亦幽絕，今更巍峨稱壯觀矣。祠新建，在尊湖洞橋頭，計正廳前廳各三間，中設神龕，懸像奉主，遍張名人聯額。憶當集事之初，友人有諍之者曰："自明社屋，神明之胄亡於異族垂三百年，萬先生隱忍抱痛，以布衣終其身，寄孤憤慷慨之懷於史學，以勖後世。今民族既光復矣，從而表揚之宜也。然今何日乎？殘破之河山日有淪亡之懼，則子之表揚萬先生者，恐徒增萬先生地下戚耳。"痛哉是言，足發人深省矣。然先生抱民族精神於既亡，迄二百六十餘年之後，卒本其教以興復故國。況在今日，寧終不可圖強乎？尊崇先哲，所以激勵後進，使國人瞻是墓，仰是祠，念鄉賢氣節，生宗國思想，奮然繼起，同救國難，振興華夏，有何不可！余故汲汲於此而不能已也。

中華民國二十六年一月記於武林松廬應兆松

四、萬季野先生祠墓建修落成題壁

陈訓慈

民國二十四年八月，甬人士重建萬氏故居白雲莊，並修葺萬子熾公擇先生墓成，以白雲莊亦梨洲先生講學舊址，爰奉梨洲先生及證人高弟十八人及萬氏歷代忠義名賢諸栗主。余既幸從鄉先輩共與祀典，遂爲文記其事。因念前史稱履安先生一門八俊，學問德行

咸昭然可觀,而季野先生以一身系一代國史之重,士林尤稱慕不
衰。顧其墓處奉化蕈湖隩,同治間邑人嘗歲時祭掃,年久寖絕,甬
人士戒萑苻,率裹足勿往,安得有心人亦爲之修治而重舉祀典乎?
越數月而奉化應夢卿諸先生即倡議復修,建言於鄞文獻委員會。
海內人士聞風回應,而應君復毅然自任募款鳩工之勞,歷一年墓
成,並建祠其側。於是向之蔓草沒脛者,今則墓道莊嚴,祠宇崇峩,
而先生之靈光乃益煥於世焉。應君復廣征當代賢達詩文,以張其
事,不以余媠陋,以一言相屬,辭不獲已,乃抒寫其所感以歸之。萬
先生自述其先德有言曰:"吾家自始祖以迄王父,歷世凡九,受爵維
十,由三世以上死王事者四人,由七世以下樹懋績者四人,中間三
世亦皆奉職循理,何班班足述也。"而梨洲先生銘萬都督墓,更詳哉
其言,以爲"自都督十世以上,以忠節顯者三世,自公以下,以儒術
顯者又三世,萬氏洵無愧爲國家之世臣。有明大事,如北征,如遜
國,如征交趾,如東南倭亂,如救朝鮮,皆牽連萬氏。後有君子而考
故實者,萬氏其不爲杞宋乎!"蓋自季野先生以上十世祖文質公佐
明祖定鼎,其後如世忠公之殉難交趾,世學公之死於征倭,鹿園公、
瑞巖公皆績著敗倭之勳,其有功於國家何若是之頻且鉅也。至先
生父履安公始棄累代戈矛之傳,以文史代馳驅。值季明失政,鼎革
變作,遂隱居不出,其一度遁跡奉化以此。先生秉父師之教,切黍
離之思,以讀書著述終其身。記誦淵博,肆覽典墳,於歷代治亂利
病得失,洞若指掌。其以布衣參史局,成稿爲後來《明史》所本,風
節振俗,著述垂後,此皆世所熟知,可以無述。惟先生之所由拳拳
於國史大業,窮畢生之力以赴者,後之學人縱得言其一二,殆猶鮮
能探撅其本也。往歲余得讀劉龕石撰先生墓表,紀先生之自道其
志事,喜其足補竹汀、謝山諸家傳文所勿逮,而恨未嘗睹《石園文
集》。其後,自清華大學鈔得季野文三十七篇,而鄞文獻會亦得陳
君月峰家藏之《石園詩文稿》(今刻如《四明叢書》第四集),取校前
書,同者得二十篇。讀其文,元氣磅礴,益想見其爲人,由是乃知先
生作史之志固不僅在寄宗國之思,而更自有其大者也。先生之語

鼇石曰:"塗山二百九十三年之得失竟無成書。……今日失考,後來者何所據乎? 昔吾先世四代死王事,今此非王事乎? 祖不難以身殉,爲其玄曾乃不能盡心網羅以備殘編,死尚可以見先人地下乎?"此固披瀝肝膽之言,足見先生忠孝之至性,致力明史之宗旨。其致範筆山書亦巹述其本實錄以自纂明史之志,勸其輳詩文之功以相從。拳拳宗國之言,復散見於他文。此論者所由謂先生之肆力於《明史》,在乎報明室之世恩,哀故國之淪亡,將藉爲信史以俟後起爾,斯固然矣,庸足儘先生之志事耶。先生與兄子貞一齒相若,而貞一在黄門,猶負文名,先生則致書曰:"今之學者,其下者既溺志於時文,而不知經濟爲何事,其稍知振拔者則以古文爲極軌,而未嘗以天下爲念,其爲聖賢之學,又往往疏於經世,以爲粗跡而不欲爲。於是學術與經濟,遂判然分爲兩途,而天下始無真儒矣,無善治矣。豈知救時濟世,固孔孟之家法。"因謂天果有意生民,異日治法必當大變,苟無人起而任之,將何以承天而救民。蓋其意若曰士生必有用於當世,舍執干戈以衛國,則明史通古今以從政;生不逢時,亦當相約一時俊彦講録前代理亂利病得失,以待後王耳。故其自命所治爲經世之學,極其爲用,則將酌古今之得失,定一代之規模,建萬世之長策,以承天心而拯斯民也。豈得以其所成在乎《明史》,遂謂其志在報國而忘其更有經世致用之大乎。然則先生之所由,昕夕窮丹鉛而不倦,所以《明史》以外,更諄諄爲天下士講爲天下士講歷代田賦兵刑典章諸大端,乃至所由虞一人之力有所不給,而頻勸其契好子侄輳詩文之功以共赴治史之塗者,其旨固在遠大。若僅以不事滿清,矢志故國,有當於民族精神而稱頌之,則淺之乎視先生矣。今世變益亟,國步日艱,外而禦侮,内而經制,凡所以有賴於明史經世之士,以判陳得失,或自獻其身以赴國用者,何可限量? 顧時會遷轉,學風浮駁,如先生所云灼古今之得失,知經國大猷,能變流極之弊者,將何所求之乎? 是則飾先生之祠墓,樹後人之矜式,固不僅在表其耿耿宗國之思,方將倡先生所嘗爲肆力宣導於當世者,期天下有心之士,共起而奮志於國史經世之大業也。感應君之拳拳，樂奉盛事之克成，輒不辭其妄而肆言之如此，以請益於鄉邦父老云。

中華民國二十六年四月後學陳訓慈謹題

附録四:紀念文

一、懷念敬愛的陳訓慈先生

毛昭晰

　　我最初知道陳訓慈先生的名字,是在念小學的時候。那時抗戰軍興,浙大西遷。1939年,浙江大學校長竺可楨先生委派陳訓慈和鄭曉滄兩位教授從廣西宜山到龍泉籌設分校,由陳訓慈先生任分校第一任主任。我父親毛路真和朱叔麟等十多位教師被竺校長派往分校任教,所以陳先生是我的父輩,我稱他"陳伯伯"。我父親和陳先生年齡雖然只差三歲,但對陳先生十分尊敬,哪怕在家裏和我們談起陳先生時也總是稱他"叔諒先生"。可惜1940年陳先生便離開了浙大,儘管我後來考入浙大史地系讀書,也沒有機緣從他受業。直到新中國成立後,特別是"文革"之後,我們的接觸才逐漸增多,瞭解也日益加深,我真正感到陳先生是一位可敬可親的長輩,他的去世使我萬分悲痛。

　　陳訓慈先生,字叔諒,生於1901年,浙江慈溪官橋村(今屬餘姚)人。1924年畢業於南京東南大學歷史系,曾任上海商務印書館編譯所編輯、寧波效實中學教師、南京中央大學講師、浙江省立圖書館館長、浙江大學史地系教授。1940年因其兄陳布雷先生之招,到重慶、南京政府機關供職。新中國成立後,他被聘爲浙江省文物管理委員會專任委員、浙江省博物館顧問,並任浙江省政協一至六屆委員,直至去世。

　　陳先生是一位愛國的學者。早在學生時代就懷著滿腔熱情參加了五四愛國學生運動。五卅慘案發生時,陳先生在寧波效實中學任教,當時他曾團結青年學生,創辦《愛國青年》雜志,宣傳内除軍閥、外抗强敵的主張。1932 年 1 月,陳先生出任浙江省立圖書館館長才三日,日本帝國主義發動了一·二八事變,陳先生義憤填膺,在館刊創刊號上發表了《文化之浩劫——爲東方圖書館與其他文化機關之被毀聲討暴日》一文,用犀利的筆鋒,聲討日寇的暴行。陳先生這種愛國主義的思想和感情,滲透在他整個一生的立身行事之中。

　　陳先生任浙江省立圖書館館長之後,本著教育救國的宗旨,著力推行普及社會教育和學術研究並舉的方針。當時大學路新館舍剛落成,他親自主持新館舍開放的工作,同時對全館的業務機構進行了擴充和調整。爲了方便讀者,他改進了閱覽工作,從 1933 年 8 月開始,把每天下午 5 點閉館的時間改爲晚上 9 點,並且取消了星期一休假的舊例。他認爲圖書館的服務應該走向社會,在 1933 年發表的《祝中華圖書館協會二屆年會》一文中指出:"近代圖書館已不能'坐而論道',被動的待人上門;而當主動的深入社會,以爲推動一切事業之主力。"他把這一思想付諸行動,在市内設圖書流通部三處;民衆書報閱覽五處,還設有一個流動書庫,每天在市内作定點巡迴。那時甚至在錢塘江的渡輪上也可看到浙江省立圖書館提供的通俗圖書。這樣的讀者服務工作,可説是第一流的。

　　在致力社會服務的同時,陳先生努力提倡學術研究,創辦了《浙江省立圖書館月刊》(後改稱館刊)、《文瀾學報》《圖書展望》等刊物。其中《文瀾學報》於 1935 年創刊,到 1936 年共出七期,後因七七事變爆發而被迫停刊。這本刊物以"研究中國學術,闡揚浙江文獻"爲宗旨,撰稿者有章太炎、柳詒徵、顧頡剛、楊敏會、馬一浮、余紹宋、項士元、張其昀、錢寶琮等著名學者,所以水平很高,聲名遠播海内外。陳先生自己也爲《文瀾學報》寫了不少有價值的論文。另外,陳先生還在杭州《民國日報》(後改爲《東南日報》)辦了一個副刊,名爲《圖書展望》(後更名爲《讀者之聲》),鼓勵年輕人寫稿,將刊物辦得生動活潑,在讀者中産生很大的影響。

　　七七盧溝橋事變爆發，陳先生聯絡浙江大學和西湖博物館等單位，出版了《抗敵導報》，由陳先生任主編。陳先生撰寫了《我們願是全國總動員中的一員》《國際現勢與自救之道》《注視全面，打破悲觀》等文章，宣傳抗日救國的道理。這份小報雖然只出了十幾期，但在抗戰初期的救亡運動中起了積極的作用。

　　1937 年 8 月，日寇在金山衛登陸，杭州危在旦夕。文瀾閣的四庫全書和浙江省立圖書館的大量圖書亟待搶運，當時教育廳當局對此事抱極不負責之態度，陳先生曾多次向我講述他和西湖博物館館長董聿茂先生去找某廳長要求撥款搶運圖書文物時遭到的冷遇，每次説到這件事，他都非常氣憤。在國民政府不管而時局又很混亂的情況下，陳先生到處奔走，自己設法籌款，和圖書館的一部分工作人員先將文瀾閣四庫全書搶運至富陽，後來又冒著生命的危險將浙江省立圖書館的大量綫裝書和外文圖書搶救出來。陳先生自己是最後撤離圖書館的，他撤離之後三天，杭州便淪陷了。除浙江省立圖書館的書籍之外，陳先生還負責把著名的寧波天一閣藏書也搶運出來。他抱著以天下爲己任的精神，幾經周折，將這許多珍貴的圖書運到浙南龍泉一個偏僻的小山村——礦石。文瀾閣四庫全書後來轉移到大後方，抗戰勝利後又安全地運回杭州，都是陳先生歷盡艱辛，努力保護的結果。今天我們能在西子湖畔的浙江圖書館古籍部看到保存完好的文瀾閣四庫全書，應該感謝他老人家對祖國文化事業所作的巨大貢獻。

　　鑒於陳先生在浙江省立圖書館工作期間的功績，最近上海辭書出版社決定把他作爲“中國圖書館事業家”收入《辭海》補編，已約請谷輝之同志撰寫“陳訓慈”條。但是陳訓慈先生的成就不僅僅是圖書館事業，他還是一位卓有成就的歷史學家。他的史學著作，涉及的範圍很廣，如果用“博古通今，學貫中西”來形容陳先生，是絕不過分的。新中國成立前我曾讀過他寫的《近世歐洲革命史》和《世界大戰史》，内容都很豐富。另外他還編寫過《五卅痛史》，用血的史實，激發群衆的愛國熱情。陳先生下功夫較多的是地方歷史和地方文獻的研究，這方面比較重要的著作有《晚清浙江文獻概述》《清代浙東之史學》《浙江省史略》以及晚年和方祖猷先生合著的《萬斯同年譜》，等等。這些著作都滲透了他對祖國、對家鄉的深厚的感情。他對史學方法和外國史學動態也很關注，曾翻譯過《史之過去與將來》《歷史之價值》《戰後德意志歷史教學》等文章。

陳先生對他的老師柳詒徵先生十分推崇。有一次我到他的寓所看望他，他把他珍藏多年的柳詒徵先生所著《國史要義》贈送給我，他告訴我柳先生這本書是繼劉知幾和章學誠之後的論史巨著，要我好好閱讀。

在他所敬仰的人中，有一位是清末愛國學者林啓。林啓是福建侯官人，任禦史時因抗疏諫請西太后停建頤和園而被貶官到浙江衢州任知府，1896 年調補杭州知府。他在杭三年，興教育，辦農桑，剛正廉潔，卓有政聲。現在浙江大學、杭州大學的前身求是書院以及杭州高級中學的前身養正學塾都是林啓創辦的。林啓病歿後，杭州人紀念他的功績，在孤山立林墓，建林社。林墓於“文革”前被破壞，林社則長期被一些單位借用。陳先生多次和我談林啓的事，他認爲林啓功在浙江，影響全國，應該恢復林墓和林社以紀念他爲國爲民，振興中華的功績，並以此教育後人。1983 年浙江省政協第五屆第一次會議期間，陳先生用小楷端端正正地將這一意見寫成提案，交浙江省政協提案審查委員會辦理，在提案上簽名的政協委員還有沙孟海、朱新予、王承緒諸先生和我。由於種種困難，這一提案沒有得到滿意的結果，陳先生毫不氣餒，他抱著事在必成的決心，聯絡一些政協委員，先後寫了六次提案。1991 年 3 月省政協開會期間，由原浙江省副省長翟翕武同志主持，在之江飯店一個小會議室就恢復林社的事開了一個座談會，邀請省有關部門的領導聽取意見。我和陳先生、王承緒先生以提案人的身份出席了會議。會上，陳先生以 90 歲之高齡慷慨陳辭，説明恢復林社的重要意義，那情景真是令人感動。

這次會議之後不久，大約是 3 月 23 日，浙江省博物館楊陸建副館長打電話給我,説陳先生住院了。我到浙江醫院看他,只見他躺在病床上昏迷不醒,醫生正在進行搶救。博物館的同志告訴我,他是因爲通宵工作而病倒的。那幾天,我有空就去看他,到 4 月份,他的病情漸見好轉,後來竟能在床上看書了。當時我很高興,以爲他已脱離險境。孰料 5 月 12 日病况突變,楊副館長通知我,我急忙趕到醫院,他已不能説話,次日就與世長辭了。

在醫院的告别室裏,陳先生静静地躺著,慈祥的臉顯得十分安詳,我向他深深地鞠了三個躬,泪水不禁奪眶而出。

陳先生一生殫精竭慮,爲祖國,爲人民作出了很多貢獻,人們將永遠懷著崇高的敬意懷念他。他的名字,將永垂青史。

二、我的父親母親與文瀾閣《四庫全書》

陈約文口述、張璉撰寫

我的父親與書緣牽一輩子,他愛書、懂書、護書或許有家族淵源。

我的祖父陳依仁重視教育,在慈溪官橋村成立一所新式學堂,位於雞鳴山旁而稱雞山小學,聘請的師資都是師範畢業,白話與文言並重,他重文也重武,設立體育課在當時是很新潮的。父親從南京東南大學歷史系畢業後,曾在上海商務印書館編譯所工作,以及任母校的史學教席。1932 年起擔任浙江省立圖書館館長。江浙地區是歷代藏書最豐富的地域,浙省圖書館除總館收藏許多古籍外,還有一座位於西湖邊的孤山分館,收藏極珍貴的文瀾閣《四庫全書》,另一個是收藏一般圖書與兒童書籍的大衆分館。父親主持館務後大量購買好書,以充實新式教育的圖書。他也看重兒童教育,特成立兒童室,上海商務印書館、中華書局等一套套兒童叢書全都采購，有翻譯的，有歷史故事、民間傳説，還訂不少兒童日報、周報與雜誌，種類繁多。

　　我七歲那年，舉家從慈溪老家遷來到杭州與父親同住，那幾年是我童年最美好的時光。父親在家裏也闢一間兒童室，用自己的薪俸買書，我和哥哥喜歡待在裏面看書，父親還爲我們訂做小書櫃、小桌小椅，那時已有注音符號幫助我識字閲讀，使我閲讀的速度越來越快，常常讀完舊書盼著新書快到，同學鄰居到家來也愛到兒童室。每到週末父親把我們送到兒童圖書館，畢竟那裏的書比家裏多。父親要我整理家裏的兒童書，記憶中大約有八千多册，幾乎每一本我都讀過。父親爲勉勵我們，在我們桌椅後方牆上貼著中外名人的畫像，哥哥背後貼的是科學家像是牛頓、瓦特的畫像，我背後貼的是南丁格爾、花木蘭、秋瑾的畫像，他希望我們以這些偉人爲榜樣。那些年，奠下我閲讀與寫作的基礎，對我日後在兒童文學寫作，以及主編《中央日報》的兒童周刊，都有很大的幫助。

　　好景不常，1937 年 7 月爆發蘆溝橋事變，日軍大舉侵華，從此天地變色。短短幾個月日軍突破淞滬防線，11 月偷襲登陸杭州灣北岸的金山衛，大大威脅蘇滬杭，風景怡人的江南淪爲戰場，無憂無慮的日子一夕消失，父親爲堅守崗位，一家人被迫遷徙流離，大半時間父親與家人是分離的。

　　一般人多知道父親籌畫主持文瀾閣《四庫全書》的搶救與運送，鮮少人知他背後的艱辛與壓力，當時我雖還是個懵懂孩子，但因親身經歷、親眼目睹，至今烙印深刻，如今記下來，作爲獻給父母親最深的敬意與思念。

　　在時局動盪、人心惶惶的時刻，有辦法的人都將財物運往大後方，父親關注的卻是國家民族珍貴的文化資產。日軍炮火日漸進逼，父親傾全力保護這些珍貴圖書，包括寧波天一閣藏書在内，不能毁於炮火更不能遭人搶奪。父親到處斡旋，除常與館員商議如何搶救珍貴古籍，也爲籌措運費而四處奔波，先是跑教育廳，以護書優先請求緊急撥款，未獲長官支援，也常吃閉門羹，後來雖撥少許經費，但杯水車薪，父親只得自行想辦法。他趕回慈溪老家，經與兄弟們共商後，同意把收租的稻穀以低價變賣應急，取得現款後兼程趕回杭州。接下來便是與時間賽跑，全面動員，雇舟車、雇人力，展開書籍的搬遷，書籍數量龐大，運送的人力物力相當可觀，父親不僅自墊經費，還向他人借貸，包括向張曉峰（其昀）先生借貸，後來幸獲浙江大學竺可楨校長出借卡車運送，使文瀾閣《四庫全書》及一些珍貴古籍，得以在當年（1937）12 月 24 日杭州淪陷前幾日全數運離杭州。文瀾閣《四庫全書》等古籍在八年之間多次輾轉遷移，從杭州遷富陽，又遷建德、龍泉，後經湖南運抵貴陽，最後遷至重慶。

　　父親戮力於國家民族的大事，另一方面卻是犧牲自己，不單是財產還包括家人。因每日東奔西跑磋商協調，父親無法兼顧家庭，便與母親商量，把老大長子帶在自己身邊，由母親帶著五個孩子回老家。當時母親已懷有七八個月的身孕，我排行老二，哥哥跟著父親留在杭州，我頓時成為大姊，下面兩個弟弟、兩個妹妹，當時我十一歲，最小的妹妹三歲，母親帶著一群小蘿蔔頭回鄉非常不容易，我尚不懂得為母親分擔，能幫的就是把兩個小包袱背在肩上。

　　慈溪距杭州有一百三十多公里，父親託一位朋友送我們到火車站，車站擠滿逃離杭州的人，月台擠得水洩不通，我們有車票卻進不了車廂，送行的叔叔把我們從車窗一個個塞進車廂，大腹便便的母親根本擠不上車門，好像也是由車窗塞進去的。我們的座位早已被佔，逃難時誰也顧不得誰，更別說讓座，車廂甬道的廁所旁有一點空間，母親便蹲在廁所門外算是歇下，她還要不時盯著五個小孩以免丟失。那時為了逃難，冒生命危險爬上火車頂的大有人在。火車一駛出站，彷彿野馬擺脫韁繩使勁地往前奔，車廂內卻擠得如沙丁魚般動彈不得，沒有座位又沒吃沒喝，我們就這樣熬了六七個鐘頭，其中的艱辛無法想像。

　　回到老家，沒幾天母感到腹痛，不久竟小產血崩，母親在床上奄奄一息，把我嚇壞了，佣人們也不知所措，原本身孕已重又遭日前的奔波折騰，胎兒保不住，母親更陷入生死交關。幸有舅家鼎力相助，隔天延請西醫到家治病，又是打針又是吃藥，此後每隔兩三天醫生來家看病一次。我知母親命在旦夕，卻也對紅紅綠綠的玻璃針筒感到稀奇，我和弟弟把用過的針筒收集起來玩，如今想來那時太天真了。不過，我也辦了一樁大事，我把沒氣息的男嬰，就是我的小弟，親手在後院埋下，算是完成一個儀式吧。母親經過持續治療，病情逐漸穩住，可身體仍然虛弱，臥床休養大約兩個月才能下床。

　　1941 年 4 月，寧波地區淪陷，日偽駐紮慈溪縣城，不時下鄉侵門踏戶、搜查抓人，可說是風聲鶴唳。爲躲避日軍搜查，各戶人家白天時皆扶老攜幼躲到山裏，晚上才返回，我家也不例外。一次，白天佣人們帶著弟弟妹妹躲到山上，我因母親發燒臥病不能起身，自願留下陪伴。有十幾個日本兵闖入，發現了我與臥床的母親，有一位會說中國話的日本兵追問我，家裏有沒有藏武器、有沒有游擊隊，我說沒有，他們不信，用槍抵著我，我感到背後堅硬的槍口，他逼我把房間一間一間打開，查完一樓又逼我上二樓。老家宅院大房間多，還有迴廊，二樓也有許多房間，以往是親戚來訪時住的，此時都上了鎖，他們要我一間間開鎖，搜查究竟有沒有躲著游擊隊。當我從二樓下來，竟見母親坐在樓梯口焦急的往上望，我趕緊趨前扶她，日本兵見我家沒有窩藏，便任意取些擺設就撤走了。母親擔心我被欺負，竟不顧自身奮力地爬至樓梯口，我抱起母親不禁熱淚盈眶，這時才感到驚懼，剛才我竟能一人獨自面對十多個持槍的日本兵而不知害怕。

　　那是一段童年的夢魘，我很少對人提及，至今我歲數這麼大還偶爾會做噩夢。若不是問起我父親在抗戰時如何保護文瀾閣《四庫全書》，我都不願回想，如今深埋的記憶再度被勾起，仍然是歷歷在目。

　　母親獨力帶著五個孩子返鄉，使父親傾全力的承擔護書運書的工作。當母親小產氣若游絲的臥病兩個多月，以及幼弱的我孤

力應付持槍的日軍搜查全家上下時,父親都不在身邊,父親肩負的
重任未完,我們並不期待他抽身,各樣困頓我們都一一撐過。母親
雖未參與護書行動,卻是支持父親全力護書的一股內在安定力量。

　　由於長年奔波勞頓,父親於 1945 年在重慶病倒,染肺病咳血,
勝利後返鄉養病,他卻仍為文瀾閣《四庫全書》操心,因一度有人想
把《四庫全書》留在重慶或遷至南京,父親堅持必須物歸原處,最終
排除萬難,1946 年文瀾閣《四庫全書》從重慶運抵杭州,回歸西湖邊
上的來處。

　　八年的離亂,我從小學生變成高中生,大半時間與父親是分開
的,其間父親曾把我們接到江西泰和會合,但不久再度分離,再次
見到父親是 1944 年在重慶,已過四五年。以上就是我對那段時期
的親歷見證與記憶。

　　護書彷彿是父親的天職。父親為護書而鞠躬盡瘁,母親為護
家而奮不顧身,在那個兵荒馬亂、動盪不安的時代裏,他們各盡其
職,都付出了全部。

　　抗戰勝利迄今有 75 年,我以 93 歲耄耋之年懷抱孺慕之心,以
此文記念我敬愛的父親母親。

　　【後記】

　　明代藏書家葉盛感嘆書籍聚散無常,他說:"天地間物,以余觀
之,難聚而易散者,莫書若也。"自古牛弘、胡應麟論到歷史上的書
厄而痛心,書厄是指戰亂烽火下書籍的毀損破壞。從書籍生命史
來看,日常生活中處處都存在著危機,蠹魚、鼠蟻、霉爛、水火都是
威脅,有的破壞急速劇烈,有的毀於無形。例如一丁點的燭炧落入
紙堆,足令錢牧齋絳雲樓的畢生珍藏一夕成灰燼;乾隆皇帝珍愛的
"天祿琳琅"亦不敵嘉慶初年的一把火。然而,快速摧毀書籍的仍
然是戰爭。

　　乾隆時期纂修的《四庫全書》有七部,其中南三閣的文匯、文宗
二閣書俱毀於太平天國。抗戰初起,日軍以萬馬鐵蹄之姿大肆侵

華,全國上下陷入極大災難。各機關與民間團體無不紛紛尋求自救自保,圖書館、博物館更不在話下。前身爲京師圖書館的北平圖書館一批珍籍,因移藏美國國會圖書館而得以保存完好。浙江省立圖書館地處藏書最豐富的江浙地區,不僅收藏許多歷代典籍,還有南三閣唯一僅存的文瀾閣《四庫全書》。當日軍日漸逼進杭州,如何妥善安全保護文瀾閣書成爲沉重的歷史責任。

　　我與陳約文女士有一重特殊關係,她是業師宋旭軒(晞)先生的夫人,我向來稱她師母。旭軒老師師承陳樂素,陳樂素與陳訓慈曾是浙大同事,故而宋師與師母還有上一代的因緣。宋師是我博論指導教授,是我敬重的師長。師母的熱情與宋師的含蓄形成很大對比,後來宋師年事漸高,不再外出教學,我與外子偶爾開著車帶老師、師母到郊外走走。宋師辭世後,我還去探望過師母一兩次,後因我遠在東華大學教書,每周往返台北、花蓮,且行政事務漸增,便疏於聯繫,但心中常惦念著宋師母。

　　兩個月前,我撥了多年前的電話號碼,很快的那頭傳來熟悉的聲音,很慶幸師母的電話没變。我們在電話裏聊了半個鐘頭。幾天後,我前往拜訪,見到 93 歲的師母除背微駝、不能久站外,記憶力極佳、邏輯清晰,難得的是她保有一顆善解人意的心。

　　就在與宋師母聯繫後不久,接到方祖猷先生來信,他説多年前與陳訓慈先生合著的《萬斯同年譜》即將再版問世,他知道我與約文女士的關係,特託我向她邀稿。我認識祖猷先生是在 2000 年,當時我還在台北國家圖書館漢學研究中心,因與中國明代研究學會合辦“明人文集與明代研究國際研討會”,邀請不少大陸學者來台,因此認識祖猷先生,我當時做泰州學派王艮的研究,祖猷先生已是此方專家,可就近請益切磋,此後一直保持聯繫。那次會議後,我便轉往東華大學歷史系,去年屆齡退休。

　　受祖猷先生之託,邀陳約文女士撰寫她父親陳訓慈與文瀾閣《四庫全書》的回憶文章時,起初師母不覺得有什麼可寫的,但在聊天中,她漸漸打開記憶的匣子,隨著她的徐徐憶往、娓娓道來,我也緩緩進入她的時光隧道。

聽著宋師母的細述，我腦海中浮現許多畫面，依稀看到一排排織錦緞面的線裝古書；也彷彿看到爲籌措運費而焦急的訓慈先生；看見身孕已重牽著五個小孩擠進火車的堅毅母親，也看到她血崩奄奄一息的臥病在床；還看到被凶惡日軍以槍抵著卻勇敢的小女孩，不知不覺中……我悄然拭淚。

我對宋師母説："抗戰時期訓慈先生傾全力保護國之重寶，維護歷史的珍貴文物，不只他付出個人代價，還包括他的全家人都有貢獻，您的母親及您兄弟姐妹六人，還包括没能存活的小弟，都做出不小的犧牲，這些事蹟外界多不清楚，若是您能把親身見聞寫下來，一來是紀念您父親的護書事蹟，一來讓後人知道珍貴古籍流傳下來背後有多人的付出，這是一件極有意義的事。"原本没有動力的宋師母，我見她眼睛一亮，閃爍著熱情，但瞬間又黯然："我的眼睛不好，手無法提筆，連寫名字都有困難，我没辦法寫啊！"我説，若由師母口述我來整理，這樣可好？於是，獲得師母的首肯，我們一起完成此篇難得的口述歷史。

訪談過程中，師母多次説："若不是你問起抗戰時期文瀾閣的事，我真不想回憶那段過往，我到了這把年紀還偶爾會做噩夢。"又，師母不只一次對我説："我父親與文瀾閣四庫的這些往事，就算對旁人談起，一般多不感興趣，我很難與他們深談，而你不只感興趣，還能聽懂我説的，你也做過圖書館館長，能與我深談，我能和你談得很細很深。"師母的話令我感動，謝謝她視我爲知音。

無意之間，我參與約文女士追憶父親護書的撰寫，備感榮焉。我對訓慈先生犧牲小我完成大我的艱辛護書更是感佩，文瀾閣《四庫全書》經戰亂顛沛卻能安然無恙、物歸原處，訓慈先生傳承典籍之功必載青史。

最末，我引曾任職浙省圖書館也參與護書的毛春翔《文瀾閣〈四庫全書〉戰時播遷紀略》一文的最末段：

"此次倭寇入侵，燒殺焚掠，遠酷於洪楊，閣書顛沛流離，奔徙數千里，其艱危亦遠甚於昔，八載深錮邊陲，卒復完璧歸杭，是誰之力與？曰陳叔諒（訓慈）先生之力居多。凡人事安排，經費請領，防潮設備之改善，員工生活之維持，以及其他有關閣書之安全者，皆賴先生主持維護其間，前丁後陳，並垂不朽。"

藉著這段真實紀錄，誠摯地向訓慈先生致上我最高的敬意。

張　璉　記於松筠樓
2021 年 3 月

三、學人楷模——懷念訓慈先生

方祖猷

1991 年 5 月，我突獲訓慈先生逝世消息，頓時驚呆，因前一月，我才到杭州浙江醫院探望過他老人家，先生見我，第一句就問："書有消息否？"（指先生與我合著之《萬斯同年譜》，時香港中文大學出版社正在印刷中。）雖聲音低沉，然臉色紅潤，精神尚好，誰料竟成永訣？兩個月後，我收到出版社寄來之《萬斯同年譜》，僅此二月，在先生九十年人生長途中不過如白駒之過隙，然而却使先生不克目睹其晚年精心之作，能不使人泫然！我與先生十年交往，相處如光風霽月，其平實之作風，高尚之人格，足爲學人楷模，今就我個人所知，略述於下：

竭畢生精力于網羅桑梓文獻，表彰家鄉先賢

1981 年，我自江蘇調回故鄉寧波，立志於家鄉先賢黃宗羲、萬斯大、萬斯同、全祖望之研究，久仰先生爲研究浙東學派先輩，由我中學老同學、先生哲嗣思佛兄之介紹，約於是年秋拜訪先生於杭州

慶豐新村 8 號宅邸。時我已著手搜集萬斯同資料,以爲編寫萬氏年譜之用。先生獲知這一計劃,極爲贊許,建議共同合作。先生德高望重,學力深厚,能得先生之指導幫助,實我心願,自然欣然接受。此後我倆雖然相隔异地,但除書信往來外,我常渡江至杭,聆聽先生教誨,漸對先生有較深之瞭解,深覺先生對桑梓先賢,懷有深厚感情。先生於 20 世紀 20 年代,即著《浙東學術管窺》《浙東史學》,於 30 年代則有《清代浙東之史學》《題萬季野先生與范筆山書後》《劉蕺山學承姚江解》《萬季野先生修墓建祠落成題壁》等等,上溯浙東學術之淵源,下探黄、萬、全之影響,梁啓超、劉光漢、章炳麟諸先生僅提出浙東學術或浙東史學之名稱及學統,而爲此學派作詳盡之分析與論證,當以先生爲第一人。如果説先生名著《清代浙東之史學》,開創研究清初浙東學派一代風氣,這一評價,並不過分。

　　先生爲何要研究家鄉先賢?《清代浙東之史學》中"浙東史學之特色"一節,回答了此問題。文中列舉浙東史學之博約精神、躬行精神、經世實用精神、民族思想精神及不立門户大公精神五大點,而先生一生治學精神,亦可以此五點爲概括。先生嘗對我説,抗戰前夕,寧波曾舉行紀念萬斯同祠墓落成典禮,實則不少學者胸懷抗日愛國情緒而參加。我受先生啓發,細閲當時出版之《建修萬季野先生祠墓紀念刊》,果然不錯,如顧頡剛先生之文有"至堅貞潔身之操,所以振民族之精神,留乾坤之正氣者"句,奉化先賢莊松甫先生有"是則建修萬先生之祠墓,豈徒得以興復地方古跡目之,亦以拯民族國家之餘緒於不墜"句等等,而先生之文則説:"若僅以不事滿清,矢志故國,有當於民族精神而稱頌之,則淺淺乎視先生矣。今世變益亟,國步日艱,外而禦侮,內而經制,……如先生所云'灼古今得失,知經國大猷,能變流極之弊'者,將何所求之乎?"則先生不僅僅闡揚"民族思想之精神"而已,而提倡"民族思想精神"與"經世實用精神"之結合,確擊中空喊抗日而無實際行動之時弊。又近期寧波有人提"浙東史學派"之名,先生頗不以爲然,對我説:"文化大革命"期間,派別多矣,何浙東學派之外,又復立一浙東史學派?
此則爲先生不立門户精神之體現。至于先生博約、躬行精神,其一
生文章行事,已足以説明之。

　　先生對浙東學派先哲,極其崇拜。我從香港修書稿回來,向先
生述及中大出版社有把作者合影收入書中之意,先生立即表示,決
不能把我倆合影放於萬斯同畫像之前。我回寧波後,未幾接先生
來信,信中説:"我始終堅持,作者排列非關重要,應排于插圖之末
一頁,即最後一幅。……三百年後,晚學之小照,必在其後。我一
個月中,時時想到這個問題。"先生信中又説:"近來睡眠惡劣。"則
先生爲此事而失眠,其對先賢之虔誠,可見一斑。

謙虛與嚴謹相結合之治學精神

　　先生治學,極其嚴謹,而因其謙虛,才所以嚴謹。先生對自己
之著作,一再增損删削。一般人對自己已發表之著作,很少再以修
改,而先生仍細心地推敲改進,其於學術上不斷地自我批評之精
神,實屬罕見。我發現先生所贈當年發表於《史地雜志》之名著《清
代浙東之史學》一文,幾乎每頁先生又以蠅頭小字,詳予圈改。如
開卷第一頁《目録》三之原文"黄梨洲之史學"先生改爲"黄梨洲開
創清代浙東之史學";《目録》九"定海黄氏父子對古史之貢獻",則
全圈掉,下注"擬删",旁改爲"浙東史學之演變與繼承"。又如,《清
代浙東史學之統系》一節,論陽明學術,原句有:"蓋明示性理必本
之人事,而群經皆可爲史乘之助,故陽明雖不以史學著,而其注重
以歷史方法治學,可云開創一時風氣,其用兵平宸濠,有事征徭,在
當時亦比之於經世之事功。"先生後又告我,此文原稿曾徵求於鄉
故友楊貽誠先生,楊先生對《定海黄氏父子對古史之貢獻》一節,曾
有異議,先生立即采納,然雜志社已排印,無以補救。當時我説,黄
式三、以周父子,學宗戴山,治《禮》亦繼承萬斯大之學,何必輕删,
然先生終以楊先生之意見爲是。

　　先生治學嚴謹,尚見之於其對現藏天一閣《明史稿》之評價上。

此稿是否爲萬斯同手迹,先生之師柳詒徵先生曾著《明史稿校録》一文,認爲非萬氏原稿。先生深然其説,曾致書馮貞群先生,申述柳先生意見。晚年又在《劬師從游賸記》一文重申師説。我於撰寫《萬斯同年譜》附録《季野著作考》過程中,曾把《明史稿》手迹與萬氏其他親筆對校,並就教於先輩書法大家沙孟海先生,皆覺筆迹一致。起初,先生對我意見頗不以爲然,甚至有誤解之處,後來他看了我寄去之手迹照片,笑對我説:"我與秘書都看了,筆迹確實一致。"並在我所撰《季野著作考》之《明史稿》條下,親筆補上"馮貞群先生……肯定其爲季野手迹之稿本"一段。

先生對我要求亦極嚴格,我於《萬斯同年譜》"康熙六年條"述及甬上諸子學習劉宗周《聖學宗要》,原寫作:"因而季野所學,非程朱理學,實爲蕺山之學。"先生改爲:"故當時季野所學之兩宋理學書,非程朱理學,實本蕺山之學以治之。"經此一改,不僅字句典雅,而且語意更爲貼切。香港中文大學《文化研究所學報》編輯部來信,説此文"行文典雅,意趣深邃",得此之譽,實全爲先生之力。《萬斯同年譜》寄至中大出版社後,我因研究萬斯大又發現不少資料,需至港補充,先生極其贊成,來信再三叮囑"須校得一字不錯",指出校對與寫作同樣重要,並要我轉告出版社:"寧使出版期略遲,不可爲趕時輕率印訂。"詎知竟因這次補改,使先生不克目睹晚年精心之作,我每思此,深爲自咎。

獎掖後進惟恐不及

先生與我合作萬氏年譜,以先生早年所集之資料卡與我所得之資料爲基礎,在此基礎上再廣搜博取。由於資料散藏於各地圖書館及散見於清人文集中,而先生年邁,跑腿之責,自然屬於後生小子,並相約由我擬定初稿,然後請先生筆削增損而後定。在八年之中,先生爲我解惑釋疑,並予以具體指點和幫助,惠我實多。歸納起來,除修稿以外,尚有如下幾點:1.有關書籍因年代久遠,已難以查閱,先生以其所藏,或贈或借,傾篋相助,最可貴的,有爲先生

經年著作之底稿，如《題萬季野先生與范筆山書後》；有爲先生友人
之舊作，如王駕吾先生之《萬履安先生年譜》；有爲友人有關之書
信，如馮貞群先生致先生關於其所藏萬氏書籍之信件，他都慷慨相
贈。我不由想起，當年萬斯同北上修史時，其師黄宗羲以己所藏之
《三史鈔》等書相贈之故事，黄氏詩中有"傾筐授萬子，庶爲底本資"
之句，我之才學不及季野之萬一，而先生獎掖後進之精神，則宛如
先賢黄宗羲；2. 先生以廣博之知識補我淺薄之學識。如先生告我
萬斯同卒後，孔尚任有挽詩一首，由于先生指點，我才掌握萬氏與
孔尚任交往之事迹。有些掌故，非先生莫知，如沈昌佑曾著《萬季
野先生遺著目録匯志》，先生告我，此文得馮貞群先生大力指助；3.
目前著書難而搜集著書之資料更難。由於各種原因，某些珍貴資
料不易看到，先生則盡其可能，大力鼎助。如我發現浙江圖書館古
籍部藏有萬斯同《講經口授》抄本及萬氏祖上著作之刊本，上海圖
書館藏有萬斯同兄弟手迹，先生一一爲我致信浙江圖書館古籍部
主任及上海圖書館顧廷龍館長，使我得以解決此大困難；4. 由於客
觀因素，我無法獲知海外學者，特別是臺灣學者研究萬氏之成果，
先生於百忙中致書其婿、臺灣中國文化大學文學院宋晞教授，並通
過他與杜維運教授聯繫，寄來有關資料，使此書《譜後》部分，較爲
完整。

先生對後輩雖要求嚴格，然以鼓勵爲主，如先生看了我幾篇關
於中哲史論文後，即勉我續成先生昔日友人所著而未完成之《汪中
年譜》一稿。20 世紀 80 年代，海外學者對浙東學派之學統問題，爭
論頗烈，香港大學何冠彪先生一文，涉及對先生早年《清初浙東之
史學》之評價，我把此文寄與先生，先生頗感興趣，建議我對這一學
派之範疇及師承關係予以探討，由於我對這一學派成員並未一一
研究，無法對整個學派得出客觀評述，回信遜謝表示只能待之以
後，然而至今我仍未完成先生所託這兩件事，實有負於先生。

先生獎掖後輩，並非僅對我一人。臺灣中國文化大學李紀祥
先生曾持其所著《明末清初儒學之發展》一文，登門向先生求教。

先生仔細閱讀，並給我一信，認爲李作頗有見地，惜收尾不足，又説李先生處"青年精進"之時，不宜率爾覆信，徵求我對此文看法。時先生已年近九十，如此高年，仍推敲後輩文章，實使我欽佩不已。

　　今日我重理篋中先生手札，頓憶先生所贈其手書孔尚任《哭萬季野先生步杜工部哭李常侍韵前起後結俱用原句》之"一代風流盡，斯文隱慟深；登堂收卷帙，哭寢失聲音"句，早年研究浙東學派一代先輩，而今雕零殆盡，能不使人悲慟！

參考書目

（各類之下，按漢語拼音排列）

一、季野著作

《補歷代史表》，《四明叢書》第七集，四明張氏約園刊本。

《讀禮通考》，清康熙三十五年崑山徐氏傳是樓刊本。

《庚申君遺事》，《昭代叢書》己集廣編，清道光十三年吳江沈氏世楷堂刊本。

《講經口授》，清烟嶼樓抄本，原藏寧波伏跗室，今藏浙江圖書館。

《崑崙河源考》，《四庫全書》第 579 册史部第 337 册，台灣商務印書館 1986 年版。

《歷代紀元彙考》，《四明叢書》第四集，四明張氏約園刊本。

《兩浙名賢錄》，半角山房王氏抄本，今藏寧波伏跗室。

《廟制圖考》，《四明叢書》第八集，四明張氏約園刊本。

《明季兩浙忠義考》，半角山房王氏抄本，今藏寧波伏跗室。

《明樂府》，清同治二年鄞陳魚門刊本。

《南宋六陵遺事》，《昭代叢書》己集廣編，清道光十三年吳江沈氏世楷堂刊本。

《群書疑辨》，清嘉慶二十一年古董水氏供石亭刊本。

《儒林宗派》，清宣統三年浙江官書局刊本。

《石經考》，《四明叢書》第一集，四明張氏約園刊本。

《石園文集》，《四明叢書》第四集，四明張氏約園刊本。

《守高贈言序》,清慈溪二老閣刊本。

《宋季忠義録》,《四明叢書》第二集,四明張氏約園刊本。

《先府君集原稿》(萬世標署端),據清華大學傳録大連圖書館藏抄本。

二、萬氏著作

《冰雪集》,萬承勳著,抄本,寧波伏跗室藏。

《管村詩稿》,萬言著,清雍正萬氏自刊本。

《管村文鈔內編》,萬言著,《四明叢書》第二集,四明張氏約園刊本。

《濠梁萬氏宗譜》,萬斯大、萬經輯,清乾隆三十七年辨志堂刊本。

《寒村七十祝辭》,萬經等著,清康熙五十六年慈溪二老閣刊本。

《皆非集(附一枝軒吟草)》,萬達甫、萬邦孚著,清初萬氏家刊本。

《千之草堂編年文鈔》,萬承勳著,《四明叢書》第二集,四明張氏約園刊本。

《深省堂詩集》,萬斯備著,《四明叢書》第四集,四明張氏約園刊本。

《萬氏永思紀略》,萬達甫著,萬邦孚手書,北京圖書館藏。

《續騷堂集》,萬泰著,《四明叢書》第七集,四明張氏約園刊本。

《學春秋隨筆》,萬斯大著,《萬氏經學五書》,清嘉慶辨志堂刊本。

《學禮質疑》,萬斯大著,《萬氏經學五書》,清嘉慶辨志堂刊本。

《儀禮商》,萬斯大著,《萬氏經學五書》,清嘉慶辨志堂刊本。

三、正史

《明史》,張廷玉等撰,中華書局 1974 年版。

《明史稿》,王鴻緒撰,清王氏敬慎堂自刊本。

《明史列傳稿》(一名《明史稿》),無名氏稿本,原朱氏別宥齋藏本,今藏寧波天一閣。

《清史稿》,趙爾巽等撰,中華書局 1977 年版。

四、明人著作

《劉子全書》,劉宗周著,清道光十五年刊本。

《清溪遺稿》,錢啓忠著,《四明叢書》第二集,四明張氏約園刊本。

五、清人著作

《茶餘客話》,阮葵生著,《筆記小説大觀》第 9 卷第 19 册,江蘇廣陵古籍刻印社 1983 年版。

《戴名世集》,戴名世著,中華書局 1986 年版。

《憺園集》,徐乾學著,清光緒九年嘉興全吳瀾重刊本。

《道古堂文集》,杭世駿著,清乾隆四十一年刊本。

《方程論》,梅文鼎著,清光緒十四年上海龍文書局石印本。

《方苞集》,方苞著,上海古籍出版社 1983 年版。

《缶堂學詩》,董道權著,清周世緒抄本,寧波伏跗室藏。

《復初齋詩集》,翁方綱著,清道光四年漢陽葉志詵重刊本。

《杲堂詩文鈔》,李文胤著,《四明叢書》第一集,四明張氏約園刊本。

《杲堂文續鈔》,李文胤著,《四明叢書》第八集,四明張氏約園刊本。

《句余土音》,全祖望著,清嘉慶十九年六月刊本。

《古微堂集》,魏源著,清光緒四年淮南書局刊本。

《廣陽雜記》,劉獻廷著,中華書局 1985 年版。

《國朝耆獻類徵》,李桓輯,清光緒湘陰李氏刻本。

《國朝學案小識》,唐鑑著,清光緒十年重刊本。

《國朝名賢小傳》,沈清玉著,抄本,浙江圖書館藏。

《海東逸史》,翁洲老民著,浙江古籍出版社 1985 年版。

《寒村詩文選》,鄭梁著,清乾隆二老閣刊本。

《漢學商兑》,方東樹著,清光緒八年花雨樓重刻本。

《鶴徵録》,李集著,清嘉慶漾葭老屋刊本。

《黄氏續録》,黄百家著,清道光四年餘姚惇倫堂刊本。

《兼山堂集》(一名《怡庭遺集》),陳錫嘏著,清康熙二十九年刊本。

《姜先生全集》,姜宸英著,清光緒十五年慈溪毋自欺齋刊本。

《解春集文鈔》,馮景著,《叢書集成初編》集部,中華書局 1985 年版。

《鮚埼亭集》,全祖望著,《萬有文庫》,商務印書館民國二十五年刊本。

《敬孚類稿》,蕭穆著,清光緒三十二年刊本。

《居易録》,王士禎著,《王漁洋全集》,清康熙八年刊本。

《居業堂文集》,王源著,《叢書集成初編》集部,中華書局 1985 年版。

《孔尚任詩文集》,孔尚任著,中華書局 1962 年版。

《郎潛紀聞初筆》,陳康琪著,中華書局 1984 年版。

《兩浙輶軒録》,阮元著,清嘉慶仁和朱氏碧溪草堂、錢塘陳氏種榆仙館同刊本。

《留書》,黄宗羲著,清鄭大節抄本,寧波天一閣藏。

《吕用晦文集》,吕留良著,清末上海國學保存會鉛印本。

《魯之春秋》,李聿求著,浙江古籍出版社 1984 年版。

《孟鄰堂集》,楊椿著,清嘉慶二十三年紅梅閣刊本。

《明儒學案》,黄宗羲著,中華書局 1985 年版。

《南雷文案》,黄宗羲等著,《四部叢刊初編》集部,商務印書館刊本。

《南雷文定》,黄宗羲著,《四部備要》集部,中華書局刊本。

《南雷文約》,黄宗羲著,清乾隆慈溪二老閣刊本。

《南雷餘集》,黄宗羲著,清宣統三年順德鄧實據蕭穆抄本刊行。

《南雷詩曆》,黄宗羲著,全祖望編、鄭大節校刻,清乾隆二老閣刊本。

《南疆逸史》,温睿臨著,中華書局1959年版。

《南蘭文集》,張恕著,清光緒五年寧波張氏家刊本。

《曝書亭集》,朱彝尊著,《四部叢刊初編》集部,商務印書館刊本。

《啓禎兩朝剥復録》,吳應箕著,《貴池先哲遺書》,民國九年貴池劉氏唐石簃刊本。

《求仁録輯要》,潘平格著,清康熙五十六年慈溪二老閣刊本。

《三魚堂文集》,陸隴其著,清康熙四十年常熟琴川書屋刊本。

《善思齋文續鈔》,徐宗亮著,清光緒刊本。

《尚書古文疏證》,閻若璩著,清嘉慶天津吳氏刻本。

《十駕齋養新録》,錢大昕著,《四部備要》子部,中華書局刊本。

《雙雲堂文稿》,范光陽著,清康熙范氏自刊本。

《樗庵存稿》,蔣學鏞著,《四明叢書》第一集,四明張氏約園刊本。

《恕谷後集》,李塨著,《叢書集成初編》集部,中華書局1985年版。

《恕谷詩集》,李塨著,《顔李叢書》,民國十二年四存學會排印本。

《思舊録》,黄宗羲著,《梨洲遺著彙刊》,清宣統二年上海時中書局刊本。

《思復堂文集》,邵廷采著,浙江古籍出版社1987年版。

《四庫全書總目提要》,紀昀等撰輯,商務印書館民國二十二年版。

《遂初堂集》,潘耒著,清康熙四十九年刊本。

《亭林文集》,顧炎武著,清末上海掃葉山房石印本。

《屠氏先世見聞録》,屠宗伊著,清道光九年既勤堂刊本。

《圍爐詩話》,吳喬著,《叢書集成初編》集部,中華書局1985年版。

《文史通義》,章學誠著,中華書局1985年版。

《文獻徵存録》,錢林輯,清咸豐八年嘉樹軒刊本。

《吾悔集》,黃宗羲著,《四部叢刊初編》集部,商務印書館刊本。

《嘯亭雜録》,昭槤著,《筆記小説大觀》第 17 卷第 35 册,江蘇廣陵古籍刻印社 1983 年版。

《閑閑閣草》,李暾著,清乾隆慈溪二老閣刊本。

《香祖筆記》,王士禎著,上海古籍出版社 1982 年版。

《行朝録》,黃宗羲著,《梨洲遺著彙刊》,清宣統二年上海時中書局刊本。

《續禮記集説》,杭世駿著,清光緒三十年浙江書局刊本。

《續甬上耆舊詩》,全祖望輯,寧波四明文獻社民國七年刊本。

《學箕初稿》,黃百家著,《南雷集》附,《四部叢刊》集部,上海商務印書館刊本。

《學禮》,李塨著,《叢書集成初編》經部,中華書局 1985 年版。

《顔氏學記》,戴望著,民國吳興劉氏嘉業堂《吳興叢書》本。

《易圖明辨》,胡渭著,《皇清經解續編》,清光緒十五年上海蜚英石印本。

《甬上耆舊詩》,李文胤輯,清康熙十五年寧波敬業堂刊本。

《愚庵小集》,朱鶴齡著,上海古籍出版社 1978 年版。

《援鶉堂筆記》,姚範著,清道光十五年姚瑩重刊本。

《越縵堂讀書記》,李慈銘著,商務印書館 1959 年版。

《湛園未定稿》,姜宸英著,清宣統二年寧波汲綆齋書局石印本。

《章氏遺書》,章學誠著,民國二十一年吳興劉氏嘉業堂刊本。

《昭代名人尺牘》,吳修輯,清光緒七年杭州亦卣齋刊本。

《鄭南溪詩文鈔》,鄭性著,清乾隆慈溪二老閣刊本。

《子劉子行狀》,黃宗羲著,清道光六年慈溪葉榮重刊本。

六、近人著作

《白雲莊遺址與萬墓訪獲記》,楊貽誠著,民國二十四年油印本。

《編輯四明叢書記聞》,馮貞群著,民國三十五年馮氏自刊本。

《國學概論》,錢穆著,商務印書館民國二十四年版。

《國學概論》,程發軔著,台灣正中書局 1972 年版。

《建修萬季野先生祠墓紀念刊》,建修萬季野先生祠墓事務所編印,寧波華升印刷局民國二十六年排印本。

《簡明清史》,戴逸著,北京人民出版社 1984 年版。

《江浙訪書記》,謝國楨著,生活·讀書·新知三聯書店 1985 年版。

《近代中國思想學術史》,侯外廬著,上海生活書店民國三十六年版。

《檢論》,章炳麟著,《章太炎全集》(三),上海人民出版社 1984 年版。

《柳翼謀先生紀念文集》,陳訓慈等著,鎮江文史資料第十一輯,1986 年版。

《清代通史》,蕭一山著,中華書局 1985 年版。

《清儒學案》,徐世昌輯,中國書店刊本。

《清儒學案新編》第一卷,楊向奎著,齊魯書社 1985 年版。

《清代學術概論》,梁啓超著,中華書局 1954 年版。

《詩問四種》,程千帆主編,齊魯書社 1985 年版。

《史學叢考》,柴德賡著,中華書局 1982 年版。

《史學雜稿訂存》,黃雲眉著,山東人民出版社 1960 年版。

《萬季野明史稿題記》,沙孟海手稿,1989 年 12 月。

《飲冰室全集》第三冊,梁啓超著,商務印書館民國五年版。

《甬上重建萬氏白雲莊及追祀鄉賢記》,陳訓慈著,浙江省立圖書館印。

《浙東學派溯源》,何炳松著,《萬有文庫》本,商務印書館民國二十二年版。

《增訂晚明史籍考》,謝國楨著,上海古籍出版社 1981 年版。

《致陳訓慈書》,馮貞群,陳訓慈藏原信。

《致方祖猷書》，沙孟海手稿，1989 年 6 月 26 日。

《中國古代史學史簡編》，倉修良、魏得良著，黑龍江人民出版社 1983 年版。

《中國史學家評傳》，陳清泉等編，中州古籍出版社 1985 年版。

《中國史學史》，張孟倫著，甘肅人民出版社 1986 年版。

《中國史學史》，白壽彝著，上海人民出版社 1986 年版。

《中國史學史》，金毓黻著，中華書局 1962 年版。

《中國學術史論集》（一），杜維運等著，台灣中華文化出版事業委員會 1956 年版。

《中國近三百年學術史》，梁啓超著，中華書局民國二十五年版。

《中國近三百年學術史》，錢穆著，中華書局 1986 年版。

《周予同經學史論著選集》，周予同著，上海人民出版社 1983 年版。

七、宗譜、年譜、年表、傳記

《碑傳集》，錢儀吉輯，清光緒十九年刊本。

《碑傳集補》，閔爾昌輯，民國十二年燕京大學國學研究所排印。

《疇人傳》，阮元著，清光緒二十二年鴻寶齋刊本。

《戴南山先生年譜》，戴鈞衡著，《戴名世集》附，中華書局 1986 年版。

《方望溪先生年譜》，蘇惇元著，《方苞集》附，上海古籍出版社 1983 年版。

《國史儒林傳》，阮元著，清道光刊本。

《國朝先正事略》，李元度著，清光緒二十五年石印本。

《寒邨公年譜》，鄭勳著，清嘉慶十三年鄭氏自刊本。

《黃梨洲先生年譜》，黃炳垕著，清同治十二年刊本。

《孔尚任年譜》，袁世碩著，齊魯書社 1987 年版。

《劉蕺石先生年譜》，丘復著，《天潮閣集》卷首，民國五年刊本。

《陸清獻公日記》，陸隴其著，清道光刊本。

《陸辛齋先生年譜》，王簡可著，清靜得樓抄本，北京圖書館藏。

《明清江蘇文人年表》，張慧劍編，上海古籍出版社 1986 年版。

《明遺民錄》，孫寰鏡（靜庵）著，浙江古籍出版社 1985 年版。

《清代七百名人傳》，蔡冠洛著，中華書局 1984 年版。

《清史列傳》，清國史館撰，中華書局 1987 年版。

《尚友堂自編年譜》，仇兆鰲著，清抄本，寧波伏跗室藏。

《恕谷先生年譜》，馮辰著，清道光十六年刊本。

《四明儒林董氏宗譜》，董秉鈍輯，民國寧波崇本堂刊本。

《閻潛邱先生年譜》，張穆著，《粵雅堂叢書》二編第十八集，清光緒南海伍氏刊本。

《疑年錄彙編》，張惟驤著，民國十四年刊本。

《甬上青石張氏宗譜》，張美翊輯，民國十四年寧波味芹堂張鉛印本。

《中國歷史人物生卒年表》，吳海林、李延沛著，黑龍江人民出版社 1981 年版。

《竹橋黃氏宗譜》，黃中範輯，民國十五年餘姚惇倫堂刊本。

《竹汀居士年譜續編》，錢慶增著，《十駕齋養新錄》附，商務印書館 1957 版。

八、地方志

《道光寶應縣志》，戴邦植、馮煦等修纂，民國二十一年版。

《奉化忠義鄉志》，吳文江修纂，清光緒辛丑刊本。

《光緒嘉興府志》，許瑤光、董穀等修纂，清光緒四年刊本。

《光緒鄞縣志》，戴枚、徐時棟、董沛等修纂，清光緒三年刊本。

《康熙寧波府志》，李廷璣、左臣黃等修纂，抄本，北京圖書館藏。

《康熙鄞縣志》，汪源澤、聞性道修纂，清康熙二十六年刊本。

《康熙浙江通志》，趙士麟、張衡等修纂，清康熙二十二年癸亥刊本。

《崑山新陽合志》，清光緒六年刊本。

《明州繫年録》，董沛著，清光緒戊寅刊本。

《乾隆鄞縣志》，錢惟喬、錢大昕等修纂，清雍正十一年刊本。

《四明談助》，徐兆昺著，清道光戊子浣江鼓學半齋刊本。

《同治湖州府志》，宗源翰、周學濬等修纂，清同治十三年刊本。

《咸豐鄞縣志》，張銑、周道遵等修纂，清咸豐六年刊本。

《鄞縣通志》，陳訓正、張傳保、馬瀛等修纂，1951 年排印本。

《鄞志稿》，蔣學鏞著，《四明叢書》第三集，四明張氏約園刊本。

《雍正寧波府志》，曹秉仁、萬經等修纂，清雍正十一年刊本。

九、報紙雜誌

《北京晚報》，1961 年 11 月 22 日。

《東方雜誌》第 33 卷第 14 號，商務印書館編印，民國二十五年 7 月 1 日出版。

《東方學報》第 36 册，日本京都，1964 年出版。

《二十五史刊行月報》第 5 期，開明書店編印，民國二十四年 8 月 15 日出版。

《古今談》第 180 期，台灣，1980 年 5 月出版。

《國風》第 4 卷第 4 期，南京國風社編輯，鍾山書局，民國二十三年 3 月出版。

《國立編譯館館刊》第 11 卷第 2 期及第 12 卷第 1 期，台灣，1982 年 12 月及 1983 年 2 月出版。

《國立浙江大學季刊》創刊號，國立浙江大學季刊編輯委員會編輯，民國二十六年出版。

《國立中山大學語言歷史學研究所週刊》第 28 期，國立中山大學語言歷史研究所編，商務印書館民國十七年 5 月出版。

《國粹學報》第 11 期及第 26 期，上海國學保存會編，1905 年及

1907 年出版。

《江蘇省立國學圖書館年刊》第四年刊及第五年刊,南京龍蟠里江蘇省立國學圖書館,民國二十年及民國二十一年發行。

《金陵學報》第 1 卷第 2 期,私立金陵大學金陵學報編輯委員會編輯,私立金陵大學出版委員會,民國二十年 11 月出版。

《寧波大學學報》1988 年創刊號,寧波大學學報編輯部編輯出版。

《寧波師範學院學報》1988 年第 4 期,寧波師範學院學報編輯部編輯發行。

《史地雜誌》第 1 卷第 2 期,國立浙江大學史地學系編輯,民國二十六年 7 月出版。

《史學雜誌》第 2 卷第 6 期,南京史學會編,民國二十年 4 月出版。

《史學集刊》1984 年第 3 期,長春吉林大學編輯。

《史學史研究》1984 年第 1 期、第 3 期及第 4 期,北京師範大學史學研究所古籍研究所編輯。

《書目季刊》第 15 卷第 3 期,台灣,1981 年 12 月出版。

《文史知識》1986 年第 11 期,文史知識編輯部編,中華書局出版。

《文獻》第 18 輯,書目文獻出版社,1983 年 12 月出版。

《西南師大學報》(哲社版)1988 年第 4 期。

《香港中文大學中國文化研究所學報》1988 年第 19 卷,香港中文大學中國文化研究所出版,香港中文大學出版社發行。

《燕京學報》專號之三,哈佛燕京學社 1933 年 12 月出版。

《浙江圖書館館刊》第 4 卷第 3 期,浙江圖書館編印,民國二十四年出版。

後　記

　　《萬斯同年譜》這次以增訂本形式再版，主要有兩個原因：一是紀念我的先師陳訓慈先生誕生 120 周年和逝世 30 周年；二是初版出版於香港中文大學出版社，並非訓慈先生和我的本意，是由於出版經費困難壓力之下不得已之舉。因此我趁此次再版之時，對訓慈先生與我合著此書的經過、他爲我便於搜集資料致書友人希予幫助、初版出版的困難、增訂本再版原因、萬斯同兄斯大一支在美國後裔資助本書再版的熱忱，以及其後裔掌握的明清之際寧波萬氏著作的流散和歸宿等等情況作一簡要的説明。

　　1981 年，我自江蘇泰州回故鄉寧波，立志於從事在中國思想史和史學史上有重要影響的家鄉先賢黃宗羲、萬斯同、全祖望的研究。久仰陳訓慈先生爲研究浙東學術的先輩，因此請我效實中學同學、訓慈先生哲嗣思佛兄介紹，約在是年深秋，至杭州拜訪先生。先生知我在搜集萬斯同的資料，即建議我們合作寫《萬斯同年譜》，我自然欣然同意。於是先生立即將他早期搜集萬氏資料所成的卡片、以及他的亡友王煥鑣教授所著《萬履安先生年譜》及其尚未完成的《萬斯同年譜》一文贈我。訓慈先生告訴我，這是王教授生前給他的，希望他能完成王先生的未竟之志。從此開始，我與訓慈先生合著《萬斯同年譜》三易其稿，達八年之久。由於訓慈先生年老，繼續搜求萬氏資料我責無旁貸。我據資料寫成初稿後，即送訓慈先生審閱、筆削增損而後已。

　　在搜集資料過程中，訓慈先生也盡其可能設法幫助我，如爲我看天一閣藏萬斯同《明史列傳稿》事，致書其"静明同學"。更在致書沙孟海先生爲本書寫封面題字後，又請他介紹我至上海見上海圖書館館長顧廷龍先生，以查萬斯同在上海圖書館館内的遺著。惜其時顧廷龍先生不在館中，但我仍拍攝到萬氏兄弟不少珍貴手跡。沙老不僅寫了封面題字，而且寫了一篇《萬季野明史稿題記》。這篇《題記》沙老三易其稿，極爲慎重，以致香港中大出版社已定稿印刷，無法收入本書之内（後置於本書《譜後》最後一篇）。當我至沙老家告知此事時，沙老輕輕説了一聲"可惜"。因此今天趁再版之機，將沙孟海先生的《題記》作爲《代序》發表於本書正文之前，以補本書初版之失。

全稿完成後、訓慈先生即籌畫出版經費。當時國家經濟困難，先生曾求助於浙江大學有關部門而未果。最後通過他在臺灣的親族中國文化大學宋晞教授與香港中文大學出版社聯繫，終於在1991年底出版了。很可惜，在此書年底出版前的5月，訓慈先生猝然因病逝世，已來不及看到他晚年精心之作了。

我今年已八十九歲，正是往年訓慈先生向我提出合著《萬斯同年譜》的年齡還大一些，如不再設法將此書由中國内地再版，則在内地難以流通，此書的學術價值就大打折扣，也違反了訓慈先生和我合著此書的本意。因此我與思佛兄商量，決定在内地再版，並以此紀念訓慈先生誕生120周年及其逝世30周年。但要出版此書，我又遇到當年訓慈先生遇到過的棘手問題，即出版的經費問題。正好這時，我與20世紀八九十年代曾捐資修復寧波萬氏白雲莊墓道的萬斯同兄斯大一系後裔，香港企業家萬春先生第四子，身在美國的萬三權先生討論明末清初寧波萬氏八龍（萬斯大兄弟八人，皆有成就，時人稱萬氏八龍）的著作，於是我向他提出資助《萬斯同年譜》再版事。萬三權先生説訓慈先生是抗戰時期搶救杭州文瀾閣《四庫全書》、保護中國古籍有功的重要學者。於是他滿口答應，由他與在美國和新加坡萬氏五兄弟組成以其父母爲名的基金會撥款資助。我對中國古代著名學者後裔，竟在今天百里和萬里之外

的新加坡和美國得到發展的這一遷移過程,很感興趣,三權先生作
如下説明,並對他的父母作簡略介紹:

　　　寧波十一世我先祖萬斯大一支屬:斯大——經——承
式——絜前——霆澐——學昌——紹芭——後豐——維潮——
心開。斯大受父命遷杭州,守西溪墓莊而成杭州祖。而我支族
至十六世時又分爲杭州、蘇州、嘉興三支。十八世曾祖後豐
(號穀仁)生長嘉興,再遷嘉善,爲嘉善祖。生五子,維英、維豪
(字志成)、維超(字迴濡)以及維廉、維潮。十九世祖父萬海濤
有二子,心齊(字景賢)及先父心開(字春先)。先父二十世萬
春先1916年生於嘉善。正在祖父事業有成之際,晴天霹靂,
祖父急病去世,年僅三十三歲。

　　　先父三歲喪父,祖父事業無人接管而至破産,家道日下,
靠賴祖母郁馥文,含辛茹苦,縫製新衣以維持生計。曾考入嘉
善中學就讀,但考慮到祖母太辛苦,故停學而由先父姑丈介紹
到上海就業,只能晚上去聖芳濟英文夜校進修四年,雖有進大
學之心,而無經濟之力,無奈放棄學業而全力集中轉向商業發
展。當時先父戰戰兢兢,刻苦耐勞,省吃儉用,日以繼夜,辛勤
工作。經過五年努力,積聚一點資金,合作開小型羅絲釘廠及
五金鋪,一直到解放後全部由政府接收,只有轉移陣地,來香
港發展。其時赤手空拳,言語不通,無天時地利人和之情況
下,艱苦經營,憑著毅力勤儉,努力掙扎,先後合作開辦進出口
商行,紡織紗布工廠,製衣工廠,建築地産及假髮工廠。在香
港、東南亞及美國都有投資。後來經濟穩定,事業有進展,得
以送五子三傑(現居美)、三源(現居新加坡)、三雄(現居美)、
三權(現居美)、三綱(現居美)及一女(三珍,已逝)到美國讀大
學,並資助數十親友的子女出國深造。常言家人要嚴格律己,
忠厚待人,團結一致,和睦相處,以勤儉兩字互勉。先父壽終
於2005年。現與先母(蘇州)楊静英(1924—2019)合葬於香

港柴灣哥連臣角天主教聖十字架墳場。先父一生誠懇待人，
追隨祖訓，樂善好施。曾資助浙江寧波萬氏白雲莊及嘉善吳
鎮梅花庵的重修。並致力參與發展香港經濟，被譽爲在戰後
由滬到港發展的重要實業家之一。

我與萬春先生認識在 20 世紀 80 年代，我爲了到香港中文大
學出版社送《萬斯同年譜》的書稿，經寧波大學朱兆祥校長通過香
港企業家聞儒根先生的介紹，第一次認識了萬春先生。而我到
香港的交通、住宿、伙食等費用都是他資助的。20 世紀 90 年代，經
我向寧波文化部門聯系，春先先生到寧波不僅捐資修建白雲莊墓
地，也向白雲莊贈送其先祖斯大子萬經手跡一軸（現藏天一閣）。
他先後與我通信六十封左右，從信中可見春先先生熱愛祖國、熱愛
家鄉、熱愛祖國優秀傳統文化的精神。他在致我的信中說："我年
已老邁，然思鄉之情，無時或已。如有機緣，將回國一次，重踏大江
南北，溫故覽新。"又說："天一閣藏書爲中華文化之寶藏。先祖之
《明史》，作爲其後裔見其重見天日，莫不額手相慶，雀躍萬分也。"
使人感動的是，1988 年，他在信上主動對我說："臺端有關萬氏新著
的出版費用，需要資助，爲款多少，請來信告知。惟不必在《序》中
提到我的姓名，因我喜默默耕耘，從不希望我揚名於各地也。"隱名
行善，是中華儒家文化的優秀之處，使我感動的正是他的後面
一句。

最後，春先先生給我的信中，敘述了清初寧波萬氏著作的流失
過程，他說："我們前在滬時，存有除《家譜》外，尚有萬斯同、斯大、
萬言、萬經等對聯及著作，惜在文化革命時遺失。臺端所述斯大、
萬言、萬經的三位資料，在前中國銀行董事長張壽鏞先生的搜集著
作《四明叢書》，大部份萬氏著作和生平事蹟，都有記載。萬斯同、
斯大等的孤本書籍，國內在北京圖書館記憶中有多本，連同萬氏手
卷也存在北京該館內。另外杭州浙江省立圖書館內也存有若干冊
著作。臺北的中央圖書館及故宮博物館亦有若干冊收藏。據聞最

多而最寶貴的還在美國華盛頓國會圖書館内。該館藏有全美國圖
書目録。其次紐約圖書館亦有若干册，如有機會，我下次去美國
時，先詢問清楚。據聞曾有人借到萬氏遺著。但此種珍貴藏書，需
備有專家身份或萬氏後裔者，方可借閲云。"在另一封信中，他又
說："查《萬氏家寶》手卷，本由我們四伯父萬維超保管，後來爲人偷
去，幾給轉手，現存於北京圖書館内，倒也安全。"

　　萬春先生這兩封信很有價值，使我們瞭解清初浙東學術這
一引人入勝的一支，其著作流散後的歸宿之處，使人們得以按圖索
驥，發掘其寶藏的可能。我曾在 2013 年出版了我主編的國家清史
編纂委員會文獻叢刊的《萬斯同全集》，共搜集了斯同著作 23 種，
在此書《序》中我說：1991 年，訓慈先師與我在香港中文大學出版社
出版《萬斯同年譜》時，離現在已整整 30 年，此後我們當時尚未發
現的萬氏著作也陸續走出深閨。我自信地說，至此已"彙編成全
集"。看了萬春先生這兩封信後，我衷心地希望有人能打破我這
種自信心，使我的《萬斯同全集》成不了全集。當然，萬春先生信
中說的萬氏"家寶"，不僅僅是萬斯同的著作，是明清寧波萬氏學者
所有的著作。我希望借今天《萬斯同年譜》增訂本出版之機，萬氏
的"家寶"能全部打開，閃爍其燦爛的寶光。

　　《萬斯同年譜》此次再版，增訂了訓慈先生《白雲莊舊址與萬氏
遺墓之訪獲》《萬季野先生祠墓建修落成題壁》、楊貽誠先生《西郊
訪萬氏白雲莊遺址及白雲先生塋墓記》、應兆松先生《建修萬季野
先生祠墓記》，四文是講寧波萬氏白雲莊遺址和奉化万斯同墓的發
現和建修，這應對市文物保管部門有相當的參考價值。此外又增
加王焕鑣先生的《萬履安先生年譜》及訓慈先生親筆寫的此文的
《序》。萬履安即萬泰，萬氏八龍之父，爲清初著名明遺民，黄宗羲
生死之交。我們爲紀念訓慈先生誕生 120 周年和逝世 30 周年，趁
此書再版之機，收録了毛昭晰老師、在臺灣的訓慈先生女兒陳約文
女士口述，張璉教授撰寫和我所寫的三篇紀念文。除此之外，我們
增加了白雲莊萬邦孚墓、墓坊，萬斯昌、斯選墓和奉化萬斯同墓和墓

坊五張彩照與一張 1936 年手繪的萬斯同墓圖片。這五張彩照是
葉定春先生不辭勞苦親至兩地拍攝的，我在此表示感謝。

方祖猷

2021 年 6 月 6 日寫於東湖花園

圖書在版編目(CIP)數據

萬斯同年譜 / 陳訓慈,方祖猷著. —增訂本. —
杭州:浙江大學出版社,2021.11
ISBN 978-7-308-21867-2

Ⅰ.①萬… Ⅱ.①陳… ②方… Ⅲ.①萬斯同
(1638—1702)—年譜 Ⅳ.①K825.81

中國版本圖書館 CIP 數據核字(2021)第 213540 號

萬斯同年譜(增訂本)

陳訓慈　方祖猷 著

責任編輯	宋旭華　蔡　帆
責任校對	吳　慶
封面設計	項夢怡
出版發行	浙江大學出版社
	(杭州市天目山路 148 號　郵政編碼 310007)
	(網址:http://www.zjupress.com)
排　　版	浙江時代出版服務有限公司
印　　刷	浙江新華數碼印務有限公司
開　　本	880mm×1230mm　1/32
印　　張	14.75
插　　頁	4
字　　數	384 千
版 印 次	2021 年 11 月第 1 版　2021 年 11 月第 1 次印刷
書　　號	ISBN 978-7-308-21867-2
定　　價	68.00 元